主編　蔡宗齊

本輯主編　　汪春泓

Lingnan Journal of Chinese Studies

嶺南學報

（本輯全部論文均經過匿名評審）

復刊　第十二輯

上海古籍出版社

圖書在版編目(CIP)數據

嶺南學報. 復刊第十二輯 / 蔡宗齊主編；汪春泓本輯主編. —上海：上海古籍出版社，2019.12
ISBN 978-7-5325-9452-8

Ⅰ.①嶺… Ⅱ.①蔡… ②汪… Ⅲ.①社會科學—期刊—彙編—中國 Ⅳ.①C55

中國版本圖書館 CIP 數據核字(2020)第 009589 號

嶺南學報　復刊第十二輯
蔡宗齊　主編
汪春泓　本輯主編
上海古籍出版社出版發行
(上海瑞金二路 272 號　郵政編碼 200020)
(1) 網址：www.guji.com.cn
(2) E-mail：guji1@guji.com.cn
(3) 易文網網址：www.ewen.co
啓東市人民印刷有限公司印刷
開本 710×1000　1/16　印張 23.25　插頁 2　字數 369,000
2019 年 12 月第 1 版　2019 年 12 月第 1 次印刷
ISBN 978-7-5325-9452-8
I・3453　定價：98.00 元
如有質量問題，請與承印公司聯繫

《嶺南學報》編輯委員會
（以漢語拼音排序）

主編：蔡宗齊　　嶺南大學中文系

編委：陳平原　　北京大學中文系
　　　陳尚君　　復旦大學中文系
　　　陳引馳　　復旦大學中文系
　　　郭英德　　北京師範大學文學院
　　　胡曉明　　華東師範大學中文系
　　　蔣秋華　　中央研究院中國文哲研究所
　　　蔣　寅　　華南師範大學文學院
　　　李惠儀　　美國哈佛大學東亞語言及文明系
　　　李雄溪　　嶺南大學中文系
　　　劉燕萍　　嶺南大學中文系
　　　劉玉才　　北京大學中文系
　　　汪春泓　　嶺南大學中文系
　　　王德威　　美國哈佛大學東亞語言及文明系
　　　王　鍔　　南京師範大學文學院文獻與信息學系
　　　徐　剛　　嶺南大學中文系
　　　徐興無　　南京大學文學院
　　　許子濱　　嶺南大學中文系
　　　許子東　　嶺南大學中文系
　　　虞萬里　　上海交通大學人文學院
　　　張　健　　香港中文大學中文系
　　　鄭吉雄　　香港教育學院人文學院

目　　錄

抒情與敘事傳統

"詩言志"之本義謏論
　　——讀朱自清先生《詩言志辨》札記 …………… 張峰屹（3）
《史記》忌諱敘事與《春秋》書法
　　——以征伐匈奴之相關人事為例* …………… 張高評（19）
《毛詩草木鳥獸蟲魚疏》中的物觀 ………… 曹建國　易子君（61）
長慶體、梅村體與"本事詩"
　　——略論中國詩體的叙事形態 ……………… 張寅彭（93）
敘事與抒情：《紅樓夢》詩學中的風格論 ……… 歐麗娟（115）
論馮秋雪在澳門詞學上之貢獻 ………………… 鄧駿捷（141）
論敘事與抒情的邊界 …………………………… 饒龍隼（161）
從敘事角度看抒情傳統說 ……………………… 傅修延（187）
獨抒性情與文本互涉的辯證
　　——袁宏道的詩論與詩歌 …………………… 蔡振念（207）

文學新論

杜亞泉的啟蒙理性與生態意識
　　——兼及生態時代的東西方文化交流 ……… 魯樞元（257）
李兆洛對駢文的重構 …………………………… 呂雙偉（285）
商盤手批《杜工部集》考辨 …………………… 曾紹皇（301）
"學詞"與"詞學"：晚清民國的詞法論述與詞學演進 ……… 龔宗傑（323）
同志文學的翻譯、再版與重譯：一個敘事建構的視角 ……… 李　波（345）

---

* 《嶺南學報》名家講座系列專稿。

Table of Contents

Lyrical and Narrative Traditions

On the Essence of *Shiyanzhi*: Commentary on Zhu Ziqing's
  Shiyanzhibian ·· Fengyi Zhang(3)

Taboo Narrative in *Shi Ji* and the Writing Method of *Chun Qiu*:
  With Examples from the Wars with Xiongnu[*]
  ·· Kao-Ping Chang(19)

On the Materiality in *Meanings of Plants Birds*, *Beasts*,
  Insects and Fish in Mao Shi ················· Jianguo Cao, Zijun Yi(61)

Poetic Styles of *Changqing*, *Meicun*, and *benshishi* —
  On the Narrative Form of Chinese Poetic Style ······ Yinpeng Zhang(93)

Narrative and lyricism: Style Theory of the Poetics embodied
  in *The Dream of the Red Chamber* ·························· Li-chuan Ou(115)

On Feng Qiuxue's Contribution to *Ci* Studies in Macao
  ·· Chon-chit Tang(141)

On the Boundary Between Narration and Lyricism of
  Pre-Modern Chinese Literature ························· Longsun Rao(161)

---

[*] Special Column: *LJCS* Lecture Series.

Lyrical Tradition from the Narrative Perspective ············ Xiuyan Fu(187)

Personal Creation or Intertextuality? A Study of Yuan
　　Huang-tao's Poetics ·· Jen-nien Chai(207)

New Perspectives
Du Yaquan's Enlightenment Rationality and Eco-Consciousness:
　　The Ecological Age and East-West Cultural Exchanges
　　··· Shuyuan Lu(257)

Li Zhaoluo's Reconstruction of Parallel Prose ············ Shuangwei Lü(285)

Textual Analysis of Shang Pan's Annotations of *Tu Fu's*
　　Poetry Anthology（杜工部集）······················· Shao-huang Zeng(301)

Learning *Ci* Poetry and *Ci* Poetry Theories: On Methods for
　　Ci Writing and the Development of *Ci* Theory in Late Qing
　　Dynasty and the Republican Era ······················· Zongjie Gong(323)

Translation, Reedition, and Retranslation of Gay Literature:
　　A (Re)Framing Perspective ·································· Bo Li(345)

抒情與叙事傳統

行政诉讼法教程

"詩言志"之本義謭論
——讀朱自清先生《詩言志辨》札記

張峰屹

【摘　要】朱自清先生《詩言志辨》，認為"詩言志"之基本內涵是言說思想意志用以教化，强調其思想旨趣在於政教。這個學術影響巨大的認知，其實是對漢代詩學思想的整理和提煉，與"詩言志"之本義不完全相符。本文從先秦"詩言志"之實踐和闡說、詩人自道"詩言志"之内涵以及"詩言志"訓詁三個方面，重新梳理"詩言志"之本義，以為其不僅包含"表達思想意志"之義，也包含"抒發情感"和"紀事論理"之義。

【關鍵詞】《詩言志辨》　詩言志　思想意志　情感抒發　紀事論理

朱自清先生《詩言志辨》[1]，從"獻詩陳志"、"賦詩言志"、"教詩明志"、"作詩言志"四個維度，細緻解析了"詩言志"之内涵。朱先生此著，乃是以"詩言志"、"詩教"、"比興"和"正變"四者，勾勒上古詩學思想的根本綱領及方法論。並且他以為，此四者乃"以'詩言志'一個意念為中心"，而四者之思想歸趣"自然都在政教"。然則所謂"詩言志"，便是"詩表達（言說）思想意志用以教化"的意思，理論重心在於詩之政教功用。朱先生的論斷，實際上是在疏釋、整理漢代的詩學思想，而不以追本溯源以及現代學術立場的分析理解為務。然而，《詩言志辨》學術影響甚大，許多現代學者都接受

---

[1] 朱自清：《詩言志辨》，載於《朱自清古典文學論文集》上冊，上海：上海古籍出版社 1981 年版，第 183—355 頁。以下引用該書均據此本，為免繁瑣，不再一一出注。

了朱先生的觀點,單純强調"詩言志"之表達思想意志和追求政治教化的性
徵。於是,便不乏將陸機"詩緣情"之説與傳統的"詩言志"對立起來的看
法,以爲這是性質相對的兩種詩學思想①。

本文以爲,朱先生將"詩言志"譽爲中國文學批評"開山的綱領",立論
甚是精確。然而,他對"詩言志"之内涵和旨趣的論斷,只是對漢代詩學思
想的整理和提煉,"詩言志"之本始内涵及其對於中國古代文學發展之意義
和影響,尚可再加多維審視。限於篇幅,本文僅致力於追尋"詩言志"之説
的本義,從先秦"詩言志"之實踐和闡説、詩人自道"詩言志"之内涵、"詩言
志"文字訓詁三個方面展開。

一、先秦"詩言志"之實踐和闡説

朱先生臚列"獻詩"、"賦詩"、"教詩"、"作詩"四個層面作論,分
析細密;而其實際的焦點,實在"賦詩"和"作詩"二者。這裏先來看
"賦詩"。

就傳世文獻看,"詩言志"作爲一個概念或理論表述正式提出,最早似
見於《左傳·襄公二十七年》:

鄭伯享趙孟於垂隴,子展、伯有、子西、子産、子大叔、二子石從。
趙孟曰:"七子從君,以寵武也。請皆賦,以卒君貺,武亦以觀七子之
志。"子展賦《草蟲》。趙孟曰:"善哉,民之主也! 抑武也,不足以當
之。"伯有賦《鶉之賁賁》。趙孟曰:"床笫之言不踰閾,況在野乎? 非使
人之所得聞也。"子西賦《黍苗》之四章。趙孟曰:"寡君在,武何能
焉?"子産賦《隰桑》。趙孟曰:"武請受其卒章。"子大叔賦《野有蔓
草》。趙孟曰:"吾子之惠也。"印段賦《蟋蟀》。趙孟曰:"善哉,保家之
主也! 吾有望矣。"公孫段賦《桑扈》。趙孟曰:"'匪交匪敖',福將焉
往? 若保是言也,欲辭福禄,得乎?"

卒享,文子告叔向曰:"伯有將爲戮矣。《詩》以言志,志誣其上而
公怨之,以爲賓榮,其能久乎? 幸而後亡。"叔向曰:"然,已侈,所謂不

---

① 裴斐《詩緣情辨》(成都:四川文藝出版社1986年版)對此一問題有精湛辯説,本文不贅。

及五稔者,夫子之謂矣。"文子曰:"其餘皆數世之主也。子展其後亡者也,在上不忘降。印氏其次也,樂而不荒。樂以安民,不淫以使之,後亡,不亦可乎!"①

晉大夫趙武(趙孟,即下文之"文子")在宋國參加完十四國會盟回國,途經鄭國,遂有此事。趙武請鄭國七臣賦《詩》,欲"以觀七子之志";而會後又有"(賦)《詩》以言志"之明説。這段文字展現的,便是後來《漢書·藝文志》概述的情形:"古者諸侯卿大夫交接鄰國,以微言相感,當揖讓之時,必稱《詩》以諭其志,蓋以別賢不肖,而觀盛衰焉。"②為便於真切理解,姑簡析其"賦《詩》言志"、"聞賦觀志"的具體情形。

子展賦《草蟲》。杜預注曰:"以趙孟為君子。"③案:詩見《召南》,其首章有云:"未見君子,憂心忡忡。亦既見止,亦既覯止,我心則降。"關於此詩之旨意,古有兩類代表性解説:(1)《毛序》云:"大夫妻能以禮自防也。"④朱熹《詩集傳》云:"南國被文王之化,諸侯大夫行役在外,其妻獨居,感時物之變,而思其君子如此。"⑤毛、朱説雖不同,但均關乎男女情感問題;(2)劉向《説苑·君道》引述孔子對魯哀公曰:"惡惡道不能甚,則其好善道亦不能甚;好善道不能甚,則百姓之親之也亦不能甚。《詩》云:'未見君子,憂心惙惙。亦既見止,亦既覯止,我心則説。'《詩》之好善道之甚也如此。"⑥以為《草蟲》所述乃好尚善道之義。子展賦此詩,旨意近於《説苑》所載孔子之説,而融入了自己憂國而慕趙之新意,以頌美趙武為君子,並表達了憂國憂民及信重晉國之義。故趙武稱讚子展"善哉,民之主也",並自謙"不足以當之"。子展賦此詩,與詩作之本義並不完全符合。

伯有賦《鶉之賁賁(今本作奔奔)》。杜預注曰:"衛人刺其君淫亂,鶉、鵲之不若。義取'人之無良,我以為兄'、'我以為君'也。"案:詩見《鄘

---

① 楊伯峻:《春秋左傳注》,北京:中華書局1981年版,第1134頁。
② 班固:《漢書》,北京:中華書局1962年版,第1755—1756頁。
③ 本文引證杜預注文,均據杜預《春秋經傳集解》,《四部叢刊》影印宋刊巾箱本。
④ 本文引證《毛序》及《鄭箋》,均據孔穎達《毛詩正義》,北京:中華書局1980年版,影印阮元校刻《十三經注疏》本。
⑤ 朱熹:《詩集傳》,上海:上海古籍出版社1958年版,第9頁。
⑥ 劉向撰,向宗魯校證:《説苑校證》,北京:中華書局1987年版,第4頁。

風》:"鶉之奔奔,鵲之彊彊①。人之無良,我以為兄②。鵲之彊彊,鶉之奔奔。人之無良,我以為君。"關於此詩之旨意,《毛序》云:"鶉之奔奔,刺衛宣姜也。衛人以為宣姜鶉、鵲之不若也。"鄭《箋》云:"刺宣姜者,刺其與公子頑為淫亂,行不如禽鳥。"伯有賦此詩之意,與《毛詩》義異,雖仍藉以譏刺淫亂,但所刺對象是君(鄭伯),而非女寵。故趙武會後告叔向曰:"伯有將為戮矣。《詩》以言志,志誣其上而公怨之,以為賓榮,其能久乎?"杜預注曰:"言誣,則鄭伯未有其實。"伯有賦此詩乃是借題發揮,亦未遵守詩之本義。

子西賦《黍苗》之四章。杜預注:"四章曰:'肅肅謝功,召伯營之。烈烈征師,召伯成之。'比趙孟於召伯。"案:詩見《小雅》。周宣王分封其母舅於申(史稱申伯),命召虎(史稱召伯)帶領官兵,裝載貨物,經營申地,建築謝城以為其國都。這首詩是隨從召伯建設申國者完成任務後在歸途中所唱的歌,用以歌頌召伯對國家的貢獻。子西賦此詩,意在比趙武於召伯,故趙武自謙曰:"寡君在,武何能焉?"(杜預注:"推善於其君。")子西賦此詩,乃是遵守了詩作之原義(儘管召伯和趙武所為之具體事務不同),而借喻以稱頌趙武。

子產賦《隰桑》。杜預注:"義取思見君子盡心以事之。"案:詩見《小雅》:"隰桑有阿,其葉有難。既見君子,其樂如何!隰桑有阿,其葉有沃。既見君子,云何不樂!隰桑有阿,其葉有幽。既見君子,德音孔膠。心乎愛矣,遐不謂矣?中心藏之,何日忘之?"關於此詩旨意,《毛序》曰:"刺幽王也。小人在位,君子在野,思見君子盡心以事之。"《毛傳》釋義較為隱曲,而"思見君子盡心以事"之義,於詩中則可以顯見。故朱熹《詩集傳》徑謂:"此喜見君子之詩。"子產賦此詩,表達樂見君子之義,與原詩之旨意相合。

子大叔賦《野有蔓草》。杜預注:"取其'邂逅相遇,適我願兮'。"案:詩見《鄭風》:"野有蔓草,零露漙兮。有美一人,清揚婉兮。邂逅相遇,適我願兮。野有蔓草,零露瀼瀼。有美一人,婉如清揚。邂逅相遇,與子偕臧。"關於此詩旨意,《毛序》云:"思遇時也。君之澤不下流,民窮於兵革,男女失時,思不期而會焉。"子大叔賦此詩,藉以轉諭其對趙武的渴慕、喜見之情,故趙武感謝道:"吾子之惠也。"可見子大叔賦此詩,乃為斷章取義之屬。

---

① 鄭《箋》云:"奔奔、彊彊,言其居有常匹、飛則相隨之貌。刺宣姜與頑非匹耦。"《韓詩》云:"奔奔、彊彊,乘匹之貌。"
② 鄭《箋》云:"人之行無一善者,我君反以為兄。君謂惠公。"

印段賦《蟋蟀》。杜預注："言瞿瞿然顧禮儀。"案：詩見《唐風》，三章詩義重疊，其首章云："蟋蟀在堂，歲聿其莫。今我不樂，日月其除。無已大康，職思其居。好樂無荒，良士瞿瞿。"關於此詩旨意，《毛序》云："刺晉僖公也。儉不中禮，故作是詩以閔之，欲其及時以禮自虞樂也。"三家《詩》皆云此詩乃刺儉（禮儀不周備）之義（見王先謙《詩三家義集疏》①）。印段賦此詩，遵守詩之原義，表達守禮勿荒的意願。故趙武稱讚他道："善哉，保家之主也！"（杜預注："能戒懼不荒，所以保家。"）

公孫段賦《桑扈》。杜預注："義取君子有禮文，故能受天之祜。"案：詩見《小雅》："交交桑扈，有鶯其羽。君子樂胥，受天之祜。交交桑扈，有鶯其領。君子樂胥，萬邦之屏。之屏之翰，百辟為憲。不戢不難，受福不那。兕觥其觩，旨酒思柔。彼交匪敖，萬福來求。"關於此詩之旨意，《毛序》云："刺幽王也。君臣上下，動無禮文也。"鄭《箋》云："動無禮文，舉事而不用先王禮法威儀也。"果如此，則此詩乃是反義正出、以美為刺的諷諫之作。而公孫段賦此詩，當是正義正出，表達敦行禮儀之志願。故趙武曰："若保是言也，欲辭福祿，得乎？"

由上述七子賦《詩》的具體情形可見，春秋時期的"賦《詩》言志"，大抵有基本符合詩之本義和不合本義兩種情形。基本符合者，如子西賦《黍苗》、子產賦《隰桑》、印段賦《蟋蟀》；餘皆不完全符合詩之原義。

《左傳》、《國語》中，此類賦《詩》言志、斷章取義例子很多，不勝枚舉。而無論其賦《詩》是否符合原義，就賦《詩》者之用意而言，都有一個基本傾向，那就是：斷章取義，借《詩》章言己意。此種情形，在先秦是很理性的行為，《左傳·襄公二十八年》就記錄了齊人盧蒲癸之說："賦詩斷章，余取所求焉。"

如果說《左傳》、《國語》諸書中記錄的"賦《詩》言志"乃是用《詩》之實踐，那麼《尚書》記載的"詩言志"，便是理論闡述了：

> 帝（舜）曰："夔！命汝典樂，教冑子。直而溫，寬而栗，剛而無虐，簡而無傲。詩言志，歌永言，聲依永，律和聲，八音克諧，無相奪倫，神人以和。"夔曰："於！予擊石拊石，百獸率舞。"（《尚書·堯典》）

---

① 王先謙：《詩三家義集疏》，北京：中華書局1987年版。

這一段耳熟能詳的史料，儘管難以相信它果真產生於堯舜時代，但必然是先秦時期的思想觀念則無可懷疑。這段史料的重要價值，一是如上述，它是"詩言志"思想的理論形態的表述；二是與《左傳》記錄的"用《詩》"不同，它是從詩歌創作的角度（"作詩"）來闡述"詩言志"的。就其思想而言，這段文字的主旨明顯是指向政教，故其"詩言志"之"志"，主要應指思想意志。

《左傳》、《尚書》等典籍之外，先秦諸子的著述中也屢見"詩言志"之說，如《莊子·天下》云："詩以道志。"《荀子·儒效》云："詩言是其志也。"《荀子·樂論》云："君子以鐘鼓道志。"然則，至晚到戰國之時，"詩言志"已經是人們耳熟能詳的成說了。

綜上可知，先秦"詩言志"說實際蘊含了兩種不同的理論內涵：一種是《尚書·堯典》中提及的"詩言志"，從創作的角度立論，詩一般不是指《詩經》等既有的詩歌，而是作為一種文體類型的詩歌。另一種是"賦《詩》言志"，詩是《詩經》中的詩歌（或有逸詩），而所謂"賦《詩》"者，不是自己創作，而是引用既成之詩章以抒發一己之志意。而無論"賦《詩》言志"，還是"作詩言志"，其所言之"志"，都是偏於清明理性的思想意志。這似乎佐證了朱自清先生關於"詩言志"內涵之論斷的準確；然而，若想弄清"詩言志"的本真涵義，尚須考察另一個更重要的方面，那就是詩人自道"詩言志"之情形。

二、《詩經》中詩人自述之"詩言志"

朱先生《詩言志辨》舉出了《詩經》作者自道作詩情由的詩句十二條[1]，顯然注意到了《詩經》中詩人自述之"詩言志"，惜乎他在做論斷時，並沒有給予這些詩人自道足夠的重視，抑或是太過相信漢人解《詩》的說法，所以他還是把"詩言志"之內涵單純歸結為表達思想意志以服務於"政教"。本文以為，上述"賦《詩》言志"、"作詩言志"的史實、史料固然重要，而詩人自道之"詩言志"，從學理上說，對於準確理解"詩言志"之本義而言，更是根本

---

[1] 《詩經》作者自道"詩言志"，不止十二處。王運熙、顧易生主編《中國文學批評通史》之《先秦兩漢卷》（上海：上海古籍出版社 1996 年版），即例舉了十七條，其實還有遺漏。

性的佐證,應予特別重視。下面舉出一些含義明顯的例證,以觀詩人自道"詩言志"之本真內涵:

1.《魏風·葛屨》:"維是褊心,是以為刺。"

《毛序》曰:"刺褊也。魏地狹隘,其民機巧趨利,其君儉嗇褊急,而無德以將之。"朱熹《集傳》云:"此詩疑即縫裳之女所作。"今人多從之,認為是縫衣女諷刺貴族婦女的詩。

2.《陳風·墓門》:"夫也不良,歌以訊之。訊予不顧,顛倒思予。"

《毛序》曰:"刺陳佗也。陳佗無良師傅,以至於不義,惡加於萬民焉。"鄭《箋》云:"不義者,謂弒君而自立。"按:事見《左傳·桓公五年》。陳佗為陳文公之子、桓公之弟,殺太子陳免而自立,陳國於是大亂。朱熹《集傳》云:"夫也不良,則有歌其惡以訊之者矣。訊之而不予顧,至於顛倒然後思予,則豈有所及哉!"

此詩之本事尚有他說,劉向《列女傳》卷八《陳辯女》云①:"辯女者,陳國採桑之女也。晉大夫解居甫使於宋,道過陳,遇採桑之女,止而戲之曰:'女為我歌,我將舍汝。'採桑女乃為之歌曰:'墓門有棘,斧以斯之。夫也不良,國人知之。知而不已,誰昔(猶言疇昔)然矣。'大夫又曰:'為我歌其二。'女曰:'墓門有梅,有鴞萃止。夫也不良,歌以訊止。訊予不顧,顛倒思予。'大夫曰:'其梅則有,其鴞安在?'女曰:'陳,小國也,攝乎大國之間,因之以饑饉,加之以師旅,其人且亡,而況鴞乎?'大夫乃服而釋之。"

無論其本事如何,此詩之作意乃為諷刺,當無可疑。

3.《小雅·節南山》:"家父作誦,以究王訩。式訛爾心,以畜萬邦。"

《毛序》曰:"家父刺幽王也。"鄭《箋》云:"家父,字,周大夫也。"此詩乃是周大夫諷諫周王,詩義自明。

4.《小雅·正月》:"謂天蓋高,不敢不局;謂地蓋厚,不敢不蹐。維號斯言,有倫有脊(《毛傳》:"倫,道。脊,理也。")。"

《毛序》曰:"大夫刺幽王也。"此詩也是周大夫諷諫周王之作。

5.《小雅·何人斯》:"作此好歌,以極反側。"

《毛序》曰:"蘇公刺暴公也。暴公為卿士而譖蘇公焉,故蘇公作是詩以絕之。"知此詩為蘇公譏刺暴公並示絕交之作。

---

① 劉向編撰,顧愷之圖畫:《新刊古列女傳》,清道光五年(1825)揚州阮福摹刊南宋建安余仁仲刻本。

6.《小雅·巷伯》:"寺人孟子,作為此詩。凡百君子,敬而聽之。"

《毛序》曰:"刺幽王也。寺人傷於讒,故作是詩也。"知此詩為閹人孟子傷讒、斥責搖唇鼓舌小人之作。

7.《小雅·車舝》:"雖無德與女,式歌且舞。"

《毛序》曰:"大夫刺幽王也。褒姒嫉妒,無道並進,讒巧敗國,德澤不加於民。周人思得賢女以配君子,故作是詩也。"鄭《箋》云:"諸大夫覬得賢女以配王,於是酒雖不美猶用之燕飲,肴雖不美猶食之人,皆庶幾於王之變改,得輔佐之。雖無其德,我與女用是歌舞相樂。喜之至也。"知此詩亦諷諫之作。

8.《大雅·卷阿》:"矢(陳)詩不多,維以遂歌。"

《毛序》曰:"召康公戒成王也。言求賢用起士也。"《毛傳》云:"不多,多也。明王使公卿獻詩,以陳其志,遂為工師之歌焉。"知此詩為勸誡成王求賢納士之作。

9.《大雅·民勞》:"王欲玉女,是用大諫。"

《毛序》曰:"召穆公刺厲王也。"鄭《箋》云:"時賦斂重數,徭役繁多,人民勞苦,輕為奸宄,强陵弱,衆暴寡,作寇害。故穆公以刺之。"又,此二句鄭《箋》云:"玉者,君子比德焉。王乎!我欲令女如玉然,故作是詩,用大諫正女。此穆公至忠之言。"知此為召穆公諷諫周厲王之作。

10.《大雅·板》:"猶(《毛傳》:"猶,圖也。"鄭《箋》:"猶,謀也。")之未遠,是用大諫。"

《毛序》曰:"凡伯刺厲王也。"鄭《箋》云:"王為政,反先王與天之道,天下之民盡病。其出善言而不行之也。此為謀不能遠圖,不知禍之將至。王無聖人之法度,管管然以心自恣,不能用實於誠信之言,言行相違也。王之謀不能圖遠,用是故我大諫王也。"知此為凡伯諷諫周厲王之作。

11.《大雅·桑柔》:"雖曰匪予,既作爾歌。"

《毛序》曰:"芮伯刺厲王也。"鄭《箋》云:"芮伯,畿內諸侯王卿士也,字良夫。"王符《潛夫論·遏利》云:"昔周厲王好專利,芮良夫諫而不入,退賦《桑柔》之詩以諷。言是大風也,必將有隧;是貪民也,必將敗其類。王又不悟,故遂流死於彘。"①此二句,鄭《箋》云:"女雖觝距己言,此政非我所為,我已作女所行之歌,女當受之而改悔。"孔穎達《疏》云:"汝雖言曰'此惡政

---

① 王符撰,汪繼培箋,彭鐸校正:《潛夫論箋校正》,北京:中華書局1985年版,第27頁。

非我所為',我知汝實為之,已作汝所為之歌,歌汝之過,汝當受而改之。"知此為芮良夫諷諫周厲王之作。

以上例證,詩人自道其作詩乃為諷刺、勸諫。此種情形之"言志",含義為表達思想意志。

12.《召南·江有汜》:"之子歸,不我過;不我過,其嘯也歌。"

《毛序》曰:"美媵也。勤而無怨,嫡能悔過也。文王之時,江沱之間,有嫡不以其媵備數;媵遇勞而無怨,嫡亦自悔也。"蓋為歌頌媵妾遭受嫡妻嫉妒而不怨望,亦美嫡妻能夠自悔。此詩當為媵妾所歌,所謂"不我過,其嘯也歌",意謂嫡妻不與我過往,我心憂傷,故嘯歌抒懷。

13.《魏風·園有桃》:"心之憂矣,我歌且謠。"

《毛序》曰:"刺時也。大夫憂其君,國小而迫,而儉以嗇,不能用其民,而無德教,日以侵削,故作是詩也。"歌謠之作,乃為紓解心憂,詩義自明。

14.《小雅·四月》:"君子作歌,維以告哀。"

《毛序》曰:"大夫刺幽王也。在位貪殘,下國構禍,怨亂並興焉。"鄭《箋》云:"告哀,言勞病而訴之。"朱熹:"此亦遭亂自傷之詩。"此謂作歌以抒發心中悲哀,詩義自明。

15.《小雅·四牡》:"豈不懷歸?是用作歌,將母來諗。"

《毛序》曰:"勞使臣之來也。有功而見知,則説矣。"鄭《箋》云:"文王為西伯之時,三分天下有其二,以服事殷,使臣以王事往來於其職。於其來也,陳其功苦以歌樂之。"此蓋為文王慰勞使臣之詩。又,《儀禮·鄉飲酒》鄭玄注云:"《四牡》,君勞使臣之來樂歌也。勤苦王事,念及父母,懷歸傷悲,忠孝之至。"此詩五章,前四相繼歌曰:"豈不懷歸?王事靡盬,我心傷悲";"豈不懷歸?王事靡盬,不遑啟處";"王事靡盬,不遑將父";"王事靡盬,不遑將母";末章以"豈不懷歸?是用作歌,將母來諗"結穴。其作詩以抒發歸思及思念父母之意,十分顯明。

16.《小雅·白華》:"嘯歌傷懷,念彼碩人。"

《毛序》曰:"周人刺幽后也。幽王取申女以為后,又得褒姒而黜申后,故下國化之,以妾為妻,以孽代宗,而王弗能治。周人為之作是詩也。"案:"碩人"有指褒姒、申后、幽王三説,以指申后説為勝。詩人(周人)為幽王黜申后改立褒姒而傷懷,作歌以懷念申后。

以上例證,詩人自道其作詩乃為發抒內心之某種情感。儘管或有政治本事,但詩人自言者均為抒情之義。此種情形之"言志",其含義顯然是抒發情感。

17.《大雅·崧高》:"吉甫作誦,其詩孔碩,其風肆好,以贈申伯。"

《毛序》曰:"尹吉甫美宣王也。天下復平,能建國親諸侯,褒賞申伯焉。"朱熹《集傳》云:"宣王之舅申伯,出封於謝,而尹吉甫作詩以送之。"

18.《大雅·烝民》:"吉甫作誦,穆如清風。仲山甫永懷,以慰其心。"

《毛序》曰:"尹吉甫美宣王也。任賢使能,周室中興焉。"朱熹《詩集傳》云:"宣王命樊侯仲山甫築城於齊,而尹吉甫作詩以送之。"而《漢書·杜欽傳》載杜欽説王鳳有云:"昔仲山甫,異姓之臣,無親於宣(王),就封於齊,猶歎息永懷,宿夜徘徊,不忍遠去。"①顏師古注引鄧展説:"詩言仲山甫銜命往治齊城郭,而《韓詩》以為封於齊,此誤耳。"按:漢人多有仲山甫封齊之説,王符《潛夫論·三式》言及以上二詩,即云:"周宣王時,輔相大臣,以德佐治,亦獲有國。故尹吉甫作封頌二篇……言申伯、(仲)山甫文德致升平,王封以樂土,賜以盛服也。"②

上引二例,除去作詩以頌美之明顯作意外,還可注意其特別的意義——對詩歌本身風貌的描述③。所謂"其詩孔碩,其風肆好",是説歌辭很美、曲調極好;而"穆如清風",則是象喻詩作之淳美舒和。

綜觀上述《詩經》中詩人自道之例證,容易看出他們作詩的緣由及其目的:一為諷刺、勸諫或頌美(即漢人所謂"美""刺"),二為抒發内心之情感。前者為表述思想意志,後者則是抒發情感。合此二者,方為詩人自道"詩言志"之完整内涵。漢儒出於經世致用之需要,單純強調《詩經》的政教意義,如清人程廷祚説:"漢儒言《詩》,不過美、刺兩端。"④如聞一多説:"漢人功利觀念太深,把《三百篇》做了政治課本。"⑤這本無可厚非,因為漢人眼中之"詩"既非同今人(詳下),他們對《詩經》性質的看法也與今人不同。漢人解《詩》全説其"美""刺"意義,完全合理;但是,今天既然恢復了《詩經》詩歌總集的本初性質,就不應再固守漢人的《詩》解,而應做出合乎其詩集

---

① 班固:《漢書》,第 2677 頁。
② 王符撰,汪繼培箋,彭鐸校正:《潛夫論箋校正》,第 198 頁。
③ 《毛傳》云:"清微之風,化養萬物者也。"鄭《箋》云:"穆,和也。吉甫作此工歌之誦,其調和人之性,如清風之養萬物然。仲山甫述職,多所思而勞,故述其美以慰安其心。"毛、鄭仍是曲解為政教意義,明顯不合詩義。
④ 程廷祚:《青溪集》,卷二《詩論十三》,《金陵叢書》本。
⑤ 《聞一多全集》第 1 册《神話與詩·匡齋尺牘》之六《聞話》,北京:三聯書店 1982 年版,第 356 頁。

身份的理解。朱自清先生解説"詩言志",可能就是太過膠著於漢人《詩》解了。

三、從文字訓詁角度看"詩言志"之本義

以上從先秦時期之用《詩》實踐和理論闡述、《詩經》作者自道兩個維度,明確了"詩言志"之内涵,事實上包括表達思想意志和抒發情感兩個方面含義。下面再從文字及訓詁釋義的角度,來看"詩言志"的本義究竟如何。這個考察角度之關鍵,是要弄清兩個字的本義:什麽是"詩"?"志"的内涵究竟是什麽?

何謂"詩"?似乎不是個問題。但在上古時期,詩的本義究竟如何?若以今例古,則難以得到確解。先看漢代字書、辭書的解釋:

詩,志也。(《説文解字》)
詩,之也,志之所之也。(《釋名·釋典藝》)

《説文》的釋義簡潔明快,它説"詩"就是"志"。而《釋名》則把"詩"釋為動詞,是抒發出來的"志"(這是採用《毛詩大序》的説法,詳下)。無論如何,許慎、劉熙都把"詩"解釋為"志"。再看工具書之外漢人的説法:

詩者,志之所之也。在心為志,發言為詩。(《毛詩大序》)
《詩》以言情;情者,信之符也。《書》以決斷;斷者,義之證也。(劉歆《七略》,見《初學記》卷二一、《太平御覽》卷六〇九引)
詩者,所以言人之志意也。(《尚書·堯典》"詩言志"鄭玄注)
詩者,天地之精、星辰之度、人心之操也。在事為詩,未發為謀,恬淡為心,思慮為志。故詩之為言志也。(《春秋説題辭》)
詩者,天地之心、君德之祖、百福之宗、萬物之户也。刻之玉板,藏之金府,集微揆著,上統玄皇,下序四始,羅列五際。故詩者,持也。(《詩含神霧》)

以上材料,可分三類觀之:(1)《毛詩序》和鄭玄之説,謂心中之"志"

發表出來就是"詩",故"詩"就是"志"。這是漢人經典的説法。(2)劉歆雖謂"詩以言情",但他明確説"情"是"信"的表徵;故劉歆所謂"情",並非情感之義,而是"實"、"誠",他的説法是"詩言實誠"。而實誠乃在心中,故劉歆所謂"詩以言情"者,實質即是"詩言志"也。(3)緯書的兩段文字玄奧惚恍,其實義乃在"詩之為言志也"、"詩者持也";所謂"持"即"持守",強調的是詩之教化功能,其思想基礎仍在"志"。總之,漢人關於"詩"的這些解釋,核心內涵都是"詩言志",並且"詩"與"志"的含義是可以直通的。

然則,要想明白何謂"詩",首先就需弄清楚"志"的含義。先看"志"字的寫法(以下截圖見《漢語大字典》,四川、湖北辭書出版社 1986—1990 年版):

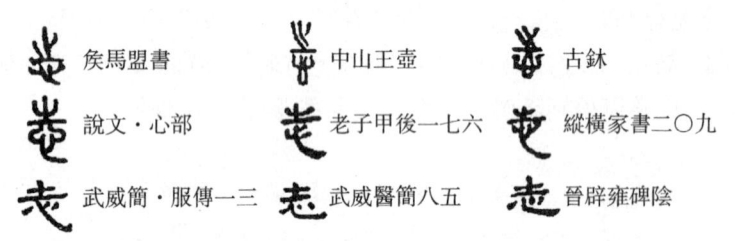

侯馬盟書	中山王壺	古鉩
説文·心部	老子甲後一七六	縱橫家書二〇九
武威簡·服傳一三	武威醫簡八五	晉辟雍碑陰

這個截圖,清晰呈示了"志"字書體的演變:第一、第二行的六個字,是先秦到漢代的篆書;第三行的三個字是漢代隸化以後的寫法。由此可知,"志"字的早期寫法,乃是上止下心(止字、心字均為象形;止字是一隻腳站在地上),是個會意字,意為"停止於心"。也就是説,凡"停止於心"的(內心)東西都是"志"。隸化之後,"志"上部的"止"字被簡化為"土",便失去了造字之本初寓意。

再看《説文》釋"志"字:"志者,意也。"(按《説文》又云:"意,志也。察言而知意也。""志""意"互訓。)志(意)便是心意、心思,是心中的所思、所感、所欲者。《説文》又云"詩者,志也",則詩也是心意、心思,是心中之所思、所感、所欲。只不過,"志"是"止於心"的心思、心意,"詩"是"發於言"的心思、心意(所謂"在心為志,發言為詩")。

至此,一個至為關鍵的問題必須要明確了:"停止於心"者,都包含什麼東西? 常人皆知,心思、心意非常複雜,它可以是理念、意志、清明的思想,也可以是情感、願望、莫名的情緒。凡心中之所思、所感、所欲,均為"停止於心"的東西,便都是"志";若發表於言辭,也便都是"詩"。因此,"詩言志"之"志",從字源上説,實際就是詩人心中之所知、所思、所感、所願,既包括知識、思想,也當然包括情感、欲願①。上揭《詩經》作者們說到作詩緣由和目的的那些詩句,便包含了這兩個方面的意涵。

當然,"詩"還須有語言形式上的要求。《大雅·崧高》"其詩孔碩,其風肆好",《毛傳》:"肆,長也。"可以"永歌""長言"的語句,纔是詩句。《尚書·堯典》"詩言志,歌永言"之説,清晰顯示了志、詩、歌三者之關係:藏於心為志,發於言為詩,永(長)其聲為歌。故古人之詩,未有不可歌者,《墨子·公孟》云"弦詩三百,歌詩三百,舞詩三百",《史記·孔子世家》云"三百五篇,孔子皆弦歌之,以求合《韶》《武》雅頌之音"。

一言以蔽之,把内心的思想或情感用有節奏韻律的可歌的語言表達出來,就是詩。因此,上古所謂"詩",與今天所理解的純文學的詩,在内涵上是有所不同的。與之相聯繫,對詩的特質、作用的認識也就不同——這是題外話了。

以上所述,是"詩"之本義。在上古,"詩"還有一個引伸義——"誌"。上古無"誌"字,稱呼文獻典籍都用"志"字。如《左傳·襄公二十五年》"志有之:言以足志,文以足言"杜預注:"志,古書也。"又如《國語·楚語上》"教之故志,使知廢興"韋昭注:"故志,謂所記前世成敗之書。"既然"詩"就是"志",而"志"又可以訓為"誌",那麼"詩"也可以是"誌"。所以《管子·山權數》篇説:"詩,所以記物也。"賈誼《新書·道德説》云:"詩者,志德之理,而明其指,令人緣之以自戒也。"可見,"詩"又可以用來記事、論理,有"史"之義,故"詩"也可以是"史"②,由此也産生了"以詩為史"的觀念。漢初四家解《詩》,把《詩經》裏的許多詩,都解釋為某些歷史人物的行事或歷史事件,或以為美或以為刺,這就與他們以詩為史的觀念直接相關。

從以上簡要梳理"詩"與"志"之本義可見,上古時期"詩言志"的觀念,與今天的理解有很大不同:

其一,上古時期,並没有把"詩"看作純粹是抒發個人情感的東西(詩當然可以抒情),而是與經、史等一樣,同時也被當作經世致用的東西。所以,

---

① 參見《聞一多全集》第1册《神話與詩·歌與詩》,第184—189頁。
② 明乎此,則古籍中一些費解的話,就容易明白了。如《論語·雍也》云:"質勝文則野,文勝質則史。"《儀禮·聘禮記》云:"辭多則史。"《韓非子·難言》云:"捷敏辯給,繁於文采,則見以為史。"這裏的"史",就都與"詩"意義相通,指虚構、文采等。錢鍾書《談藝錄》云:"史必徵實,詩可鑿空。古代史與詩混,良因先民史識猶淺,不知存疑傳信,顯真别幻。號曰實録,事多虚構;想當然耳,莫須有也。述古而強以就今,傳人而借以寓己。史云乎哉,直詩而已。"(北京:中華書局1984年版,第38頁)

詩既可以抒情,也可以諷諫,還可以紀事論理。在這個意義上,孔穎達《毛詩正義》"一名三訓"之說差為得之:"名為詩者,《內則》說負子之禮云:'詩負之',注云:'詩之言承也。'《春秋說題辭》云:'在事為詩,未發為謀,恬淡為心,思慮為志,詩之為言志也。'《詩緯·含神霧》云:'詩者,持也。'然則詩有三訓:承也,志也,持也。作者承君政之善惡,述己志而作詩,為詩所以持人之行,使不失墜,故一名而三訓也。"

其二,上古時期,也沒有把"志"的涵義拘限在純粹理性的"思想意志"之狹窄義域中,它同時也包括情感、欲願在內。

總之,"詩言志"的本義,比今天任何一種理解都要寬泛:"詩"既不僅僅是抒情的(它還可以表達理性的思想意志,甚至可用以紀事、論理),"志"也不僅僅是理性的思想、意志(它還包括純粹情感,甚至知識、記憶)。也正由於此,"詩言志"纔能擔當得起中國文學"開山綱領"之資格。

結　語

今天討論中國文學的抒情與叙事傳統,作為中國文學之"開山的綱領"——"詩言志",是繞不開的基礎話題。長期以來,以朱自清先生為代表的相當多的學者,傾向於認定"詩言志"的內涵就是"言說思想意志以求教化",這其實是漢人的詩學思想。"詩言志"的本然內涵,需要追本溯源,重新予以釐清。本文以為,單純強調"詩言志"的政教旨趣,甚至把它與晉人陸機之"詩緣情"說對立起來的認知,既不符合文學史之事實,也不是"詩言志"的完足涵義。

上古"詩言志"觀念的思想內涵,乃是抒發情感、表述思想意志、叙事論理並包的,這在《詩經》三百五篇的實際創作中已有清晰呈現。這一內涵,正說明在上古時期,中國文學便已形成了抒情與叙事並舉共進的成熟文學傳統,滋養著後世文學的發展演進。

(作者單位:南開大學文學院中文系)

On the Essence of *Shiyanzhi*:
Commentary on Zhu Ziqing's *Shiyanzhibian*

Fengyi Zhang

In *Shiyanzhibian*, Zhu Ziqing believes that the essence of *shiyanzhi* is that the purpose of expressing thoughts and ideas is to emphasize the significance of official propaganda. This conviction, which has major academic influence, is actually an induction of the overall poetic thoughts of Han Dynasty, rather than aiming at the essence of *shiyanzhi*. This essay holds this argument from three aspects: the practice and interpretation of *shiyanzhi* of pre-Qin period, the illustrations of *shiyanzhi* of poets themselves, and exegetical studies (*xungu*) of *shiyanzhi*. In doing so, this essay reevaluates the very essence of *shiyanzhi*, and proposes that *shiyanzhi* contains not only the meaning of illustrating ideological thoughts, but also includes expressing emotions and the ethics of narratives.

Keywords: *Shiyanzhibian*, *shiyanzhi*, ideological thoughts, emotional expressions, ethics of narrative

徵引書目

1. 孔穎達：《毛詩正義》，北京：中華書局，1980 年版，影印阮元校刻《十三經注疏》本。
2. 王先謙：《詩三家義集疏》，北京：中華書局，1987 年版。
3. 王符著，汪繼培箋，彭鐸校正：《潛夫論箋校正》，北京：中華書局，1985 年版。
4. 王運熙、顧易生主編：《中國文學批評通史·先秦兩漢卷》，上海：上海古籍出版社，1996 年版。
5. 朱自清：《詩言志辨》，載於《朱自清古典文學論文集》上冊，上海：上海古籍出版社，1981 年版。
6. 朱熹：《詩集傳》，上海：上海古籍出版社，1958 年版。
7. 杜預：《春秋經傳集解》，《四部叢刊》影印宋刊巾箱本。
8. 班固：《漢書》，北京：中華書局，1962 年版。
9. 楊伯峻：《春秋左傳注》，北京：中華書局，1981 年版。
10. 聞一多：《聞一多全集》（第 1 冊），北京：三聯書店，1982 年版。
11. 裴斐：《詩緣情辨》，成都：四川文藝出版社，1986 年版。
12. 劉向編撰，向宗魯校證：《説苑校證》，北京：中華書局，1987 年版。
13. 劉向編撰，顧愷之圖畫：《新刊古列女傳》，清道光五年（1825）揚州阮福摹刊南宋建安余仁仲刻本。
14. 錢鍾書：《談藝錄》，北京：中華書局，1984 年版。

《史記》忌諱敘事與《春秋》書法
——以征伐匈奴之相關人事為例

張高評

【摘　要】忌諱敘事，緣於"切當世之文而罔褒"，"有所刺譏褒諱挹損之文辭，不可以書見"，故推見至隱，筆削見義，寓微辭以譏諷之。忌諱敘事之焦點，在關注如何為尊者諱恥、為長者諱過。司馬遷《史記》敘武帝征討匈奴事，本文選取相關史傳四篇：《李將軍列傳》，敘討伐匈奴之功過，太史公詭辭謬稱，刺譏褒諱有功不賞。《衛將軍驃騎列傳》，敘衛青、霍去病征討匈奴，所獲不如所亡；衛、霍將略，太史公所不取。言外褒貶，實與而文不與。《匈奴列傳》，不敢斥言武帝窮兵黷武，乃托辭擇任將相。《平準書》，直書為邊費耗財而興利平準，因平準而滋長鷙爵酷吏。聚斂攘奪不可以書見，故或筆或削以見義。司馬遷擅長"於敘事中寓論斷"，以屬辭比事為脈絡，體現或書或不書之筆削去取。主體論文分為三部分：一，《史記》敘征伐興利與《春秋》筆削：（一）《春秋》書法與《史記》之筆削見義。（二）征戰興利，或書或不書，筆削以見義。二，征戰匈奴與《史記》之《春秋》書法、忌諱敘事：（一）《平準書》據事直書，寓論斷於敘事之中。（二）《李將軍列傳》於敘事中即見其指。（三）比事屬辭與《匈奴列傳》之忌諱敘事。三，征伐匈奴與《史記》之曲筆諱書、詭辭謬稱：（一）曲筆諱書，微婉顯晦，推見以至隱。（二）詭辭謬稱，實與而文不與。

【關鍵詞】《史記》　征伐匈奴　《春秋》書法　忌諱敘事　筆削昭義

一、前　言

　　自夏商周以來，匈奴南下牧馬，常為中國禍害。漢興七年，匈奴圍高祖於平城，七日不得食，用陳平奇計，圍乃解。其後，漢弱胡強，輒用和親之策；迨胡弱漢強，則派兵進行征伐。漢武帝窮兵黷武，討伐匈奴近半世紀，所得實不償所失。影響所及，"征伐土功，費用浩煩，不得不興利饗爵；利不能即興，不得不嚴刑"；具體情事，可參《史記·平準書》、《酷吏列傳》。明茅坤《史記鈔》所謂"窮兵黷武，酷吏興作，敗俗債事，壞法亂紀，俱與興利相為參伍，相為根柢"[①]。司馬遷《史記》，書寫一代之歷史，於此不能無感慨。面對觸忌犯諱之史事，自《匈奴列傳》到《平準書》，直書或曲筆，叙事策略應當如何斟酌？

　　漢武帝在位五十四年（B.C.140—B.C.87），就《史記·匈奴列傳》、《大宛列傳》，以及《平準書》考之，前後征伐匈奴長達四十四年。前期戰爭，凡二十九年（B.C.132—B.C.105），主將為大將軍衛青、驃騎將軍霍去病，皆緣寵后而得大將，太史公《衛將軍驃騎列傳》微辭所謂"以和柔自媚於上"、"天幸"。衛青七出匈奴，獲首虜六萬餘級。霍去病四出匈奴，獲首虜十二萬餘級。計二將軍斬降匈奴二十二萬，漢軍損失亦十餘萬，喪馬數十萬匹。元狩四年（B.C.119），漠北大戰，大將軍圍單于，斬獲匈奴十萬級，漢軍喪馬十一萬匹。從此漢馬少，竟久不復擊匈奴。單于亦"數使使於漢，好辭甘言求請和親"；至此匈奴之犯邊入寇，基本解除。前人指出："太史公紀武帝征伐事，先之以文景和親，匈奴信漢；然後序兩將軍連年出塞，又必隨之以匈奴入塞，殺略甚多。"[②]對比叙事，諷諭自見。觀《匈奴列傳》太史公曰："欲興聖統，唯在擇任將相哉！唯在擇任將相哉！"[③]忌諱叙事，往往意在言外，發人深省。

　　征討匈奴之戰爭，後期歷時十五年（B.C.104—B.C.90）。武帝欲侯寵姬

[①] 明茅坤：《史記鈔》；韓兆琦：《史記選注·李將軍列傳》，臺北：里仁書局 1994 年版，頁 274。
[②] 明凌稚隆輯校，日本有井範平補標：《史記評林》，臺北：蘭臺書局 1968 年版，卷一一〇《匈奴傳》引凌約言曰，頁 20。
[③] 日本瀧川資言：《史記會注考證》，臺北：萬卷樓圖書公司，1993 年版，卷一一〇，《匈奴列傳》，頁 43—54，總頁 1194—1197。

李氏,竟所用非人,拜其弟李廣利為貳師將軍,擔任伐大宛之主將。漢匈大宛之役,李廣利喪師十餘萬,喪馬三萬匹。其後,三次出征匈奴,每戰皆敗。征和三年(B.C.90),七萬大軍全軍覆沒,李廣利投降匈奴。論者稱:後期戰爭,斬獲匈奴首虜僅萬數千級,而漢軍喪師二十餘萬,為前期戰爭損失之兩倍。匈奴雖殘弱,然竟不克臣服。於是武帝於征和四年下《輪臺詔》,宣告結束對匈奴之征討①。武帝窮兵匈奴,生靈塗炭如此,司馬遷如何為尊者諱恥? 自是忌諱叙事討論之課題。

《史記》篇卷指歸,往往可於序列中見其指義。清何焯《義門讀書記》云:"以《李將軍》次《匈奴傳》前,見北邊非將軍不可寄管鑰。"②《李將軍列傳》置於《匈奴列傳》之前,見唯獨李將軍可以壓勝匈奴。《衛將軍驃騎列傳》次於《匈奴列傳》之後,示二將軍緣征伐匈奴而得官爵也。李廣材氣無雙,守禦北邊,對抗匈奴。文帝惜其"不遇時",武帝之時邊功日競,而天子復以"老數奇"少之。意者文帝以為跅弛之士,多見長於草昧之初;武帝以為數蹶之才,難與共功名之會③。於是廣歷事三朝,竟終老難封,人也! 天乎? 司馬遷《史記》究天人之際,如何為賢者諱過? 清姚祖恩《史記菁華錄》稱:"史公甚愛李廣,而獨不滿於衛青。至如廣之任情孤往,敗處每多於勝處。"④成敗得失之際,史家當如何兼顧《離騷》比興式之抒情?

漢武帝征伐匈奴四十四年,戰備軍費十分浩煩,究竟如何籌措? 論者理出頭緒:戰費支出計有六項,漢匈戰爭引發之相關理財措施共十三項。興利,皆因征伐而起,刑罰、鬻爵,亦緣興利、征伐而發。《平準書》深文微辭,唏噓感慨繫之。論者指出:"漢武帝耗盡了漢初七十年休養生息的積蓄,仍感不足;而用桑弘羊、孔僅等人理財,想盡各種辦法收聚財賦";"桑弘羊的理財措施,實質上是把全國經濟納入了戰時體制,是一場全民的總動員,包括整個統治階級都為戰爭出力"⑤。《平準書》指斥武帝好利,與《封禪書》迷信神仙之妄誕相同,太史公主文而譎諫,以微辭譏諷。當時指為謗

---

① 日本瀧川資言:《史記會注考證》,卷一一〇,《匈奴列傳》,頁 61—68,總 1199—1201。又,卷一二三《大宛列傳》,頁 34,總頁 1313。
② 清何焯:《義門讀書記》卷一四,臺北:臺灣商務印書館 1983 年版,文淵閣《四庫全書》本,冊 860,頁 178。
③ 清姚祖恩評點:《史記菁華錄》,臺北:聯經事業出版公司 1977、2016 年版,卷五《李將軍列傳》,頁 203。
④ 清姚祖恩評點:《史記菁華錄》,卷五《李將軍列傳》,頁 198。
⑤ 張大可:《史記研究》,北京:商務印書館 2011 年版,《司馬遷寫漢武帝征伐匈奴》,頁 402—410。

書者，其微指中可見。

司馬遷（約B.C.145—B.C.86），身處武帝時代，書寫當代史、現代史，觸忌犯諱必多；猶孔子身當定、哀之際，"爲其切當世之文而罔褒"，故《春秋》多忌諱之辭。《史記·十二諸侯年表序》稱《春秋》"有所刺譏褒諱挹損之文辭，不可以書見"，司馬遷書寫《匈奴列傳》，報導漢匈戰爭之利病得失，苟涉忌諱，如何爲尊者諱恥？討伐匈奴之將軍，主要有李廣、衛青、霍去病，三人之功過毀譽，彼此之間，與漢武帝之際，存在若干交錯瓜葛，《史記》於《李將軍列傳》、《衛將軍驃騎列傳》，如何爲賢者諱過？《平準書》，直載武帝聚斂、興利、嚴刑、鬻爵之實錄，《史記》如之何微婉顯晦，主文而譎諫？或斥爲謗書，或指爲諫書，端看忌諱叙事如何耳。

二、《史記》叙征伐興利與《春秋》筆削

司馬遷私淑孔子，尊孔子爲至聖，稱高山仰止，景行行止。著成《史記》，孔子有世家，仲尼弟子、孟子、荀子、儒林，皆有列傳。《史記》比事屬辭之方，歷史編纂之法，脱胎自《春秋》書法者極夥。若謂《史記》典範《春秋》，則亦勢所必至，理有固然。

《史記·太史公自序》，以賦法行文，藉假設問對，叙上大夫壺遂問："孔子何爲而作《春秋》哉？"司馬遷答以"《春秋》，別嫌疑、明是非、定猶豫、善善惡惡，賢賢賤不肖"云云；"余所謂述故事，整齊其世傳，非所謂作也。而君比之于《春秋》，謬矣！"《太史公自序》以側筆婉述何爲而作《史記》①。司馬遷之衷聖、宗經、尊儒，自《史記》本紀、世家、列傳觀之②，叙事之史法、義法、文法，多不離《春秋》書法之發用。

司馬遷纂修《史記》，既以比擬《春秋》，以之叙寫近代、現當代之歷史，其處境、語境略似於孔子作《春秋》，書寫定、哀之際的人與事。投鼠忌器，顧慮必多。董狐、齊史不畏權貴，秉筆直書，良史之書法不隱，難能可貴如此，宜其流芳百世。不過，明知觸忌犯諱，依然直書不隱，冒險犯難，義無反

---

① 日本瀧川資言：《史記會注考證》，卷一三〇《太史公自序》，頁21—27，總頁1370—1371。
② 孫德謙：《太史公書義法》，臺北：臺灣中華書局1969年版，卷上，開篇即列有《衷聖》《尊儒》《宗經》三篇論述，頁1—8。

顧,佳則佳矣,奈身家生命何?

(一)《春秋》書法與《史記》之筆削見義

唐劉知幾《史通·直書》引諺語:"直如弦,死道邊;曲如鉤,反封侯。"因此,一般史官面對忌諱叙事,往往"寧順從以保吉,不違忤以受害"。所謂"申以勸誡,樹之風聲"之使命①,如何實踐力行? 在在涉及忌諱叙事,應如何表述? 換言之,在"為尊者諱,為長者諱"(詳下)之文化制約下,歷史真實與明哲保身之間,如何取得報導的平衡?《詩·大序》論風,所謂"主文而譎諫,言之者無罪,聞之者足以戒",可權作忌諱叙事之圭臬,忌諱書寫之指南針。

書事傳人,若如《史通·直書》所云"仗氣直書,不避強禦,肆情奮筆,無所阿容,寧為蘭摧玉折,不作瓦礫長存",則批逆鱗、觸忌諱,人之不存,書於何有? 史官之天職,在實錄一代之信史,故司馬遷著《史記》,宗法孔子作《春秋》:②《司馬相如列傳》"太史公曰"稱:"《春秋》推見至隱。"③《匈奴列傳》"太史公曰"亦云:"孔氏著《春秋》,隱、桓之間則章,至定、哀之際則微。為其切當世之文而罔襃,忌諱之辭也。"④叙事傳人,若"有所刺譏襃諱挹損之文辭,不可以書見",則往往出以"推見至隱"之曲筆諱書。《春秋》"其事,則齊桓、晉文,其文則史"如是,《史記》成一家之言,書一代之信史,亦復如是。講究忌諱之叙事或書寫,亦不失為良史之風範。

基於倫理親情,人際交往,儒家思想有所謂隱諱者,蓋緣理所當然,順理而行。《論語·子路》載孔子之言:"父為子隱,子為父隱,直在其中矣。"蓋父子主恩,委曲以全其恩,雖不得正,不失為直也⑤。《春秋》書法,有所謂三諱,已從修身齊家,推拓至治國平天下。《公羊傳》閔公元年云:"《春秋》為尊者諱,為親者諱,為賢者諱。"閔公尊者,《春秋》為之諱;齊季友親親、賢賢,故亦為之諱。《穀梁傳》成公九年亦云:"為尊者諱恥,為賢者諱過,為親

---

① 唐劉知幾著,清浦起龍釋:《史通通釋》,上海:上海古籍出版社1978年版,卷七《直書》,頁192。
② 日本瀧川資言:《史記會注考證》,卷一四《十二諸侯年表·序》,頁7,總頁235。
③ 日本瀧川資言:《史記會注考證》,卷一一七《司馬相如列傳》,頁104—105,總頁1264。
④ 日本瀧川資言:《史記會注考證》,卷一一〇《匈奴列傳》,頁68—69,總頁1201。
⑤ 宋趙順孫《四書纂疏》,高雄:啟聖圖書公司1973年版,《論語纂疏》卷七,《子路第十三》,頁11,總頁288。

者諱疾。"①唐陸淳《春秋集傳纂例》稱:"諱者,非隱其惡,避其名而遜其辭,以示尊敬。"②尊尊、賢賢、親親,《春秋》之大義,曲筆諱書因之。

　　《春秋》參考魯史記以成書,以夫子竊取之義觀之,歷史編纂時,必有或筆或削存在其中。《史記·孔子世家》稱孔子為《春秋》:"筆則筆,削則削,子夏之徒不能贊一辭。"③何謂筆削?下筆之前,臨文之際,必先存有一指義在胸中,以之作為史事去取之準的,辭文從違之指南。然後形之於文,則有書,有不書。"其所書者,則筆之;不書者,則削之。"或書,或不書;或筆,或削,相反相成,彼此互發其蘊,互顯其義,此孔子作《春秋》,假筆削以行權之原委④。

　　探究筆削書法,有助於推求司馬遷《史記》之忌諱敘事。其中介法門,則在屬辭比事之《春秋》教。屬辭比事之《春秋》教,蓋孔門研治《春秋》之心法。其法精要易行,清章學誠《文史通義》提示:"夫子因魯史而作《春秋》,孟子曰:'其事,齊桓、晉文,其文,則史;孔子自謂竊取其義焉耳。'載筆之士,有志《春秋》之業,固將惟義之求。其事與文,所以藉為存義之資也。"⑤據其事、憑其文,藉形而下之器,即可推求形而上之義。《史記·十二諸侯年表序》提示義法之原始,稱"孔子論次《春秋》,'約其辭文,去其煩重,以制義法'"云云⑥,亦凸顯事、文、義之脈注綺交,互為體用之關係。

　　宋黃震《黃氏日鈔》曾言:"看《衛霍傳》,須合《李廣》看。衛霍深入二千里,聲振夷夏;今看其傳,不值一錢。李廣每戰輒北,困躓終身;今看其傳,英風如在。史在抑揚予奪之妙,豈常手可望耶?"⑦《史記》敘事傳人,或詳略互見,或名實參互,或抑此揚彼,或文與而實不與,要皆比事屬辭《春秋》教之衍變。追本溯原,若準以《春秋》筆削昭義之原理,則《史記》有關

---

① 漢公羊壽傳,何休解詁,唐徐彥疏:《春秋公羊傳注疏》,臺北:藝文印書館1955年版,阮元《十三經注疏》本,卷九,閔公元年,頁14,總頁114。周穀梁赤傳,晉范甯集解,唐楊士勛疏:《春秋穀梁傳注疏》,臺北:藝文印書館1955年版,阮元《十三經注疏》本,卷一四,成公九年,頁2,總頁137。參考王熙元:《穀梁范注發微》,臺北:嘉新水泥公司文化基金會研究論文,1972年,第四章《范注對穀梁義例之發明》,九,諱例,頁609—618。
② 唐陸淳編《春秋啖趙集傳纂例》,臺北:大通書局1970年版,清錢儀吉《經苑》本,《諱義例第三十四》,頁1,總頁2471。
③ 日本瀧川資言:《史記會注考證》,卷四七《孔子世家》,頁84,總頁763。
④ 元趙汸:《春秋屬辭》,臺北:大通書局1970年版,卷八《假筆削以行權》,頁1,總頁14801。
⑤ 清章學誠著,葉瑛校注:《文史通義校注》,北京:中華書局1985年版,內篇四《言公上》,頁171。
⑥ 日本瀧川資言:《史記會注考證》,卷一四《十二諸侯年表·序》,頁6,總頁235。
⑦ 宋黃震:《黃氏日鈔》卷四七,楊燕起、陳可青、賴長揚編:《歷代名家評〈史記〉》,頁673。

忌諱敘事之書法，可藉或筆或削，互顯其義，而考索得之。司馬遷作史，每寓論斷於敘事之中，後世或以《平準書》為謗書，職此之故。信史，或謗書，將如何認定？

清章學誠《文史通義·答客問上》，論說"《春秋》之義昭乎筆削"，筆削之義，基本體現在"事具始末，文成規矩"層面上；而事具始末，文成規矩，則藉由詳略、異同、重輕、忽謹之筆削表述之。同時，其事、其文，或筆、或削，又皆脈注綺交於"獨斷於一心"之義。其言曰：

> 史之大原本乎《春秋》，《春秋》之義昭乎筆削。筆削之義，不僅事具始末，文成規矩已也；以夫子義則竊取之旨觀之……必有詳人之所略，異人之所同，重人之所輕，而忽人之所謹……而後微茫秒忽之際，有以獨斷於一心。……此家學之所以可貴也。①

《春秋》指義，出自孔子獨斷之別識心裁，以之褒貶勸懲，以之賞善罰惡。定、哀之際觸忌犯諱既多，於是比事屬辭之《春秋》教，因應世變，推見至隱，遂衍化為"詳人之所略，異人之所同，重人之所輕，而忽人之所謹"之書法。司馬遷纂修《史記》，敘寫漢武帝討伐匈奴，是所謂現代、當代之史，猶《春秋》作於定、哀之際。因觸忌犯諱，故微辭隱義不少。

（二）征戰興利，或書或不書，筆削以見義

《春秋》書法之發用，往往凸顯不著、不書、不言之"削"，以見所著、所書、所言之"筆"。換言之，《春秋》筆削之書法，在"以其所書，推見其所不書；以其所不書，推見其所書"。或書或不書，彼此烘托映襯，可以互發其蘊，互顯其義。此乃陳傅良、趙汸所提孔子"假筆削以行權"之義法②。要之，此即歷史編纂學筆削詳略之道。

《春秋》以筆削示義，因史事取捨有別，而呈現詳略、重輕、異同之殊異；自詳略、重輕、異同之不同，可以據此考求作者之別裁，一書之指歸。司馬遷著《史記》，一篇有一篇之史義，敘事傳人，各有特色，猶相體裁衣，多不犯重。《史記·留侯世家》言：張良從容與漢王談說者，多攸關"天下所以存

---

① 清章學誠著，葉瑛校注：《文史通義校注》，內篇五《答客問上》，頁470。
② 元趙汸：《春秋屬辭》，卷八《假筆削以行權第二》，頁1—2，總頁14801。

亡"之事跡與辭文①。換言之，無關"天下所以存亡"者，《留侯世家》皆在刪削不著之列。方苞《史記評語》引述之云：

> 留侯"所與上從容言天下事甚衆，非天下所以存亡，故不著"。此三語，著爲留侯立傳之大指。紀事之文，義法盡於此矣。②

《史記》文獻之編比，以《留侯世家》爲例，司馬遷揭示"非天下所以存亡，故不著"之去取從違準則。歷史編纂去取從違之準則，無論比事或屬辭，脈注綺交、絲聯繩貫者，即是孔子作《春秋》或筆或削之史義。以《留侯世家》言，或書或不書，或著、或不著，皆聚焦於"天下所以存亡"。切合此圭臬，即著；否，即不著。著，則筆而書之；不著，則棄而不書。或筆或削，皆視"立傳之大指"爲定奪。

《史記·蕭相國世家》，叙漢初功臣蕭何事迹，司馬遷强調其取材，非"萬世之功"不著，以此作爲此篇筆削之基準，立傳之大指。《史記·汲鄭列傳》，傳寫社稷之臣汲黯，其中云"數諫"，則進言必多；既任九卿，則事迹必衆，《史記》於《汲黯傳》卻一概刪略不載③。方苞《史記評語》以爲：此示筆削之準則："非關社稷之計，則不著也"④。司馬遷《史記》所示筆削去取，與取義偏向，可悟作史、爲文之義法。

司馬遷叙漢武帝征伐匈奴，由於觸忌犯諱者多，往往藉由或筆或削之書法，以遂行忌諱之叙事與書寫。《史記·匈奴列傳》假讚論以自見，已微示其意："太史公曰：孔氏著《春秋》，隱、桓之間則章，至定、哀之際則微，爲其切當世之文而罔襃，忌諱之辭也。"張大可《史記研究》，亦稍作提示，如云：

> 筆削，指史事剪裁，襃貶評議。《李將軍列傳》、《匈奴列傳》、《衛將軍驃騎列傳》三傳並列，篇末讚語安排，別具匠心。《匈奴列傳》叙事

---

① 日本瀧川資言考證：《史記會注考證》，卷五四《留侯世家》，頁28，總頁810。
② 清方苞：《方望溪先生全集》，臺北：臺灣商務印書館1979年版，《四部叢刊》初編本，《望溪集外文補遺》，卷二《史記評語·留侯世家》，頁16，總頁435。
③ 日本瀧川資言考證：《史記會注考證》，卷五三《蕭相國世家》，頁7，總頁795。卷一二〇《汲鄭列傳》，頁4—12，頁1281—1283。
④ 清方苞：《方望溪先生全集·望溪集外文補遺》，卷二《史記評語·汲鄭列傳》，頁24，總頁439。

至李廣利降匈奴止,《將相表》不載貳師征大宛事,《衛將軍驃騎列傳》不述兩將軍用兵方略;《平準書》述經濟,至元封元年而結,都寄有深意。這些筆削微旨,曲盡其妙地表達了司馬遷對漢匈戰爭利弊的分析,和他憂國憂民的深沈思想,卻往往為人們所忽略。①

孔子作《春秋》,固然"假筆削以行權";司馬遷著成《史記》,於忌諱叙事,何嘗不是"假筆削以行權"?漢武帝窮兵匈奴,耗財北邊,司馬遷若欲實錄直書之,則觸忌犯諱孔多,無異直批龍喉之逆鱗。如此而蘭摧玉折,將無助於歷史之鑑戒。司馬遷轉化《春秋》之筆削,致力於史事之剪裁:《李將軍列傳》、《匈奴列傳》、《衛將軍驃騎列傳》,就"筆而書之"言,三傳並列,篇末贊語安排,《匈奴列傳》叙匈奴,至降而止;《平準書》述經濟,至元封而結,確實皆寓含深意。至於"《將相表》不載貳師征大宛事,《衛將軍驃騎列傳》不述兩將軍用兵方略",所云"不載"、"不述",即是削而不書不言。司馬遷運用或筆或削,或詳或略之書法,以顯現諷諫之微旨,對漢匈戰爭利弊之表述,確實曲盡其妙。

1.《平準書》

《平準書》,以興利耗財參互成文。文中直叙漢事,明載橫徵暴斂之罪,如所謂"長國家而務財用者,必自小人矣",表面譏斥桑弘羊等橫斂之臣,其實,乃為尊者諱,微辭諷諭武帝黷武匈奴,壞法毀俗。《春秋》為尊者諱恥,司馬遷乃巧用或筆或削昭義之法,以表述其微辭隱義。明楊慎、清牛運震、民初李景星於此,曾有論説。如云:

是書先叙漢事,而贊乃述自古以來,而寓微辭於武帝,叙事之變體也。不平之意,見於言外,可謂曲而有直體矣。《平準書》,譏橫斂之臣也;《貨殖傳》,譏好貨之君也。太史公之旨,千載而下,有趙汸知之,懿哉!②

《平準》,本漢一代之事,非如《封禪》、《河渠》,通古今言者。故開端即叙漢事,而留古事附論於後,以志慨焉。所以借古諷今,而寓微辭於武帝。楊慎所謂"叙事之變體"是也。……贊中不叙漢事者,蓋借秦

---

① 張大可:《史記研究》,《司馬遷寫漢武帝征伐匈奴》,頁415。
② 明楊慎:《升庵合集》,卷一〇三;楊燕起、陳可青、賴長揚編:《歷代名家評〈史記〉》,頁450。

事以諷漢事,則不得更及漢事也。於此正見太史公史體之精,文法之妙,誠非好學深思者,不能心知其意也。①

蓋平準之法,乃當時理財盡頭之想,最後之著。自此法興,而閭閻之搜括無遺;亦自此法興,而朝廷之體統全失。太史公深惡痛絶,故不憚原原本本縷悉言之。贊語,從歷代説到秦,更不提漢事。正與篇首"接秦之弊"遥應。其意若曰"務財用至於此極,是乃亡秦之續耳"。②

《平準書》通幅,皆書漢事;曲終奏雅,篇末"太史公曰",乃述夏商周三代以來,至於秦朝之農工商興利,未嘗叙漢事。所謂"是書先叙漢事,而贊乃述自古以來";"開端即叙漢事,而留古事附論於後";"從歷代説到秦,更不提漢事"云云,司馬遷或書或不書之筆削去取,或先或後之比事斟酌,皆有深意存焉。原來篇章如此經營設計,"正與篇首接秦之弊遥應"。蓋欲借秦事以諷漢事,故"太史公曰"中不叙漢事。清牛運震《史記評注》以爲"所以借古諷今,而寓微辭於武帝";楊慎所謂"叙事之變體",皆爲見道之言。

興利之事,爲《平準書》叙事之主軸。興利,因征伐匈奴,邊費耗財而發;峻法酷吏、吏道選舉,亦因斂財興利而或興或廢。要之,皆亡秦之續者。《平準書》"篇以秦始,贊以秦終"之微旨,清高嵣《史記鈔》於此頗有申説:

此書數千言,大約以耗財興利參互成文。然耗財之事非一,而以邊費爲最大;興利之事亦非一,而以平準爲盡頭。峻法酷吏,因興利而用也;吏道選舉,因興利而衰也。擅山海之藏,攘商賈之利,用饒於上,財竭於下,其不爲亡秦之續者幸耳。篇以秦始,贊以秦終,其旨微矣。③

武帝征伐匈奴,前後四十四年,軍費龐大浩煩,舉凡擊胡之虜級、賞賜、軍馬、死費、轉漕、軍甲諸費皆屬之。漢武帝之財政,耗財之事非一,不能盡書,以邊費爲最大。興利之事亦非一,而以平準爲盡頭,故詳書重叙平準之徵斂興利。峻法酷吏,因征伐耗財興利而用;吏道選舉,因征伐興利鬻爵而衰,故峻法、酷吏、吏道、選舉,亦重提詳叙之。均輸、鹽鐵、賣爵、告緡諸弊

---

① 清牛運震:《空山堂史記評注》卷四,西安:三秦出版社2011年版,頁103。
② 李景星:《史記評議》,卷二《平準書》,長春:東北師範大學出版社1985年版,頁36。楊燕起、陳可青、賴長揚編:《歷代名家評〈史記〉》,頁455—456。
③ 清高嵣:《史記鈔》,卷二《平準書》;楊燕起、陳可青、賴長揚編:《歷代名家評〈史記〉》,頁454。

政,俱於平準法中帶收略叙。興利之議,列舉郭咸陽、孔僅、桑弘羊三人,見商賈尊顯用事。其中,尤其詳叙桑弘羊,"令吏坐市列肆,販物求利",以見蠹國害民之罪。又詳著輸財助邊之卜式本末,恰與桑弘羊之興利斂財作對比叙事,筆削詳略之際,可見太史公之用筆微意。

2.《李將軍列傳》

《李將軍列傳》叙事之體,有《史通·叙事》所謂直紀其才行者。清牛運震《史記評注》,為之拈出,提示李廣之才能優長在"射",故詳叙種種射法,作為《李將軍列傳》一篇之精神。傳神寫照,盡在阿堵。其言曰:

> 一篇精神,在射法一事,以廣所長在射也。開端"廣家世世受射",便挈一傳之綱領。以後叙射匈奴射雕者、射白馬將、射追騎、射獵南山中、射石、射虎、射闊狹以飲、射猛獸、射裨將,皆叙廣善射之事實。"廣為人長,猿臂,其善射亦天性也"云云,又"其射,見敵急,或在數十步之內,度不中不發"云云,正寫廣善射之神骨。末附李陵善射、教射,正與篇首"世世受射"句收應。此以廣射法為綫索,貫串者也。①

公孫昆邪曾謂:"李廣才氣,天下無雙。"善射之種種,自是個中之勝場。其中射法十有二,類比叙事,猶重巒疊嶂,美不勝收,自然以複沓見神韻。據事直書,動態形象演示其"射",誠所謂"狀難寫之景,如在目前"。蘇軾《傳神記》所謂"得其意思所在",能掌握事物之本質特徵,猶顧愷之圖像,頰加三毫,頓覺精彩殊勝②。司馬遷叙寫李將軍出神入化之射法,李景星《史記評議》,品賞之,以為"或正或側,或虛或實,直無一筆犯複"。此屬辭約文之筆削與斟酌。

司馬遷《史記·李將軍列傳》,叙述李廣一生之勝負成敗。勝負成敗之撰述,詳略、輕重往往相反相對。一篇之義,觀其或筆或削,或詳或略,或重或輕,可以知其然。清姚祖恩《史記菁華錄》以為:《李將軍列傳》"略其敗,而詳其出奇制勝之勇"。正切中此中叙事之義法:

---

① 清牛運震評點:《空山堂史記評注》,卷一〇《李將軍列傳》,頁275。李景星:《史記評議·李將軍列傳》本之,頁113。
② 宋蘇軾著,孔凡禮點校:《蘇軾文集》,北京:中華書局1986年版,卷一二《傳神記》,頁400—401。

史公甚愛李廣,而獨不滿於衛青。……至如廣之任情孤往,敗處每多於勝處。然略其敗,而詳其出奇制勝之勇,令人讀之,滿腔都是奇特意思,則文字生色不少。如射雕一段,精神更自爍爍可愛。①

清姚祖恩《史記菁華錄》以為:"廣之任情孤往,敗處每多於勝處。"然《李將軍列傳》略言其任情敗戰,而詳叙其出奇制勝之勇,忠誠信實之忱。如稱"李廣才氣,天下無雙";叙匈奴畏李廣之兵略,士卒亦樂從之,而苦程不識。又稱: 李廣治軍簡易,人人自便;刁斗不警,文書簡約云云。以及前文所叙李廣善射,射匈奴射雕者一段,匈奴號曰飛將軍等等。詳其奇而略其敗,於是文字生色,引人入勝。蓋李將軍一世奇氣,負一腔奇冤,司馬遷遭遇適與之相當。於是借他人之酒杯,澆自我胸中之塊壘,往往發用為一篇奇文。清牛運震《史記評注》所謂:"太史公作《李廣傳》,一腔悲憤不平之意,已洩露殆盡。正借李廣生平,寫自己胸臆也。"②比興寄託,經、史與文學不異。

就比事屬辭而言,義昭筆削之書法,最可於叙事法中體見之。平序、直序之外,如閒叙、插叙,《史記·李將軍列傳》皆有可觀。清吴見思《史記論文》特賞其語叙、言叙,以及帶叙。其言曰:

李將軍戰功如此,平序直序,固亦可觀。乃忽分為千緒萬縷,或入議論,或入感慨,或入一二閒事,妙矣。又忽於傳外插入一李蔡,一程不識。四面照耀,通體皆靈,可稱文章神技。吾尤愛其以李將軍行軍方略,於程不識口中序出。廣之為人,反從射虎帶下。而其不侯殺降事,偶在王朔燕語點明。錯綜變化,純用天機。有意無意之間。令人莫測。③

《史通·叙事》論叙事之體有四,其三曰因言語而可知。指叙事方式,選擇對話談説,以替代叙事,推進情節、刻畫性格、展示場景、交代枝節④,一

---

① 清姚祖恩評點:《史記菁華錄》,卷五《李將軍列傳》,頁 198。
② 清牛運震評點:《空山堂史記評注》,卷一〇《李將軍列傳》,頁 278。
③ 清吴見思:《史記論文》,臺北:臺灣中華書局 1970 年版,第 4 册,《李將軍列傳》,頁 580。
④ 張高評:修訂重版《左傳之文學價值》,臺北:五南圖書公司 2019 年版,第十章《説話藝術之指南》,頁 265。

般謂之對話藝術。《史記·李將軍列傳》敘事傳人,猶無何之樹,隨刀改昧;又似山陰道上,移步換景。如吳見思提示:"李將軍行軍方略,於程不識口中序出";"而其不侯殺降事,偶在王朔燕語點明",此借乙口敘甲事之法,最為靈動不板。藉同為邊將之程不識,論述李廣之行軍方略,深具說服效力。李廣所以終老難封,委由望氣者王朔燕語點明,於天人之際代言,不得不令人信服。

清代方苞(1668—1749)研治《春秋》,按所屬之辭,核以所比之事,辨析孰為舊文,孰為筆削。影響所及,遂因《春秋》書法之觸發,而倡導古文之"義法"。方苞曾云:"'義'以為經,而'法'緯之,然後為成體之文。"①義在先,法居後;法以義起,法隨義變。就司馬遷《史記》言,義,即方苞《史記評語》所謂"立傳之大指";一傳必有一傳之立意,或謂之主宰,或稱為主意,皆經由比事與屬辭之法帶出。明陳仁錫《陳評史記》論之曰:

　　子長作一傳,必有一主宰。如《李廣傳》,以"不遇時"三字為主;《衛青傳》,以"天幸"二字為主。②

宋陳騤《文則》云:"辭以意為主,故辭有緩有急,有輕有重,皆生乎意也。"不惟辭之緩急輕重生乎意,即事之筆削詳略,亦取決於義。《孟子》說孔子作《春秋》,有所謂其事、其文、其義。其事、其文,為"如何書"之法,與"何以書"之義互為體用。故方苞論義法,有所謂"'義'以為經,而'法'緯之"之提示③。《李將軍列傳》,既以"不遇時"為主意,則類比、對比史事、連屬修飾辭文,或筆或削之際,多脈注綺交於此,於是主意之所在,史義之歸宿,敘事皆較詳、較重。《衛將軍驃騎列傳》,以"天幸"二字為主,則排比史事聚焦於此為多,屬辭約文,亦繩牽絲貫於"天幸"之主意。因此,全篇於主意之關注,亦偏詳、偏重。觀筆削詳略,可以昭示指義,亦由此可見。

---

① 清方苞:《望溪先生文集》,卷二《讀史·又書〈貨殖傳〉後》:"《春秋》之制義法,自太史公發之,而後之深於文者亦具焉。"說義法,推《史記》為濫觴。頁20,總頁40。
② 明陳仁錫:《陳評史記》,卷一〇九《李將軍列傳》;楊燕起、陳可青、賴長揚編:《歷代名家評〈史記〉》,頁6。
③ 張高評:《比事屬辭與古文義法——方苞"經術兼文章"考論》,臺北:新文豐出版公司2016年版,第八章《方苞古文義法與〈史記評語〉——比事屬辭與敘事藝術》,頁381—395。

三、征戰匈奴與《史記》之《春秋》書法、忌諱敘事

　　漢武帝征戰匈奴，前後凡四十四年。攸關因征伐耗財而興利之事，可詳《平準書》。涉及征伐北邊，抵禦匈奴之將帥，前期戰爭，以大將軍衛青、驃騎將軍霍去病爲主將。後期爭戰，以貳師將軍李廣利爲主帥。至於李廣，材氣天下無雙，結髮即"與匈奴大小七十餘戰"，匈奴號爲"漢之飛將軍"，然卻不遇數奇，終老難封。漢武帝好大喜功，征戰匈奴，耗盡積蓄，然建功不深，外患未除。要之，可謂所託非人，得不償失。

　　司馬遷敘寫漢匈戰爭，爲現代、當代之史事，猶孔子作《春秋》，身處定、哀之際，故《史記·匈奴列傳》"太史公曰"稱："孔氏著《春秋》，隱、桓之間則章，至定、哀之際則微，爲其切當世之文而罔褒，忌諱之辭也。"①《史記》號稱實錄信史，其中又夾雜若干忌諱敘事，魯迅《漢文學史綱要》以爲"無韻之《離騷》"，有以也。其事具詳《平準書》、《李將軍列傳》、《匈奴列傳》、《衛將軍驃騎列傳》。

　　吴汝綸《點勘史記讀本》稱："漢武帝黷武窮兵，司馬遷著《史記·匈奴列傳》，不斥言天子，而刺大臣將相，所謂微辭。"《史記》忌諱書寫之層面，微辭一語，止是概括言之。今探討《史記》忌諱敘事，從《春秋》書法切入，聚焦於筆削昭義，選擇《平準書》、《匈奴列傳》、《衛將軍驃騎列傳》、《李將軍列傳》四篇，作爲研究文本，參考宋元以來諸家之《史記》研究成果，斷以己意。就《史記》敘說武帝征伐匈奴，除了筆削顯義之外，本文擬就三大端探論之：（一）據事直書，寓論斷於敘事之中；（二）曲筆諱書，微婉顯晦，推見以至隱；（三）詭辭謬稱，實與而文不與。分別舉證論述如下：

（一）《平準書》據事直書，寓論斷於敘事之中

　　《左傳》成公十四年，載所謂《春秋》書法，五例之四曰"盡而不汙"。晉杜預《春秋經傳集解·序》申之曰："四曰盡而不汙，直書其事，具文見義。"唐孔穎達《疏》云："直書其事，不爲之隱；具爲其文，以見譏意。是其事實

---

①　日本瀧川資言：《史記會注考證》，卷一一〇《匈奴列傳》"太史公曰"，頁68—69，總頁1201。

盡，而不有汙曲也。"①《朱子語類》卷八三《春秋·綱領》謂："孔子但據直書，而善惡自著。"②直書與曲筆，相反相成；直書猶文學之有賦法，曲筆則近比興，同為《春秋》屬辭之法。世人深信，據事直書，不隱不諱，乃信史實錄之要法。

唐劉知幾《史通》，稱述司馬遷之述漢非，與董狐之書法不隱，齊史之直書弒君，相提並論，皆為直書之典範。故朱子說《春秋》曰："但據直書，而善惡自著。"蓋事外無理，理在事中，事實勝於雄辯。據事直書之前，其編比史事，連屬辭文，亦需經由去取從違之筆削，自與肆情奮筆，胸臆直率不同。史事存真，忠於客觀，並非即目直截，全無斟酌；辭文徵實，亦非質木平白，了無潤飾。直書，依據史事真相，如實道出；如賦法，以巧構形似，和盤托出為能事。杜預《春秋序》所謂"直書其事，具文見義"；"具文見義"一語，猶言比事以觀其義，可以經治經，無傳而著，最得叙事"盡而不汙"之體要③。

清顧炎武《日知錄》卷二六云："古人作史，有不待論斷，而於序事之中即見其指者，惟太史公能之。"且舉"《平準書》末載卜式語"為例④。《史記》於叙事中寓論斷，《平準書》，直叙漢事，明載征伐與興利諸弊政，不空言論斷，最稱典型代表⑤。清牛運震《史記評注》謂："《平準書》，譏武帝好利也。凡指斥時事處，多據實直書，不為深文微詞，而其失自見。"⑥具文見義，美惡得失自見於言外。

明凌稚隆《史記纂》，近人李景星《史記評議》，論《平準書》處理觸忌犯諱史事，多以為具文見義，直書不諱，如：

> 胸中不平事，傾瀉殆盡。
> 眉批：鄧文潔（鄧以瓚《史記抄》）曰："亦是謗書，規格與《封禪

---

① 周左丘明傳，晉杜預注，唐孔穎達疏：《春秋左傳正義》，臺北：藝文印書館1955年版，阮元《十三經注疏》本，卷首《春秋序》，頁17，總頁14。
② 宋黎靖德編，王星賢點校：《朱子語類》，北京：中華書局1986年版，卷八三《春秋·綱領》，頁2146。
③ 張高評：《〈春秋〉書法與"義"在言外——比事見義與〈春秋〉學史研究》，《文與哲》第25期（2014年），頁77—130。
④ 清顧炎武著，黃汝成集釋，欒保群、呂宗力點校：《日知錄集釋》，上海：上海古籍出版社2006年版，卷二六《史記於叙事中寓論斷》，頁1429。
⑤ 日本瀧川資言考證：《史記會注考證》，卷三〇《平準書》，頁1—49，總頁524—536。
⑥ 清牛運震：《空山堂史記評注》，卷四，西安：三秦出版社2011年版，頁94。

書》同。然《封禪》猶多微辭，此則直指其失。精核無剩語，是漢文本色。"①

《傳》曰："長國家而務財用者，必自小人矣。"又曰："小人之使爲國家，灾害並至。"一篇《平準書》，即是發明此意。其告中叙錢法者六，叙賣爵者七，叙鹽鐵者五，叙告緡者四，叙養馬者四，叙酷吏者六，叙勸分者五，正所謂務財用也。②

司馬遷《平準書》，由於據事直書，美惡自見，明鄧以瓚《史記抄》評《平準書》："直指其失，精核無剩語。"且指爲謗書，謂規格"與《封禪書》同"③。東漢王允、班固，指目《史記》爲謗書，以爲"但是漢家不善之事，皆爲謗"；實則罔顧"史官記事，善惡必書"之直書傳統。李景星《史記評議》，摘引《平準書》中經典語録，據事直書，作爲《平準書》一篇之警策與指歸。又叙寫平準之設，所以興利，而興利之目的，在於務財用。於是枚舉《平準書》叙錢法者六，叙賣爵者七，叙鹽鐵者五，叙告緡者四，叙養馬者四，叙酷吏者六，叙勸分者五，要皆所謂"務財用"。宋葉適《習學紀言序目》稱："《平準書》直叙漢事，明載聚歛之罪，比諸書最簡直。"④據事直書，美惡得失自見於外，無勞費詞。

清康熙二十五年（1686），吳見思（齊賢）完成《史記論文》一書，蓋以辭章學評點《史記》。吳氏評賞《平準書》，稱"以序事爲主，即以序事爲議論"，最爲的論。"以序事爲議論"之説，即本顧炎武《日知録》之言，所謂"不待論斷，而於序事之中即見其指者"。下列引文，可見其舉證論説之大凡：

此篇（《平準書》）以序事爲主，即以序事爲議論，先以盛衰遞變，作一論冒關鍵，而後逐段逐節，層見層出，凡作三十七段，以盡盛衰之變。

―――――
① 明凌稚隆：《史記纂》，卷六《平準書》，北京：商務印書館2013年版，頁98；又，明凌稚隆輯校，日本有井範平補標：《史記評林》，卷三〇《平準書》，頁1。
② 李景星：《史記評議》，《平準書》，頁36。
③ 《後漢書·蔡邕傳》載王允言："昔武帝不殺司馬遷，使作謗書，流於後世。"章懷太子《注》："凡史官記事，善惡必書。謂遷所著《史記》，但是漢家不善之事，皆爲謗也。"宋范曄著，唐章懷太子李賢注，王先謙集解：《後漢書集解》，臺北：藝文印書館1955年版，《二十五史》本，卷六十下《蔡邕傳》，頁20，總頁712。
④ 宋葉適：《習學紀言序目》，卷一九《史記》，頁271。楊燕起、陳可青、賴長揚編：《歷代名家評〈史記〉》，頁448。

而中間段段節節,俱有血脈灌輸,是大手筆。通篇以鑄錢為主,而串入馬政、轉粟、商賈、賣爵,而後間之以吏治、風俗、刑罰、戰爭,四面八方,東來西往,如江潮齊湧,如野火亂飛,偏能一手敘來。穿插貫串,絕無一毫費力,所以為難。①

　　通篇看來,似乎雜亂。其實,征伐是一件,如……是也。興利是一件,如……是也。刑罰是一件,如……是也。鬻爵是一件,如……是也。巡幸工作是一件,如……是也。……追其立言之意,則以征伐土功,費用浩煩,不得不興利鬻爵;利不能即興,不得不嚴刑。事雖錯綜,意則一串也。②

吳見思《史記論文》,持"以序事為議論"視點,以之評賞《平準書》,類比前後相近相似之弊政,如馬政、轉粟、商賈、賣爵諸事案,而後間之以吏治、風俗、刑罰、戰爭諸相關事端,同時脈注綺交、血脈灌輸於"鑄錢"之主意上,此之謂比事見義。《平準書》之"敗俗僨事,壞法亂紀"(明茅坤《史記鈔》語),不必遽下價值判斷,如此據事直書叙事,即可"於序事之中即見其指",堪稱具文見義,美惡自著。既足以實錄盛衰之變化,亦可收言之者無罪,聞之者足以戒之效用。武帝任用桑弘羊等聚斂之臣,美其名為"興利",蓋武帝征伐匈奴,大興土木,費用龐大浩煩,遂"不得不興利鬻爵;利不能即興,不得不嚴刑"。宋黃震《黃氏日鈔》稱:"武帝五十年間,因兵革而財用耗,因財用而刑法酷。"③其説公允持平,頗可信據。

《史記》書寫當代、現代之史事,往往觸及忌諱叙事之議題。最常經見而不可迴避者,為中"有所刺譏褒諱挹損之文辭,不可以書見"之困境;以及忌諱之辭,"為其切當世之文而罔襃"之無奈。為求突破,故叙事傳人,致力形式表達之藝術,用心於比事屬辭之《春秋》教示,講究其事、其文"如何書"之方法。耗財興利參互成文,是其一法;"推見至隱"之曲筆諱書,更是另外一大法(詳下節)。清高嶪《史記鈔》,李景星《史記評議》,先後論《平準書》,可見其一斑:

————————
① 清吳見思評點:《史記論文》,《平準書》,第 1 册,頁 166。
② 同上。
③ 宋黃震:《黃氏日鈔》,卷四六《史記》;楊燕起、陳可青、賴長揚編:《歷代名家評〈史記〉》,頁 449。

此書(《平準書》)數千言，大約以耗財興利參互成文。然耗財之事非一，而以邊費為最大；興利之事亦非一，而以平準為盡頭。峻法酷吏，因興利而用也；吏道選舉，因興利而衰也。擅山海之藏，攘商賈之利，用饒於上，財竭於下，其不為亡秦之續者幸耳。篇以秦始，贊以秦終，其旨微矣。①

蓋平準之法，乃當時理財盡頭之想，最後之著。自此法興，而閭閻之搜括無遺；亦自此法興，而朝廷之體統全失。太史公深惡痛絶，故不憚原原本本縷悉言之。贊語，從歷代説到秦，更不提漢事。正與篇首"接秦之弊"遥應。其意若曰"務財用至於此極，是乃亡秦之續耳"。②

清高塘《史記鈔》論《平準書》，稱此書"耗財興利參互成文"，蓋互文見義，為《史記》忌諱叙事之常法。論者稱："互見法正名實，於回護之中，不失歷史之真。"③此言甚得理實。事實之真相與癥結，在於窮兵匈奴，軍費浩煩，理財大臣桑弘羊等，不得不奉命以平準興利。故論者指斥："耗財之事非一，而以邊費為最大；興利之事亦非一，而以平準為盡頭。"再由於興利、平準，而衍生峻法酷吏之用，吏道選舉之衰。凡此，《平準書》多據事直書之，體現於叙事中寓論斷之法。李景星《史記評議》稱："平準之法，乃當時理財盡頭之想，最後之著。"捨此便無計可施。司馬遷"原原本本縷悉言之"，是即據事直書，具文見義。意若曰"務財用至於此極，是乃亡秦之續耳"云云，亦即顧炎武"有不待論斷，而於序事之中即見其指者"。事外無理，理在事中，比事可以見義，無勞辭費，亦由此可見。

(二)《李將軍列傳》於叙事之中即見其指

除《平準書》之外，攸關征伐匈奴之列傳，"不待論斷，而於序事之中即見其指者"，《李將軍列傳》之叙事傳人、攸關成敗、毀譽、盛衰、得失之論斷，涉及忌諱叙事者，亦多有之。唯《史記》叙事手法，因事命篇，體圓用神，故多各具面目。唐劉知幾《史通·叙事》，理出才性、事迹、言語、讚論四者，稱

---

① 清高塘：《史記鈔》，卷二《平準書》；楊燕起、陳可青、賴長揚編：《歷代名家評〈史記〉》，頁454。
② 李景星：《史記評議》卷二《平準書》，頁36。楊燕起、陳可青、賴長揚編：《歷代名家評〈史記〉》，頁455—456。
③ 張大可：《史記研究》，《〈史記〉互見法》三"互見法正名實，於回護之中不失歷史之真"，頁293—297。

為敘事之四體,其言曰:

 敘事之體,其別有四:有直紀其才行者,有唯書其事迹者,有因言語而可知者,有假讚論而自見者。……然則才性、事迹、言語、讚論,凡此四者,皆不相須。若兼而畢書,則其費尤廣。①

如李廣,《史記·太史公自序》述其作意曰:"勇于當敵,仁愛士卒,號令不煩,師徒鄉之,作《李將軍列傳》第四十九。"②由此觀之,李將軍人品,英勇仁愛,備受司馬遷推崇如此。《史記·李將軍列傳》據事直書敘事之,或直紀其才行,或唯書其事迹者,或因言語而可知者,或假讚論而自見,太史公穿插兼用之,真傳神寫韻之高手。

李廣雖材氣無雙,然一生蹭蹬,飲恨而卒。誠如南宋王十朋詠史詩所云:"李廣才名漢世稀,孝文猶自未深知。輟餐長嘆無頗牧,翻惜將軍不遇時。""隴右英豪真有種,將軍才氣更無雙。功高不得封侯賞,祇為當時殺已降。"③李廣才氣超絶,漢之邊將無人能出其右。何以功高不賞,終老難封?後人依據《李將軍列傳》之文本,推究其"於敘事之中即見其指"之所以然,各自解讀其中之論斷。如云:

 何去非曰:"李廣之為將軍,其才氣超絶,漢之邊將無出其右者。自漢師之加匈奴,廣未嘗不任其事;而廣每至敗衂廢罪,無尺寸之功以取封爵,卒以失律自裁,由其治軍不用紀律……。"④

 廣之勝人處,只是"才氣無雙"四字盡之。然才氣既勝,則未有肯引繩切墨而軌於法之正者。則其一生數奇,亦才氣累之也。⑤

 太史公言匈奴畏李廣之略,士卒亦樂從廣,而苦程不識。……以武定天下,有將兵,有將將;為將者有攻有守,有將衆,有將寡。……廣之簡易,人人自便,攻兵之將也。束伍嚴整,斥堠詳密,將衆之道也。

---

① 唐劉知幾著,清浦起龍釋:《史通通釋》,卷六《敘事》,頁168—169。
② 日本瀧川資言:《史記會注考證》,卷一三〇《太史公自序》,頁55,總頁1378。
③ 宋王十朋著,梅溪集重刊委員會編:《王十朋全集》,上海,上海古籍出版社,1998年,《詩集》,卷一〇《李廣》,頁164。
④ 明凌稚隆輯校,日本有井範平補標:《史記評林》,卷一〇九《李將軍列傳》,頁1。
⑤ 清姚祖恩評點:《史記菁華錄》,卷五《李將軍列傳》,頁198。

刁斗不警,文書簡約,將寡之道也。……故廣與不識,各得其一長,而存乎將將者爾。……太史公之右廣而左不識,為漢之出塞擊匈奴言也。①

上述論説所自,或就《列傳》所書事迹,或因言語與對話,或據"太史公曰"之論贊,以為治軍不用紀律者有之,以為一生數奇,乃才氣累之者有之;王夫之以為,李廣簡易自便,乃攻兵之將,將寡之道。更斷定:"太史公之右廣而左不識,為漢之出塞擊匈奴言也。"若此之比,要皆持之有故,言之成理,可以並參。

《史記》叙事傳人,以互見法示義者不少,宋蘇洵《史論》,首發其蒙,提出"本傳誨之,而他傳發之"之説②。若推本溯源,《史記》互見之叙事法,當得自《春秋》屬辭比事書法之衍化③。宋黃震《黃氏日鈔》曾云:"看《衛霍傳》,須合《李廣》看。"④司馬遷於《衛將軍驃騎列傳》、《李將軍列傳》二傳,由於攸關觸忌犯諱,故叙事多採"本傳誨之,而他傳發之"之互見法。因此,探討忌諱叙事,必須綜觀其比事,"合看"其屬辭,方有助於釐清真相。

太史公為發潛德之幽光,推崇李廣之邊功,於是運化世家之體式,以撰寫《李將軍列傳》;間出稱謂修辭、序列見義,對比叙事諸《春秋》書法,以還歷史之公道,闡發潛德之幽光。如云:

(廣子三人)此下,悉將廣子若孫官位、事功、性情、生平,纖悉零碎,一一寫出,盡於二百餘字之中。又妙在人人負氣,往往屈陀,皆影影與李將軍弔動,此所謂神情見於筆墨之表者也。⑤

傳目不曰李廣,而曰李將軍,以廣為漢名將,匈奴號之曰漢之飛將軍,所謂不愧將軍之名者也。只一標題,有無限景仰愛重。⑥

---

① 清王夫之:《讀通鑑論》卷一;楊燕起、陳可青、賴長揚編:《歷代名家評〈史記〉》,頁673—674。
② 宋蘇洵著,曾棗莊等箋注:《嘉祐集箋注》,上海:上海古籍出版社1993年版,卷九《史論中》,頁232—233。
③ 張高評:《春秋書法與左傳學史》,臺北:五南圖書公司2002年版,《〈史記〉筆法與〈春秋〉書法》,二,屬辭比事,與以互見法開創傳記文學,頁82—93。
④ 宋黃震:《黃氏日鈔》卷四七;楊燕起、陳可青、賴長揚編:《歷代名家評〈史記〉》,頁673。
⑤ 清姚祖恩評點:《史記菁華錄》,卷五《李將軍列傳》,頁204。案:魯實先教授曰:以世家體式書寫《李將軍列傳》,此太史公之微意。
⑥ 清牛運震評點:《空山堂史記評注》,卷一〇《李將軍列傳》,頁275。

不曰韓信,而曰淮陰侯;不曰李廣,而曰李將軍。只一標題間,已見出無限愛慕景仰。此簡用意,尤在"數奇"二字。而敘事精神,更在射法一事。贊其射法,正所以深惜其"數奇"也。①

《李將軍列傳》開篇,敘及先世祖李信,逐得燕太子丹;再提"廣家世世受射",作為一傳眼目。接敘李廣傳主一生事迹,篇幅當然最多。"廣子三人"句以下,"悉將廣子若孫官位、事功、性情、生平,纖悉零碎,一一寫出,盡於二百餘字之中"。《列傳》敘及廣孫李陵投降匈奴,"自是之後,李氏名敗",此乃《史記》世家之體式,何以見諸《李將軍列傳》②? 此種詭辭謬稱,自是《春秋》書法"實與而文不與"之轉化,詳下節。

至於"傳目不曰李廣,而曰李將軍",猶傳目不曰信陵君,而曰魏公子,"不曰韓信,而曰淮陰侯",除李景星《史記評議》所謂"只一標題間,已見出無限愛慕景仰"之外,清何焯《義門讀書記》云:"以《李將軍》次《匈奴傳》前,見北邊非將軍不可寄管鑰。"清牛運震《史記評注》亦以為:"廣為漢名將,匈奴號之曰漢之飛將軍,所謂不愧將軍之名者也",何、牛二家之説,最得太史公稱謂修辭之書法。其他,如《史記》篇章之序列,《李將軍列傳》冠於《匈奴列傳》之前,暗示漢之出塞擊匈奴,唯有李將軍堪敵善任。凡此言外之意,論斷多寓於敘事之中。

(三) 比事屬辭與《匈奴列傳》之忌諱敘事

匈奴之盛衰始末,司馬遷《匈奴列傳》分六時段叙寫之:一,本始;二,夏后至周初;三,春秋戰國;四,匈奴冒頓之強盛;五,高祖、文帝、景帝時期;六,漢武帝時代之匈奴。排比編次漢匈之相關史事,類聚而群分之,北邊匈奴之虛實強弱,原原本本,可得而知之。

《史記·太史公自序》稱:"自三代以來,匈奴常為中國患害;欲知彊弱之時,設備征討,作《匈奴列傳》第五十。"③此司馬遷寫作《匈奴列傳》之作意。排比其前後之史事,連屬其上下之辭文,不難知其用心。漢武帝北伐

---

① 李景星:《史記評議》,《李將軍列傳》,頁113。
② 日本瀧川資言:《史記會注考證》,卷三一《吴太伯世家》;唐司馬貞《史記索隱》:"系家者,記諸侯本系也。言其下及子孫,常有國。"唐張守節《史記正義》:"世家者,謂世世有禄秩之家,案累世有爵土封國。"頁1—2,總頁537。
③ 日本瀧川資言:《史記會注考證》,卷一三〇《太史公自序》,頁55,總頁1378。

匈奴，承三世之富厚，而虛耗於一朝，明代何景明論斷漢武"好大無厭"，但比屬以觀《平準書》與《匈奴列傳》，可以信其然。何景明之言曰：

  何景明曰："漢武之才，過于文、景。承三世之富厚，不易紀而虛耗者，好大無厭也。……漢武以衛青為大將軍，李廣利為貳師將軍，霍去病為驃騎將軍……衛青、李廣利、霍去病之功益高，而漢之海內益危也。"①

《史記·外戚世家》：衛子夫為皇后，"乃以衛青為將軍，擊胡有功，封為長平侯"；其姊之子霍去病，"以軍功封冠軍侯，號驃騎將軍，青號大將軍"。《大宛列傳》稱：天子"欲侯寵姬李氏，拜李廣利為貳師將軍"。② 李廣利，為武帝寵妾李夫人之弟，亦拜為貳師將軍。征伐匈奴，乃國之大事，擇將任相，居然出於寵後外戚。由此觀之，成敗利鈍，漢武帝難辭其咎。明茅坤曾論之曰："其傳大將軍也，所當戰功益封，由姊子夫為皇后。驃騎將略，殊無可指點處，特以子夫姊子遂從大將軍，勒戰而有成功。並附公孫賀篇末，尤可印證。"③《史記》直書其事，存真其人，而是非曲直，意在言外。故曰："衛青、李廣利、霍去病之功益高，而漢之海內益危。"至於武帝貴為天子，史遷不得不為之曲筆諱飾，既為尊者諱恥，且為賢者諱過。

《史記》敘漢武帝用兵匈奴事，司馬遷頗有微辭。然發為文章，未出以肆情奮筆，任性意氣之直書，卻運化比事屬辭之書法，排比前後相反相對之史事或人物，藉由彼此之反差襯托，造成對比成諷之曲筆效應。司馬遷敘寫《酷吏列傳》，筆法如此，敘記《匈奴列傳》之書法，亦有異曲同工之妙。明人提示十分明白：

  凌約言曰："太史公紀武帝征伐事，先之以文景和親，匈奴信漢；然後序兩將軍連年出塞，又必隨之以匈奴入塞，殺略甚多。紀《酷吏傳》，先之以吏治蒸蒸，民樸畏罪；然後序十酷吏更迭用事，又必隨之以民益犯法，盜賊滋起。可見匈奴盜賊之變，皆武帝窮兵酷罰致之，此太史公

---

① 明凌稚隆輯校，日本有井範平補標：《史記評林》，卷一一〇《匈奴列傳》，頁20。
② 日本瀧川資言：《史記會注考證》，卷四九《外戚世家》，頁21—22，總頁778；卷一二三《大宛列傳》，頁34，總頁1313。
③ 明凌稚隆輯校，日本有井範平補標：《史記評林》，卷一一一《衛將軍驃騎列傳》引茅坤曰，頁1。

微意也。"①

　　將"文景和親,匈奴信漢"史事,先舖陳於前幅,然後接敘"兩將軍連年出塞,又必隨之以匈奴入塞,殺略甚多",此所謂比事可以觀義。司馬遷《匈奴列傳》之敘事經營,篇章佈局如此,寓託微意於相反相襯之中,於是"匈奴盜賊之變,皆武帝窮兵酷罰致之"之太史公微意,遂順理成章傳出,此忌諱書寫之上乘筆法。《史記》書寫現當代史事,面對"有所刺譏褒諱挹損之文辭,不可以書見"時,忌諱叙事往往用之。清吳見思評點《史記論文》,亦就"定、哀以後多微詞",發表觀點,其言曰:

　　　　漢武馬邑以後,與匈奴相殺各十餘萬人,草菅人命,實未能有加於匈奴,是史公作傳之旨。然只於武帝即位時,寫漢約和親,匈奴親漢,極言其盛。先提一案,後逐節逐事據實直書,不作論斷,而得失自見。所云"定、哀以後多微詞"也。與《平準》、《封禪》一樣序法。②

　　司馬遷敘《匈奴列傳》,以馬邑之謀為分水嶺:"只於武帝即位時,寫漢約和親,匈奴親漢,極言其盛";接續書寫"漢武馬邑以後,與匈奴相殺各十餘萬人",前此和親,匈奴往來長城下;其後,"與匈奴相殺",征伐不斷。和親往來,轉為草菅人命,戰爭之興從此取代和平,絕妙諷刺。清吳見思《史記論文》稱:馬邑軍之後,《匈奴列傳》"逐節逐事據實直書,不作論斷,而得失自見"。此即司馬遷《匈奴列傳·太史公曰》所云:"定、哀之際多微詞"。據實直書,不作論斷,而論斷自寓存於叙事之中。《史記·平準書》、《封禪書》之叙法,亦有異曲同工之妙。

四、征伐匈奴與《史記》之曲筆諱書、詭辭謬稱

　　《左傳》成公十四年載:君子曰:"《春秋》之稱,微而顯,志而晦,婉而成章,盡而不汙,懲惡而勸善。非聖人誰能修之?"微而顯,志而晦,婉而成章

---

① 明凌稚隆輯校,日本有井範平補標:《史記評林》,卷一一〇,《匈奴列傳》引凌約言曰,頁20。
② 清吳見思評點:《史記論文》,第4冊,《匈奴列傳》,頁592。

三者，世所謂曲筆。與盡而不汙之直書，同爲《春秋》"如何書"之法。懲惡而勸善，則屬《春秋》"何以書"之義。

就忌諱敘事而言，書寫現代當代之史事，往往"爲其切當世之文而罔襃"，同時"有所刺譏襃諱挹損之文辭，不可以書見"，於是微婉志晦之曲筆，最爲此中之常法。微之與顯，志之與晦，婉之與成章，盡之與不汙，筆法皆相反以相成，不同而能和。古人論《春秋》者，多美其辭約義隱，錢鍾書《管錐編》揣測其初衷，或者欲寡辭遠禍，避當時之害乎①？《左傳》、《史記》薪傳曲筆之書法，於忌諱敘事，頗有用文之地。今以司馬遷所敘征伐匈奴史事爲例，論證《史記》曲筆諱書、詭辭謬稱運用之一斑。

（一）曲筆諱書，微婉顯晦，推見以至隱

《後漢書》卷六十下《蔡邕傳》載王允言："昔武帝不殺司馬遷，使作謗書，流於後世。"章懷太子《注》引班固集云："司馬遷著書，成一家之言。至以身陷刑，故微文刺譏，貶損當世，非誼士也。"②吴汝綸《點勘史記讀本》謂："漢武帝黷武窮兵，司馬遷著《史記·匈奴列傳》，不斥言天子，而刺大臣將相，所謂微辭。"由此觀之，以上所云謗書、微辭，微文刺譏，貶損當世，是否爲同義詞，範疇相當？

《平準書》，《史記·太史公自序》述其作意曰："維幣之行，以通農商。其極則玩巧，并兼兹殖，爭于機利，去本趨末，作《平準書》，以觀事變，第八。"③作意明言以觀世變，措詞則曰玩巧、兼殖、機利、去本趨末，批判譏諷之意顯然。《平準書》是否爲謗書？清李晚芳《讀史管見》，曾作討論：

> 八書中，惟此書（《平準書》）出神入化，驟讀之無一語徑直；細案之，無一事含糊；總括之，無一端遺漏。使當時後世皆奉爲信史，而不敢目爲謗書，煞是太史公慘澹經營之作。④

> 此（《平準書》）謗書也。當時弊政甚多，將盡没之，則不足爲信史。

---

① 錢鍾書：《管錐編》，臺北：書林出版公司 1990 年版，《左傳正義·杜預序》，頁 162—163。
② 宋范曄著，唐章懷太子李賢注，王先謙集解：《後漢書集解》，臺北：藝文印書館 1955 年版，《二十五史》本，卷六〇下《蔡邕傳》，頁 20，總頁 712。
③ 日本瀧川資言：《史記會注考證》，卷一三〇《太史公自序》，頁 37，總頁 1374。
④ 清李晚芳：《讀史管見》，卷二《平準書》；楊燕起、陳可青、賴長揚編：《歷代名家評〈史記〉》，頁 454。

若直書之,又無以為君相地。太史於是以敏妙之筆,敷絢爛之辭,若吞若吐,運含譏冷刺于有意無意之間,使人賞其絢爛,而不覺其含譏;贊其美妙,而不覺其冷刺。筆未到而意已涵,筆雖煞而神仍渾。①

《平準書》,敘記武帝征伐匈奴,耗損浩煩軍費,於是有興利聚斂之秕政。當時或疑之為謗書,後世則尊奉為信史。或信或疑之間,則以忌諱敘事為其解讀之關鍵。當時弊政如此其多,司馬遷《史記》或據事直書之,未嘗滅没,當然可視為信史。不過,若一味仗氣直書,不避強禦,則有失為尊者諱、為君上諱之《春秋》教。於是司馬遷"若吞若吐,運含譏冷刺于有意無意之間","筆未到而意已涵,筆雖煞而神仍渾"。後人讀之,但賞其絢爛,贊其美妙,而"不覺其含譏,不覺其冷刺"。司馬遷妙用微婉顯晦之曲筆,生發推見至隱之效應有以致之。明焦竑《焦氏筆乘》,亦有論述:

太史公《匈奴傳·贊》曰:"孔氏著春秋,隱、桓之間則章,至定、哀之際則微,為其切當世之文而罔褒,忌諱之辭也。"子長深不滿武帝,而難於顯言,故著此二語,可謂微而章矣。班掾《漢書·元帝·贊》,稱其……此皆稱其所長,而所短不言而自見,最得史臣之體。②

楚辭"亂曰",卒章以顯志;西漢大賦,曲終而奏雅。司馬遷亦辭賦名家,敘事傳人自多體現。清顧炎武《日知錄》卷二十六云:"古人作史,有不待論斷,而於序事之中即見其指者,惟太史公能之。"舉"《平準書》末載卜式語"為說,其實《匈奴列傳》"太史公曰",亦贊二句。諸家品評,多闡發此意,如:

武帝五十年間,因兵革而財用耗,因財用而刑法酷。平準之置,陰奪於民,民之禍於斯為極。遷備著始終相應之變,特以《平準》名書。而終之曰:"烹弘羊,天乃雨。"嗚呼,旨哉!③

---

① 清李晚芳:《讀史管見》,卷二《平準書》;楊燕起、陳可青、賴長揚編:《歷代名家評〈史記〉》,頁454。
② 明焦竑:《焦氏筆乘》,卷二《匈奴傳贊》;楊燕起、陳可青、賴長揚編:《歷代名家評〈史記〉》,頁676。
③ 宋黃震《黃氏日鈔》,卷四六《史記》;楊燕起、陳可青、賴長揚編:《歷代名家評〈史記〉》,頁449。

遷言："堯雖賢，興事業不成，得禹而九州寧。且欲興聖統，惟在擇任將相哉！"蓋嘆衛、霍、公孫弘之事，微其詞也。漢武帝用妄人，殘民不已，幾亡天下，其不能興聖統固宜也。①

《平準書》、《匈奴列傳》篇末贊語，成為諸家注目焦點，關鍵似不在卒章顯志，或曲終奏雅，當是聚焦於司馬遷"寓論斷於敘事之中"之筆法。《平準書》卒章顯志，藉卜式之言"亨弘羊，天乃雨"，論斷桑弘羊之法外剝奪，為興利而禍國害民。宋黃震《黃氏日鈔》指出：武帝征伐匈奴五十年間，"因兵革而財用耗，因財用而刑法酷"。平準之置，禍民如此之甚，司馬遷出以微婉顯晦之曲筆，吞吐嗚咽，運含譏冷刺於有意無意之間，但覺其美妙，而不覺其冷刺。

《匈奴列傳》曲終奏雅，太史公曰："且欲興聖統，唯在擇任將相哉！唯在擇任將相哉！"宋葉適《習學紀言序目》，就"欲興聖統"立論，感嘆漢武帝濫用妄人，如衛青、霍去病、公孫弘輩，殘民以逞，幾亡天下。稱"欲興"云云，亦微婉其詞。《匈奴列傳》"太史公曰"末二語，出以微婉顯晦之曲筆發論，諸家多關注於此，如茅坤、牛運震之言：

茅坤曰："太史公甚不滿武帝窮兵匈奴事，特不敢深論，而托言擇將相，其旨微矣。"②

贊語，此隱語也。太史公引此二句，寓托最為深遠。"唯在擇任將相哉！唯在擇任將相哉！"責成將相，出脱武帝，立言最妙。重歎累歎，感慨無窮。③

《匈奴列傳》之卒章顯志，司馬遷出以複沓之疊句："唯在擇任將相哉！唯在擇任將相哉！"就《春秋》書法而言，可得而言者有三：其一，《春秋繁露·祭義》云："孔子曰：書之重，辭之複，嗚呼！不可不察也。其中必有大美惡焉。"④《匈奴列傳》"太史公曰"，書重辭複如是，值得省思。其二，記是

---

① 宋葉適《習學紀言序目》，卷二〇《史記》，頁290。
② 明凌稚隆輯校，日本有井範平補標：《史記評林》，卷一一〇《匈奴列傳》引茅坤曰，頁20。
③ 清牛運震：《空山堂史記評注》，卷一〇《匈奴列傳》，頁285。
④ 漢董仲舒著，清蘇輿注：《春秋繁露義證》，臺北：河洛出版社1975年版，卷一六《祭義第七十六》，頁16，總頁311。

以著非,此趙匡所倡《春秋》損益例,綴叙之意十體之六①。茅坤稱:司馬遷不滿武帝窮兵匈奴事,而托言擇將相;清牛運震所謂"責成將相,出脱武帝",要皆趙氏所示"記是以著非"之書法。其三,《左傳》揭示"微而顯,志而晦,婉而成章"之曲筆書法,《史記·匈奴列傳》有之。

《史記·匈奴列傳》"太史公曰",尚記述一段忌諱叙事之經典名句:"孔氏著春秋,隱、桓之間則章,至定、哀之際則微,為其切當世之文而罔褒,忌諱之辭也。"忌諱叙事之時節,忌諱叙事之困境,一一表出。明焦竑《焦氏筆乘》、明代董份、陳仁子於太史公引此,皆有會心。其言曰:

> 太史公《匈奴傳·贊》曰:"孔氏著春秋……忌諱之辭也。"子長深不滿武帝,而難於顯言,故著此二語,可謂微而章矣。班掾《漢書·元帝·贊》,稱其……此皆稱其所長,而所短不言而自見,最得史臣之體。②
> 董份曰:太史公引此二句,意最深遠。微者,言寓其事,而不章顯也。故武帝黷武所不斥言。然觀其遠師屢將,而又不能終服匈奴,則不言而自見矣。又曰罔褒,言無可褒,而不敢斥言,故為忌諱而微也。③
> 陳仁子曰:"遷之贊此也,以定、哀之時自比;而獨責將帥焉。夫豈獨責將帥哉?"④

漢武帝黷武匈奴四十餘年,窮兵北邊,遠師屢將,因寵妃而侯三將,用非其人,耗費鉅財,又終不能降服匈奴,所得可謂不償所失。司馬遷身處漢武時,叙寫當代歷史,猶孔子作《春秋》,身當定、哀之際。《匈奴列傳》"太史公曰"指出,確實有"切當世之文而罔褒"之無奈。明焦竑《焦氏筆乘》以為,太史公不滿武帝,而難於顯言;故稱其所長,而所短不言而自見。如此,則微而彰矣。董份稱:"罔褒,言無可褒,而不敢斥言,故為忌諱而微也。"言無可褒,卻不敢斥言,於是運以"微而顯,志而晦,婉而成章"之曲筆書法,而

---

① 唐陸淳:《春秋集傳纂例》,臺北:大通書局1970年版,清錢儀吉《經苑》本,卷一《趙氏損益義第五》,頁9,總頁2361。
② 明焦竑:《焦氏筆乘》,卷二《匈奴傳贊》;楊燕起、陳可青、賴長揚編:《歷代名家評〈史記〉》,頁676。
③ 明凌稚隆輯校,日本有井範平補標:《史記評林》,卷一一〇《匈奴列傳》引董份曰,頁19。
④ 明凌稚隆輯校,日本有井範平補標:《史記評林》,卷一一〇《匈奴列傳》引陳仁子曰,頁20。

蔚為忌諱之叙事。帝王尊者，若不幸而有過失恥辱，不敢直斥其非是。如漢武黷武窮兵，不可斥言，於是太史公運化"記是以著非"之書法，顧左右而言他，而獨責將相之擇任，此之謂忌諱叙事。

《史記》忌諱叙事，明清學人持續關注。或以為太史公深於《春秋》，往往寓譏諷於微旨之中。通《匈奴列傳》而觀察之，司馬遷編比史事，往往遙相對比，彼此襯托，造成對比成諷之微旨。明凌稚隆《史記評林》曾舉例以明：

> 余有丁曰："《傳》內每言擊胡，胡輒入邊殺掠；及留胡使，胡亦留漢使，相當。至匈奴遠遁，破耗矣；然猶不能臣服之，且不免。浞野李陵、貳師之敗沒，見武帝雖事窮黷，而未得十分逞志也。篇中大意如此，其微旨實寓譏云"。①

《匈奴列傳》叙北邊征伐之事，往往對比叙事：漢軍擊胡，與"胡輒入邊殺掠"對叙；漢留胡使，"胡亦留漢使相當"對叙；匈奴遠遁，破耗矣；又與"猶不能臣服之，且不免"對叙。因此，藉由相反相對，烘托陪襯，以見"武帝雖事窮黷，而未得十分逞志"之微旨隱義。史事再三對叙，微旨可寓"不可以書見"之刺譏。

觀《匈奴列傳》、《衛將軍驃騎列傳》，叙寫武帝因女寵衛子夫、李夫人而獲三大將，竟不能招擇賢者。司馬遷但叙其好兵好色相伏倚，為尊者諱，出於微辭寓託，意味最為深遠，如：

> 自古文武材類，生於世禄，選於學校，論定於司馬。而乃以一女寵獲兩大將，但其好兵與色之念相與倚伏者耶！而兩將軍之功，必自天子親言之，則天子之意也。紀漢之出，必紀匈奴之入，則兵端啟自我，而禍延於無既也。紀漢之出所獲，必紀匈奴之入所亡……則獲不如亡，而功不足蔽其辜也。……乃太史公不論其殄民困國之罪，只責其區區不能親附士大夫之小過。蓋不能招擇賢者，則德業不盛隆，而所建立上非以匡天子，而下不能保其世也。《傳》曰：孔子于哀定之朝多

---

① 明凌稚隆輯校，日本有井範平補標：《史記評林》，卷一一〇《匈奴列傳》引余有丁曰，頁20。

微辭；又曰"微而顯，婉而成章"，史公其深于《春秋》者哉！①

　　人情物態，若交相比較，則反差容易產生；若彼此映照，則意象不難顯現。若對列兩者，而比例懸殊如天壤，則自有對比成諷之效應。歷史編纂或評論明乎此，討論編比史事，多關注對比敘事以見指義。清蔣彤《丹棱文鈔·書衛將軍驃騎列傳後》，論漢匈之征戰，首揭"好兵與好色之念相與倚伏"，乃以一女寵獲兩大將，斷定武帝短於擇任將相。接敘"漢之出，必紀匈奴之入"；"紀漢之出所獲，必紀匈奴之入所亡"兩兩相對敘。於是論斷：漢軍所獲，不如所亡；縱有戰功，亦不足蔽其辜。至於《衛將軍驃騎列傳》中，"史公不論其殄民困國之罪，只責其區區不能親附士大夫之小過"，捨大以論細，避重而就輕，此《穀梁傳》所示之《春秋》書法，堪作"為尊者諱恥，為賢者諱過"之用可知。

　　孔子之作《春秋》，藉或筆或削以昭義；指義，則因比事與屬辭體現之。事不比，義不明；辭不屬，義不彰。昭公十二年《公羊傳》稱："《春秋》之信史也，其序，則齊桓晉文；其會，則主會者為之也；其詞，則丘有罪焉爾。"顯然，《春秋》書法，屬辭約文乃其中要務。而章學誠《文史通義·史德》稱："必通'六義比興'之旨，而後可以講'春王正月'之書。"②明王世貞稱："太史公於《李廣傳》、《衛青霍去病傳》，比興之義為多。"③蓋李、衛、霍傳，多微辭隱義故也。

　　《公羊傳》以義理説《春秋》，於人於事之褒貶、勸懲、進退、予奪，有所謂"實與而文不與"者。如僖公元年，救邢；僖公二年，城楚丘；僖公十四年，諸侯城緣陵；文公十四年，晉人納接菑於邾婁；宣公十一年，楚人殺陳夏徵舒；定公元年三月，晉人執宋仲幾於京師。上述六事，《公羊傳》解《經》，皆説之以"實與而文不與"④。《公羊傳注疏》所謂"主書者，起文從實"；"經文雖不

---

① 清蔣彤：《丹棱文鈔》，卷二《書衛將軍驃騎列傳後》；楊燕起、陳可青、賴長揚編：《歷代名家評〈史記〉》，頁681。
② 清章學誠：《文史通義》，卷三内篇三《史德》，頁221、222。
③ 明凌稚隆輯校，日本有井範平補標：《史記評林》，卷一一一《衛將軍驃騎列傳》引王世貞曰，頁13。
④ 以《公羊傳》"僖公二年城楚丘"為例。《傳》曰："上無天子，下無方伯，天下諸侯有相滅亡者，桓公不能救，則桓公恥之也。然則孰城之？桓公城之。曷為不言桓公城之？不與諸侯專封也。曷為不與？實與而文不與。文曷為不與？諸侯之義，不得專封。諸侯之義不得專封，則其曰實與之何？上無天子，下無方伯，天下諸侯有相滅亡者，力能救之，則救之可也。"漢公羊壽傳、何休解詁，唐徐彥疏：《春秋公羊傳注疏》，臺北：藝文印書館1955年版，卷一〇，頁7，總頁123。

與，當從其實理而與之"①。此涉及實際現狀之描述，所謂"起文從實"；"雖文不與，其義實與"。至於其文之修辭，則是作者獨斷別識之表現，所以自成一家之言者。推此言之，勸懲予奪之《春秋》書法，除"實與而文不與"之外，觸類隅反之，又有"文與而實不與"，自是其中一法門。

（二）《李將軍列傳》與詭辭謬稱之叙事

一與，一不與；陽與而陰奪之，陰與而陽奪之；正言若反，反言顯正。彼此矛盾逆折，相互衝激，能予人以警策與張力②。吳闓生《左傳微》稱之為詭詞謬稱，謂《左傳》叙事不乏此種筆法③；其實，《史記》亦不遑多讓。司馬遷身處武帝之世，為避免觸忌犯諱，《李將軍列傳》、《匈奴列傳》叙事傳人，多出以詭辭謬稱：一與，一不與，陽予而陰奪之筆法不少。如下列諸家所言：

  茅坤曰：李將軍，於漢，為最名將，而卒無功。故太史公極力摹寫淋漓，悲咽可涕。④

  凌約言曰：廣之材，盡出一時之上；廣之功，盡出一時之下。或者謂其有恨，而廣亦自恨其殺降。然則，豈直不封，陵之赤族亦宜矣。⑤

茅坤推尊李廣："於漢，最名將"，卻又言"卒無功"。試問：卒無功，何以稱最名將？凌約言既曰"廣之材，盡出一時之上"；卻又言"廣之功，盡出一時之下"。李廣材氣既稱天下無雙，何以其功盡出一時之下？懷材，誠引人愛惜；不遇，足令人悲咽。一與，一不與，矛盾逆折，天人之際，發人深思。

---

① 《公羊傳》僖公元年"救邢"，《疏》："謂雖文不與，其義實與，故言起文從實。"僖公二年"城楚丘"，《注》："主書者，起文從實也。"《疏》："謂經文雖不與，當從其實理而與之。"《公羊傳》文公十四年"晉人納接菑於邾婁"，《疏》："僖元年救邢、城楚丘之經，悉是'實與而文不與'，文與此同。其《傳》皆云：'上無天子，下無方伯，天下諸侯有相滅亡者，力能救之則救之，可也。'"漢公羊壽傳、何休解詁，唐徐彥疏：《春秋公羊傳注疏》，卷一〇，頁2，總頁120；卷一〇，頁7，總頁123；卷一四，頁10，總頁179；卷一六，頁4，總頁202。
② 黃永武：《中國詩學·設計篇》，臺北：巨流圖書公司2009年版，《談詩的密度·用矛盾逆折的語法，使詩句警策》，頁93。
③ 吳闓生：《左傳微》，臺北：臺灣中華書局1970年版，《左傳》莊公八年：君子是以善魯莊公。吳曰："此所謂詭詞謬稱，全書皆一種筆法。"頁39。
④ 明凌稚隆輯校，日本有井範平補標：《史記評林》，卷一〇九《李將軍列傳》引茅坤曰，頁1。
⑤ 明凌稚隆輯校，日本有井範平補標：《史記評林》，卷一〇九《李將軍列傳》引凌約言曰，頁4。

或文獻史實多方嘉許,而司馬遷《史記》撰文未嘗稱譽,如《衛將軍驃騎列傳》之例,是所謂"實與而文不與",所謂"起文從實,從其實理而與之"。若《史記》屬辭約文稱道之,而生平數奇、不遇,如《李將軍列傳》之類,則是"文與而實不與"。

班固《漢書・司馬遷傳贊》稱:"自劉向、揚雄博極群書,皆稱遷有良史之材。服其善序事理,辨而不華,質而不俚,其文直,其事核,不虛美,不隱惡,故謂之實錄。"①司馬遷《史記》於人物之得失短長皆書,褒貶勸懲兼具,所以為良史、為實錄。如李廣心懷私恨,斬殺灞陵尉,《李將軍列傳》亦據事直書之,將軍之度量可知。清姚祖恩《史記菁華錄》亦云:

> 篇中首載公孫昆邪一語,褒貶皆具。史公雖深愛李廣,而卒亦未嘗不並著其短。所以為良史之才,他人不能及也。②
> 廣惟有勇略,又能愛人,於《兵法》仁、信、智、勇、嚴五者,實有其四,惟少一嚴耳。然其遠斥候以防患,法亦未嘗不密也。但說到無部伍行陣、省文書籍事,此大亂之道,恐不能一日聚處,疑亦言之過甚。先輩謂載程不識以形擊之,愚謂要是文字生色耳,未必簡易至此極也。③

司馬遷《史記》敘事傳人,誠如《禮記・曲禮上》所云:"愛而知其惡,憎而知其善。"姚祖恩《史記菁華錄》稱《李將軍列傳》:"首載公孫昆邪一語,褒貶皆具";"史公雖深愛李廣,而卒亦未嘗不並著其短"。稱揚其勇略,愛人,而深憾武德缺一嚴字。批評"無部伍行陣、省文書籍事",誠大亂之道;才氣有餘,而紀律不整,恐即李廣一生數奇不遇之緣故。司馬遷愛而知其惡,故實"與"其才氣無雙,勇略過人;而文"不與"其數奇、不遇。

"李廣才氣,天下無雙"之譽,得自典屬國公孫昆邪之泣訴;"惜乎!子不遇時"之識,早斷自漢文帝之金口;"李廣老,數奇"之總結,出於漢武帝之上誡。比事而屬辭之,才氣之無雙,遂不敵一生之數奇。無雙與數奇之間,富含若干矛盾與逆折,《李將軍列傳》之詭辭謬稱,亦緣此而發:

---

① 漢班固等著,唐顏師古注,清王先謙補注:《漢書補注》,臺北:藝文印書館,《二十五史》本,卷六二《司馬遷傳》,頁26,總頁1258。
② 清姚祖恩:《史記菁華錄》,《李將軍列傳》,頁198。
③ 清姚祖恩:《史記菁華錄》,《李將軍列傳》,頁200。

一篇感慨悲憤,全在李廣"數奇"、"不遇時"一事。篇首"文帝曰:'惜乎,子不遇時'"云云,已伏"數奇"二字,便立一篇之根。後敘廣擊吳楚,還,賞不行,此一數奇也。馬邑誘單于,漢軍皆無功,此又一數奇也。為虜生得,當斬,贖為庶人,又一數奇也。出定襄,而廣軍無功,又一數奇也。出右北平,而廣軍功自如,無賞,又一數奇也。出東道而失道,後大將軍,遂引刀自剄,乃以數奇終焉。……"上以為李廣老,數奇"云云,則明點數奇眼目。傳末敘到李陵生降曰:"李氏陵遲衰微矣。"又曰"李氏名敗"云云,總為數奇不遇。餘文低徊淒感,此又一篇之主宰,而太史公操筆謀篇時,所為激昂不平者也。①

《史記‧太史公自序》述其作意云:"勇於當敵,仁愛士卒,號令不煩,師徒鄉之,作李將軍列傳第四十九。"稱美推崇李廣,可謂至矣。就作意而言,此即太史公之"實與"。然觀《李將軍列傳》文本,敘其平生事迹,卻聚焦於"數奇"與"不遇時"("不遇時",亦"數奇"之一)。清牛運震《史記評注》,點評《李將軍列傳》,於李廣"數奇"事,屢敘、再敘、累敘、不一敘,全篇前後多達九事。不但"李廣老,數奇",傳末敘到子孫李陵生降、李氏陵遲衰微、李氏名敗。凸顯李廣"數奇"事,終始本末凡九,此非《史記》之"文不與"而何?

李廣臨終之言:"廣結髮,與匈奴大小七十餘戰。"堪稱勞苦功高矣!可惜才氣無雙,卻數奇、不遇時。《史記》實錄漢文帝"惜乎,子不遇時"之言,漢武帝又以廣"年老數奇"少之。如此擬言代言,敘事傳人,是所謂"因言語而可知者"。清姚祖恩《史記菁華錄》曾析論文帝、武帝之裁斷,以為"不可謂不知廣者"。其言曰:

> 廣歷事三朝,文帝以為不遇時;武帝之時邊功日競,而天子復以年老數奇少之。要之,二君皆不可謂不知廣者。文帝以為跅弛之士,多見長於草昧之初;武帝以為數蹶之才,難與共功名之會也。②

本傳皆摹寫李將軍才氣,而贊(太史公曰)又極歎其忠誠,文固有

---

① 清牛運震:《空山堂史記評注》,卷一〇《李將軍列傳》,頁275。又,李景星:《史記評議》,《李將軍列傳》第四十九,頁113,論點近似。
② 清姚祖恩評點:《史記菁華錄》,卷五《李將軍列傳》,頁203。

彼此互見之法。蓋當於未盡處渲染，不當於精透處畫添也。①

文帝曾面諭李廣："惜乎，子不遇時。"大將軍衛青，亦陰受上誡（實情為假傳聖旨），以為"李廣老，數奇，毋令當單于"。李廣蹭蹬，終老難封，依據《李將軍列傳》叙事，似乎與文帝、武帝之聖口直斷，不無關聯。然文帝時，匈奴無歲不擾，豈得不倚重名將？武帝時，邊功日競，李廣才氣跅弛，有黥布、彭越、樊噲、灌夫之風，奈何又屏棄不用？清姚祖恩《史記菁華錄》："文帝以為跅弛之士，多見長於草昧之初；武帝以為數蹶之才，難與共功名之會。"解讀是否合乎情理？恐未必然。

筆者以為：太史公深愛李廣，《李將軍列傳》叙事，落實"為尊者諱"、"為賢者諱"之《春秋》書法，遂安排文帝武帝之口諭，假託衛青之"陰受上誡"，為忌諱叙事作張本，此之謂"實與而文不與"。據《史記·李將軍列傳》，大將軍衛青擊匈奴，故徙前將軍廣。廣部行回遠，又迷失道，知大將軍居中摧折，遂不對刀筆吏而自剄。晚清張裕釗，以屬辭比事之《春秋》教，解讀《史記·李將軍列傳》，闡發忌諱叙事之隱微。如：

張裕釗曰："青受上誡，特藉口語。而欲侯公孫敖，乃其實也。太史公連著兩'亦'字，最有意。《漢書》删去前'亦'字，失其指矣。"又曰："廣知青欲侯公孫敖，故用為恨。怒青，因是愈摧折廣，而廣遂以死。史公曲曲繪出，若隱若顯，而恨惜之意無窮。"②

《史記·李將軍列傳》叙李廣終老難封，最終告白："今幸從大軍出接單于兵，而大將軍又徙廣部行回遠，而又迷失道，豈非天哉！"其中隱情，細讀《李將軍列傳》，比其事而屬其辭，即可破解迷思。張裕釗斷定："青受上誡，特藉口語。而欲侯公孫敖，乃其實也。"排比前後之史事，連屬上下之文辭，即可索得。太史公連著兩個"亦"字，最有弦外之音。其一，"大將軍青亦陰受上誡，以為李廣老，數奇，毋令當單于，恐不得所欲"。其二，"是時公孫敖新失侯，為中將軍從大將軍，大軍亦欲使敖與俱當單于，故徙前軍將廣"。因此，"廣知青欲侯公孫敖，故用為恨。怒青，因是愈摧折廣，而廣遂以死"。

---

① 清姚祖恩評點：《史記菁華錄》，卷五《李將軍列傳》，頁206。
② 黃華表：《史記導讀》，《李將軍列傳》引張裕釗曰，香港：中華文化事業公司1965年版，頁14。

清孔廣森《春秋公羊學通義·叙》稱:"辭不屬不明,事不比不章。"①謂連屬前後上下之辭文,排比相近相反之史事,則微辭隱義不難破譯。由此觀之,屬辭比事之《春秋》教,真解讀忌諱叙事之法門。

李廣才氣,天下無雙;李廣邊功,漢之邊將無人能出其右。為士卒所苦之程不識,為人在下中之李蔡,才人不及中人之諸部校尉,皆早已出將封侯矣;不過,"自漢擊匈奴,而廣未嘗不在其中","而廣不為後人,然無尺寸之功以得封邑",何也?李廣終老難封之提問,攸關"天人之際"之課題,司馬遷採取詭辭謬稱,"實與而文不與"之忌諱叙事回應之。李廣嘗與望氣王朔燕語,説相、談命、陰禍、報應,作為"將軍不得侯"之藉口,此所謂"詭辭謬稱","實與而文不與"。

(三)《匈奴列傳》、《衛將軍驃騎列傳》及實與而文不與

宋黄震《黄氏日鈔》稱:"衛、霍深入二千里,聲振夷夏;今看其傳,不值一錢。李廣每戰輒北,困躓終身;今看其傳,英風如在。史在抑揚予奪之妙,豈常手可望耶?"②《史記》叙武帝征討匈奴,《平準書》、《李將軍列傳》、《匈奴列傳》、《衛將軍驃騎列傳》四篇,往往詳略互見、虛實互藏,必須對讀、合觀,方可破譯微辭隱義,而得其真解。"看《衛霍傳》,須合《李廣》看",正可對照出"實與而文不與",以及"文與而實不與"之書法。抑揚予奪之史家筆法,詭辭謬稱之忌諱叙事,此中有之。

漢武帝在位五十四載,用兵北邊長達四十四年。前期戰爭二十九年,征伐匈奴之主將,為大將軍衛青、驃騎將軍霍去病。太史公論衛青:"於天下無稱也!"於霍去病,則曰"有天幸"。《史記》叙兩將軍連年出塞,又必隨之以匈奴入塞,殺略甚多。論者所謂"每言擊胡,胡輒入邊殺掠;及留胡使,胡亦留漢使相當"云云。太史公於《匈奴列傳》、《衛將軍驃騎列傳》,推見至隱,多為尊者諱恥,為賢者諱過,宋劉辰翁、清何義門特為表出。如:

劉辰翁曰:"囙褒,謂不得不褒,則有可諱矣。遷亦欲為微隱者,然已著大意不滿。當時以為順從君之欲,所謂'席中國廣大、氣奮',深得

---

① 清孔廣森:《孔檢討春秋公羊經傳通義·叙》,臺北:復興書局1961、1972年版,《皇清經解》卷六九一,頁7,總頁9293。
② 宋黄震:《黄氏日鈔》卷四七;楊燕起、陳可青、賴長揚編:《歷代名家評〈史記〉》,頁673。

體要。建功不深,又似惜其志之未盡成者,何前後之異也?則其中有難言者矣!"①

　　衛、霍將略,太史公不之取也。此論卻許其能知時變,以保祿位,非以示譏。②

《匈奴列傳》"太史公曰"之微辭隱義,劉辰翁從"不得不褒,則有可諱矣";"建功不深,似惜其志之未盡成者";"何前後之異?則其中有難言者"三組疑問句,解讀司馬遷之罔褒與微隱。《春秋公羊傳》所謂"實與而文不與",吳闓生《左傳微》所云詭辭謬稱,本文所謂忌諱叙事,《匈奴列傳》要皆有之。至於《衛將軍驃騎列傳》"太史公曰",太史公不取衛霍將略,卻許其能知時變,善保功名。此《春秋》書法所謂略大以詳細,《穀梁傳》、《公羊傳》所謂舉輕以明重,而進退、予奪、褒貶、勸懲於是乎在③。《公羊傳》所倡"實與而文不與"之書法,《史記》"太史公曰"有絕佳之體現。

《衛將軍驃騎列傳》與《外戚世家》、《佞幸列傳》,往往互文見義,彼此相發明。試對讀二文,則《公羊傳》所倡"實與而文不與"之書法,可以檢視索得。明代于慎行《讀史漫錄》,有具體而微之論證:

　　衛、霍傳所叙二將戰功,若不容口。及《佞幸傳》則曰:"衛青、霍去病亦以外戚幸,然頗用才能自效。"此太史本旨也。以此推之,所叙戰功,率取募軍奏報之詞,及璽書所褒屬,次第其語,非實予之也。④

衛青、霍去病,因衛子夫貴為武帝寵后,遂與皇室有外戚姻親關係,而得天子寵幸。故《佞幸列傳》稱:"衛青、霍去病,亦以外戚幸,然頗用才能自效。"雖貴為外戚,"然頗用才能自效",此太史公陽予陰奪,實與而文不與之筆法。試對讀《外戚世家》:"衛子夫已立為皇后,乃以衛青為將軍。擊胡有功,封為長平侯。及衛皇后所謂姊衛少兒,生子霍去病,以軍功封冠軍侯,號驃騎將軍。青號大將軍。"觀此,衛青、霍去病之得將軍,不可諱言,"以外

---

① 明凌稚隆輯校,日本有井範平補標:《史記評林》,卷一一〇《匈奴列傳》引劉辰翁曰,頁19。
② 清何焯:《義門讀書記》,文淵閣《四庫全書》本,第860册,卷一四《史記》,頁18,總頁179。
③ 張高評:《〈春秋〉書法與修辭學——錢鍾書之修辭觀》,載張高評:《比事屬辭與古文義法——方苞"經術兼文章"考論》,附錄二,頁522—527。
④ 明于慎行:《讀史漫錄》卷三;楊燕起、陳可青、賴長揚編:《歷代名家評〈史記〉》,頁678。

戚幸";則因人成事,貪緣富貴可知。《讀史漫録》所謂"此太史本旨",當指此。若返觀《衛將軍驃騎列傳》篇末,見"所叙戰功,率取募軍奏報之詞,及璽書所褒屬,次第其語",則明代于慎行所指"非實予之也"之意。要而言之,《公羊傳》所謂"實予而文不與"之書法,司馬遷已落實轉化於叙事傳人之中。

清姜辰英《湛園未定稿》,有關《史記・衛將軍驃騎列傳》之筆法,曾提出"左霍而右衛"説,以及良史"言外褒貶法"。若覆按《春秋》書法,亦是《公羊傳》所謂"實與而文不與",亦即"為賢者諱過"、詭辭謬稱之忌諱叙事法:

> 漢良將稱衛、霍,論者多左霍而右衛。余熟觀太史公傳所謂兩人點次處,則右衛也;其于霍也,多微辭矣。《傳》叙衛戰功,摹寫唯恐不盡,至驃騎戰功,三次皆於天子詔辭見之,而太史公核實。……豈非以天子之詔特據幕府所上功次,其辭多鋪張失實,而天子方深信之,則姑存此以為傳疑之案乎?觀大將軍七出擊匈奴,斬捕首虜才五萬餘級;而驃騎三出,詔書所叙已不啻十一萬餘首級,其虛偽可見,此良史言外褒貶法也。①

據《史記・衛將軍驃騎列傳》,叙衛青之戰功,"摹寫唯恐不盡";霍去病之戰功,則鋪張失實,虛偽可見。因此,論者多"左霍而右衛",太史公叙衛、霍之戰功,亦右衛而左霍。《衛將軍驃騎列傳》叙天子欲教霍《兵法》,為之治第,皆懇辭之,由此上益重愛之。叙霍去病"少而貴,不省士",以叙事為論斷,可證"其于霍也,多微辭矣"之意。太史公論斷大將軍衛青:"為人仁善退讓,以和柔自媚於上,然天下未有稱也。"②司馬遷一揚一抑之際,予奪自見。姜辰英《湛園未定稿》稱:"論者多'左霍而右衛',叙衛、霍之戰功,

---

① 清姜辰英:《湛園未定稿》,卷五《書史記衛霍傳》;楊燕起、陳可青、賴長揚編:《歷代名家評〈史記〉》,頁678。

② 《史記・衛將軍驃騎列傳》載:"驃騎將軍為人少言不洩,有氣敢任。天子嘗欲教之孫、吳兵法,對曰:'顧方略何如耳,不至學古兵法。'天子為治第,令驃騎視之,對曰:'匈奴未滅,無以家為也。'由此上益重愛之。然少而侍中,貴,不省士。其從軍,天子為遣太官齎數十乘,既還,重車餘棄粱肉,而士有饑者。其在塞外,卒乏糧,或不能自振,而驃騎尚穿域蹋鞠。事多此類。大將軍為人仁善退讓,以和柔自媚於上,然天下未有稱也。"漢司馬遷著,日本瀧川資言考證:《史記會注考證》,卷一一一《衛將軍驃騎列傳》,頁30—31,總頁1209。

亦'右衛而左霍'。"就《公羊春秋》之書法言之,此之謂"實與而文不與"。文不與者,太史公之別裁特識,良史之書法不隱也,故敘事詭辭謬稱如是。

(作者單位:浙江越秀外國語學院中國語言文化學院、成功大學中國文學系)

Taboo Narrative in *Shi Ji* and the Writing Method of *Chun Qiu*: With Examples from the Wars with Xiongnu

Kao-Ping Chang

Why is there such a thing as taboo narrative? Because according to *The Analects*, Confucius wrote *Chun Qiu* in accordance with the incidents of the time when sarcasm, praises, and criticism were taboos and cannot be written, therefore authors appropriated writing skills and hidden words to satirize. The main point of taboo narrative is to show how the authority taboos shame or mistakes of the elders. Sima Qian wrote four essays on the war between Emperor Wu of Han and Xiongnu in *Shi Ji*, which I will discuss in this paper. Among these four, *Biography of General Lee* describes the contribution and mistakes of this war. Sima Qian satirized the ways in which people's contribution was omitted. *Biography of General Wei* discusses why the reward of the war with Xiongnu, led by Wei Qing and Huo Qu Bing, did not make up for the loss it cost. Because of this, Sima Qian did not identify Wei and Huo with their ability of leading troops. Sima Qian used taboo narrative to imply something beyond what was written. *Biography of Xiongnu* describes how he did not dare to criticize Emperor Wu of Han's war attempts, and instead said that problems occurred because the right person was not assigned the right job. *The Treatise of the Balanced Standard* directly describes how the emperor evened the price increase because of the war, and how this led to the increase of unsuitable government officials. Accumulating wealth by unfair means and robbery were things that could nott be written, thus they were hidden but could be discovered by analyzing the writing method. Sima Qian was good at such method known as commenting within descriptions. The paper is divided into three parts. First of all, the description regarding the war as recorded in *Shi Ji* and the writing method of *Chun Qiu*, including the writing method of *Chun Qiu* and revealing the meaning of *Shi Ji* through its writing method. Second, the war with Xiongnu and the writing method of *Chun Qiu* in *Shi Ji* and taboo description, including *The Treatise of the Balanced Standard*, *Biography of General Lee*, and *Biography of Xiongnu*.

Keywords: *Shi Ji*, war with Xiongnu, writing method of *Chun Qiu*, taboo narrative, realizing Meaning through Writing Skills

徵引書目

1. 周左丘明傳，晉杜預注，唐孔穎達疏：《春秋左傳正義》，臺北：藝文印書館，1955 年版，阮元《十三經注疏》本。
2. 周穀梁赤傳，晉范甯集解，唐楊士勛疏：《春秋穀梁傳注疏》，臺北：藝文印書館，1955 年版，阮元《十三經注疏》本。
3. 漢公羊壽傳，何休解詁，唐徐彥疏：《春秋公羊傳注疏》，臺北：藝文印書館，1955 年版，阮元《十三經注疏》本。
4. 漢董仲舒著，清蘇輿注：《春秋繁露義證》，臺北：河洛出版社，1975 年版。
5. 漢司馬遷著，日本瀧川資言：《史記會注考證》，臺北：萬卷樓圖書公司，1993 年版。
6. 漢班固等著，唐顏師古注，清王先謙補注：《漢書補注》，臺北：藝文印書館，1955 年版，《二十五史》本。
7. 劉宋范曄著，唐章懷太子李賢注，清王先謙集解：《後漢書集解》，臺北：藝文印書館，1955 年版，《二十五史》本。
8. 唐劉知幾著，清浦起龍釋：《史通通釋》，上海：上海古籍出版社，1978 年版。
9. 唐陸淳編：《春秋啖趙集傳纂例》，臺北：大通書局，1970 年版，清錢儀吉《經苑》本。
10. 宋蘇洵，曾棗莊等箋注：《嘉祐集箋注》，上海：上海古籍出版社，1993 年版。
11. 宋蘇軾著，孔凡禮點校：《蘇軾文集》，北京：中華書局，1986 年版。
12. 宋王十朋著，梅溪集重刊委員會編：《王十朋全集》，上海，上海古籍出版社，1998 年版。
13. 宋黎靖德編，王星賢點校：《朱子語類》，北京：中華書局，1986 年版。
14. 宋趙順孫：《四書纂疏‧論語纂疏》，高雄：啟聖圖書公司，1973 年版。
15. 元趙汸：《春秋屬辭》，臺北：大通書局，1970 年版。
16. 明凌稚隆：《史記纂》，北京：商務印書館，2013 年版。
17. 明凌稚隆輯校，日本有井範平補標：《史記評林》，臺北：蘭臺書局，1968 年版。
18. 清顧炎武著，黃汝成集釋，欒保群、呂宗力點校：《日知錄集釋》，上海：上海古籍出版社，2006 年版。
19. 清方苞：《方望溪先生全集》，臺北：臺灣商務印書館，1979 年版，《四部叢刊》初編本。
20. 清方苞：《方望溪先生全集‧望溪集外文補遺》，臺北：臺灣商務印書館，1979 年版，《四部叢刊》初編本。
21. 清孔廣森：《孔檢討春秋公羊經傳通義》，臺北：復興書局，1961、1972 年版，《皇清經解》本。
22. 清章學誠著，葉瑛校注：《文史通義校注》，北京：中華書局，1985、2014、2019 年版。
23. 清何焯：《義門讀書記》，臺北：臺灣商務印書館，1983 年版，文淵閣《四庫全書》本，第 860 冊。
24. 清牛運震：《空山堂史記評注》，西安：三秦出版社，2011 年版。
25. 清吳見思：《史記論文》，臺北：臺灣中華書局，1970 年版。
26. 李景星：《史記評議》，長春：東北師範大學出版社，1985 年版。

27. 吴闓生：《左傳微》：臺北：臺灣中華書局,1970 年版。
28. 黃華表：《史記導讀》,香港：中華文化事業公司,1965 年版。
29. 孫德謙：《太史公書義法》,臺北：臺灣中華書局,1969 年版。
30. 王熙元：《穀梁范注發微》,臺北：嘉新水泥公司文化基金會研究論文,1972 年版。
31. 楊燕起、陳可青、賴長揚編：《歷代名家評〈史記〉》,北京：北京師範大學出版社,1986 年版。
32. 錢鍾書：《管錐編》,臺北：書林出版公司,1990 年版。
33. 張高評：《春秋書法與左傳學史》,臺北：五南圖書公司,2002 年版。
34. 黃永武：《中國詩學·設計篇》,臺北：巨流圖書公司,2009 年版。
35. 張高評《〈春秋〉書法與"義"在言外——比事見義與〈春秋〉學史研究》,《文與哲》第 25 期,2014 年。
36. 張高評：《比事屬辭與古文義法——方苞"經術兼文章"考論》,臺北：新文豐出版公司,2016 年版。
37. 張高評：《〈春秋〉書法與修辭學——錢鍾書之修辭觀》,載張高評：《比事屬辭與古文義法——方苞"經術兼文章"考論》,臺北：新文豐出版公司,2016 年版。
38. 張高評：修訂重版《左傳之文學價值》,臺北：五南圖書公司,2019 年版。

《毛詩草木鳥獸蟲魚疏》中的物觀

曹建國　易子君

【摘　要】 三國吳陸璣所作《毛詩草木鳥獸蟲魚疏》以博物學這一新視角、新方式對《毛詩》進行注解。作為博物學著作，它詳細記述了一百餘种動植物的生物屬性及實際功用，充分展現了漢魏時人將其運用到飲食、醫療、生產、娛樂、宗教與方術等諸多方面的豐富形式，是今人了解漢魏時期風物與風貌的重要參考內容；作為經學訓詁著作，它開創了《毛詩》風物研究這一專門之學，對後世《詩經》的多樣性專門研究影響深遠。它的出現反映了魏晉時期人們精神自由開放，突破兩漢以來重政治倫理意義與比附習氣的傳統思維，另闢蹊徑的《詩經》研究新風向。

【關鍵詞】 陸璣　《毛詩草木鳥獸蟲魚疏》　博物學　漢魏物觀　魏晉《詩》學

《毛詩草木鳥獸蟲魚疏》是《毛詩》名物訓詁的重要著作[1]，《四庫全書總目提要》云："講多識之學者，固當以此為最古焉。"[2]概言之，後世《毛詩》名物的研究成為專門之學，當推此書首創之功。它的作者是三國時吳郡人

---

[1] 本文引陸《疏》以羅振玉《毛詩草木鳥獸蟲魚疏新校正》為底本，《歷代詩經版本叢刊》第2冊據民國間上海聚珍仿宋印書局排印本影印，濟南：齊魯書社2008年版。個別條目參考清代丁晏《毛詩草木鳥獸蟲魚疏校正》，《續修四庫全書》本，上海：上海古籍出版社1996年版。

[2] 永瑢等撰：《四庫全書總目》，北京：中華書局1965年版，第120頁。

陸元恪①，生卒年及生平事跡均不詳。學界目前關於《毛詩草木鳥獸蟲魚疏》（以下簡稱"《草木疏》"）的研究尚不多，多是著眼於作者考辨；或是關於文本的歷史衍變及現今可用版本的分析與搜羅；或是對全書體例、內容分類、成書特點及對後世《詩經》學的影響等方面加以整體介紹；或是從語言學的角度對其中的名物進行方言、詞源、詞彙等方面的整理與探討②。但這些研究似乎對文本本身的關注還不夠，細緻的文本梳理也不多見。而從具體內容分析可以發現，《草木疏》中保留了大量的魏晉時期的民俗文化，其中涉及到飲食、醫學、生產、娛樂、宗教與方術等諸多方面。這些記載猶如一幅幅豐富多彩的風俗畫，向我們展現了漢魏時人真切可感且趣味十足的生活面貌和精神情趣。與此同時，其經學意旨與文學趣味也涵寓其中，反映出魏晉人獨具的"物觀"。

一、飲食與醫療

（一）飲食習慣

飲食是《草木疏》現存文本中占比例最多的部分，其中可供食用的動植物種類涵蓋範圍廣博，展現出的飲食方式花樣繁多，從這些文本描述中，今人可以大致了解魏晉，尤其是三國時期的些許飲食習慣。以下擇要對此進行展現。

---

① 關於陸氏之名，前人説法不一，或以爲"機"，或以爲"璣"。顔慧萍在《陸璣及其學術考述》一文中對此有比較完整的總結，今大都以爲陸璣更可信。而夏緯瑛先生在《〈毛詩草木鳥獸蟲魚疏〉的作者——陸機》一文中從古人所取名與字之間的關係入手，認爲"恪"與"機"恰好含義相反，並以新發現的日本舊藏古本《一切經音義》和《玉燭寶典》中的相關文字爲參考，認爲《毛詩草木鳥獸蟲魚疏》的作者名當爲陸機。綜合諸多因素，本文採信"陸璣"説。

② 相關代表論文主要有：夏緯瑛《〈毛詩草木鳥獸蟲魚疏〉的作者——陸機》（載於《自然科學史研究》1982年第2期，第176—178頁）；徐建委《文本的衍變——〈毛詩草木鳥獸蟲魚疏〉辨證》（《上海大學學報》2018年第5期，第67—78頁）；羅桂環《古代一部重要的生物學著作——〈毛詩草木鳥獸蟲魚疏〉》（《古今農業》1997年第2期，第31—36頁）；顔慧萍《陸璣及其學術考述》（《社科縱橫》2008年第2期，第172—174頁）；華學誠《論〈毛詩草木鳥獸蟲魚疏〉的名物方言研究》（《徐州師範大學學報》2002年第3期，第53—56頁，下轉第61頁）等。此外，一些專門性的《詩經》研究著作、碩博士論文也多涉及陸璣的《草木疏》，尤其是那些以鳥、獸、草、木、蟲、魚爲研究對象的專題研究碩博士論文，如李曼曼《〈詩經〉中的食物及烹飪研究》（吉林大學，2018年）、趙利傑《〈詩經〉中的蔬菜研究》（鄭州大學，2016年）等等。由於篇籍衆多，不再詳細出注。上述前賢時哲的研究，對於本文的寫作多有啟益，一併致謝。

1. 生食。這種最原始也最簡單的食用方法在《草木疏》中有相當多的記載,其中有些種類是流傳至今、且依然普遍為人熟知沿用的,如荷及其果實("有蒲與荷"條),陸氏稱:"其(荷)實蓮,蓮青,皮裏白子為的,的中有青長三分,如鈎,為薏,味甚苦,故里語云'苦如薏'是也。的五月中生,生噉脆。"其中的"蓮的"即今人食用的蓮子,"薏"即蓮心,今人也常生吃。但更多的生食對象是今人絶少食用甚至難以識別的,或者説即使食用也必定經過烹煮處理,如蔞蒿的旁莖("言刈其蔞"條),陸氏稱:"正月根芽生,旁莖正白,生食之,香而脆美。"蔞蒿,又稱蘆蒿、藜蒿、泥蒿、水蒿等,從古至今都是一道不可或缺的美食,但今人大都將蔞蒿與其他肉類火炒、或者是入沸水焯透後涼拌食用,如《草木疏》中記載不經任何處理、即取即食的方式則幾近於無①。除荷與蔞蒿二者外,其餘的就基本屬於今人食用範疇之外了,如蒲"生啖之甘脆"("有蒲與荷"條),它學名水燭,與蘆葦相似,除非饑荒等特殊情況,想來決計不會成為今人的生食對象。粗略統計,書中直言可以生吃的生物不下13種之多,活吃動物倒是没有,主要集中在"草""木"兩類,除上述荷、蔞、蒲諸草,還有苹、蘩、茇、薇、苣、苕、莫等野草的莖葉②,以及鬱、樹檖、枳枸等樹木的果實,可謂豐盛。

儘管《草木疏》中並没有一一指出究竟是哪一社會階層在采用這種吃法,但仍然可以從當時的社會環境著眼考慮其中的原因:雖然魏晉較前代在飲食方面進步不少,更加精細繁瑣,也有大量食經出現,但是魏晉時期天災不斷,政權更迭,戰亂更是家常便飯,普通百姓往往流離失所,農耕荒廢,即使有了短暫的安定生活也會遭到貴族門閥的盤剥,在吃食上没有條件也没有資格講究,也正是由於這種大的社會背景所限,《中國風俗通史·魏晉南北朝卷》在考察比較後也認為:"以糧食和蔬菜為主的素食結構是民間普遍的食俗。"③所以在物質豐富的今人看來不可思議的、這麽大範圍的生吃對象也就不足為奇了。

2. 蒸煮。這一食用方法在《草木疏》的"飲食"内容中所占比例最大,上述可供生食的絶大部分品種都可同時通過蒸煮食用。具體而言,可供

---

① 蘆蒿的食用歷史悠久且吃法衆多,可參閱胡畏《話蘆蒿創"蘆蒿宴"》一文。
② 高智《〈詩經〉裏的菜園子》一文介紹了薇菜、荇菜、卷耳、水芹、苤苢等五種蔬菜。
③ 張承宗、魏向東:《中國風俗通史·魏晉南北朝卷》,上海:上海文藝出版社2001年版,第71頁。

"蒸"食的包括蘋、萍、蘩、莪、蔞、菖、苢、萊等草類，其中有一點需稍加注意，那就是"糁蒸"，書中記載"（蘋）季春始生，可糁蒸以為茹"（"于以采蘋"條）。這種植物就是常見的水上浮萍，它根莖一體，頂端有四片對稱的小葉，是細嫩柔軟的好食材，《禮記·內則》稱："糁，取牛、羊、豕之肉，三如一，小切之。與稻米，稻米二，肉一，合以為餌，煎之。"①此處的"糁"應當是肉和米麵而成的一種糊狀物。《莊子·讓王》也曾有言："孔子窮於陳、蔡之間，七日不火食，藜羹不糁。"成玄英疏言："藜菜之羹，不加米糁。"②此處指無米以和菜羹的情形，"糁"又著重指明了米糊一點。雖則"糁"究竟為何隨著時代變化而難以説清，但總體而言，《草木疏》所言應當是指將蘋草與少許米麵混合成湯糊狀，然後加以蒸食，至於有無肉類尚未可知。可供"煮"食的包括苤苢、杞、卷耳、薇、苞葉、莫、芃蘭等草類，"其葉如榆，瀹為茹，美滑於白榆"的樞等木類的葉子（"山有樞"條），以及"其肉甚美，可為羹臛"的鴞等鳥類（"翩彼飛鴞"條）。

不僅蒸煮的食材豐富，而且菜品繁多，僅湯類菜品就又可細分為羹、臛、蠚數種，這其中便涉及了羹、臛、蠚，尤其是羹、臛的分化與異同問題，直到東漢王逸注《楚辭·招魂》"露雞臛蠵"時尚有明確分別："有菜曰羹，無菜曰臛。"③但到了北魏賈思勰時就已經是羹臛混稱了，《齊民要術》中就没有將其分別列目而總稱"羹臛法"，王子輝認為："古代的羹與臛是没什麼嚴格區別的，只是有菜、無菜的微細之分。但這似乎只在歷史的短暫時期是如此。後來的發展變化，早已使這個微細的區分失去了意義。至少在南北朝時期，羹與臛的命名已不是按照肉羹中有菜與否來區分了。"④而《草木疏》中則將其平行羅列："（梅）煮而曝乾為腊，置羹、臛、蠚中，又可含以香口。"（"摽有梅"條）同時，文中提及作"羹"的有杞、薇、莫、菲、苞葉五種，全是菜類，無一有肉，而魚肉類鱣又直言其"可蒸為臛"（"有鱣有鮪"條）。可見，至少這三種、尤其是羹臛，在三國時代仍然是按有菜、無菜加以比較嚴格的區分的。至於蠚類菜餚，文中僅一帶而過，此處也不再多説。

除上述兩種使用最廣泛（至少從占《草木疏》内容比例來看如此）的食

---

① 《十三經注疏》，上海：上海古籍出版社1997年版，第1468頁。
② 陳鼓應注譯：《莊子今注今譯》，北京：中華書局1983年版，第813—814頁。
③ 洪興祖撰：《楚辭補注》，北京：中華書局1983年版，第208頁。
④ 王子輝：《中華飲食文化論》，西安：陝西人民出版社2006年版，第199頁。

用方法外，該書還記載了另外一些別有風味的飲食樣式。

3. 燒烤。這一食法在古代被稱為"炙"，《說文》解釋為"從肉，在火上"①，就是以火燒烤原料後食用。關於"炙"這一烹飪方法，文獻多有記載，漢畫像也能見其蹤跡②。《草木疏》中記載別有一例燒烤野菜："蒿，青蒿也，香中炙啖，荊豫之間，汝南、汝陰皆云菣也。"（"食野之蒿"條）菣也即香蒿，是青蒿的一種，後世沈括云："陝西綏、銀之間有青蒿，在蒿叢之間，時有一兩株，迥然青色，土人謂之'香蒿'。莖葉與常蒿悉同，但常蒿色綠，而此蒿色青翠，一如松檜之色。至深秋，餘蒿並黃，此蒿獨青，氣稍芬芳。恐古人所用，以此為勝。"③其中所指大概就是此處的"香中"青蒿。另兩處均為肉類，其一是鳥類鴞，別稱鴟鴞或貓頭鷹；其二是蟲類，蜉蝣形似有翅膀的甲蟲，陸氏稱它"今人燒炙，噉之，美如蟬也"（"蜉蝣之羽"條），雖在"蜉蝣"條下，卻可見不僅是蜉蝣，燒烤蟬蟲同樣是一道美味，在當時烤吃蟲子的尋常程度超過今日。事實上，魏晉時期燒烤食譜之豐盛程度遠不止這一二點，根據今人統計研究來看，因為游牧民族大量進入中原，所以燒烤相對普及且原料品種很多，除羊肉、豬肉等外，不乏黃雀、鵝、牛心、牛百葉及其他動物內臟等頗具特色的炙類菜餚④。

4. 醋泡。醋在古代典籍又被稱酢、醯、苦酒，《傷寒雜病論》中有一"苦酒湯"流傳至今，專治咽喉發炎腫痛甚至不能發聲的疾病，當中的"苦酒"就是指米醋。傳統工藝中糧食經過發酵等程序可以轉化為酒，在醋酸菌的作用下可以進一步發酵為醋酸，所以自古存在"釀酒不成反成醋"的情況，因此在很長一段時間內"苦酒"都是醋的代名詞。《草木疏》中留存的醋泡食物品種包括蒲、荇、蘋等草類，或煮後醋泡，如蒲"鬻（煮）而以苦酒浸之，如食筍法"（"有蒲與荷"條）；或直接醋泡食用，如荇"鬻（煮）其白莖，以苦酒浸之為菹，脆美，可案酒"（"參差荇菜"條）⑤、蘋"可用苦酒淹以就酒"（"于以采蘋"條）。而這些醋泡後的菜品竟大都用作"案酒食"，可見今人以醋泡涼食為下酒菜或開席前小菜這一傳統也算是由來已久了。此外，陸氏還記

---

① 許慎撰、段玉裁注：《說文解字注》，上海：上海古籍出版社 1988 年版，第 491 頁。
② 張鳳：《漢代的炙與炙爐》，載於《四川文物》2011 年第 2 期，第 58—60 頁。
③ 沈括撰、胡道靜校：《夢溪筆談校證》，北京：中華書局 1957 年版，第 873 頁。
④ 邱龐同：《魏晉南北朝菜肴史——〈中國菜肴史〉節選》，載於《揚州大學烹飪學報》2001 年第 2 期，第 26—27 頁。張承宗、魏向東《中國風俗通史·魏晉南北朝卷》，第 37—38 頁。
⑤ 可參閱趙褘缺《說"荇菜"》一文。

載了一種更加有趣細緻的改良版的醋泡方式，名字叫做"蜜度"①："（楸）欲啖者，截著熱灰中令萎蔫，淨洗以苦酒、豉汁蜜度之，可案酒食，蜜封藏百日乃食之。"（"投我以木瓜"條）繆啟愉在校釋《齊民要術》引用此一句時將"蜜度"解釋為："'度'，通'渡'，就是在醋（'苦酒'）、蜜等調和的液汁中作短時間的浸漬。"②姑從此說。將洗淨後的萎蔫木瓜在酸甜汁液中浸泡食用，算得上做工比較精細了。

5. 炮。上述提及將生木瓜放入熱灰中的處理方式統稱為炮，《齊民要術》中便記載了一道由波斯傳入的魏晉時期名菜，在热坑中放入羊肚及肉煨熟，名作"胡炮肉"。事實上中國早有此法，鄭玄注《禮記·禮運》"以炮以燔"說："炮，裹燒之也。"③炮豚也是周代的八珍之一。炮有兩種情況，一種是比較繁瑣精細的，先用泥、麵、荷葉等把食物塗裹後再置於火中煨烤，有的甚至以熱灰覆蓋後再以傳遞後的火溫煨烤。另一種就是《草木疏》中提到的比較簡單的，直接把食物放在火中或帶火的炭灰裹煨熟。上述木瓜在熱灰中炮熟後，還經水洗淨再處理，而萺草根則是"其根正白，可著熱灰中，温啖之"（"言采其萺"條），熟後徑直食用。後一種簡單吃法與現今農村火坑灰堆中埋番薯、土豆，荸薺等物，待炕熟後食用的方式類同。

除上述幾種外，陸《疏》中提及的食用方法還有鮓、醬、醃、曝曬等。另有花椒葉和"豉"這種魏晉始創的調味品，熊白、狼油等珍奇美味，以及用樗樹葉子作茶並用椒樹葉與茶葉合煮做香料的情形。然而這些陸《疏》都一帶而過，此處也不便再延伸。總而言之，三國時期的食材範圍相當廣泛，肉類、蔬菜類、瓜果、調料等應有盡有，食用方法也是多種多樣。此外，還有兩點更大的進步：其一，一物多吃，物盡其用，充分挖掘並發揮一種食材在不同生長階段的食用價值，如鱣魚既可以蒸了作臛，又可以作魚鮓，魚子又可以作醬；苞葉、莫等草類在剛生長時食用，而茶亦即苦菜在霜降後食用更加甜脆可口；有的要在春天吃，有的只能在秋天吃，都各有講究。其二，同一食材在不同地區的口感有不同及高下之分，不同品種也有優劣之分。如同樣是吃榛子，也就是山板栗，《草木疏》中就詳細記錄了漁陽、范陽地方的甜

---

① 羅振玉本"蜜度"作"蜜"，此條據《齊民要術》補正。
② 賈思勰撰，繆啟愉校釋：《齊民要術校釋》，北京：農業出版社1982年版，第224頁。
③ 《十三經注疏》，第1416頁。

美味長,倭、韓國諸島上的短味不美,還比較了奧栗、茅栗、佳栗等不同品種,可見對"吃"之重視及觀察體驗之細緻。不難看出,這一時期的社會飲食生活十分豐富,而這要歸功於農林牧副漁業的發展,肉類、蔬菜、瓜果等買賣市場的興旺,科技進步帶來的食品加工、保存方法的多式多樣等多方面的因素①。這一時期的人們普遍關注食物本身的食用價值和人在味覺上的享受,有意識的從審美以及文化的層面對待飲食活動。並且上至宮廷貴族,下至黎民百姓都願意在"吃喝"上仔細鑽研以求花樣百出。藝術或文化地"吃",同樣是魏晉時期思想文化自覺、多元時代精神風貌的重要體現。

(二) 醫藥養生習俗

漢末三國時期的醫學和藥學都有了較大的進步,相關代表人物和著作也不在少數,今人耳熟能詳的如張仲景及其《傷寒雜病論》和華佗及其失傳的《青囊經》,前者重理論與方藥記載,後者善外科治療;此外還有他們的後輩,如樊阿以針灸聞名,吳普和李當之都精於藥性,並分別著有《吳普本草》和《本草經》傳世。《草木疏》中主要記載了五種可入藥的動植物②,其中蝱即是藥草貝母,鼉是作為合藥用的鼉魚甲。這兩種僅一帶而過,剩下三種記錄較詳。但又可分為兩種情況。其一,特定用藥。芣苢這種植物因為喜歡在牛腳印中生長,所以又被稱為馬舄、車前、當道,中藥名為車前子,屬於現代植物分類當中的車前科。陸氏稱"其子治婦人難產"("采采芣苢"條),該功用為後世各類《本草經》徵引。《草木疏》中雖未像藥書一樣指明車前子有利水清熱、明目祛痰等藥效,但仍可見車前在難產等特定場合中作為治病藥材使用而非平常服用。

其二,日常養身。蓫菜別稱羊蹄或倒水蓮,嫩莖葉可做蔬菜食用,根部肉質肥厚,洗淨切片(塊)曬(陰)乾後可入藥。入藥的蓫菜名為商陸,口服能逐水消腫、通利二便,外用可解毒散結。《草木疏》稱其"多啖令人下氣"("言采其蓫"條),"下氣"即中醫所說的"矢氣",指腸胃鬱結而排

---

① 劉春香:《魏晉南北朝時期飲食文化的發展及其原因》,載於《許昌學院學報》2003年第4期,第47—50頁。
② 《詩經》中的藥用植物遠不止此,可參閱劉昌安《從多維視角看〈詩經〉植物的藥用價值及文學功能》一文。

洩氣體，《雜病源流犀燭·諸氣源流》有言："所納穀食之氣，從内而發，不得宣通，往往上行則多噫氣，上行不快，還而下行，因復下氣也。"①陸氏所載蓬菜的藥用價值是通過吃用食物的方式達到的，而這種採取食療而非用藥的方法在後世便有了更多更複雜的用法，比如《聖濟總錄》記載的"商陸豆方"："生商陸（切如麻豆）、赤小豆等分，鯽魚三枚（去腸存鱗）。上三味，將二味實魚腹中，以綿縛之，水三升，緩煮豆爛，去魚，只取二味，空腹食之，以魚汁送下，甚者過二日，再為之，不過三劑。"②可治水氣腫滿、通大小便，與"多啖令人下氣"有異曲同工之妙。無獨有偶，杞樹形如臭椿，一名苦杞，一名地骨，它的果實應當是所謂的枸杞子，根莖皮是藥材地骨皮。《草木疏》記載"莖、葉及子服之，輕身益氣"（"集於苞杞"條），可見其與使用芣苢方法不同，芣苢是作為助產的一味藥材，而杞作為日常食用的養生食材，這種意識在後世的文獻記載中就更加詳細了。唐代孟詵在《食療本草》中認為枸杞"堅筋耐老，除風，補益筋骨，能益人，去虛勞"③。宋代的《聖濟總錄》、《太平聖惠方》等也對枸杞保健方有所記載："枸杞葉一斤，羊腎一對（細切），米三合，蔥白十四莖。上細切，加五味煮粥，如常法，空腹食。"④這道食療方名枸杞羊腎粥。或者不加羊腎："枸杞葉半斤（切），粳米二合。上藥以豉汁相和，煮作粥，以五味末、蔥白等，調和食之。"⑤這只是單獨的枸杞粥，但它們都能達到治陽氣衰和五勞七傷等病患，具有陸氏所說的"輕身益氣"的功效⑥。由此可見，"行醫如做廚、吃藥不如食補"的中醫養生觀及養生方法，至少在陸氏時代就已經深入人心了。貧寒的普通百姓儘管不能如同世家貴族一樣有閑錢和暇時以求養生延年，不能通過服寒食散、尋求仙藥、煉製金丹、修煉氣功等去追求長生不老，但他們仍然可以利用這些天生價廉、隨處可見的植物，稍加處理以作日常食用，同樣能達到養生保健的功效，充分體現了古代勞動人民的智慧。

---

① 沈金鼇撰，李占永、李曉林校注：《雜病源流犀燭》，北京：中國中醫藥出版社1994年版，第30頁。
② 彭懷仁等主編：《中醫方劑大辭典》第9冊，北京：人民衛生出版社1996年版，第584頁。
③ 孟詵、張鼎撰：《食療本草》，北京：人民衛生出版社1984年版，第16頁。
④ 彭懷仁等主編：《中醫方劑大辭典》第9冊，第119頁。
⑤ 彭懷仁等主編：《中醫方劑大辭典》第9冊，第113頁。
⑥ 可參閲孫鵬哲《枸杞頭及藥膳三例》一文。

二、生產與娛樂

（一）生產製造風俗

雖然漢末三國這一時期戰爭不斷，社會經濟遭到了巨大的破壞，但是兩漢數百年時間的積累終究還是為人們的生產生活帶來了一些新面貌，《草木疏》中的相關記載就展現了以下三個重要方面。

1. 農業。《草木疏》中記載的這方面相關內容，主要體現在農民的家庭副業發展方面。前文所述飲食部分當中提及的野菜野果，其中有些就是當時的人們自家栽種的。如檖這種樹，它俗稱赤蘿或山梨，原本生長在齊郡廣饒縣堯山和魯國河內共北山中（今河南、山東一帶）。但因為它結出來的果實像小型的梨子，十分甘甜可口，所以"今人亦種之，極有脆美者，亦如梨之美者"（"隰有樹檖"條），說明當時已有人為移植野生植物，並且還能培育得非常成功。事實上，從其他古籍中也可知道，魏晉時期的不少人們都習慣在門前屋後種菜養雞，以此豐富日常飲食或貼補家用。除此外，牛的飼養在當時也非常受人重視。《草木疏》中保留了三條與牛有關的記錄：蒹"牛食之令牛肥強"（"蒹葭蒼蒼"條），芩"為草真實，牛馬皆喜食之"（"薇蔓于野"條），這兩樣都是天生天長的優質牧草；此外還有薇草，別稱野紅薯、山地瓜、山葡萄秧等，葉子茂盛細長。從醫理上來看，它有清熱解毒、消癰散結的作用，陸氏時代的人們就把它的莖葉用來"鬻（煮）以哺牛，除熱"（"薇蔓于野"條），這是關於牛病的比較常見易操作的醫治方法。當然，《草木疏》表現出的對牛的特別關注，可能不僅僅是因為牛耕的重要性，極有可能還有牛車影響。文獻記載，東漢末年以來，牛車這一出行方式在貴族階級中風靡一時。

2. 漁獵產業。"食魚與稻"自古就是多山川河流湖泊地區的重要生活方式，而漁業在農耕時代也還是重要經濟來源之一。《草木疏》記載一種名作鱣的魚，出自江海地區，每年三月中旬便逆流而上，因為鱣魚身形和龍相似，當時有人"於盟津東石磧上釣取之，大者千餘斤"（"有鱣有鮪"條）。無獨有偶，魴也是一種美味的魚，遼東、梁水等地的魴魚尤其肥厚，遠優於中國其他地方的魴，所以當時就有"居就糧，梁水魴"（"維魴及鱮"條）的俗語，表明了梁水邊人就地取材、以魴魚為食的生活特徵。與鱣魚、魴魚不同,鱮也即現代所説的鰱魚在古代並不受待見,認爲它厚而頭大,味道不美,有里語"網魚得鱮,不如嗒茹"("維魴及鱮"條),説的是倘若想吃魚却捕得了鱮魚,那還不如吃野菜。

漁業之外,狩獵也同樣如此,前者靠著江河湖水,後者依託的則是山林叢野。獵物包括鳥、獸兩類,按《草木疏》記載,鳥有鷮、鴻鵠、雁、鴞等,它們大都肉質鮮美,其中因爲鷮肉甚美,所以當時的林慮山(位於今河南省林州市石板岩鎮)中人還常有"四足之美有麃,兩足之美有鷮"("有集維鷮"條)的説法。相比鳥類,獸類獵物的用途更廣,除了肉可做食物之外,它們的毛皮或内臟也多有用。比如熊的脂肪經過提煉後便可獲得熊白,俗稱熊脂膏,與熊類似且稍大的羆,包括黄羆、赤羆等也可提煉出羆脂,此二者既可作爲藥材,也是一種珍貴的食材。而狼的脂肪又稱狼膏,《草木疏》稱"其膏可煎和,其皮可爲裘"("狼跋其胡"條),狼肉可做食物,狼皮可做衣裘,狼膏同熊白一樣,既可作藥材,也可作爲食用油。狼膏的藥用價值,外用可潤膚,《本草綱目》稱:"(狼膏)主治:補中益氣,潤燥澤皺,塗諸惡瘡。臘月煉淨收之。"①獸類獵物大都可以一物多用,而且無論是肉、皮還是脂肪,都十分珍貴。所以與通過行獵以娛樂身心的貴族不同,普通百姓們借此貼補家用甚至以此爲生,而於此正可見陸《疏》平民化的日常生活觀。

3. 手工業。《草木疏》中涉及到的手工物品種類不在少數,主要包括:

(1)製造車馬相關工具,古人根據木材的不同特性,分別做成車的不同部件。條樹又稱榙樹,俗稱山楸,現代學名楸,它"材理好"("有條有梅"條),是一種質地緻密的木材,所以被用來做車板。其他類似的,栜樹皮薄而白,材質堅韌,被用來作車轂("隰有杞荑"條)。栵樹"木理堅韌而赤",被用來做車轅("其灌其栵"條)。栲樹"皮厚數寸",被用來做車輻("山有栲"條)。檉也即河柳的樹皮"正赤如絳"有些微裝飾美,所以被用來作馬鞭及杖("其檉其椐"條)。

(2)製造兵器。同造車一樣,根據不同兵器的材質需求選擇不同的樹木。前面講到的白桵木不僅可以用來做犢車軸,還可以用來做成與犢車軸粗細長短類似的矛戟鐵木桿。杻樹又稱檍樹,是做弓弩桿的好木材("隰有杻"條);甘棠木緻密堅韌,所以也常用來做各種器具,《草木疏》記載其也可做弓桿("蔽芾甘棠"條);蒲柳常被用來做箭桿("揚之水不流束蒲"條)。

---

① 李時珍:《本草綱目彩色圖鑑》,北京:軍事醫科出版社 2006 年版,第 454 頁。

除草木之外，還有魚服，一種用水生動物原料做的武器裝備。魚服是魚獸的皮，"魚獸似豬，東海有之，一名魚貍，其皮背上斑文，腹下純青"，一説魚貍即現在的海豚，《草木疏》記載其皮可用來包裹"弓鞬"、"步叉"、"矢服"。它不僅作為盛裝箭矢的器具，而且還是一種利用空腔接納聲音原理的軍用竊聽器，《夢溪筆談》有言："古法以牛革為矢服，臥則以為枕。取其中虛，附地枕之，數里内有人馬聲則皆聞之，蓋虛能納聲也。"[1]戰鬥時以矢服盛箭，竊聽時則取出箭矢，吹足氣並繫住袋口的繩子使其中空，人頭枕於其上，可聽見幾里以外人馬的聲音（"象弭魚服"條）。

（3）紡織。依据張承宗等人的研究，漢末魏晉時期政府在徵收銀錢之外格外徵收絹棉[2]。而當時的人們為了完成賦稅，除了養蠶以獲得繰絲外，他們更善於利用天然的草木直接獲取材料。紵，現代學名苧麻[3]，是古代五麻之一，它莖部位的韌皮纖維細長而又強韌，有光澤而易染色，優點很多，因而是重要的紡織作物和優質紙原料。《草木疏》中記載了以苧麻織布的前段步驟，"今官園種之，歲再割，割，便生剥之，以鐵若竹刮其表，厚皮自脱，但得其裏，韌如筋者驚之，用緝，謂之徽紵，今南越布皆用此麻"（"可以漚紵"條）。事實上，苧麻布的完整紡織工藝包括種麻、浸麻、剥麻、漂洗（日曬夜露）、績麻、成線、絞團、梳麻、上漿、紡織等12道手工工序。此外，陸氏還記載了當時的雲南牂牁人以桐樹，以及江南人以榖桑[4]也即現代的枸樹皮"績布"（"梓椅梧桐"條、"其下維榖"條）的例子[5]。這門手藝傳承至今，在現代被稱為"黎族樹皮布製作技藝"，已經是國家級非物質文化遺產之一了。其成布過程，包括選材剝取、壓平浸泡、搥打成片、晾曬、縫合等步驟。現在樹皮布僅留存於海南黎族且近乎絕跡，但可以想見在陸氏時代，因為原材料豐富且易於採集，而成品又經久耐用、柔軟白淨，樹皮成為一種重要

---

[1] 沈括撰、胡道靜校證：《夢溪筆談校證》，第628頁。
[2] 張承宗、魏向東：《中國風俗通史·魏晉南北朝卷》，第410頁。
[3] 以苧麻織布的歷史與技術流程可參閱鄧陽春《沅江縣苧麻生產情況調查》一文。
[4] 榖與穀（簡化字為"谷"）形近，《説文解字》中一作木部、一作禾部，該書各版本訛誤甚多。金口《"穀紙"非"谷紙"》認識到了這個問題，但可能是印刷原因，此文仍然將"榖紙"錯作"穀紙"。
[5] 夏緯瑛先生認為此處講到的泡桐的木不可能用來績布，是"桐花為布"的傳説造成的誤解，而陸氏把棉花與桐花（舊有棉音譯"古終"，與"桐"音進）弄混淆了。此說恐有不據。從《後漢書·南蠻傳》開始就有了"織績木皮，染以草實"的記載。《通典》卷一八八引三國吳康泰、朱應《吳時外國傳》（又稱《扶南土俗傳》等）稱"春月取其木皮，績以為布"。《太平御覽》卷八二〇引《抱朴子》稱："夷人取此木華績以為布，其木皮赤，錄以灰煮治以為布，但粗不及華，俱可以火浣。"樹木的花或皮應當都能績布，桐樹未必不可。

的紡織材料。

（4）除車馬工具、兵器、紡織外，《草木疏》中還零星記載了一些其他頗有趣味的小物件，品種繁多。第一類是文房用品，如韜筆管，"韜"字從韋從舀，意為刀、劍不斷出入的皮套，在此處指毛筆套。尹灣漢墓曾出土過兩支毛筆套在"一個由雙管組成並分兩截的木胎漆管内"，除尹灣漢墓的木質筆管外，168 漢墓、西郭寶墓也出土過竹製筆管①。《草木疏》中記載，萇楚又稱羊桃，也即後世熟知的獼猴桃，它枝莖細弱卻根系發達，所以古人"近下根，刀切其皮，著熱灰中脱之，可韜筆管"（"隰有萇楚"條），這是以植物莖皮做成韜筆之管，簡單易尋且成本低廉，是普通百姓的重要筆管來源。又如防書蠹粉，把蕳草也即蘭草"著粉中"，可以"藏衣著書中，辟白魚也"（"方秉蕳兮"條），"白魚"就是書蠹，俗稱書蟲。此外，還有穀桑樹皮造出的穀皮紙，白桐為琴瑟、鼍皮冒鼓等樂器。第二類是閨房物件，如染髮劑。苕又名紫葳，即古書中所説的凌霄花，花朵外橘黄而内鮮紅，七八月份為紫色，形似紫草，此時用凌霄花染皂並經水煮過後洗頭髮，髮色變黑，是當時的一種純天然染髮方法（"苕之華"條）。又如梧樹枝條"揉以為釵"，陸氏記載的揉梧樹枝莖而成的釵，應該也是所謂的"荆釵布裙"中"荆釵"的一個變種，一般為普通老百姓或者説是貧家婦女們所常用。這種製作首飾的方式還引來了一則笑談：上黨人（今山西東南部）調笑當地婦人，問："買釵否？"曰："山中自有梧。"（"榛梧濟濟"條）這一風俗展現了當時普通百姓苦中作樂，雖然生活艱難卻仍可以就地取材、尋找生活情趣的樂觀處世態度。第三類是一些日常瑣碎事物，如檴樹、貝殼做成的杯具及盛物器皿，以蕭草為蠟燭，臺草為蓑笠，菅草、檴樹皮為繩索、甑帶，以枸樹、條樹為函板及棺材板等。

（二）休閑娱樂風俗

《草木疏》不僅記録了當時人們的生産製造生活智慧，還涉及到他們的休閑娱樂形式與活動，體現了漢魏時期人們的生活趣味。該書主要談到了以下兩方面。

1. 園林藝術。中國古代園林從"囿"開始，如周文王的靈囿，圈定一塊

---

① 馬怡：《一個漢代郡吏和他的書囊——讀尹灣漢墓簡牘〈君兄繒方緹中物疏〉》，載於《中國社會科學院歷史研究所學刊》第 9 集，北京：商務印書館 2015 年版，第 101—132 頁。

地域,或築界碑,大都是原生態,基本沒有什麼設計內涵。秦漢出現了宮"苑",如漢武帝時擴建的上林苑,造亭築橋,種植花木,苑已經突破了簡單原始的囿,有了進一步的風景組合,人為痕跡明顯增加。而魏晉南北朝時期的"園",被普遍認知為中國園林發展史中的重要轉折時期。這一時期的私家園林大規模出現,與皇家園林並立成為古代園林的主體之一。其崇尚自然並以再現自然山水為建園思想,是自然山水審美觀念形成時期的重要表徵之一。《草木疏》中記載了五種作為園林景觀的草類、木類植物,涉及兩種性質的園林。

其一是宮中園林。蕑草也即蘭草,被孔子譽為"王者香草",因其外形美觀、氣味芬芳及內涵久遠美好,所以成為了園林植物的首選之一,陸氏稱"漢諸池苑及許昌宮中皆種之"("方秉蕑兮"條)。

其二是"官園"。薇草是山菜的一種,可供宗廟祭祀;紵也是草本植物,可用來緝麻布;二者被當時的"官園種之"("言采其薇"條、"可以漚紵"條)。木類植物如常棣、杻樹和枸樹,其中杻樹在官園中正名"萬歲",其別稱"檍"樹包含了"億萬"的好兆頭,加之本身枝繁葉茂,所以它被廣泛種植("隰有杻"條);而枸樹枝繁葉茂,在官園中別號"木密"("南山有枸"條)。《草木疏》中的"官園"所指究竟是哪種園林呢? 根據張渝新的研究,"官家園林是以官署園林為主體"的、有別於皇家、私人、寺觀等的官產園林。它們依靠"地方政府和各級官府的長期經營"而得以留存,並主張將官家園林提升到與皇家園林、私家園林和寺觀園林三大主流分庭抗禮的地位[①]。在論述過程中,作者將這種類型園林的出現時間定位於漢至兩晉時期,並將之和"亭"這一基層行政機構相關聯,比如兩晉時期的新亭與蘭亭。後來又有崔志海認為"公園"一詞在魏晉南北朝時期文學作品中的廣泛出現"側面反映出了官家園囿的興盛"[②]。而《草木疏》中對"官園"的記載,似乎可以為二人觀點提供又一佐證。

2. 飼養寵物。古人對動物的寵愛與飼養具有相當深厚的歷史傳統,耳熟能詳的如衛懿公愛鶴失國、王羲之愛鵝贈字、林逋"梅妻鶴子"等。中國歷史上與寵物有關的趣聞軼事數不勝數,《草木疏》中對此也有記載。

[①] 張渝新:《川派古典園林是中國官家園林的典型代表》,載於《中國園林》2003 年第 19 期,第 68—70 頁。
[②] 崔志海:《近代公園理論與中國近代公園研究——讀〈都市與公園論〉》,載於《史林》(滬)2009 年第 2 期,第 165 頁。

一種是鶴："今吳人園囿中及士大夫家皆養之。"（"鶴鳴于九皋"條）魏晉時期的愛鶴名士中有兩位代表，一是羊祜，《世說新語·排調》中記載了他教導鶴舞蹈的故事；一是支道林，《世說新語·言語》中也記載了他將雙鶴放生的言行。二者略有不同，前者是將鶴作為"人工飼養"的對象，後者"不願意束縛它使它成為寵物"，但從本質而言他們對鶴的喜愛是一致的。據阪井多穗子的研究，鶴作為寵物不獨魏晉時如此，而且是與中國的整個士大夫群體都"有著特別密切的關係"[1]。為什麼鶴會受到他們如此的青睞呢？一方面是因為它的外形漂亮，舉止優雅。陸氏曰："鶴，形狀大如鵝。長腳，青翼，高三尺餘。赤頂，赤目。喙長四寸餘，多純白，亦有蒼色，蒼色者，今人謂之赤頰。"（同上）另一方面則是因為至少自《詩經》時代始，鶴就被賦予"高逸"的象徵意義。《詩·鶴鳴》曰："鶴鳴于九皋，聲聞于野。"[2]這裏以鶴來比喻宣王求取的"身隱而名著"的"賢人之未仕者"，此後歷代詩歌更是將鶴作為文人"追求隱逸"、體現其"生命意識"的重要意象[3]。宋人陳巖肖《庚溪詩話》更是稱讚道："衆禽中，唯鶴標致高逸；其次鷺，亦閒野不俗。"[4]依照陸氏所說，魏晉時期的士人養鶴應該是有了比較大的規模，而這一時期獨特的社會風氣也使得鶴在"賢者"、"高逸"之外，又增添了"成仙"、"長生"等與道教相關的內涵。

另一種是鷺："鷺，水鳥也。好而潔白……大小如鴉，青腳，高七八寸，尾如鷹尾，喙長三寸餘。頭上有長毛十數枚，長尺餘，毿毿然與衆毛異，甚好；將欲取魚時，則弭之。今吳人亦養焉。好群飛鳴。"（"值其鷺羽"條）白鷺頸長腿長，通體潔白，外形典雅，這一意象在唐及其後的文學作品中廣泛出現，並逐漸與白鷗結合並稱"鷗鷺"。魏晉時人有將其和"鵠"並舉者，如張華《遊獵篇》"鵠鷺不盡收，鳧鷖安足視"[5]，它們都是體大羽白的水鳥。或者是更廣泛的並稱，如左思《吳都賦》"鳥則鵾雞鸀鳿，鶤鵠鷺鴻"[6]，它們大體都被賦予了淡泊、高潔、自由、超然等內涵。事實上，陸氏所記載的"鶴"與"鷺"具有極大的相似性，它們都有美好的外形和超越世俗的寓意，

---

[1] 阪井多穗子：《中國士大夫與作為寵物的鶴》，載於《中國典籍與文化》2000年第1期，第112頁。
[2] 《十三經注疏》，第433頁。
[3] 董艾冰：《唐詩中的鶴意象研究》，廣東：暨南大學學位論文，2016年，第84頁。
[4] 陳巖肖：《庚溪詩話》，王雲五主編：《叢書集成初編》第2552冊，上海：商務印書館1939年版，第20頁。
[5] 郭茂倩編：《樂府詩集》，北京：中華書局1979年版，第970頁。
[6] 蕭統編，李善等注：《六臣注文選》，北京：中華書局2012年版，第103頁。

寄託著魏晉時代士人們的審美追求和價值取向。值得注意的是,《草木疏》中記載的這些寵物屬於貴族階層休閒娛樂對象,和平民百姓無關。其他的,諸如牛、雞、馬、鷹犬等動物,是貴族間用來相互競比的道具,魏晉時期賽牛、鬥雞、馴虎表演等風氣盛行①。如此一來,貴族階層對其所飼養動物的要求,不在其實用性,也不像普通百姓那樣用來貼補家用,而是看中它們觀賞性或娛樂性,以此來體現出他們對風雅的追求,彰顯他們放浪形骸,希冀超越世俗束縛的形象氣質與精神追求。所以,即使都是作為寵物,他們也是更加青睞、讚賞"少家畜性、多寵物性"的動物②,就如《草木疏》中所提到的鶴、鷺一類。

三、宗教與方術

從漢末以來,由於社會動盪,局勢不穩,人們總是感覺命運難料,充滿了人生的幻滅感。因此魏晉時人多放浪形骸,將脫離苦海的希望寄託於縹緲之物、宗教神鬼之説。張承宗等人認為"萬物有靈是這一時期人們普遍的信仰",民間信仰形式衆多且層出不窮,"整個社會中煽揚著一股迷信之風,彌漫著一股妖異的氣氛"③。《草木疏》雖是描述草木鳥獸蟲魚,但涉及宗教與方術類的内容卻不在少數,而這些内容大都充滿了奇幻且有趣的色彩。具體説,這些内容大致可以分為下面三種類型。

(一)祭祀。"國之大事,在祀與戎",祭祀自古以來都備受重視,魏晉時期同樣如此。現存《草木疏》中記載與祭祀有關的内容共計4條,都和草有關,它們的使用方法和用途則各不相同。"薇"是一種山菜,現代學名大野豌豆,别名大巢菜,它的"藿"也即豆葉可作羹湯,所以"今(三國時期)官園種之,以供宗廟祭祀"("言采其薇"條)。這種草是做成羹湯後充作祭菜,用來祭祀先祖的。植物作為祭品,除了供神食用外,還有香氣誘神的功效,"蕭"草,現代學名荻,别稱荻蒿,根據"士以蕭,庶人以艾"的説法可知,它與艾蒿别為兩物,但因為同屬於香草有香氣,所以被用來"祭祀以脂爇之

---

① 劉愛文:《論魏晉南北朝大地主集團的休閒娛樂消費》,載於《邵陽學院學報》2005年第1期,第73—78頁。
② 阪井多穗子:《中國士大夫與作為寵物的鶴》,第114頁。
③ 張承宗、魏向東:《中國風俗通史·魏晉南北朝卷》,第466頁。

為香","爇"就是燃火焚燒的意思,《詩經》當中還有鬱金香、蘭芝、薰草、艾等植物與蕭的此種用法相同。與上述兩種直接充當祭品的草類不同,白茅則充當祭具。陸氏記載稱"古用包裹禮物以充祭祀,縮酒用"("白茅包之"條),"縮酒"有兩種解釋,一是指祭祀時以茅濾去酒中糟粕,另一種是指在祭壇前面立一束白茅,把祭酒澆在茅上,酒水漸漸滲入草中,就好像所獻之酒已經被神明享用了。但此茅究竟為何,存在白茅、青茅、香茅、苞茅等多種爭議。最後一類的"䔰"俗稱牽牛花,地下根莖較大且富含澱粉,可以充飢。但是它隨處蔓生,危害農作物,並且有臭氣,所以鄭玄認為䔰是"惡菜"。陸氏記載其"漢祭甘泉或用之"("言采其䔰"條),不具體,怎麼用,用哪一部分等都不清楚,且根據也不清楚。姑存其説。

(二)誌異及傳説。《草木疏》中記載了幾種比較奇怪神異的生物。比如蜮,這種神話中的害人蟲形狀似龜,有三隻腳,別稱短弧、射影、水弩。蜮生性狡詐,"人在岸上,影在水中,投人影則殺之",今有成語"含沙射影"説的就是這種生物。陸氏記載當時的南方人是這樣應對它的:"將入水,先以瓦石投水中,令水濁,然後入。"("如鬼如蜮"條)陸《疏》中還提及了螟蛉和蜾蠃之間的糾葛和文獻的誤書。螟蛉俗稱稻青蟲、粽子蟲,身體細小而呈青色。一直被古人們認定為是螟蛉最終成為了蜾蠃的兒子,所以有成語"螟蛉之子",代指義子。《詩經·小雅·小苑》中説:"螟蛉有子,蜾蠃負之。"①從那時起古人們便以為是有雄無雌的蜾蠃因為無法生育後代,所以纔辛勤銜回螟蛉並背負其上作為自己的兒子,如此煞費苦心,螟蛉終於"七日而化為其子",就好像螟蛉真的成為了蜾蠃的兒子。而實際的情況是,螟蛉的天敵蜾蠃這種寄生蜂將螟蛉捉回巢中,並用尾刺將其毒至半死,最後在螟蛉身體中產卵,新生的蜾蠃就會以螟蛉作為食物。真相直到後來的陶弘景親身觀察纔得以揭開,但陸氏時代人尚没有揭開謎底,仍然蒙蔽在螟蛉能化為子的迷局中。陸氏記載了時人根據這種現象想象出的一句里語:"咒云:'象我,象我'。"("螟蛉有子"條)只是今天我們已無法得知這句話用於什麼場景,以及具體的情形,和人們在最終未能"象我"後思維實際情態。

除上述充滿靈異色彩的描述外,《疏》中還收録了幾則傳説故事。芑在《詩經·小雅·采芑》中是一種類似苦菜的可食用野菜,陸氏稱"西河雁門

---

① 《十三經注疏》,第451頁。

芑尤美,土人戀之不出塞"("薄言采芑"條),"土人"一作"胡人"或"詩人",西河、雁門之人流連於當地的芑菜之美以致不願出塞,如張季鷹蒓鱸之思,也算是當時的一段美談了。另有一則與魚有關的傳説故事,鮪魚又稱吞拿魚,現代學名金槍魚,陸氏稱此魚是樂浪尉仲明溺水身亡所化,所以當時的東萊、遼東人又喚此魚為"尉魚"或"仲明魚"("有鱣有鮪"條),這一傳説不知源自何處,後世的《毛詩多識》認為這一説法"近於怪",應當是"鮪""尉"音進而導致的牽強附會之説,對陸説予以否定。

(三)迷信方術。不僅是受到前文提到的社會背景的影響,兩漢以來讖緯之學的發展和興盛同樣對這一時期的人們的認知方式產生了重大影響,所以《草木疏》中不可避免的記載了一些與迷信方術相關的文字,這部分的內容比較豐富,大致可以概括為兩種類型。

1. 將鳥獸草木蟲魚的某些特性或行為與人類社會的吉凶禍福聯繫在一起,類似現今人們常常認為的"烏鴉頭上過,無災必有禍","門前喜鵲叫,好事要來到"等觀念。蟏蛸這種蟲子是吉利福慶的兆頭,它又稱喜蛛或蠨子,體多細長,與蜘蛛相似,古籍中稱其為"長踦"或"長腳",《草木疏》稱"此蟲來著人衣裳,有親客至,有喜也"("蟏蛸在户"條),因此荊州、河內之人叫它"喜母",幽州人乾脆喚作"親客"。除此外,另有兩種預示凶禍的鳥類。

《草木疏》中記載了一種名叫鸛雀的水鳥,形似鴻雁但體型更大,有極長的紅色尖喙,以及細長的腿和細長的帶蹼的爪子,一般是白色身子和黑色尾翅。這種鳥在西方國家被視為可以"送子"的吉祥鳥,還是德國的國鳥。陸氏筆下的鸛鳥十分有靈性,它的"卵如三升杯"("鸛鳴於垤"條),見有人來就把幼鳥按住趴伏在地上,藉此來保護自己的孩子;此外鸛雀在池水邊搭築泥巢,把捕來的小魚放到就近的池邊淺水處,以便幼鳥食用,可見"愛子"和水居同為鸛的兩大天性。可能正是由於這兩方面的習性和特點,陸氏時代的人們認為"若殺其子則一村致旱災",如果殺掉了鸛雀的幼鳥,那麼整個村莊就會遭遇旱災。無獨有偶,《拾遺記》中也有言:"多聚鸛鳥之類,以禳火災,鸛鳥能聚水于巢上也。"[1]這些都是賦予了鸛以掌水、滅火及致旱方面的能力。

如果說鸛雀是因為人類主動招惹"殺其子"纔帶來全村遭旱的後果,那

---

[1] 王嘉撰,孟慶祥等譯注:《拾遺記譯注》,哈爾濱:黑龍江人民出版社1989年版,第235頁。

麽鴞則屬於只要"來者"即為"不善"的鳥了。這種俗稱鴟鴞、貓頭鷹的鳥類是夜行類的猛禽，具有極其銳利的鉤狀喙和爪，《草木疏》稱其為"惡聲之鳥也，入人家凶"（"翩彼飛鴞"條），《詩經》於"翩彼飛鴞"處稱它食用了主人家的桑葚心存感激，最終變惡聲為善音。而他處則稱"（流離）其子適長大還食其母"（"流離之子"條），按文獻記載，流離即梟，與鴞為一物。儘管現代動物學研究已經為它平反，但在千年的時間裏，貓頭鷹始終被認為是在幼鳥階段便會啄母親雙眼作為食物的"惡聲鳥"、"不孝鳥"。賈誼在《鵩鳥賦》中所寫的"野鳥入室，主人將去"①，這一不吉祥的報喪鳥也是貓頭鷹。經《嚼文嚼字》整理得知，很多朝代都有以消滅貓頭鷹為重任的例證。漢武帝時期還用"梟羹"作為"除凶"佳品以賞賜群臣，這種情景就是後來蘇轍所說的"百官卻拜梟羹賜，凶去方知舜有功"②。值得注意的是，《豳風·鴟鴞》中也有一鳥名作鴟鴞，"鴟鴞鴟鴞！既取我子，無毀我室"③，此處的鴟鴞別稱鷦鳩，是一種十分殷勤的吉祥鳥，又被稱為"巧女鳥"，和這裏講到的"鴞"並不是同一種。

　　2. 通過某些特性或行為來隱喻政治或道德方面的得失。如鴇鳥這一稀有候鳥，陸氏描述它是"似雁而虎文，連蹄④"（"肅肅鴇羽"條），此鳥因不善飛行而常遭獵殺，所以陸佃說它們"性群居如雁，自然而有行列"，認為他們正是由於不善飛行所以纔"以其類集聚衆羽而成翼，集聚衆翼而成行"⑤，天性不休止於樹木，而一旦它們休止於樹木，必定是因為處於極為危苦的境地，所以《詩經》用它來比喻君子疲於征役，十分危苦的情形。至於蜩螗，螗是蟬蜩的一種，陸氏認為它是"蟬之大而黑色者"，這類生物被賦予了"文、清、廉、儉、信"這"五德"（"如蜩如螗"條），理由正如陸雲在《寒蟬賦》中講述的："頭上有緌，則其文也。含氣飲露，則其清也。黍稷不食，則其廉也。處不巢居，則其儉也。應候守節，則其信也。"⑥蟬就這樣被人為的賦予了美好的君子之德，被盛譽為"至德之蟲"，歷來受文人們的推崇。

　　以上兩種情況還只是人們將內心的某種情感與期許投射到動植物身

———

① 蕭統編，李善等注：《六臣注文選》，第256頁。
② 韻洲：《貓頭鷹千古"蒙冤"》，載於《咬文嚼字》2014年第9期，第24頁。
③ 《十三經注疏》，第394頁。
④ 羅振玉本蹄作啼，據丁晏本改正。
⑤ 陸佃《埤雅》，清康熙年間顧棫校刊本《埤雅》卷九，第376頁。
⑥ 韓格平等校注：《全魏晉賦校注》，長春：吉林文史出版社2008年版，第331頁。

上,下面的就更接近於天人感應、陰陽災異之説了。螟、螣、蟊、賊,舊説都是同一蝗蟲,陸氏認為它們各有不同,但總體來説都是一種對莊稼有損的害蟲,《疏》引許慎之言稱"吏冥冥犯法,即生螟。吏乞貸,則生螣。吏祗冒取人財,則生蟊"("去其螟螣及其蟊賊"條),將官吏貪贓枉法與蝗災聯繫在了一起。這是因為當時的人們相信萬物有靈、俱有所感,自然界會對人類社會的行為做出反應,就好像國家一旦出現異象或發生自然災害,當權者便需反省自己是否有為政失德之處。與之相對應的,如果是為政清明,那麼就會出現祥瑞以表示上天的獎勵,這類文字記載在緯書中大量出現。作為祥瑞之物,有現實生活中本身存在的,如甘露、醴泉、嘉禾、名珠等,更多的只是存在於人類想象中、極為罕見的神物。《草木疏》中便有兩例涉及此類神物,一是麒麟,它集麕身、牛尾、馬足、黄色圓蹏於一體,從頭到腳、一舉一動都暗合某種道理,善良而聰慧過人,古人相信"王者至仁則出"("麟之趾"條),王者的仁政達到盡善盡美的程度,上天必有所感並派下麒麟這樣的瑞獸。與麒麟類似的還有騶虞,也是古代傳説中的一種仁獸,"君王有德則見,應德而至者"("于嗟乎騶虞"條),它同樣是君王德至百姓及至草木鳥獸的象徵。

  總之,魏晉時期人們對外部世界的認知水準還有一定的局限,他們無法像今天這樣科學的察明動植物與生俱來的某些自然特徵和某些看起來怪誕詭奇的習性。不安定的社會現實使人們深感命運無常,加之兩漢流傳而來的天人感應、讖緯之學等,在多重因素影響之下,陸氏時代的人們充分發揮自己的想象,賦予了自然界生物以種種人類社會中充满奇幻色彩的意義。這是他們出於對自然之物的敬畏,也是對天地、日月星辰、氣象、山川水火、動植物、祖靈等現象的崇拜與嚮往。當然,今存《草木疏》並非完帙,其中所記載的描畫的內容或許只是魏晉人豐富心靈世界的冰山一角,而我們卻也由此得以體會其喜樂之情和人生百態。

四、從"多識"到義疏:《草木疏》中的物變

  從《毛詩草木鳥獸蟲魚疏》文本的具體內容來看,本書雖然篇幅不長,卻蘊含了豐富多樣的文化內容,生動具體地展現了魏晉時期的某些社會面貌:他們重口腹之欲,菜品樣式繁多且別出心裁,貴族們自然是食不厭精、

膾不厭細，普通百姓們也能充分就地取材、力所能及的做出花樣；醫藥學固然在理論和實踐兩方面都有了進一步發展，然而更引人注意的是他們對養生保健以致長生的重視，昂貴的寒食散、金丹不是人人都能獲得，但具有某些藥性的植物卻是觸手可及，平民們把它們製成沖飲品或菜品，一樣能夠實現日常養生的功效；生產製造行業有了很大進步，農業和漁獵繁榮，尤其是手工業，魏晉時期的手工製造產品涉及到紡織、交通運輸工具、兵器製造、造紙、文房閨閣用品等方方面面，表明這一時期人們的物質需求及生活不再如先前時代那般貧乏；與豐富的物質生活相對應的是人們休閒娛樂方式的多樣有趣，這一時期大量自然山水宮園的修建、飼養寵物以供欣賞或競技成風等現象，展現了貴族閒暇生活的極度享受與縱欲；崇尚萬物有靈的社會風氣讓整個社會的信仰文化都帶上了迷幻的成分，讓魏晉時人在認識動植物時附加了許多充滿神秘和奇幻色彩的想象和內涵。

《草木疏》中展現的雖僅僅是完整的魏晉時期社會面貌的一隅，然而這些片面仍然可以反映出：一方面，魏晉時期政治動蕩，戰亂天災頻繁，人的命運無常，所以享樂放縱之風盛行，人心逃避現實而寄託於虛幻縹緲之事，而貴族門閥林立，他們與普通百姓的物質生活和精神生活形成了明顯的等級差異；另一方面，魏晉時期的經濟情況畢竟是有了較大的進步，而且還在有條不紊的持續發展，民族之間的交流日趨緊密，這些為他們豐富多彩的生活方式奠定了物質基礎，並促進了文化自覺的產生乃至文化的繁榮。

當然，《毛詩草木鳥獸蟲魚疏》依然是經學的支脈，並且帶有鮮明的學派屬性，不然它就不會冠以"毛詩"。但與此同時，我們自然也承認它的獨特性，它不僅專疏草木鳥獸蟲魚，而且較之傳統經學，其感興趣的"物"也帶有強烈的經變色彩。

自孔子以來，《詩經》草木蟲魚之說解秉持的文化精神一直是"多識"。《論語·陽貨》："子曰：'小子何莫學夫詩？詩可以興，可以觀，可以群，可以怨。邇之事父，遠之事君。多識於鳥獸草木之名。'"然何謂多識，朱熹《四書章句集注》以為"事父"、"事君"為人倫之大者，因為《詩》中人倫之道無所不備，故二者"舉重而言"。相比之下，"多識鳥獸草木之名"之事，其作用在於"資多聞"而已[1]。然孔子說"多識"和現代意義的生物學無關，也非學有餘力之閒事，故朱子的解釋並非確詁。相比之下，我認為錢穆先生的解

---

[1] 朱熹：《四書章句集注》，北京：中華書局1983年版，第178頁。

釋得夫子論"多識"之精髓。其曰：

> 詩尚比興，多就眼前事物，比類而相通，感發而興起。故學於詩，對天地間鳥獸草木之名能多熟識，此小言之。若大言之，則俯仰之間，萬物一體，鳶飛魚躍，道無不在，可以漸躋於化境，豈止多識其名而已。孔子教人多識於鳥獸草木之名者，乃所以廣大其心，導達其仁。詩教本於性情，不徒務於多識。①

錢穆先生所謂"小言之"、"大言之"也就是歷代《論語》注釋中對"興"的兩種不同闡釋路徑，一者曰取譬連類，再者曰感發志意。前者涉及説詩方法，後者涉及詩之價值功用。此二者無論是徵之於《論語》還是徵之於漢代《詩》學闡釋，無不契合。

徵之於《論語》，我們可以用孔子與子夏論《詩》作為例證。子夏問女子之"巧笑倩兮，美目盼兮，素以為絢兮"何義，孔子答以"繪事後素"，而由此子夏明白了相比於忠信之質，"禮"則相對為"後"的人生哲理，故孔子許以"可以言詩"，且稱自己受到了啟發。整個討論《詩》的過程既有引譬連類，也有感發志意之倫理功用。但獨獨沒有關於女子美貌的討論，比如何謂巧笑，何以能倩；又何謂美目，何以能盼。

徵之於漢代《詩》學闡釋，我们以《毛詩》為例。《毛詩》是唯一完整保留下來的漢代《詩》學闡釋著作，我們可以通過它來討論漢代《詩》學對《詩》中鳥獸草木蟲魚的解釋。事實上，我們在《毛詩》的解釋中看不到他對鳥獸草木蟲魚的具體描述性解釋，只有大概的一個分類，比如《邶風·簡兮》之"山有榛，隰有苓"，毛傳："榛，木名。"又曰："苓，大苦。"此外諸如"草名"、"菜名"，大抵皆從分類學角度予以解釋。然毛公注《詩》獨標興體，多數情況下是"興+類名"的方式，如《唐風·椒聊》"椒聊之實，蕃衍盈升"，毛傳："興也。椒聊，椒也。"有時乾脆就不對鳥獸草木之名作解釋，而直接標明"興"。據此我們可以認為毛傳最為關注的是"興"或物的興義，意在告訴讀者讀詩之關鍵。而所謂的"興"義都超越物本身的道德倫理意義，如雎鳩，毛傳："雎鳩，王雎也，鳥摯而有別。"依據毛傳，你並不能了解雎鳩到底是怎樣的一種鳥。因為毛傳並不關心這一點，它只想告訴你這是一種"摯

---

① 錢穆：《論語新解》，北京：三聯書店2002年版，第325頁。

而有別"的道德之鳥。但到了陸璣的《草木疏》,這一切都發生了變化,《詩經》中的鳥獸草木蟲魚等生物學意義上的動物和植物都展示出截然不同的面貌,我們稱之為"物變"。具體地說,《草木疏》也有可能會關注到物的道德意義,但這絕不是它的重心,它的重心在於更清楚地説明這是一種什麽樣的物,以及它的實際價值功能,比如可以治療什麽樣的病或怎麽吃。

我們以蟬為例加以説明。中國人對蟬認識得很早,紅山文化遺址中就發現了玉蟬,青銅紋飾中也有蟬形紋飾。《詩經》中也有一些詩篇提到了蟬,如《七月》之"四月秀葽,五月鳴蜩",《小弁》之"菀彼柳斯,鳴蜩嚖嚖",《蕩》之"如蜩如螗,如沸如羹"等。但毛傳對蟬的解釋並不在於蟬的本身,只是蜩、螗、蟬在稱名上互訓,而不作其他解釋。相對來説,對於蟬的興或比的意義更加關注,如《小弁》之"菀彼柳斯,鳴蜩嚖嚖",毛傳曰:"蜩,蟬也。"鄭玄在毛傳的基礎上作了發揮性闡釋,曰:"柳木茂盛則多蟬,淵深而旁生萑葦。言大者之旁,無所不容。"聯繫《毛詩序》對《小弁》詩義的解釋,曰"刺幽王也。大子之傅作焉。"則"菀彼柳斯,鳴蜩嚖嚖"正以"大者無所不容"反諷"王總四海之富,據天下之廣,宜容太子,而不能容之,至使放逐",從而提升了《小弁》之詩的道德鏡鑒意義。而到了陸璣的《草木疏》,蟬的意義或形象顯然發生了變化。其曰:"鳴蜩,蟬也。宋、衛謂之蜩,陳、鄭云蜋,海、岱之間謂之蟬。蟬,通語也。"又曰:"螗,蟬之大而黑色者;有五德:文、清、廉、儉、信。一名蝘蚓,一名蚚蟟。青、徐謂之螇蠑,楚人謂之蟪蛄,秦、燕謂之蛥蚗,或名之蜓蚞。"("如蜩如螗"條)又《草木疏》疏"蜉蝣"曰:"今人燒炙,噉之,美如蟬也。"("蜉蝣之羽"條)故《草木疏》原本也當有關於吃蟬的記載。

首先我們可以看出,《草木疏》對物的異方俗名很感興趣,往往採取排比的方式,把一種物的所有不同稱謂告訴讀者。事實上,比它更早的是《方言》。我們同樣以蟬為例,《方言》:"蟬,楚謂之蜩,宋、衛之間謂之螗蜩,陳、鄭之間謂之蜋蜩,秦、晉之間謂之蟬,海岱之間謂之蚵。其大者謂之蟧,或謂之蝒馬;其小者謂之麥蚻,有文者謂之蜻蜻,其鳴蜻謂之㽌,一大而黑者謂之蟓,黑而赤者謂之蜺。蜩蟧謂之蠚蜩。蟪謂之寒蜩,寒蜩,瘖蜩也。"[1]《草木疏》與《方言》相類。探討《草木疏》對異方俗名如此感興趣的原因,包括後來郭璞的《爾雅注》,我們認為和經學版圖的變化有關。早期某經的

---

[1] 華學誠:《揚雄方言校釋匯證》,北京:中華書局2006年版,第713頁。

傳授基本上限於一地，以《詩》為例，《魯詩》的開山祖申培是魯人，《齊詩》的轅固生是齊人，《韓詩》的韓嬰是燕人，《毛詩》的毛公是趙人。根據《史記·儒林列傳》和《漢書·儒林傳》的記載，這些《詩》家起始或居家教授，或多授同國同郡。他們的弟子通常與經師有地緣方面的關係，如申公早期的著名弟子或為魯人，或是魯附近的人，如鄒、碭、蘭陵等地①。而轅固的弟子皆為齊人，《史記·儒林列傳》記載"齊言《詩》皆本轅固生也。諸齊人以《詩》顯貴，皆固之弟子也"②。同樣，韓嬰的弟子皆燕趙間人，"燕趙間言《詩》者由韓生"③。毛公為河間獻王博士，史書記載他的學生只提到了貫長卿，貫長卿應該是河間國人④。當某經附於某經師而流傳於某地時，它的經義訓釋尤其是鳥獸草木蟲魚之俗名稱謂會帶有地域特徵，如《詩經·葛覃》之"黃鳥于飛，集於灌木；其鳴喈喈"，毛傳曰："黃鳥，搏黍也。"而"搏黍"只是齊地對黃鳥的稱名，毛傳反映的只是齊地《詩》學闡釋的背景和傳統。這樣的例子在《詩》學訓詁中並非特例，而隨著人們腳步的移動和眼界的擴大，經學的區域性小傳統正逐步向更大範圍的"天下"傳統轉變。也就是說，不管是立於學官的還是沒有被立於學官的，隨著交通的發達，交流程度的加深，原本在小範圍流傳的經義闡釋傳統越來越不能適應經學傳播範圍擴大之後的格局，因而需要增加異方俗名以滿足更為複雜的地域背景經學傳播的需求。上引《毛詩》釋"黃鳥"只提到它的齊地稱謂"搏黍"，而《草木疏》則曰："黃鳥，黃鸝留也，或謂之黃栗留也。幽州人謂之黃鶯，或謂之黃鳥。一名倉庚，一名商庚，一名鵹黃，一名楚雀。齊人謂之搏黍，關西謂之黃鳥。"（"黃鳥于飛"條）"搏黍"只是稱謂之一。而異方俗名正是地位提升，立於學官之後，《毛詩》面對不同地域的經學弟子首先需要解決的問題。

其次，對物的觀察趨於細節化和具體化。我們同樣以蟬為例，毛傳將蟬、螗、蜩互訓，並不在意細節。而《草木疏》在吸收《方言》關於蟬的異方俗名內容的同時，也採納了一些細節化描述，比如蟬、螗、蜩三者之間的區別，比如相較於作為通名的蟬，專名的"螗"是"大而黑色者"。作為經驗，我們都知道，人類在童年時期對物本身的興趣更大，觀察也更加仔細，解釋的因

---

① 司馬遷：《史記》，北京：中華書局1959年版，第3122頁。
② 司馬遷：《史記》，第3124頁。
③ 司馬遷：《史記》，第3124頁。
④ 班固：《漢書》，北京：中華書局1963年版，第3614頁。

素也更加多樣化。蟬作為一種鳴蟲,它是怎麽發聲的,人們自然有興趣了解,就好比《七月》之"斯螽動股"和"莎雞振羽"。但漢代的《詩經》闡釋學有没有關於蟬如何鳴叫的訓釋,文獻闕佚,我們不得而知。原本《草木疏》有没有,我們也不清楚。但許慎的《説文解字》確實提到了這一點,其曰:"蟬,以旁鳴者。从虫單聲。"①所謂"以旁鳴"描述的是蟬的發音部位,此特徵《周禮》已言之,故賈公彦曰:"蟬鳴在脅。"②

人們從來都不缺乏對物的瞭解欲望和觀察物的耐心,只是在傳統的經典釋義傳統中,這樣的內容没有屬於它的位置。就《詩》而言,它與《爾雅》一樣,尊奉的均是源自先秦以來的經義闡釋傳統。一旦人們的興趣發生了轉變,微言大義之外,對物本身也產生了追問的興趣,物本身自然就會進入人們的視線。限於資料,我們没有辦法考述漢代的經學著述從什麽時候開始關注物本身,因為絕大部分著述和著述的絕大部分都已經亡佚了。但是《爾雅》所代表的經學詮釋傳統似乎受到了挑戰,一種重視物本身的新的訓詁理念正衝擊著舊傳統,比如《方言》、《説文解字》等等。《方言》的重點還主要在異方俗名,而《説文解字》確實已經表現出對物的濃厚興趣,其涉及鳥獸草木蟲魚的文字,有許多關於物形態及其功用的內容。如"貇,鼠屬,大而黃黑,出胡丁零國"③;"蚺,大蛇,可食"④等等。而漢末的另一部訓詁學著作《釋名》則直接把鳥獸草木蟲魚的解釋和博物學觀念聯繫了起來。大家知道,劉熙言作《釋名》目的在於"名之於實,各有義類",而"百姓日稱而不知其所以之意"。所以他作《釋名》二十七篇只釋名物制度,不涉及鳥獸草木蟲魚,鳥獸等則"欲智者以類求之博物君子"⑤。與之相類,我們在存世的漢代經學之外的訓詁學著作中,可以找到大量涉及博物學的例子,比如《淮南子》的許慎注、高誘注。兹舉幾例。許慎注《文選·辯命論》"朝秀晨終,龜鵠千歲,年之殊也",李善注:"《淮南子》曰:'朝秀不知晦朔。'許慎曰:'朝生暮死蟲也,生水上,似蠶蛾。'"⑥檢今本《淮南子·道應訓》有"朝菌不知晦朔"句,許慎注:"朝菌,朝生暮死之蟲也。生水上,狀如蠶蛾。

---

① 許慎:《説文解字》,北京:中華書局 1963 年版,第 281 頁。
② 賈公彦:《周禮注疏》,北京:中華書局 1980 年版,第 925 頁。
③ 許慎:《説文解字》,第 198 頁。
④ 許慎:《説文解字》,第 278 頁。
⑤ 劉熙:《釋名·序》,上海:商務印書館 1939 年版。
⑥ 蕭統編,李善注:《文選》,上海:上海古籍出版社 1986 年版,第 2352 頁。

一名蟊母,海南謂之蟲邪。"①二者幾乎相同。至於"朝菌"、"朝秀"之別,則當為後人依據今本《莊子》文所誤改。當然,重要的是,許慎注"朝秀"詳其生死之期及生活情狀、異方俗名,完全是博物學的視角,與《草木疏》相類。《淮南子·説林訓》"蝯狖之捷來乍",高誘注:"蝯,狖屬,仰鼻而長尾。"②假使在毛傳,其極有可能注曰"蝯,狖屬",就好比注《角弓》"毋教猱升木,如涂涂附"曰:"猱,猨屬。"③《時則訓》曰仲夏"半夏生,木堇榮",高誘注:"半夏,藥草也。木堇,朝榮莫落,樹高五六尺,其葉與安石榴相似也。是月生榮華,可用作烝也。雜家謂之朝生,一名蕣,《詩》云'顏如舜華'也。"④"顏如舜華"出《詩·鄭風·有女同車》,毛傳注以"舜,木槿也",別無多言。而高注指出其花期、葉型,作用以及雜家(土方)俗名,還稱引了《詩》,可謂非常詳盡。《草木疏》曰:"舜,一名木槿,一名櫬,一名曰椴,一名曰及。齊、魯之間謂之王蒸,今朝生莫落者是也。五月始生華,故《月令》'仲夏,木槿榮'。"("顏如舜華"條)與高誘注相類。總之上述許、高注釋《淮南子》都具有濃厚的博物學傾向,注重對物的細節觀察和比較,如"狀如蠶蛾"、"葉與安石榴相似"等。

最後,我們看人們對物之功用及價值的重視,這方面主要涉及日常生活所需,尤其是飲食和醫藥。在中國人的觀念世界中,飲食從來都是人與生俱來的最重要事情,此所謂"食色,性也"。並且在中國人看來,飲食不是簡單的吃吃喝喝的問題,而是一個龐大的知識系統。飲食不僅關乎營養,也可用以治病。上海博物館藏戰國楚竹書《周易·無妄》之九五曰:"無妄有疾,勿藥有菜。"而馬王堆帛書《周易》及今傳本《周易》都作"無望之疾,勿藥有喜"。菜是可以吃的草,"有菜"就是強調飲食的治療功效。同樣,馬王堆帛書本《周易》以及傳世文獻作"有喜",這裏的"喜"當讀為"饎",解為酒食,也關乎飲食,和"菜"義類同。不僅如此,飲食藥用也關乎此生與來世。在已發掘的墓葬中,醫書、藥方、養生方並非鮮見,包括藥物以及養生性質的食物也很常見。比如馬王堆漢墓,出土的醫書藥方有《五十二病方》、《養生方》、《雜療方》等;出土的藥物包括三大類,即植物類、動物類和

---

① 劉文典:《淮南鴻烈集解》,北京:中華書局1989年版,第410頁。
② 劉文典:《淮南鴻烈集解》,第566頁。
③ 孔穎達:《毛詩正義》,第491頁。
④ 劉文典:《淮南鴻烈集解》,第170頁。

礦物類，如大棗、桂皮、花椒、牡蠣和硃砂等①。就傳世文獻看，我們的古人對動植物的食用價值、藥用價值不僅很早就知道，並且有很深入的了解，如《黃帝本草經》。同樣在許慎《説文解字》、劉熙《釋名》這種帶有很強烈的輔經旨趣的書中，也有很多這方面的記載。《説文》：“蒲，水艸也，可以作席。”“芺，艸也，味苦，江南食之，下氣。”②又《釋名·飲食》解釋食物得名或食物做法，如“酪，澤也，乳汁所作，使人肥澤也”，“血胈，以血作之，增有酢豉之味，使甚苦，以消酒也”③。

儘管就漢代經學闡釋而言，其有著穩定而強大的釋義傳統，但我們仍然可以強烈地感受到東漢中期經學釋義的轉向。就《詩》而言，鄭玄雖然緊承毛傳釋義，尤其是他對“興”的解釋。但鄭箋已然有了日常生活化的色彩，尤其是人情的體驗。這樣的例證比比皆是，如《陳風·澤陂》：“彼澤之陂，有蒲與荷。有美一人，傷如之何！”毛傳曰“興也。陂，澤障也。荷，芙蕖也”，不作過多的解釋。而鄭玄則將蒲與荷分釋為男女容貌，所謂“蒲之草甚柔滑，荷之莖極佼好。女悦男云：汝之體性滑利如蒲然。男悦女云：汝之形容佼大如荷然。聚會之時，相悦如是”。毛傳只作道德釋義，以“傷之如何”為詩人指斥之語，故曰“傷無禮也”。而鄭玄雖以蒲、荷興男女，但也有“蒲，柔滑之物。芙蕖之莖曰荷，生而佼大”之物性的依據及人情的體驗，故訓“傷”為“思”，有“我思此美人，當如之何而得見之”之細膩體貼④。後來孫毓作《毛詩異同評》，認為箋義為長⑤。其言固有理，卻也正是魏晉《詩》學之風尚。

依據文獻的記載，我們知道，漢人的腳步已經邁向了遠方，也有大量的異域奇珍進入了傳統的“中國”。而此時佛教已經傳入，文化的碰撞和交流越來越頻繁，這些都促使人們要睜大眼睛去打量這個日趨擴大也日漸陌生的世界。與此同時，這種個人化或日常生活化傾向，使得經學闡釋者的目光慢慢下移，也慢慢擴大，以往不為人所關注的內容漸漸納入經學闡釋者的視野，包括寫新鮮的事物。經學的說解開始吸納各種知識解讀經書中的

---

① 何介鈞主編：《長沙馬王堆二三號漢墓》第一卷《田野考古發掘報告》，北京：文物出版社2004年版，第274—280頁。
② 許慎：《説文解字》，第17、18頁。
③ 劉熙：《釋名》，第62、64頁。
④ 孔穎達：《毛詩正義》，第379頁。
⑤ 孔穎達：《毛詩正義》，第379頁。

物,表現出博物學的傾向和日常生活化的旨趣。這應該是陸璣《草木疏》這樣的解經著述得以出現的重要誘因,甚至在陸璣之前,這樣的解經方法已經出現。建安七子之一的劉楨曾作《毛詩義問》,這是一種全新的注釋體例,它不是通解著作,只選擇自己感興趣的發問。《毛詩義問》已經亡佚,尚有隻言片語保存在古代類書或注釋之書中,如"郁,其樹高五六尺,其實大如李,正赤,食之甜"①,"蠨蛸,長足蜘蛛也"等等②。儘管如此,我們仍不難判斷,劉楨《毛詩義問》和陸璣《草木疏》原來是一類的著作。再結合此前與經學釋義密切相關的訓詁學著作《説文解字》、《釋名》等,我們可以説漢末魏晉的《詩經》學或者整個經學出現了一些新的趨勢。一方面《詩經》中包含了草木、鳥獸、蟲魚,以及天文、地理、宮室、器具、服飾、車馬、地名、職官等包羅萬象的名物,因為政治變遷、時間輪轉、方言各異等多方面的原因,造成了後人對其進行理解研習過程中的"今昔異名,年代迢遥,傳疑彌甚"③的局面,因而解讀《詩經》需要針對名物方面的專門研究。另一方面,兩漢以來一系列訓詁學著作,如《方言》、《説文》、《釋名》等相關的問世,以及類似吳普《本草》等本草學著作的興起,為《草木疏》的產生奠定了堅實的知識基礎。當然更重要的是,經學注疏自身的也在悄悄發生變化,當面對經學中的動植物身上附著高深義理時候,人們也想知其所以然,這是一種什麽樣的物竟能承擔起如此重大的責任,人們對還原物有著極大的興趣。隨之而來的便是經學注釋日趨生活化和個人化,人們重視實物、實地考證、以博涉多通為尚。在經典的訓詁過程中重視名物的客觀屬性及其相關的風土人情或奇聞趣事,在傳統的微言大義闡釋傳統之外,開闢新的真知識領域。基於上述種種,《毛詩草木鳥獸蟲魚疏》在魏晉時代應運而生④。至於為何是出自魏晉時期的吳國陸璣之手,又應當分作兩層考慮:其一,"吳國人",之所以是魏晉時期的吳國人,夏緯瑛先生從地域分佈角度略有提及,他認為"三國時吳國的疆域已達到我國亞熱帶地區,其地之動植物資源當已有地志之類的著作詳加記載,《草木疏》中著重描述各種動植物的經濟用途,

---

① 孔穎達:《毛詩正義》,第391頁。
② 李昉:《太平御覽》,第4207頁。
③ 永瑢等撰:《四庫全書總目》,第120頁。
④ 郝桂敏在《陸璣〈毛詩草木鳥獸蟲魚疏〉有關問題研究》一文中還提到了東吳統治者對古文經學的重視與三國時期儒學衰微兩點原因。

似與此類著作不無關係"①,此應當是指兩漢以來興起的地記、圖經之學,還包括異物志、水道記、山水記、風俗記等,代表作是三國吳人徐整纂修的《豫章舊志》;其二,"陸璣",之所以是吳國人中的陸璣此人,應當同他的家學、師學、交游等有關,可惜的是關於陸璣的生平資料實在太少,不能進一步詳細考察,但通過《毛詩草木鳥獸蟲魚疏》中的內容可以確定的一點是,陸璣應當是親身游歷了大量地區尤其是黃河流域,並仔細考察了各地的動植物及與之相關的生產知識,否則難成此書;雖然以上兩點尚不足以充分說明《毛詩草木鳥獸蟲魚疏》成書於陸璣之手的必然性,但誕生於魏晉時期確是大勢所趨。

　　魏晉時期經學注疏的知識化或博物化傾向對後世的經學闡釋產生了重要的影響。就《草木疏》而言,它給《詩經》學帶來的影響是多方面的。首先,單純作為一部博物學著作,書中較為詳細的記載了大量動植物的形態特徵、生長習性、地域分佈及使用價值,為後世關於本草、農業、氣候環境、生態、地理等的研究及其著作如《齊民要術》等,提供了許多珍貴的資料;同時它還反映了魏晉時期的部分生產狀況和風俗民情,又是很好的關於古代文化史、社會史、地方史研究的重要輔助性資源。當然我們也可以從文學角度去解讀陸璣《草木疏》身上的文學價值。它和漢代以來的賦體文學創作理念、創作方法,尤其是詠物賦的發展有著密切的關係,雙方形成很好的互動,即它們都是用"觀"的方式對待物本身,然後逐一鋪排。與此同時,《草木疏》本身也是很有趣的文學文本,張華的《博物志》和王嘉的《拾遺記》都直接或間接從《草木疏》中取材,如上引《草木疏》中對鸛鳥的記載,大致相同的內容也見諸《拾遺記》。

　　其次,是作為一部注解《詩經》的訓詁典籍,它開創了《詩經》名物訓詁這一新的學術傳統,如隋唐年間有現已亡佚的《毛詩草蟲經》和《毛詩草木蟲魚圖》二書,重義理輕考據的宋代有蔡卞《毛詩名物解》、王應麟《詩地理考》、陸佃《說魚》《說木》和楊泰之《詩名物篇》等書篇傳世,元代許謙受朱熹影響著有《詩集傳名物鈔》,明代有馮應京的《六家詩名物疏》和毛晉的《毛詩陸疏廣要》等,此類著作在重考據名物而輕義理的清代更是數不勝數,蔚為大觀,代表作品如毛奇齡《續詩傳鳥名》、陳大章《詩傳名物集覽》、

---

① 夏緯瑛:《〈毛詩鳥獸草木蟲魚疏〉的作者——陸機》,載於《自然科學史研究》1982年第2期,第178頁。

姚炳的《詩識名解》、顧棟高的《毛詩類釋》、牟應震《毛詩名物考》、陳奐《毛詩九穀考》、俞樾《詩名物證古》再到近代的陸文郁《詩草木今釋》等等，此外尚有徐鼎《毛詩名物圖説》及天文、地理、禮制等其他方面的考訂著作，以及焦循、趙佑、丁晏、羅振玉等直接針對《草木疏》的校疏。總之，《草木疏》的出現爲卷帙浩繁的《詩經》學研究開闢了一條別具特色的學術分支，很大程度上滿足了後人更好理解《詩經》的需求，同時這種名物研究和其他《詩經》研究方向如音讀、詩譜、文學品鑒等一起，反映了魏晉時期人們精神自由開放從而另闢蹊徑，突破兩漢以來經學一統、重政治倫理比附習氣的《詩經》研究，開啓了更廣泛的《詩經》學術研究新傾向，這些創新和解放無疑爲後來的《詩經》學乃至整個經學研究注入了新活力。

　　附記：本文曾作爲參會論文提交給嶺南大學舉辦的"中國文學叙事傳統與抒情傳統交響與共鳴學術研討會"，得到與會專家的批評與指正。後來投給《嶺南學報》，也得到匿名審稿專家的幫助和指正，我們謹表示衷心感謝！

（作者單位：武漢大學文學院）

On the Materiality in *Meanings of Plants Birds, Beasts, Insects and Fish in Mao Shi*

Jianguo Cao, Zijun Yi

Lu Ji, an intellectual from the three Kingdoms era, provided a new perspective for natural history in his *maoshi caomu niaoshou chongyu shu* (Meanings of Plants Birds, Beasts, Insects and Fish in Mao Shi) for *maoshi* (or *shijing*, the Book of Poetry). As a work of natural history, this book describes in detail the biological properties and practical functions of more than 100 species of plants and animals while fully showing the rich forms of food, medicine, production, entertainment, religion and *fangshu* used by people in the Han-Wei era, making it an important reference for understanding the scenery and features of the time. As an exegetical work of Confucian classics, it initiated a special study of the *meibutsu* research of *maoshi*, with far-reaching influence on the multi-form study of *shijing* in later generations. Its emergence indicates the free and open spirit of people in the Wei-Jin era who broke the tradition of attaching great political and ethical significance to *shijing* since the Han Dynasty, thus opening up a new way for the study of *shijing*.

Keywords: Lu Ji, Meanings of Plants Birds, Beasts, Insects and Fish in Mao Shi, natural science of the Han-Wei era, Han-Wei Era, the study of *Shijing* in the wei-Jin era

徵引書目

1. 《十三經注疏》,上海:上海古籍出版社,1997 年版。
2. 王子輝:《中華飲食文化論》,西安:陝西人民出版社,2006 年版。
3. 王嘉撰,孟慶祥等譯注:《拾遺記譯注》,哈爾濱:黑龍江人民出版社,1989 年版。
4. 司馬遷:《史記》,北京:中華書局,1959 年版。
5. 永瑢等撰:《四庫全書總目》,北京:中華書局,1965 年版。
6. 朱熹:《四書章句集注》,北京:中華書局,1983 年版。
7. 何介鈞主編:《長沙馬王堆二三號漢墓》第一卷《田野考古發掘報告》,北京:文物出版社 2004 年版,第 274—280 頁。
8. 李時珍:《本草綱目彩色圖鑑》,北京:軍事醫科出版社,2006 年版。
9. 李曼曼:《〈詩經〉中的食物及烹飪研究》,長春:吉林大學碩士論文,2018 年。
10. 沈金鰲撰,李占永、李曉林校注:《雜病源流犀燭》,北京:中國中醫藥出版社,1994 年版。
11. 沈括撰、胡道靜校:《新校正夢溪筆談》,北京:中華書局,1957 年版。
12. 阪井多穗子:《中國士大夫與作為寵物的鶴》,《中國典籍與文化》2000 年第 1 期,第 112 頁。
13. 邱龐同:《魏晉南北朝菜肴史——〈中國菜肴史〉節選》,《揚州大學烹飪學報》2001 年第 2 期,第 26—27 頁。
14. 洪興祖撰:《楚辭補注》,北京:中華書局,1983 年版。
15. 夏緯瑛:《〈毛詩草木鳥獸蟲魚疏〉的作者——陸機》,《自然科學史研究》1982 年第 2 期,第 176—178 頁。
16. 徐建委:《文本的衍變——〈毛詩草木鳥獸蟲魚疏〉辨證》,《上海大學學報》2018 年第 5 期,第 67—78 頁。
17. 班固:《漢書》,北京:中華書局,1963 年版。
18. 馬怡:《一個漢代郡吏和他的書囊——讀尹灣漢墓簡牘〈君兄繒方緹中物疏〉》,《中國社會科學院歷史研究所學刊》第 9 集,北京:商務印書館 2015 年版,第 101—132 頁。
19. 崔志海:《近代公園理論與中國近代公園研究——讀〈都市與公園論〉》,《史林》2009 年第 2 期,第 165 頁。
20. 張承宗、魏向東:《中國風俗通史·魏晉南北朝卷》,上海:上海文藝出版社,2001 年版。
21. 張渝新:《川派古典園林是中國官家園林的典型代表》,《中國園林》2003 年第 19 期,第 68—70 頁。
22. 張鳳:《漢代的炙與炙爐》,《四川文物》2011 年第 2 期,第 58—60 頁。
23. 許慎:《説文解字》,北京:中華書局,1963 年版。
24. 許慎撰、段玉裁注:《説文解字注》,上海:上海古籍出版社,1988 年版。
25. 郭茂倩編:《樂府詩集》,北京:中華書局,1979 年版。
26. 陳巖肖:《庚溪詩話》,王雲五主編《叢書集成初編》第 2552 册,上海:商務印書館,

1939 年版。
27. 陳鼓應注譯：《莊子今注今譯》，北京：中華書局，1983 年版。
28. 陸佃：《埤雅》，清康熙年間顧栻校刊本。
29. 彭懷仁等主編：《中醫方劑大辭典》，北京：人民衛生出版社，1996 年版。
30. 華學誠：《揚雄方言校釋匯證》，北京：中華書局，2006 年版。
31. 華學誠：《論〈毛詩草木鳥獸蟲魚疏〉的名物方言研究》，《徐州師範大學學報》2002 年第 3 期，第 53—56、61 頁。
32. 董艾冰：《唐詩中的鶴意象研究》，廣東：暨南大學學位論文，2016 年。
33. 賈公彥：《周禮注疏》，北京：中華書局，1980 年版。
34. 賈思勰撰，繆啟愉校釋：《齊民要術校釋》，北京：農業出版社，1982 年版。
35. 趙利傑：《〈詩經〉中的蔬菜研究》，鄭州：鄭州大學碩士論文，2016 年。
36. 劉文典：《淮南鴻烈集解》，北京：中華書局，1989 年版。
37. 劉春香：《魏晉南北朝時期飲食文化的發展及其原因》，《許昌學院學報》2003 年第 4 期，第 47—50 頁。
38. 劉愛文：《論魏晉南北朝大地主集團的休閒娛樂消費》，《邵陽學院學報》2005 年第 1 期，第 73—78 頁。
39. 劉熙：《釋名》，上海：商務印書館，1939 年版。
40. 蕭統編，李善注：《文選》，上海：上海古籍出版社，1986 年版。
41. 蕭統編，李善等注：《六臣注文選》，北京：中華書局，2012 年版。
42. 錢穆：《論語新解》，北京：三聯書店，2002 年版。
43. 韓格平等校注：《全魏晉賦校注》，長春：吉林文史出版社，2008 年版。
44. 顔慧萍：《陸璣及其學術考述》，《社科縱橫》2008 年第 2 期，第 172—174 頁。
45. 羅振玉：《毛詩草木鳥獸蟲魚疏新校正》，濟南：齊魯書社，2008 年版。
46. 羅桂環：《古代一部重要的生物學著作——〈毛詩草木鳥獸蟲魚疏〉》，《古今農業》1997 年第 2 期，第 31—36 頁。
47. 韻洲：《貓頭鷹千古"蒙冤"》，載於《咬文嚼字》2014 年第 9 期，第 24 頁。

長慶體、梅村體與"本事詩"
——略論中國詩體的叙事形態

張寅彭

【摘　要】本文以中國詩學中的"賦"、"本事"、"記事"等概念爲據,區分了唐人新樂府"諷諫"之旨與元白長慶體"叙事"之旨的不同;又據徐釚《本事詩》,析出長慶體在明代的餘波,以及清初"梅村體"的成功。此體並貫穿於清中葉,直至民初,成爲吾國叙事詩的主型。

【關鍵詞】長慶體　梅村體　本事詩　詩體　叙事形態

一、引言:"叙述"與"叙事"之分疏

中國傳統詩學早在《毛序》總結《詩三百》的"六義"中,即有"賦"一義,其功能略與今人習用的"叙述"一詞相當。相較於"三用"中的其他二用"比"、"興",尤其是興的複雜性,"賦"的鋪陳叙述手法似乎較爲單純,從鄭玄注《周禮·大師》"直鋪陳今之政教善惡",到朱熹《詩集傳》"敷陳其事而直言之",歷來釋義穩定,"不譬喻者皆賦辭也"(孔穎達《正義》)。直至杜詩繼《詩經》出,元稹作《杜君墓係銘并序》,亦以"鋪陳始終,排比聲韻"爲其最主要的藝術特徵,元相亦被許爲少數第一代老杜真正的知音之一。"賦"之用可謂極於斯矣。

在中國詩學中,賦與並立相對的比、興,所謂"比喻",所謂"發端"[1],它

---

[1] "興"亦有比喻之義,如何晏《論語集解》引孔安國:"興,引譬連類。"

們作爲表現手法,各司其職,並無軒輊。清人吳喬《圍爐詩話》曾據比興與賦褒貶唐、宋詩,其説甚辯,然《四庫總目》斥之云:"賦、比、興三體並行,源於《三百》,緣情觸景,各有所宜,未嘗聞興、比則必優,賦則必劣。"①清中葉詩學漸趨尚實,這是四庫館臣上述批評的大背景。但"叙述"(賦)的不可或缺,根本上還在於詩之元理方面的原因。

相較於賦與比、興的並列,歐西詩學有將"描寫"與"叙述"並立的看法:"叙述的對象是往事,描寫的對象是眼前見到的一切。""叙述要分清主次,描寫則抹煞差別。"②吾國詩篇的具體分析當然也可以運用這一對概念,但在詩學中,將叙述與描寫兩種功能合而爲一,則是集中於"賦"一辭了。例如《葛覃》首章:"葛之覃兮,施於中谷,維葉萋萋。黃鳥于飛,集于灌木,其鳴喈喈。"朱熹《集傳》標爲"賦",解作當下的動態描寫似也不錯,但却是"追叙初夏之時,葛葉方盛,而有黃鳥鳴於其上也"③。老杜《春望》:"國破山河在,城春草木深。感時花濺淚,恨别鳥驚心。烽火連三月,家書抵萬金。白頭搔更短,渾欲不勝簪。"全首自是賦而非比興,從題目言,應是當下之"望"的描寫,但下半首則又轉爲叙述矣。總之吾國詩的趣味並不在此種分别,"賦"叙述故事與描寫當下的兩種功能兼而有之。

"賦"具有時、空全方位適用的性質,這從"賦"的釋義也可得到證實。如上述鄭玄注:"直鋪陳今之政教善惡。"劉熙《釋名》:"敷布其義謂之賦。"劉勰《文心雕龍》:"鋪采摛文,體物寫志。"鍾嶸《詩品》:"直書其事,寓言寫物。""賦"可以陳善惡、敷義、體物、寫志、書事、寓言,是一種基本的表現手法,適用甚廣,而"事"只是所叙對象之一耳。故"賦"的"叙述"功能,與包含表現對象的"叙事",在外延上是並不周延的。

"賦"從《詩經》總結而來,出處堂皇。而"事"與詩的聯繫,《漢書·藝文志》"詩賦類"小序也已有"感於哀樂,緣事而發"的正式的表述。至六朝文獻中的"事"義較紛歧,如《文心雕龍·事類》篇的"事",乃指用事(用典);蕭統《文選序》"銘則序事清潤",則非指詩體,諸如此類。唐後較常用於詩的是"本事"與"記事(紀事)"兩個概念,但也發展出了新的意涵。如

---

① 《四庫全書總目》,北京:中華書局1965年版,第1806頁。
② [匈牙利]喬治·盧卡契:《叙述與描寫》,載《盧卡契文學論文集》,北京:中國社會科學出版社1982年版,第38、59、56頁。
③ 朱熹:《詩集傳》,上海:上海古籍出版社1980年版,第3頁。又陳奂《詩毛氏傳疏》謂是興,今不取。

"本事"成於唐人孟棨《本事詩》,"記事"成於歐陽修《詩話》,司馬光《續詩話》小序揭橥其性質云"記事一也"①。南宋計有功又有《唐詩紀事》。前者所謂"觸事興咏,尤所鍾情,不有發揮,孰明厥義"(《本事詩序目》),詩雖由事起,但並不直陳於詩中,須另著文發揮説明,其側重由"詩"轉至"事"之究竟了。後者孔天胤《重刻唐詩紀事序》釋"紀事",亦同此趣:

　　夫詩以道情,疇弗恒言之哉。然而必有事焉,則情之所繇起也,辭之所爲綜也。故觀於其詩者,得事則可以識情,得情則可以達辭。……故君子曰:在事爲詩。又曰:國史明乎得失之跡。夫謂詩爲事,以史爲詩,其義憮哉!②

故"紀事"亦猶"本事"之意,乃詩情之所緣起,而隱於辭外。當然從兩書所記的内容看,"本事"更直接關乎詩,"紀事"、詩話等所涉則稍泛,側重在詩人、逸事,稍有不同。故《四庫總目》集部詩文評類小序標舉之五種體例,《本事詩》與詩話便是分列的。而若就其"事"旨言,則合併亦無妨。至於唐人詩間有運用"叙事"一詞的,如韋應物《張彭州前與緱氏馮少府各惠寄一篇多故未答張已云歿因追哀叙事兼遠簡馮生》、鄭谷《叙事感恩上狄右丞》等,題云"叙事",但詩中所叙之"事"都非正式"事件",題中的"叙事"不過是個一般之詞而已,尚非概念。

　　由此産生一個問題,即唐宋詩學的"事"觀,雖然强調"事"的重要性甚或在"情"前,但在詩内並不"直書其事",反要借助詩話之類詩外説明纔能得其原委。比如王維《息夫人》詩的"事"寧王奪賣餅者妻,劉禹錫兩首"游玄都觀"詩的政治事件,都不在詩"内"直接寫出。此種"事在詩外"的趣味,竟與比興的"意在言外"殊途同歸。如此則"叙事詩"豈非也就無從談起了? 現代論者於此一議題,頗有誤"叙述"爲"叙事"者。不過即便如此,持此誤者也往往不能不遺憾地認識到,所叙一般只是"事"之片段、片刻而已,並不充分,距離"叙事"的典型程度,猶有一間之隔也。此類誤會甚多,觸目可見,此處不煩舉例。而揆諸詩史,也確實只有唐前之樂府詩及老杜、香山

---

① 《文選序》有"記事之史,繫年之書……若其讚論之綜緝辭采,序述之錯比文華,事出於沉思,義歸乎翰藻"云云,此處之"記事"亦尚非指詩體。
② 《唐詩紀事》,上海:上海古籍出版社1987年版,第2頁。

的"新樂府"之作,纔稍有人物、情節之類"敘事詩"的要素。而五、七言古之正體雖長於敘述,老杜以下更兼喜議論,嚴格說來都非"敘事"之體。律體為平仄、對仗、字數諸種規則所局限,就更不便於敘事了。

唐後諸體中,惟有七古歌行一體,其中的元、白"長慶體",較為充分地具備了"敘事詩"的樣態,有完整的第三者的人物故事,如白居易的《長恨歌》;有客觀之場所可供情節之開展,如元稹的《連昌宮詞》、鄭嵎的《津陽門詩》。至清代又發展出"梅村體"一脈相繼,纔稱得上是所謂詩人自覺的"敘事詩",纔在詩史站住了地位。其"敘事"之詩旨又與"韻調"、"辭藻"三位一體,融合而成中國敘事詩特有的審美趣味。兹試論如下。

二、元白"長慶體"較之"新樂府"更具敘事形態

中國標準意義上的敘事詩,曾在唐前驚鴻一瞥,出現過《焦仲卿妻》、《木蘭詩》等傑作[1]。但這是樂府詩,文人之作則無之。唐前是五古高度發達的時期,所以彼時能產生出這樣的作品。(《木蘭詩》略雜七言數句及九言一句。)唐後七古開始成熟,五古長篇的"敘述"之風,以杜、韓等為代表,由"事"轉向了"議論"[2]。此也即是李滄溟名論"唐無五言古詩,而有其古詩"之一義也。

五古的這一轉向應是七古發展後的自然之勢。七言句式,敘述更為酣暢自由,篇幅也更充分,自是敘事詩體的不二選擇。唐人的所謂"敘事詩",歷來之關注集中於兩大對象,即老杜、樂天的"新樂府"之作與元、白的"長慶體"之作。但如果深究之,兩者"事"的表達方式及形態是大有區別的。蘇轍《詩病五事》曾比較老杜《哀江頭》"詞氣如百金戰馬,注坡驀澗,如履平地,得詩人之遺法",而"白樂天詩詞甚工,然拙於紀事,寸步不遺,猶恐失之"[3]之不同,竊以為此即言中"新樂府"與"長慶體"敘事不同的實質,其失惟在"拙於紀事"之"拙"字上耳。所謂"百金戰馬,注坡驀澗",即快速通過

---

[1] 劉克莊《後村詩話》前集卷一:"《焦仲卿妻》詩,六朝人所作也。《木蘭詩》,唐人所作也。樂府惟此二篇於敘事體,有始有卒。"北京:中華書局1983年版,第6頁。
[2] 參胡小石《李杜詩之比較》、《杜甫北征小箋》等文,載《胡小石論文集》,上海:上海古籍出版社1982年版。
[3] 載《欒城三集》卷八,上海:上海古籍出版社2009年版,第1553頁。

不停留於一地之謂；而"寸步不遺"者正相反，乃是持久地專注於對象之謂，如此則始有形成完整的人物形象、詳盡的事件情節之可能①。子由此語乃是揚雄"詩人之賦麗以則，詞人之賦麗以淫"的宋代翻版，都只説對了一半，其失在昧於文體區别之意識。但在歷來褒貶元白長慶體的衆多言辭中，此一語雖是貶辭，却又最搔着癢處，以今日之眼光視之，實是詩體進步的一種表現，子由之揚抑不免保守，以致南轅北轍了。

"新樂府"的旨趣，如元、白所言，主要在"先向歌詩求諷刺"②，"莫非諷興當時之事"③，而非叙事本身的趣味。縱觀郭茂倩《樂府詩集》末十一卷所收，除少數篇什容或有"叙事"的因子，如"桃源行"一題，以有陶潛《桃花源記》為藍本，故事稍完整；劉禹錫《泰娘歌》、白居易《上陽白髮人》、《縛戎人》等篇，人物經歷稍完整；（元稹同題之作便不同，而以議論為主。）杜甫《兵車行》、白居易《新豐折臂翁》、《賣炭翁》等篇，特寫場面具體完整，其他幾乎都談不上以"人"、"事"為主題者。而即使上述諸篇，也都還未及發展出"情節"來。此無他，蓋篇幅不甚大，叙述於對象未能至"寸步不遺"的程度也④。此事必得待元、白"長慶體"登場，方纔獲得改觀。故將"新樂府"一體之旨趣總歸於"叙事"者，實屬誤會也。

新樂府的"諷世"與長慶體的"叙事"，乃是唐人七古歌行中兩大不同的類型，而元、白兩類之作兼擅，且俱為典型，俱是傑構，此點歷來論者衆多，早已獲文學史定評。而兩類在"叙事"方面的不同，則似尚有進一步辨析之必要。昔者陳寅恪先生論元、白之"新樂府"，曾析出元氏"一篇數意"與白氏"一篇一意"的區别，或可作為此一議題討論的起點。陳先生云：

> 關於元、白二公作品之比較，又有可得而論者，即元氏諸篇所詠，似有繁複與龐雜之病，而白氏每篇則各具事旨，不雜亦不複是也。

---

① 高步瀛《唐宋詩舉要》卷二老杜《哀王孫》引吴星叟（農祥）語云："起用樂府體，昔賢所謂省叙事也。"似即指蘇轍此評，惟移《哀江頭》為《哀王孫》，義則通。
② 白居易《新樂府·采詩官》，朱金城：《白居易集箋校》卷四，上海：上海古籍出版社1988年版，第263頁。
③ 元稹：《樂府古題序》，《元稹集》卷二三，北京：中華書局2015年版，第292頁。
④ 新樂府體晚唐有一絶大之作品，即韋莊之《秦婦吟》。此詩長達119韻，惟述一路聞見，中間雖有故事，而皆碎為片段，"四隣婦"云云，更顯為樂府寫法。韋莊宗杜，其集即名"浣花"，故與長慶體異趣。

陳先生並於各篇詳為比較之，如舉兩家《法曲》之作，謂微之此一首多意，樂天於是析"所言者為三題，即《七德舞》、《法曲》、《時世妝》三首，一題各言一事，意旨專而一，詞語明白，鄙意似勝微之所作"①。陳先生並進而指出元氏後作之古題樂府，即學樂天此點而改正之，"無一首不只述一意，與樂天新樂府五十首相同，而與微之舊作新題樂府一題具數意者大不相似。此則微之受樂天之影響，而改進其作品無疑也"②。

陳先生對元白新樂府的這一分析思路，在其辨析兩家同題之作《琵琶引》與《琵琶歌》的不同時，竟又一次運用之，並據以分出高下：樂天《琵琶引》"既專為此長安故倡女感今傷昔而作，又連綰己身遷謫失路之懷，直將混合作此詩之人與此詩所詠之人，二者為一體，真可謂能所雙亡，主賓俱化，專一而更專一，感慨復加感慨"。而微之《琵琶歌》"盛贊管兒之絕藝，復勉鐵山之精進，似以一題而兼二旨，雖二旨亦可相關，但終不免有一間之隔"云云③。樂天《琵琶引》固是所謂"長慶體"的代表作之一，則"專一而更專一"的要求，被轉用至此體無疑。

尤有甚者，陳先生於《長恨歌》與《連昌宮詞》之比較場合，仍復隱然不脫此一思路，而得出更進一步之結論。如所周知，陳先生於《長恨歌》，有一極大之發現，即陳鴻傳白傅詩"為一不可分離之共同機構"。由於歌詩與傳文有此分合之關係，故所謂"史才"、"議論"之內容，便都可以從"詩"移諸"傳"中了。陳先生云：

> 白氏此歌乃與傳文為一體者，其真正之收結，即議論與夫作詩之緣起，乃見於陳氏傳文中。

白傅此歌遂至於能夠專一於敘事，所謂"寸步不遺"者，其秘蓋在於此也。而元相之《連昌宮詞》適相反，其已無須傳文而自獨立了。陳先生復云：

> 至若元微之之《連昌宮詞》，則雖深受《長恨歌》之影響，然已更進一步，脫離具備眾體詩文合併之當日小說體裁，而成一新體，俾史才、

---

① 陳寅恪：《元白詩箋證稿》，上海：上海古籍出版社1978年版，第122頁。
② 陳寅恪：《元白詩箋證稿》，第302頁。
③ 陳寅恪：《元白詩箋證稿》，第47頁。

詩筆、議論諸體皆匯集融貫於一詩之中,使之自成一獨立完整之機構矣。

其後卒至有如《連昌宮詞》一種,包括議論於詩中之文體,而為微之天才之所表現者也。①

可見在所謂"長慶體"的場合,元、白二氏竟又一次重現了他們在"新樂府"之作中的不同,一"潔"而一"複"矣。在"新樂府"的場合,此"潔"是"一首一意"之謂;而在"長慶體"的場合,"潔"則是排除了"議論"之類成份後的純粹的"叙事"。陳先生進而云:

是以陳鴻作傳,為補《長恨歌》之所未詳,即補充史才、議論之部分,則不知此等部分為詩中所不應及、不必詳者。②

陳先生從文體的角度揭示出這一點,而與本文的論題亦復相通,即"事"被凸顯出來,成為主要之旨趣,"叙事"已不僅是技法,更上昇為詩旨了。《長恨歌》下半篇幅的"海上仙山"故事,最是此種叙事意識的產物,否則詩人恐怕是不會冒此"荒誕不經"之大不韙的。陳先生對此特大贊云:"在白歌陳傳之前,故事大抵尚局限於人世,而不及於靈界。其暢述人天、生死、形魂、離合之關係,似以《長恨歌》及《傳》為創始。此故事既不限現實之人世,遂更延長而優美。然則增加太真死後天上一段故事之作者,即是白、陳諸人,洵為富於天才之文士矣。"③由是之故,《連昌宮詞》之納入史才、議論,雖是完成了詩篇内容的獨立,此點同樣也受到陳先生的稱贊,但加入的終是"詩中所不應及、不必詳者"。陳先生此評釜底抽薪,完全顛覆了傳統評價④,自是一個現代學術的立場。

《連昌宮詞》藝術上的獨創性,乃在於改從憑弔空間遺跡來講述這同一個故事,從而大大加深了故事的歷史滄桑感。在《長恨歌》的"女角"主題

---

① 陳寅恪:《元白詩箋證稿》,第 4、5、11、44 頁。
② 陳寅恪:《元白詩箋證稿》,第 12 頁。
③ 陳寅恪:《元白詩箋證稿》,第 13 頁。
④ 如洪邁《容齋隨筆》卷一五云:"《長恨歌》不過述明皇追愴貴妃始末,無他激揚,不若《連昌宮詞》有監戒規諷之意。……其末章及官軍討淮西,乞'廟謨休用兵'之語,蓋元和十一二年間所作,殊得風人之旨,非《長恨》比云。"上海:上海古籍出版社 1978 年版,第 198 頁。

外，再增一 "宫苑" 主題，形成所謂 "長慶體" 並行的兩主題。稍後鄭嵎的《津陽門詩》即步其後塵，甚至歷千餘年，猶產生如王闓運《圓明園詞》、王國維《頤和園詞》等後勁之作，不絕如縷。雖然 "每被老元偷格律"[1]，元相筆下的這位 "宫邊老翁"，仍不無從樂天《琵琶行》的 "長安倡女" 竊得的嫌疑。

　　由於改以舊宫遺跡為主角，明皇貴妃故事的叙寫方式也隨之改變。全詩四十五韻，除去最末十三韻議論不論外，餘下三十二韻中，大抵用十一二韻叙寫當年盛衰過程。有 "上皇正在望仙樓，太真同憑闌干立" 直寫兩位主人公，而力士、念奴、二十五郎（邠王李承寧）、李謨、岐王、薛王、楊氏諸姨等一干相應人物也悉數出場，筆力不俗。其餘二十餘韻皆寫宫苑凋敝之景況，合於 "連昌宫" 之題，然亦處處不離 "上皇砌花"、"太真梳洗" 之跡，烘托其事無遺。故全詩雖非如《長恨歌》之 "寸步不遺" 寫法，但也差可謂 "叙述" 不離 "叙事" 了。此種寫法，以今日之眼光衡量，是並不亞於老杜《哀江頭》 "江頭宫殿鎖千門，細柳新蒲為誰綠" 之古典寫法的。至於數十年後鄭嵎之《津陽門詩》亦用宫苑為題，亦設一 "旅邸主翁" 話舊，篇幅更擴至一百韻，次第從明皇寵幸貴妃、安史作亂、亂後殘黎，一一道來，明皇内苑事實更形完整，更見具體，誠為 "長慶體" 叙事之又一鉅製。然就詩藝言，全詩不過按部就班、填砌舊聞而已，用心大不及元相，其結構、意境，不僅不如《連昌宫詞》，猶或不逮晚清民初人之《圓明園詞》、《頤和園詞》等作也[2]。此體隨之也沉寂下來。

三、"本事詩" 之新形態（上）：明人之 "長慶體" 諸作

　　如上所述，"本事" 之概念在唐人孟啟首創之時，"事" 並不直接表現在詩中；而 "叙事" 之功能趣味則以元、白 "長慶體" 諸作最稱充分。"本事詩" 後世雖有續作者，但大都或佚或殘，如五代處常子《續本事詩》、宋聶奉先《續廣本事詩》等，未能形成風氣。直至清初，此題纔又復興，如順治間有夏基《隱居放言詩話》、錢尚濠《買愁集》等，都以 "本事" 為旨，錄詩輯話，大抵

---

[1] 白居易《編集拙詩成一十五卷因題卷末戲贈元九李二十》，朱金城：《白居易集箋注》卷一六，第1053頁。
[2] 此用陳寅恪先生之評。參《元白詩箋證稿》，第73頁。

不脫孟啟初作之旨趣。康熙間有程羽文《詩本事》，自謂倣孟書，實非其旨，然亦可見當時熱衷此題之聲氣也①。

清初這一批著作中最可注意者，乃是徐釚的《本事詩》。徐釚（1636—1708），字電發，號拙存，又號虹亭、楓江漁夫，江南吳江人。康熙十八年舉博學宏詞，授翰林院檢討。著有《南州草堂集》等，所輯《詞苑叢談》流傳甚廣。其《本事詩》有自序、略例及吳中立序，綜合可知，此書作於康熙十年六月至次年臘月。刊刻行世則稍遲，已在康熙四十三年，是由時任濟南太守的吳中立，遵王士禛之囑託而付梓的。徐釚是王士禛的早年弟子，據書前所載王士禛的三通信件，漁洋也曾參與了此書初期的編輯，提出過修改意見，有些版本的目錄中頁標有"王士禛論定"字樣，即指此。原稿也一直留在漁洋的蠶尾山房中，久未獲梓，也是經漁洋督促纔得以問世的。漁洋並擬書成後撰一序，後未果②。此一事例，似也可稍洗歷來對於漁洋不重白香山的誤會。

徐釚此書雖名"本事詩"③，但與孟啟之旨已大不同，不再以發明詩中之事為旨，而是改以詩人為目，直選有事之詩，類如選本。入錄之詩的本事也較孟書有所限定，即必須關乎婦人韻事，大抵只相當於孟書所列七類中的"情感"一類。此類情韻之事包括"宮掖內庭"、"香閨紅樓"、"寵姬愛妾"、"游仙諸女"、"青樓狹邪"、教坊樂工，乃至美少男（"歌童人寵"）各色人等，即連幽冥鬼域也無漏列。全書十二卷，所選時限始自明初，迄於清康熙初，分隸前、後集，前集六卷錄明人，後集六卷錄清初人，編選頗為整飭。這一斷限恰好呈現出"長慶體"在宋、元沉寂了較長一段時間之後，明代開始復甦，並進而過渡到清初"梅村體"的史實，亦即上文討論的"敘事詩"一脈的後繼發展也。

全書所選三百餘家，計明人二百零七家，清初人九十七家。所錄之詩自然不盡七古歌行一體。經檢，作有此體的詩人凡七八十家，明人四十餘家，清人三十餘家，多帶有"長慶體"風味。其中稍嚴於體制者，明、清各十餘家，明人如高啟、孫蕡、李禎、瞿佑、韓邦靖、張獻翼、王稚登、王叔承、徐熥、吳兆、葉紹袁等人，清初如林雲鳳、杜濬、朱隗、俞南史、鄒祇謨、陳玉璂、

---

① 諸書均已收入拙輯《清詩話全編：順治康熙雍正期》，上海：上海古籍出版社 2018 年版。
② 參《本事詩》自序、略例、吳中立序、王士禛書等。載《清詩話全編》，第 1025—1030 頁。
③ 此書據略例、吳序、漁洋書劄，俱作"本事詩"。光緒徐氏刊本徐榦跋亦作"本事詩"，上海古籍出版社 1991 年排印本即據此本，然改題"續本事詩"，殊非其舊。

董以寧、顧景星、毛先舒、汪懋麟、毛奇齡、陳維崧、吳兆騫等人,再加上"梅村體"本尊吳偉業,可見此體在清初即已漸盛於明人了。

唐人之七古歌行,明人詩學有詳盡之討論,大抵分出了老杜體與初唐體之不同,而以元、白"長慶體"上承初唐,歸為一體。(詳下)但宋元七古多承老杜一體,"長慶體"基本上無嗣響。明人七古歌行一體,也鮮有學初唐體或長慶體的。如前後七子的李、何、王、李,四家中自以李夢陽七古成就最高,然夢陽七古屬於老杜一路;李攀龍以七言近體勝,古體未足道,後人對此皆有定評。王世貞古體,後人推服其五言,如朱竹垞《明詩綜》錄其《袁江流鈐山岡》一篇,沈歸愚《明詩別裁集》選其《將軍行》一首,而七言皆未為所賞。只有何景明略近初唐四子,如胡元瑞云:"獻吉專攻子美,仲默兼取盧、王,並自有旨。"①將何與李對比言之。但這一般也是被視為缺點的,如許學夷即斷言何"歌行遠遜國朝諸子"②。此外明初高啟《青丘集》中七古之作不算少,也稍有得長慶體風味者,但"才調有餘,蹊徑未化"③,也並不成熟。

明人七古歌行的創作情形,其學初唐體、長慶體的程度,自然需要一家一家翻檢明人別集,纔能最終確認,上述五家雖云大家,也不過是嘗鼎一臠而已。但徐釚《本事詩》前集六卷所錄,卻頗令人意外地看到明人效法"長慶體"的熱情其實並非低迷。如孫賁《驪山老妓行》,題下即注云:"補唐天寶遺事,戲效白樂天作。"小序復借客語云:"子詩淺易明白,恍惚樂天。"又如李禎《至正妓人行》,小序亦借妓言云:"此元、白遺音也。"效"長慶體"的意識是十分自覺的。其他如高啟《聽教坊舊妓郭芳卿弟子陳氏歌》、《夜飲丁二侃宅聽琵琶》、瞿佑《安樂坊歌》、韓邦靖《長安宮女行》、王稚登《聽查八十彈琵琶》等篇,或詠教坊、宮女,或聽琵琶而感,題目亦近樂天。張獻翼《再過會卿卜吳姬為屍仍設雙俑為侍令伶人奏琵琶而樂之》、徐熥《玉主行》、吳兆《秦淮女兒鬥草篇》、葉紹袁《午夢堂除夕紀夢詩》等篇,題稍溢出,然皆以數十韻詠婦人情事,敘事詳備,音調亦皆流轉,體屬"長慶",當可無疑。

其中孫賁《驪山老妓行》一首頗具代表性,明人對"長慶體"的興致,以

---

① 胡應麟:《詩藪》內編卷三,上海:上海古籍出版社1979年版,第49頁。
② 許學夷:《詩源辨體》卷一八,北京:人民文學出版社1987年版,第193頁。
③ 《明詩別裁集》卷五,上海:上海古籍出版社1979年版,第14頁。

及運用此體的嫻熟程度,此詩表現得淋漓盡致。所謂"驪山老妓"者,唐妓也。詩人用八十七韻的長篇,虛構了一個與之相逢的故事。此妓當年色、藝雙絕,開元時曾"隨龍侍君側",又特地將其侍君的場所設在驪山,使之親歷了驪山盛衰悲歡的全過程,尤其著墨於悲劇過後舊宮廢園的衰敗,此即詩序"補唐天寶遺事"之謂,將《長恨歌》之佳人主題與《連昌宮詞》之宮苑主題合為一詩,可謂盡得後作之便利。然詩旨不免平庸,敘事完整之外,略以辭藻工麗見長。此妓獨擅"搊箏",而嫌"琵琶橫笛徒聒耳"。詩中描寫其技高,奏畢"四座無言俱寂寥,餘音已斷猶縈繞"。又形容其聲"溶溶宛宛復悠悠,切切淒淒還窈窈",這顯然改寫自樂天《琵琶行》"大弦嘈嘈"、"小弦切切"的句子。但與樂天"聲漸歇"後的"此時無聲勝有聲"不同,此處仍是有餘聲的。當然,若據沈德潛之說,樂天此句宋本原為"無聲復有聲",則孫氏所寫又與之同趣了①。此詩結語:"不因水上琵琶語,那識江州司馬名。為爾臨風歌一曲,百年哀怨起秦箏。"續《長恨歌》之遺而效《琵琶行》之事,音調流轉,庶幾明人之"長慶體"傑構也②。

李禎《至正妓人行》之題,亦從樂天《琵琶行》脫胎而來。全詩八十八韻,敘寫此元妓一生遭際甚完整,四韻一換,詞藻亦極博麗。此妓擅簫,詩中寫聲音不再用象聲詞,而改為敘述:"似啼似訴復似泣,若慕若怨兼若訣。"則演奏之樂聲歟? 老妓傾述身世之肉聲歟? 不復可辨矣。"分離或變成淒切,淒切愈加音愈咽。"前一個"淒切"講身世無疑,後頂針再一"淒切",即轉到"音"上,既是樂音,亦可兼人聲,技法極有可觀處,較之《驪山老妓行》不遑多讓。此二詩可稱明人倣"長慶體"之雙璧也。

若就徐釚此書觀之,明人"長慶體"之作稍有創意者,當推徐熥之《玉主行》。此詩寫一生與一妓愛情不渝之故事,其妙幻亦如《長恨歌》在下半首,著重寫姬死後,生以"連城玉"刻一偶像,"中間自鏤芳卿字","鎮日重重牢繫臂","東西南北但隨身,旦夕何曾暫相棄"。此生後為歹人所害,竟由玉

---

① 沈德潛:"諸本'此時無聲勝有聲',既無聲矣,下二語如何接出? 宋本'無聲復有聲',謂住而又彈也。古本可貴如此。"《唐詩別裁集》卷八,上海:上海古籍出版社 1979 年版,第 264 頁。歸愚此說,宋翔鳳首議之,見其《過庭錄》卷一六"近人妄改元白詩",北京:中華書局 1986 年版,第 267 頁。近人高步瀛與陳寅恪亦指其非,分別見《唐宋詩舉要》(上海:上海古籍出版社 1978 年版)第 310 頁、《元白詩箋證稿》(上海:上海古籍出版社 1978 年版)第 56 頁。然不妨可備一說也。
② 孫蕡才情冠於當時所謂嶺南"南園五先生",徐釚引牧齋、竹垞語,以為即連吳中四傑亦應讓出一頭。

偶之力得以伸冤，種種曲折，全詩五十六韻之大半即寫此"片玉酬情"、"白璧伸恨"之離奇故事，辭藻清麗，亦合度。此外如韓邦靖的《長安宮女行》長達八十韻，篇幅可觀，然多用諷諫而非敘事的寫法，辭藻清直，不復穠麗，更像是一首樂府詩，稍欠長慶體之風味也。總而言之，"長慶體"之再次掀起高潮，進入新階段，明人尚非其時，此事須稍待吳偉業"梅村體"之登場了。

四、"本事詩"之新形態（下）：清初"梅村體"之成功

徐釚此書之最具眼識者，在於後集用與前集相當的篇幅，頗具規模地集中輯錄了清初詩人之"本事詩"。其成書之年恰是吳偉業的逝世之年（康熙十一年，1672），編者雖未明言為梅村體而作，然觀其《略例》第二條即云："宮掖之作，如《長恨歌》、《連昌宮詞》之類，雖或寄慨興亡，然皆述内庭之事，余故間為采入。"末一條又云："近時名賢，如牧齋、梅村諸先生而外，豈遂無紅粉青衫之感？"其輯旨儼然有一樂天、梅村在，則是不妨可以推斷的。所采梅村詩十五題三十首，數量居冠，所謂"梅村體"名作《永和宫詞》、《圓圓曲》、《聽女道士卞玉京彈琴歌》、《蕭史青門曲》、《臨淮老妓行》等，悉在其中。至此，上述明人之作的中間過渡屬性當可無疑，而清初各家則又是梅村此體之羽翼也。

梅村體上承初唐體與長慶體的性質，早在梅村身後不久，清人即已取得共識。乾隆中《四庫全書總目》發為"歌行一體尤所擅長，格律本乎四傑，而情韻為深；敘述類乎香山，而風華為勝。韻協宮商，感均頑豔，一時尤稱絕調"云云①，遂成定評。所謂四傑之格律，最初是由何景明《明月篇序》提出，以與老杜七古之拗調區隔；（詳下）香山之敘述，上文也已藉寅恪先生之論，略作了分析。而梅村較兩者更進一步，所謂"情韻為深"、"風華為勝"，此又何謂也？其中"事"之成分佔何比重，形態表現為何，與現代"敘事"理論銜接之處何在，均需再作考察。

---

① 《四庫全書總目》集部別集類，第 1520 頁。

梅村七古之作現存九十四首①，詩旨詩格不一，大抵可分為如下幾類。一是旨在諷諫的新樂府之作，如《悲滕城》、《捉船行》、《蘆洲行》、《馬草行》、《茸城行》、《打冰詞》、《再觀打冰詞》、《雪中遇獵》、《銀泉山》、《松山哀》、《通元老人龍腹竹歌》、《海戶曲》、《織婦詞》，倣古樂府的《堇山兒》等。即事而發為議論，未脫前人"新樂府"的格局。兩首"打冰"詞，事頗新穎。《松山哀》事關明社稷存亡，詞雖隱，而直指洪承疇心曲，"摧心肝"復"征夫樂"，誠為犀利；既寫下"十三萬兵同日死，渾河流血增奔湍"的慘狀，又就田畝荒蕪無人耕種發出"若使江山如此閑，不知何事爭強弱"的大哉問，至今猶振聾發聵，較老杜《哀江頭》等作絕無遜色。

二是酬贈懷人之作，此類甚多，如《東萊行》、《送志衍入蜀》、《送徐次桓歸胥江草堂》、《贈吳錦雯兼示同社諸子》、《畫中九友歌》、《贈文園公》、《退谷歌》、《壽總憲龔公芝麓》、《送沈繹堂太史之官大梁》、《贈馮訥生進士教授雲中》、《送舊總憲龔孝升以上林苑監出使廣東》、《曇陽觀訪文學博介石兼讀蒼雪師舊跡有感》、《贈陸生》、《吾谷行》、《悲歌行贈吳季子》、《畫蘭曲》、《送杜大于皇從婁東往武林兼簡曹司農秋岳范僉事正》、《高涼司馬行》、《送杜公弢武歸浦口》、《秋日錫山謁家伯成明府臨別酬贈》、《過錦樹林玉京道人墓》、《贈穆大苑先》、《白燕吟》、《沈文長雨過福源寺》、《短歌》等。此類之作往往亦有事，但都是用上文指出的"敘述"手法帶過而已，"事"並非詩旨所在。如《送志衍入蜀》多述交往事，甚至有"我昔讀書君南樓，夜寒擁被譚九州"的早年之事，但下句即轉到"動足下牀有萬里，駑馬伏櫪非吾儔"的述志了。此種寫法非為敘事詩甚明。此兩類中又多有十韻上下的短古之作，如《悲滕城》、《捉船行》、《送徐次桓歸胥江草堂歌》、《沈文長雨過福源寺》、《短歌》等，以及《行路難》十八首、《遣悶》六首，篇幅既短小，則更非敘事之體矣。

三是題圖觀畫之作，如《清風使節圖》、《南生魯六真圖歌》、《項黃中家觀萬歲通天法帖》、《題志衍所畫山水》、《題崔青蚓洗象圖》、《觀王石谷山水圖歌》、《題蘇門高士圖贈孫徵君鍾元》、《魯謙菴使君以雲間山人陸天乙所畫虞山圖索歌》、《京江送遠圖歌》、《題劉伴阮凌煙閣圖》等。此題自老杜七古頻得佳作後，宋人如蘇、黃等皆愛用來談書論畫，明、清詩人一般也

---

① 此據康熙吳氏原刻《梅村集》本，乾隆間程穆衡、靳榮藩、吳翌鳳諸箋注本同。上海古籍出版社1990年李學穎標點本據《梅村家藏稿》增補出七首。

不例外。而梅村此題之作,多由書畫抒發人生情懷,於畫作本身反而著墨甚少,較老杜以來寫法有新發展。如《南生魯六真圖歌》一首,梅村有感於南氏命人為自己畫下的六幅生活圖,而作詩記之,"真"即日常生活之謂,最可見出此種新趣味①。今以非關叙事,暫不具論。

四是詠物之作,如《宣宗御用戧金蟋蟀盆歌》、《宮扇》、《田家鐵獅歌》等。梅村近體詠物甚多,七古不多作。另有一首《詠拙政園山茶花》實非詠花,乃記莊園,已入下一類。《蟋蟀盆歌》、《田家鐵獅歌》有諷意,旨近新樂府,然字面仍以賦物為主。惟《宮扇》詠"為講官時御賜"之物②,追懷君恩而純為賦物也。又有一首《汲古閣歌》,述毛晉藏書事,未可謂"詠書",庶幾亦歸於此處。

五是家國時事之詠,即趙翼《甌北詩話》"所詠多有關於時事之大者"③之謂。如《殿上行》、《雒陽行》、《雁門尚書行》、《永和宮詞》、《琵琶行》、《鴛湖曲》、《聽女道士卞玉京彈琴歌》、《楚兩生行》、《臨淮老妓行》、《王郎曲》、《蕭史青門曲》、《雕橋莊歌》、《詠拙政園山茶花》、《圓圓曲》等,梅村七古之足以名世者,蓋在此一類,其當得"叙事詩"之義者,亦在此十數首爾。

此一類下,又可按寫人物與寫莊園分為兩題,略相當於前述長慶體的"佳人"與"宮苑"兩主題,惟人物女角外又增男角,私家莊園亦不同於皇家宮苑,而大幅開拓了社會面向,都可視為"梅村體"在題材方面的發展。

"梅村體"叙事以史實為勝,其人物故事都無《長恨歌》出入天上人間那種虛構,往往實寫其人一生經歷。如最為膾炙人口的《圓圓曲》,起首"衝冠一怒為紅顏"點題後,即從頭說起:"相見初經田竇家","一曲哀絃"訴向"白皙通侯",復被"軍書抵死催"而"將人誤",落入"蟻賊"之手,後又"壯士全師勝","蛾眉疋馬還",終歸聚首。過程跌宕起伏,亦可謂愛情不渝。中間穿插橫塘故鄉、浣紗女伴,再繼續西向秦川的征程,構成迄止梅村寫作時圓圓的完整故事。《永和宮詞》叙述更為平順,從田貴妃入宮寫起,"夾道香塵迎麗華",然後叙其入宮後的得寵及失歡,種種情事,直至"病不禁秋淚沾臆,裴回自絶君王膝",亦是一生的故事。"永和宮"者,乃帝與妃失和復好

---

① 靳榮藩《吳詩集覽》引申鳧盟語,見已及此:"此等題雖老杜亦不能佳。蓋以牽率應酬,非所以抒寫性靈耳。梅村集中時或收此,然筆力恢然有餘,才餘於詩,詩餘於題,則忘其為應酬作矣。"上海古籍出版社《續修四庫全書》本,第1396冊,第480頁。
② 程穆衡:《吳梅村詩集箋注》,上海:上海古籍出版社1983年版,第247頁。
③ 《甌北詩話》卷九,載郭紹虞:《清詩話續編》,上海:上海古籍出版社1983年版,第1283頁。

之場所，梅村取以名篇，幾同於《長恨歌》之"長生殿"也①。惟通篇用典，與《圓圓曲》及另一篇《聽女道士卞玉京彈琴歌》的基本白描大不同。此或以貴妃身份與圓圓、玉京之差別，宜用典故代出之，以示莊重乎。梅村此一用心，不容不表出之，在藝術上也不能視為消極②。《臨淮老妓行》主要寫此妓昔日在甲申變後代主將"暗穿敵壘"探尋兩宮消息的俠義之舉，從"請為將軍走故都"至"翻身歸去遇南兵"，即寫此一段驚險之事。但也擬其自述身世，小名冬兒，與陳圓圓同為田遇春所畜妓，後歸山東總兵劉擇清。上述探營歸來後，又接以"退駐淮陰正拔營"，一路寫到劉氏的"豎降旛"、"過長淮"，而"長淮一去幾時還"，結局不堪已不問自明。"老婦今年頭總白"，也隨之走完一生。三詩以敘事之體，寫成三位女主人公各異的形象。《圓圓曲》末八、九韻，《永和宮詞》末十二韻為議論，蓋至此時，詩體早已獨立完全，無需再另作"傳"文了③。然亦寫得艷麗，色彩與敘事幾近一體，而非議論慣常的"灰色"調。《臨淮老妓行》也是夾敘夾議作結。

　　《圓圓曲》、《永和宮詞》及《臨淮老妓行》此種敘寫女主角一生的體旨，後世多有倣效，最具影響力，姑可名之為"梅村體"敘事的"正體"。其他尚有寫群角、寫男主角等的不同。如《聽女道士卞玉京彈琴歌》與《蕭史青門曲》，非專寫一人，眾人什事，穿插銜接，敘寫實更不易。玉京琴曲中的眾候選嬪妃，既有"中山女"、"祁與阮"家女，還有"同伴沙董兩三人"等；"青門公主第"中的眾公主，樂安嫁鞏公（永固）、寧德嫁劉郎（有福），兩家甲申變後一殉節，一流落苟且於民間。中間還插寫了另一位公主"神廟榮昌主尚存"的結局，即神宗駙馬楊春元早卒而榮昌公主獨享永年。兩詩之人、事斑斕紛呈，極見謀篇技巧，是"梅村體"敘事的另一種路數格局。《聽女道士卞玉京彈琴歌》大抵循白樂天《琵琶引》的寫法，又與《楚兩生行》、《琵琶行》等同一旨趣，借藝人説世事，而皆有"我"置身其中，"事"的客觀性不盡徹底。

　　以男士為主角的數首，《雒陽行》詠李自成兵陷雒陽福王被殺事，《殿上

---

① 參程穆衡：《吳梅村詩集箋注》，第72頁。
② 昔王靜安《人間詞話》有"《長恨歌》所隸之事祇'小玉雙成'四字，梅村歌行則非隸事不辦"云云，乃就一般原理言之。至於詩人高下，固以致日人鈴木虎雄"白傳能不使事，梅村則專以使事為工。然梅村自有雄氣駿骨，遇白描處尤有深味"一語為最穩當。
③ 《圓圓曲》有陸次雲後補之《傳》，頗多小説家言，轉以梅村詩為徵，以詩語"衝冠一怒為紅顔"代議論，完全顛倒了傳與詩的關繫。

行》詠楊士聰敢諫事,二詩略遜情韻;惟《雁門尚書行》記兵部尚書孫傳庭事,前半十八韻寫其代行陝督,與李自成軍潼關大戰敗亡的始末,聲氣悲壯,後半十九韻再詳其妻女殉節、諸子流離的戰後遭遇,以代議論,悲上加悲,敘事完足,可與女主角之《臨淮老妓行》媲美。《王郎曲》詠歌郎王稼(一作子玠),與《琵琶行》等説世事不同旨趣。後亦有嗣響,如陳維崧有《徐郎曲》,袁枚有《李郎歌》,樊增祥有《梅郎曲》,易順鼎有《賈郎曲》、《朱郎曲》、《萬古愁爲歌郎梅蘭芳作》等,都是梅村此題的後勁之作。

　　上述人物主題諸詩,徐釚《本事詩》多有選録,"梅村體"的重心自在此一端。徐氏因其選旨所限而未及選入的詠私家莊園一題,實與"梅村體"關繫亦非淺。明季多事,繼而江山易代,吴氏南人,熟悉吴越一帶私人園林,目睹其興衰,不免賦詩興感紀實。如《鴛湖曲》詠嘉興城南之鴛鴦湖煙雨樓,主人吴昌時崇禎十六年在朝遭嫉被殺;《後東皋草堂歌》詠常熟縣北瞿式耜之東皋草堂,瞿氏擁立桂王,順治七年在廣西事敗被執就義;《詠拙政園山茶花》歷數明季以來此園主人之興替,尤惜憾於當前主人陳相國(之遴)之買園不歸。而《雕橋莊歌》詠梁夢龍之雕橋莊,則在北地直隸正定縣西,梅村因與其後人相識,感慨此園"後亂獨全","四海烽烟喬木在"。《九峯草堂歌》詠諸乾一松江九峰山下之草堂,也是難得的園在人在,蓋主人"取第後未仕"也,詩序指出此點,當非偶然。

　　梅村寫此題,多因與園主有舊,故感慨係之。其與一般懷人之作不同者,乃在每以七古體之長,著重寫莊園之淵源興亡始末,園景故跡被寫得極爲充分,幾乎代爲主角。私人園林本非皇家宮苑之比,但梅村諸作終得以"故地"之趣,而與《連昌宮詞》等的"故宮"之旨爲近,差可入其範疇,其義蓋在於此。後同治末王闓運作《圓明園詞》,尚云倣《連昌》、《津陽》,而民國初王靜庵作《頤和園詞》,已自比於梅村體了。則梅村此題諸作,正可視爲中間一環節也。

　　以上略分析了梅村體的敘事性質。梅村七古在承襲長慶體之餘,一個重要改變就是悉採實事,直接從社會原樣取材,不用虛構誇張,向新樂府之取材標準靠攏,同時也能保持其故事性,甚至更形生猛鮮活。這自然不必是梅村有意爲之,而是所處的時代風雲激蕩使然。吾國詩學一般認爲七古較五古體卑,元白長慶體的虛構性、故事性不夠矜重,不及老杜新樂府的不避五言、議論敘事並用體格大方。如流傳甚廣的李白之語"五言不如四言,七言又其靡也"(孟啟《本事詩·高逸》),上述蘇子由批評長慶體的敘事

"寸步不遺"之説,最爲直白。梅村體反其道而行之,大張七古叙事之功能,但又斷然"改採實事",此舉大爲改觀了長慶體叙事飄忽虛構的品質,是獲至後世詩學首肯的一大關鍵。從梅村體的成功可以看到,吾國叙事詩體的成立,主要在以叙事克服諷諫、議論而成爲首旨首趣,但其背後仍然是以樂府采詩、興觀羣怨的詩教傳統作爲支撐的。

五、"梅村體"叙事的風華情韻

上文疏理了從長慶體到梅村體的叙事性質,有別於新樂府等其他體的"叙述"或者僅有的"叙事因素"。如果進一步分析,吾國此種唐後發展起來的"文人叙事詩"體(相較於唐前樂府无名氏叙事詩而言),在用詞與押韻這些基本方面,也會由叙事之旨發展出新的特點,而與杜、韓、蘇、黃爲代表的七古主流風格形成顯著的區隔。

七古體内部的這兩種風格區别,最初是由明人何景明指出的,他的《明月篇序》極敏鋭地從初唐四子與老杜的對比説起:

> 僕始讀杜子七言詩歌,愛其陳事切實,布辭沉著,鄙心竊效之,以爲長篇聖於子美矣。既而讀漢魏以來歌詩,及唐初四子者之所爲,而反復之,則知漢魏固承《三百篇》之後,流風猶可徵焉。而四子者雖工富麗,去古遠甚,至其音節往往可歌。乃知子美辭固沉著,而調失流轉,雖成一家語,實則詩歌之變體也。夫詩本性情之發者也。其切而易見者莫如夫婦之間。是以《三百篇》首乎"雎鳩",六義首乎《風》。而漢魏作者義關君臣、朋友,辭必托諸夫婦以宣鬱而達情焉,其旨遠矣。由是觀之,子美之詩博涉世故,出於夫婦者常少。致兼雅、頌,而風人之義或缺。此其調反在四子之下歟?[1]

指出初唐體"音節往往可歌",有别於老杜的"調失流轉";"托諸夫婦以宣

---

[1] 《何大復先生集》卷一四,嘉靖刻本。大復此論在清代獲至的支持,詳拙文《明清詩論中的唐歌行與梅村體七古》,載香港中文大學中國語言及文學系及北京大學中國語言文學系合編:《中國文學學報》第九期(2018年12月),第147—162頁。

鬱達情"，有別於老杜的"博涉世故，出於夫婦者常少，而風人之義或缺"，這兩點即成為後來長慶體、梅村體所繼承的兩個主要藝術特點。音節的流轉與所謂"夫婦者"也即男女主角的具體設定，尤其成為梅村體的表徵。而老杜七古的所謂"啞調"，在清人學杜韓、學黃庭堅的詩人手上也有所變化，如錢載、鄭珍、陳三立等。又有學李太白、學楊誠齋而音節亦復流轉者，如袁枚、黃仲則、郭麐等，情形不一而足，共同形成了清人七古歌行創作繁盛的局面。

這裏主要談梅村體。梅村七古的音調如何流轉？趙翼曾揭其秘："妙在轉韻，一轉韻則通首筋脈倍覺靈活"，"其秘訣實從《長慶集》得來"①。關於這一點，昔人又曾對比老杜七古甚少轉韻，往往一韻到底，而元、白歌行則一二韻即轉，"未免氣促"的兩極②。梅村七古自然與元、白為近，大抵以二韻一轉為常式，或平或仄，形成全篇動蕩急迫的基本節奏，此非其短，而是合於其詩内容動輒涵括人物一生、家國大事的長時段性質。中間又不時穿插一韻與三四韻的轉換，或更急促，或稍作緩和，適應事件推進之進程，遂倍覺其出神入化矣。

具體來看，例如《永和宫詞》全首五十四韻，二韻一轉，凡二十六轉，極為整齊，是其典範之式。其中第三、四、七、八、九、十一、十三、十五、十七、二十一、二十五轉是以鄰韻通押的方式完成的。再如《聽女道士卞玉京彈琴歌》，全首三十五韻的前十五韻雖不規則，有五字句，有五七字句，有三句一韻，轉韻除二韻一轉外，又有一、三、四韻一轉者，極為錯綜；但後半之二十韻，却又二韻一轉，入其常式了。

而多數之作的轉韻，則是以二韻一轉建立基本節奏，再隨機插入一韻或數韻一轉的其他節奏，與上述兩首不同。以《圓圓曲》為例，起首六韻，二韻一换，先一平（上平删韻）一仄（去聲霽韻）交代完將軍陣前奪美人、報君親之讐這件亦壯亦艷之事，即再轉平韻（下平麻韻），快速進入兩人之初相識。下面再以三平韻（上聲紙韻）接，較舒緩地從頭道出圓圓"横塘水"、"采蓮人"之出身。隨即又轉為二韻（上平五微）、二韻（入聲十一陌）的常式，敘其離家而奪歸豪門。接下來以四韻，較充分地敘述兩人相識相悦到

---

① 《甌北詩話》卷九，載《清詩話續編》，第 1283 頁。
② 方世舉：《蘭叢詩話》，載《清詩話續編》，第 772 頁。此是在音韻方面的揚杜抑白，實質與蘇子由同。汪師韓《詩學纂聞》曾駁方氏老杜七古不通韻之説，甚是。

分離相思，用去聲遇韻，頗合此過程之苦澀基調。又接以三韻（上平十四寒）敘美人陷賊手。以下五韻皆一韻一轉，亟傳出陣前奪人的緊張激烈與美人驚魂啼妝的瞬息變化，而第五韻已走上秦川西征之途了。人物故事至此敘完。下面回到"江鄉浣紗女伴"，與作對比，發苦樂毀譽之議論，夾敘夾議，是四韻（下平七陽）、三韻（去聲四寘與八霽通押）、三韻（下平八庚與九青通押）之轉，平仄平，可見詩人感慨之甚。最後"君不見"下，復歸二韻（入聲二沃）、二韻（下平十一尤）的常調，全詩結束。其他如《蕭史青門曲》、《臨淮老妓行》、《楚兩生行》、《王郎曲》等，大都如此，隨敘事之需要而轉韻，並不求一律。《臨淮老妓行》中間敘其自告奮勇，代主將穿越敵營入都城探舊主，從"錦帶輕衫嬌結束，城南挾彈貪馳逐"到"薰天貴勢倚椒房，不為君王收骨肉"九韻通押（入聲一屋二沃），全過程不換韻，返程"翻身歸去遇南兵，退駐淮陰正拔營"始轉韻，此例最可見出"梅村體"用韻服從敘事、韻調助敘事的特點。其"情韻"勝於初唐體、長慶體之處，端在此乎？

至於梅村七古擅以男女情事為主線，上文已作過分析。對此一特點，也是趙翼評得準確："梅村詩本從香奩體入手，故一涉兒女閨房之事，輒千嬌百媚，妖艷動人"；其得失則是"有意處情文兼至，姿態橫生；無意處雖鏤金錯采，終覺膩滯可厭"①。此言雖亦有微辭，然較晚清朱庭珍"入手不過一艷才"、"倘不身際滄桑，不過冬郎《香奩》之嗣音"②的批評大為中肯。"香奩體"的尊卑本不是一個簡單的問題，以韓冬郎品行之堅貞而作成此體，其詩之情趣，若究其實，與國風、屈騷之香草美人並無二致，實不容小覷，此處暫不深論。而況梅村七古所取之男女情事，幾乎無一首不涉及家國之鉅變，與一般之兒女情長又非可同日而語，筱園竟以假設之辭詆之，不可謂厚道也。

若再回到徐釚《本事詩》來看此一問題，又可知梅村當時此道不孤。他體不論，七古長篇即有陳瑚《蘭陵美人歌》、俞南史《定定詞》、鄒祗謨《金屋歌》、陳玉璂《小虎詞》、董以寧《碧玉歌》、顧景星《楚宮老妓行》、《憶戊子夏客廣陵遇田九自云故貴妃異母季弟也潛述其事恨流傳失實追賦此篇》、汪楫《女羅篇為冒巢民蔡姬賦》、吳兆騫《白頭宮女行》、彭椅《舊院行為閻再彭題姜姬畫蘭作》、李良年《塞上嚴都尉署中觀女樂歌》等，姬妾歌妓、貴妃

---

① 《甌北詩話》卷九，第1290頁。
② 《筱園詩話》卷二，載《清詩話續編》，第2355、2389頁。

宫女,俱為主角;吴綺《韓繡行》之織婦,則是新的身份。其中尤其如《定定詞》、《金屋歌》、《小虎詞》、《碧玉歌》等,旨制最近梅村體。又有顧開雍《柳生歌》、汪懋麟《柳敬亭説書行》、毛奇齡《羅三行》,以及陳維崧之《徐郎曲》、《贈琵琶教師陸君揚》、《贈歌者袁郎》等,藝人男角,也都與梅村同題同趣。諸作或即倣梅村而作,也未可知。如顧景星《閲梅村王郎曲雜書絶句志感》十二首,内中即有"柳生凍餓王郎死,話到勾闌亦愴情","永和宫怨雒陽行,手語矜能卞玉京"等語①,當時熟知梅村詩之情形,於此可見一斑。

康熙以後,直至清末民初,吾國叙事詩的創作,嚴格説來似仍只在"梅村體"的範疇内進行,乾嘉時期的楊芳燦、陳文述,晚清民初的樊增祥、楊圻,四家之七古都被明確視為"梅村體"的傳人。諸人以女性為主角的長篇,楊蓉裳有《鳳齡曲》、《香修曲》,陳雲伯有《龍幺妹》、《赤陵女子琵琶歌》,樊樊山有前後《彩雲曲》,楊雲史有《天山曲》、《長平公主曲》、《神女曲》等,都被公認歸為梅村體的傑作。與樊山並稱的易順鼎,其七古長篇也有倣梅村體者,如集中有《四月八日集榕山古歡閣倣梅村體賦長句紀之》一首,即明言之。上文曾舉其以歌郎為題者多篇,他還有一首《鮮靈芝曲》,以女戲子為主角,然言頗率意,則不足觀也。

梅村體的影響當然不止於此,若再廣泛搜集其他詩人集中的個别之作,如李慈銘《杏花香雪齋詩》有一首《包英姑歌》,錢仲聯《夢苕庵詩話》録有王甲榮、薛紹徽的"彩雲曲"等,加上"宫苑"主題的王闓運《圓明園詞》、王國維《頤和園詞》等鉅製,其影響之普遍性也是大抵可窺知的。

總之,七古本是舊體詩中最晚發展起來的兩體之一(另一體為七律),清代又是傳統社會的最後一個時期,梅村體横貫其時,當之無愧地成為中國叙事詩的主型,其成就是令人歎為觀止的。

2019 年 3 月 26 日草成於滬西之默墨齋

(作者單位:上海大學文學院)

---

① 徐釚:《本事詩》卷一〇,載拙編《清詩話全編:順治康熙雍正期》,第 1302—1303 頁。

Poetic Styles of *Changqing*, *Meicun*, and *benshishi*
— On the Narrative Form of Chinese Poetic Style

Yinpeng Zhang

Based on the concepts of *fu*, *benshi* and *jishi* in Chinese poetry, this paper distinguishes the difference between the purpose of irony of Tang Dynasty's *xin yuefu* and the narratives of *changqing* style by Yuan Zhen and Bai Juyi. This paper will further analyze the aftermath of the poetic style of *changqing* in the Ming Dynasty and the success of the poetic style of *meicun* in early Qing Dynasty according to Xu Qiu's *benshishi*. This poetic style was practiced through the middle of the Qing Dynasty until the early years of the Republic of China, becoming the major style of China's narrative poetry.

Keywords: Poetic style of *changqing*, poetic style of *meicun*, *benshishi*, poetic style, narrative form

徵引書目

1. 元稹：《元稹集》，北京：中華書局，2015年版。
2. 白居易撰，朱金城箋校：《白居易集箋校》，上海：上海古籍出版社，1988年版。
3. 蘇轍：《欒城集》，上海：上海古籍出版社，2009年版。
4. 朱熹：《詩集傳》，上海：上海古籍出版社，1980年版。
5. 計有功：《唐詩紀事》，上海：上海古籍出版社，1987年版。
6. 洪邁：《容齋隨筆》，上海：上海古籍出版社，1978年版。
7. 劉克莊：《後村詩話》，北京：中華書局，1983年版。
8. 何景明：《何大復先生集》，明嘉靖刻本。
9. 胡應麟：《詩藪》，上海：上海古籍出版社，1979年版。
10. 許學夷：《詩源辨體》，北京：人民文學出版社，1987年版。
11. 沈德潛：《明詩別裁集》，上海：上海古籍出版社，1979年版。
12. 沈德潛：《唐詩別裁集》，上海：上海古籍出版社，1979年版。
13. 程穆衡：《吳梅村詩集箋注》，上海：上海古籍出版社，1983年版。
14. 靳榮藩：《吳詩集覽》，載於《續修四庫全書》第1396冊，上海：上海古籍出版社，2002年版。
15. 永瑢等撰：《四庫全書總目》，北京：中華書局，1965年版。
16. 宋翔鳳：《過庭錄》，北京：中華書局1986年版。
17. 胡小石：《胡小石論文集》，上海：上海古籍出版社，1982年版。
18. 陳寅恪：《元白詩箋證稿》，上海：上海古籍出版社，1978年版。
19. 高步瀛：《唐宋詩舉要》，上海：上海古籍出版社，1978年版。
20. 郭紹虞：《清詩話續編》，上海：上海古籍出版社，1983年版。
21. 張寅彭：《明清詩論中的唐歌行與梅村體七古》，載於香港中文大學中國語言及文學系及北京大學中國語言文學系合編：《中國文學學報》第9期（2018年12月），頁147—162。
22. 張寅彭主編：《清詩話全編：順治康熙雍正期》，上海：上海古籍出版社，2018年版。
23. 喬治·盧卡契：《盧卡契文學論文集》，北京：中國社會科學出版社，1982年版。

叙事與抒情：《紅樓夢》詩學中的風格論

歐麗娟

【摘　要】《紅樓夢》乃說部第一之傑作，叙事宏大複雜而精妙入微，卻又是抒情傳統的絕佳繼承者，詩歌作為文人最主要的抒情載體，在其中發揮了說部前所未有的功能，包括其他小說所無的"起結構作用"，而有機地參與了叙事範疇，與人物塑造相互作用，堪稱叙事與抒情的絕妙匯融，更使之成為紅學的重要議題。於緊密結合叙事與抒情的《紅樓夢》中，曹雪芹幾近全面地提供了完整的詩學呈現，也包括了風格論述。透過中西風格學的視角，本文一方面從形式因的幾個方面入手，分析作品的詞藻、句子結構和句法、韻律的格式等現象；另一方面則從動力因的範疇，分析作品中所展現某種獨特的世界觀，亦即"人與世界的某種活生生的關係"，一種對社會生活世界的觀照或對生命存在的感知。據此可以進一步足成《紅樓夢》的完整詩學體系，並使《紅樓夢》的抒情性更形朗現。

【關鍵詞】《紅樓夢》　詩學觀　風格論　文體　中國抒情傳統

一、前　言

《紅樓夢》是中國文學傳統說部的巔峰，集叙事技巧與人性內涵之大成，此已為後世所公認，被稱為"叙述美典"；而其作為一部淪肌浹髓的"情書",其濃厚的抒情性固亦毋庸置疑,欲觀其中抒情與敘事的交響共鳴,自有諸多角度可以切入深論,例如當今學界在探討所謂"抒情傳統"的看法裏,清朝的《紅樓夢》、《儒林外史》便被視為該發展過程中高峰式的總結①。單單以創作形式觀之,小說與詩歌的結合甚至構成了"奇書體"的特徵,是為明清六部長篇章回小說的共同性之一②,可見敘事作品中的詩歌自有一定程度的研究價值。

尤其是,詩歌作為傳統文人抒情言志之主要載體,標誌了精英文化的高等位階,不僅是中國抒情文學的精華,特別在《紅樓夢》中更是不可或缺的內容構成,與人物的性格、命運、生活處境緊密結合,於是成為情節發展的動能之一。可以説,曹雪芹以其詩人的才分,將傳統詩詞的精髓融入敘事中,有機地參與了敘事範疇,更與人物塑造相互作用,彼此形成完美的融合,堪稱説部第一的成就。而該等境界之所以無出其右,導因便在於此一嵌入詩詞的做法不僅是"奇書體"通見的一種美學策略而已,更應該注意者,即曹雪芹作為"降格"的創作者,在對小說文類的反省中,通過宣揚貴族之禮教文化,包括才媛之文化教養,以提升《紅樓夢》所屬文類的階級地位,維持菁英階層的創作尊嚴。這一點,實為曹雪芹與其他奇書體小說家本質上最不相同之處,而《紅樓夢》也不宜與其他奇書的格調混為一談③。

倘謂《紅樓夢》乃是以事為體、以詩為魂,運詩心以敘事,並不為過,深諳其創作旨意的脂硯齋道:"余所謂此書之妙,皆從詩詞句中泛出者,皆係此等筆墨也。"④可以説,把握書中的詩詞筆墨,乃是真切領略"此書之妙"的必要法門。不僅此也,通覽全書,可見《紅樓夢》中針對詩歌創作的評論甚多,包括體裁規範、題材特徵、結構布局、用字遣詞、摘句批評,對於限韻、分韻、聯句等各種創作競賽亦充分呈現,甚至安排了長達兩回的香菱學詩,

---

① 高友工:《中國敘述傳統中的抒情境界》,載於《美典:中國文學研究論集》,北京:三聯書店2008年版。此說尚非定論,詳見龔鵬程《成體系的戲論:論高友工的抒情傳統》,載於《清華中文學報》第3期(2009年12月),第155—190頁。
② 詳參浦安迪(Andrew H. Plaks)講演,陳玨整理:《中國敘事學》,北京:北京大學出版社1996年版。
③ 詳見歐麗娟:《論〈紅樓夢〉對小說文類的自我反省》,載於《成大中文學報》第62期(2018年9月),第45—86頁。
④ 甲戌本第二十五回評語。脂硯齋等評,陳慶浩輯校:《新編石頭記脂硯齋評語輯校(增訂本)》,臺北:聯經出版公司1986年版,第478頁。以下所引脂批,皆出自此書,僅標示版本、回數與頁碼,不一一加注。

展現了完整的詩學體系①。而小説中透過各方人物對於詩歌風格的多次討論,更是《紅樓夢》詩學中的一個重要部分,再度證成曹雪芹為提升小説所灌注的心血。

因為,在包括詩歌在内的藝術分析中,"風格論"不僅是其中的一環,甚至更堪稱最具有涵蓋性的範疇,蘇珊·桑塔格(Susan Sontag)曾指出:"談論風格,是談論藝術作品的總體性的一種方式。"②若將此一總體性加以拆分,J. Middleton Murry 將表現技巧(technique of exposition)、作家個性(personal idiosyncrasy)與文學最高成就(the highest achievement of literature)同列為風格的三個層面③,涵蓋了作品、作家、批評三個範疇,幾屬全面。衡諸書中衆釵在詩歌創作現場所涉及的風格表述,也大致都有所符應,足以形成專門議題,助成吾人對《紅樓夢》詩學内涵的完整認識。以下即分論之。

二、"體":風格的呈現

在中國傳統文論中,其實已經出現"風格"一詞,見諸《文心雕龍·議對篇》謂仲瑗、長虞、陸機等人"亦各有美,風格存焉"④,此處的"風格"已頗接近現代的意義。此外,與風格有關的重要概念,即為"辨體"論,而對於文學創作中"體"之功能與認識,誠為中國古典文學理論之重要關目⑤,《文心雕龍》的分體論法又為其中之大者,此後影響深遠的宋代嚴羽《滄浪詩話》,更系統地論列出自六朝至宋代的"長吉體"、"元嘉體"、"永明體"、"齊梁體"、"南北朝體"、"唐初體"、"盛唐體"、"大曆體"等等不同風格,洋洋大觀。

在《紅樓夢》的多處風格表述裏,正有一處是以"體"論之,見第七十回:

---

① 詳見歐麗娟:《詩論紅樓夢》,臺北:里仁書局 2001 年版。
② 蘇珊·桑塔格:《論風格》,載於蘇珊·桑塔格著,程巍譯:《反對闡釋》,上海:上海譯文出版社 2003 年版,第 20 頁。
③ J. Middleton Murry, *The Problem of style* (London: Oxford University Press, 1930), p.8.
④ 劉勰著,周振甫注:《文心雕龍注釋》,臺北:里仁書局 1984 年版,第 462 頁。
⑤ 其先行研究可見諸徐復觀:《〈文心雕龍〉的文體論》,載於《中國文學論集》,臺北:臺灣學生書局 2001 年版。關於"體"字之分析,可參顏崑陽:《論"文體"與"文類"的涵義及其關係》,載於《清華中文學報》第 1 期(2007 年 9 月),第 9—43 頁。

寶玉一壁走，一壁看那紙上寫著《桃花行》一篇……寶玉看了並不稱讚，卻滾下淚來。便知出自黛玉，因此落下淚來，又怕衆人看見，又忙自己擦了。因問："你們怎麽得來？"寶琴笑道："你猜是誰作的？"寶玉笑道："自然是瀟湘子稿。"寶琴笑道："現是我作的呢。"寶玉笑道："我不信。這聲調口氣，迥乎不像蘅蕪之體，所以不信。"寶釵笑道："所以你不通。難道杜工部首首只作'叢菊兩開他日淚'不成！一般的也有'紅綻雨肥梅'、'水荇牽風翠帶長'之媚語。"寶玉笑道："固然如此説。但我知道姐姐斷不許妹妹有此傷悼語句，妹妹雖有此才，是斷不肯作的。比不得林妹妹曾經離喪，作此哀音。"衆人聽説，都笑了。①

此一長段對話，隱含了關於風格成因的幾個重要思考，層層曲折辯證，有待一一擘析。首先可以看到，作為寶玉、寶琴、寶釵三人討論的焦點，林黛玉《桃花行》所呈現的鮮明特色，成為與衆不同的專屬風格，足賴以區隔於其他。而與之構成差異、對比的"蘅蕪之體"，其中所謂的"體"乃是中國傳統文論的專有語彙，根據王運熙《中國古代文論中的"體"》一文中所闡述的看法，"體"乃"指作品的體貌、風格，其所指對象則又有區別，大致上可以分為三種。一是指文體風格，即不同體裁、樣式的作品有不同的體貌風格。……二是指作家風格，即不同作家所呈現的不同體貌。……三是指時代風格，即某一歷史時期文學作品的主要風格特色"②。很明顯地，小説家所謂的"蘅蕪之體"，指的是作家風格，以反映寶釵所專屬的創作特色。

更精細地説，此處所用之"體"，乃就其原始訓詁字義"聯類延展"為一般性概念，可指一切實在事物由直觀所認識到整體表象性的"式樣姿態"，是為"樣態義"；而所謂的文章"樣態"，指的是作品完成之後，整體直觀所呈現的"式樣姿態"，實乃融合了語言形式與題材內容所成之"美感形相"，可用各種形容性語彙加以描述，例如典雅、清麗、雄渾、平淡等③。於是因其樣態之特殊而成為一家的主要面貌。《紅樓夢》詩學中"體"的概念於此明揭而出，而既有由薛寶釵所專屬的"蘅蕪體"，自也包括其他各種不同的"體"，

---

① 曹雪芹、高鶚著，馮其庸等校注：《紅樓夢校注》，臺北：里仁書局1995年版，第七十回，第1092頁。以下所引小説文本，皆出自此書，僅隨文標示回數，不再一一加注。
② 王運熙：《中國古代文論管窺》，濟南：齊魯書社1987年版，第24頁。又載於《中古文論要義十講》，上海：復旦大學出版社2004年版，第188頁。
③ 參顏崑陽：《論"文體"與"文類"的涵義及其關係》，第13、18頁。

在該叙述脈絡中,便隱含了由林黛玉所建構的"瀟湘體",推而擴之,實還有由史湘雲所代表的"枕霞體",以及由薛寶琴所形塑的"寶琴體"。

果然,小説中其他各處所演繹的風格論,雖未使用"體"字,卻承襲了傳統常見的風格表述,展示各個詩家的文筆殊異之處,諸如第四十九回:

> 寶釵因笑道:"我實在聒噪的受不得了。……一個香菱没鬧清,偏又添了你這麼個話口袋子,滿嘴裏説的是什麼:怎麼是杜工部之沉鬱,韋蘇州之淡雅,又怎麼是温八叉之綺靡,李義山之隱僻。放著兩個現成的詩家不知道,提那些死人做什麼!"湘雲聽了,忙笑問道:"是那兩個? 好姐姐,你告訴我。"寶釵笑道:"呆香菱之心苦,瘋湘雲之話多。"湘雲、香菱聽了,都笑起來。

此處清楚可見,歷代積澱成形的唐詩風格説直貫而下,成為閨閣才媛的基本詩學常識,史湘雲所叨念的唐詩描述,可追溯於詩話大興的宋代論壇,嚴羽早已拈出"太白之飄逸"、"子美之沉鬱"之語[①],在此基礎上推而擴之,形容各詩家特殊風格之最有代表性者,乃如明代高棅《唐詩品彙·總叙》所云:

> 開元、天寶間則有李翰林之飄逸,杜工部之沉鬱;……大曆、貞元中,則有韋蘇州之雅澹……降而開成以後,則有杜牧之之豪縱,温飛卿之綺靡,李義山之隱僻,許用晦之偶對。[②]

很明顯地,此説即為湘雲論唐詩風格的直接根據,兩説如出一轍。而類似的表述法也頻頻再現於小説裏兩次詩社競賽後的評比活動中,如第三十七回詠白海棠時,諸詩家共以同題分韻的規範尋思擬句,全數完成後並排展列、評比高下,社長李紈發揮盟主的詩學權威,道:"若論風流别致,自是這首;若論含蓄渾厚,終讓蘅稿。"黛玉、寶釵之作各有千秋,因此脂硯齋在黛玉海棠詩"倦倚西風夜已昏"一句旁,批道:

> 一人是一人口氣。逸才仙品固讓顰兒,温雅沉著終是寶釵,今日

[①] 嚴羽著,郭紹虞校釋:《滄浪詩話校釋》,臺北:里仁書局1987年版,《詩評》,第168頁。
[②] 高棅編選:《唐詩品彙》,上海:上海古籍出版社1988年版,第8—9頁。

之作，寶玉自應居末。①

並進而否定其他小說中對詩詞的僵化運用，謂：

> 最恨近日小說中，一百美人詩詞語氣，只得一個豔稿。②

此所以清朝評點家張新之呼應云：

> 書中詩詞……其優劣都是各隨本人，按頭製帽。故不揣摩大家高唱，不比他小說，先有幾首詩，然後以人硬嵌上的。③

後續到了第七十回重建桃花社的《詠柳絮詞》一場，衆人分拈詞牌各自填詞，當寶釵的《臨江仙》完成後，衆人拍案叫絕，都說：

> 果然翻得好氣力，自然是這首為尊。纏綿悲戚，讓瀟湘妃子，情致嫵媚，却是枕霞，小薛與蕉客今日落第，要受罰的。

於此，寶釵以絶佳的翻案功力再度奪魁，次則黛玉、湘雲並列，同時獲得了相關的風格評述，彼此各擅勝場。

統觀這兩次評述的用語遣詞，應可整合出這些閨閣詩人各家之"體"的具體內容，即寶釵的"蘅蕪體"是為"含蓄渾厚"、"溫雅沉著"，而黛玉的"瀟湘體"是為"風流別致"、"逸才仙品"、"纏綿悲戚"，至於"情致嫵媚"則構成了湘雲的"枕霞體"。

除此之外，更可以注意寶琴之作的特殊印記，亦塑造出另一種風格體式。首先乃第五十一回《薛小妹新編懷古詩》一段，該組十首詩以古蹟為題、內隱十物，又涉及古人史事的評論，實為傳統詩歌中懷古、詠史、詠物三

---

① 己卯本第三十七回批語，第 582 頁。
② 己卯本第三十七回批語，第 580 頁。
③ 張新之《紅樓夢讀法》，載於一粟編：《紅樓夢資料彙編》，北京：中華書局 1964 年版，卷三，第 156 頁。

種不同類型的匯融,展現出罕見的大膽突破與創新①,故在小說現場上,得到了眾人給予"新巧"的讚賞並皆"稱奇道妙"。

然而,寶琴對自己的心血結晶卻自稱"粗鄙",其故安在? 倘非無謂的自謙,應有其他詩學評價的意義在內。從作品內容來看,細觀該十首詩的筆調,確實帶有淺白、甚至俚俗的語言特徵,例如其九《蒲東寺懷古》的"雖被夫人時吊起,已經勾引彼同行"者尤為如此,這是"粗鄙"的原因之一;原因之二,則另須求諸懷古題材的類型特點以得之,可參照第七十回眾人對寶琴所作《西江月》的評說論價。該詞云:

> 漢苑零星有限,隋堤點綴無窮。三春事業付東風,明月梅花一夢。　幾處落紅庭院? 誰家香雪簾櫳? 江南江北一般同,偏是離人恨重!

其實,比觀此前先已展示的黛玉、探春等金釵之作,本闋表現出極其類似的離散氣息,這種充滿飄泊無根、零落無著的描寫,縮合柳絮飄轉翻飛的物性特徵,卻也體現出傳統的主要感應模式,因此寶釵接著便總結道:"終不免過於喪敗。"微妙的是,在場諸人對寶琴這闋詞的關切焦點卻是其中所開展的空間無限性,所謂:

> 眾人都笑說:"到底是他的聲調壯。'幾處'、'誰家'兩句最妙。"

可見其實同中有異,在"過於喪敗"的通性中,寶琴獨樹一格的妙處即在於"聲調壯",而從上下脈絡加以推敲,這種"聲調壯"的性質既是來自於"幾處落紅庭院? 誰家香雪簾櫳"的悠遠渺然,進一步言之,其中所蘊含的空間延展性又是基於首兩句的"漢苑零星有限,隋堤點綴無窮"而來,"漢苑"、"隋堤"展延了江南江北的具體地點,恰恰正是懷古詩常見的古蹟所在,寶琴於其新編的"懷古十絕句"中也曾有所觸及,即其五《廣陵懷古》最為顯著。

於是乎,所謂的"聲調壯"應與其懷古性質有關。猶如傳統詩論所認為

---

① 詳見歐麗娟:《論〈紅樓夢〉中的薛寶琴〈懷古十絕句〉——懷古、詠史、詠物的詩類匯融》,載於《臺大文史哲學報》第 85 期(2016 年 11 月),第 45—90 頁。

的，懷古題材所主導的風格特點，就其所含攝悠遠的時間、遼闊的空間而容易產生一種壯闊蒼涼的感受，清代王士禛即指出：

  古詩之傳於後世者，大約有二：登臨之作，易為幽奇；**懷古之作，易為悲壯**，故高人達士往往於此抒其懷抱，而寄其無聊不平之思，此其所以工而傳也。①

朱庭珍亦云：

  凡懷古詩，須**上下千古，包羅渾含**，出新奇以正大之域，融議論於神韻之中，則**氣韻雄壯**，情文相生，有我有人，意不竭而識自見，始非史論一派。②

而此一"雄壯"、"渾含"、"雄壯"的氣韻胸襟，豈非正是寶琴詞作之"聲調壯"的風格成因？至於其所自謙的"粗鄙"，則是因為高度自覺於迥異閨閣纖柔秀麗的習氣而言，再從評比結果來看，確實也屬不受青睞的創作取向。如此一來，眾姝的創作風格也可以增加一種由寶琴所建立的"寶琴體"，在"一人是一人口氣"、"自與別人不同"③的情況下彼此各擅勝場，增益風格表現的多元光譜。

至此為止，在創作成果的"辨體"上清楚顯示所謂的作品風格，是指藝術家在創作過程中表現出的各種格調特色，誠如美國漢學家宇文所安（Stephen Owen）所說，體"既指風格（style），也指文類（genres），及各種各樣的形式（forms）"④，而曹雪芹對詩歌風格的把握，亦包括相關項目。以前述的"寶琴體"而言，其構成因素即是懷古的文類特性⑤，而黛玉被用以辨識的

---

① 王士禛著，張宗柟纂集、戴鴻森校點：《帶經堂詩話》，北京：人民文學出版社1998年版，卷五《序論類》，第128頁。
② 朱庭珍《筱園詩話》，卷三，載於郭紹虞輯：《清詩話續編》，臺北：木鐸出版社1983年版，第2377頁。
③ 己卯本第三十七回批語，第582頁。
④ 宇文所安著，王柏華、陶慶梅譯：《中國文論：英譯與評論》，上海：上海社會科學院出版社2003年版，第4頁。
⑤ Genre之概念源於法文，指文學藝術作品的類型、體裁、流派和風格，簡稱類別。見蘇紅軍《類別》，載於柏棣主編：《西方女性主義文學理論》，桂林：廣西師範大學出版社2007年版，第217頁。

"瀟湘體",則如前引第七十回關於寶玉對"體"的表述脈絡中所示,寶玉對"體"的判斷是由"聲調口氣"而來,其依據在於《桃花行》中"有此傷悼語句"、"作此哀音",此即意味了林黛玉的詩風乃透過"傷悼語句"、"哀音"所形成的"聲調口氣"。這也符合了現代的風格論,作為一個與"體"接近的西方概念,風格(style)的狹義即指文學語言的特徵,廣義則指某人部分或全部的語言習慣,或一群在某時内部分或全部的語言習慣[1],而黛玉的作品恰恰正是以"傷悼語句"、"哀音"為主要的語言習慣,這也與"纏綿悲戚"之為"瀟湘體"的構成要素相一致。

這種執一以求的風格描述具有簡明清晰的判別作用,反映了傳統詩評的偏好,但另外應該注意的是,小説中對於風格的相關討論還提到多元風格的表現。一般而言,上述所提及的單一風格説展示衆姝彼此之間鮮明易辨的詩風,在小説描述裏,曹雪芹也不斷以此對諸釵風格特色的分殊多所展現。但是除此之外,小説家同樣看到多元風格並存的創作事實,前引第七十回對風格歸屬的討論中,寶釵用以反駁寶玉之推測者,即為此故,所謂:"所以你不通。難道杜工部首首都作'叢菊兩開他日淚'之句不成? 一般的也有'紅綻雨肥梅'、'水荇牽風翠帶長'之媚語。"此一多元風格論,即是以杜甫為案例,抉剔出杜詩中綺麗秀媚的詩句,突破了傳統詩論裏"杜工部之沉鬱"的典型表述,以平衡"體"的歸納對於詩人創作整體所造成的化約傾向。

而薛寶釵所謂杜甫詩兼備"媚語"之説,誠然十分符合杜甫的創作實況,也反映了傳統的杜詩評論。如杜甫《月夜》以"香霧雲鬟濕,清輝玉臂寒"兩句大膽涉入宮體的叙寫範疇,使用了豔情詩所特有的感官筆觸,被論者認為:"三聯句麗,上參六朝,下開温、李。"[2]而楊倫評杜甫《陪王使君晦日泛江就黃家亭子二首》之二亦云:"妍麗亦開温、李。"[3]所謂的"妍麗",乃是就其中"有徑金沙軟,無人碧草芳。野畦連蛺蝶,江檻俯鴛鴦。日晚煙花亂,風聲錦繡香"之類的詩句而發。又《琴臺》一詩云:

---

[1] David Crystal and Derek Davy, *Investigating English Style*(英語文體調查)(London:Longman,1969), pp.9-10.
[2] 范𦬊雲:《歲寒堂讀杜》,臺北:臺灣大通書局 1974 年版,卷三,第 147 頁。該兩句詩的宮體性質,以及杜甫之豔體書寫,詳參歐麗娟《杜甫詩中的妻子形象——地母/神女之複合體》,載於《漢學研究》第 26 卷第 2 期(2008 年 6 月),第 35—70 頁。
[3] 杜甫著,楊倫評注:《杜詩鏡銓》,臺北:華正書局 1990 年版,卷一一,第 502 頁。

茂陵多病後，尚愛卓文君。酒肆人間世，琴臺日暮雲。野花留寶靨，蔓草見羅裙。歸鳳求凰意，寥寥不復聞。（《杜詩鏡銓》卷八）

就此，黃生注云：杜公此詩"清辭麗句，攀屈、宋而軼齊、梁。"①邵子湘指出："'野花'十字，已開溫、李。"②諸說對應的創作風格，所謂的"妍麗"、"清辭麗句"，即來自上起"齊、梁"、下迄"溫、李"的豔體書寫，其實比寶釵所引述的"紅綻雨肥梅"、"水荇牽風翠帶長"等詩句更有過之，最屬所謂的"媚語"。寶釵捨此而取彼，純以風景描寫者為例，蓋因其身為未出閣的閨秀千金，萬萬不宜涉及男女風情之故③，這也十分精密地照應到小說人物的階級身分，不易為現代讀者所察知，特於此拈出，以顯其義。

其次，值得進一步深究者，乃此一多元風格的實踐往例，在文學史上非獨杜甫為然。以陶淵明為例，其詩集中充滿"一語天然萬古新，豪華落盡見真淳"④的性情書寫，誠如葉燮所謂的"多素心之語"⑤；然而，正如鍾嶸所言：

文體省淨，殆無長語，篤意真古，辭興婉愜。每觀其文，想其人德，世歎其質直。至於"歡言酌春酒"、"日暮天無雲"，風華清靡，豈直為田家語耶。⑥

陶詩在"省淨"、"質直"的主要特點之外，猶存"風華清靡"的另類風格，不為單一所圍限，遑論其作品集中同時存在著一篇旖旎浪漫、綺麗戀慕而充滿求女之思的《閑情賦》，與其整體詩風格格不入，一旦跨越不同的文類，更顯出作家風格的懸殊迥異，堪稱背道而馳。既然缺乏考證的有力支持，無法將此篇章以偽作的理由加以刪除，從而維護陶淵明風格的一致性，於是《閑情賦》一篇便被追求單一風格者視為"白璧微瑕"⑦，表達出一種來自缺

---

① 黃生：《杜詩說》，合肥：黃山書社1994年版，卷四，第142頁。
② 參見杜甫著，楊倫評注：《杜詩鏡銓》，卷八，第352頁。
③ 有關傳統貴族大家對少女之婚戀的禁忌問題，筆者將另文撰述。
④ 元好問《論詩三十首》之四，狄寶心校注：《元好問詩編年校注》，北京：中華書局2011年版，卷一，第48頁。
⑤ 葉燮《原詩·外篇上》，載於丁福保輯：《清詩話》，臺北：木鐸出版社1988年版，第597頁。
⑥ 鍾嶸著，楊祖聿校注：《詩品校注》，臺北：文史哲出版社1981年版，第119頁。
⑦ 蕭統《陶淵明文集序》云："白璧微瑕者，唯在《閑情》一賦。揚雄所謂勸百而諷一者……惜哉，無是可也。"載於陶淵明著，袁行霈箋注：《陶淵明集箋注》，北京：中華書局2003年版，《附錄一》，第614頁。

陷的深切遺憾。

至於中唐時期,被蘇軾評為"元輕白俗"①的元稹,於其詩風輕淺、人品輕薄的作品中,依然也存在著《遣悲懷三首》如此纏綿悱惻、動人心扉的悼亡詩,而此組詩卻又是在他"納妾安氏"之際所作,亦即孕生於既深情緬思舊人、同時卻展臂迎納新人的奇特情境,這尤其是集矛盾為一體的最佳例證,足以推翻"功名之士,絕不能為泉石淡泊之音;輕浮之子,必不能為敦龐大雅之響"②這類單一而絕對的推衍理路。

由上述諸例可知,單一作者之多元風格在詩歌史上並不少見,既然如此,則何以寶釵卻單舉杜甫為例?細繹其理,實亦有跡可尋。其一,杜甫乃詩歌集大成的巨擘,以地覆海涵的廣博著稱,其多元創作風格最為顯明可徵,以之例示更是順理成章,也證據力十足,充滿說服力,此理顯而易見;其二,或許還可以參考的是曹雪芹家學淵源的影響,因為在唐詩諸家中,最被曹寅奉為典範者即為杜甫,清人姜宸英序其詩集云:

  楝亭諸詠,五言今古體出入開寶之間,尤以少陵為濫觴,故密詠恬吟,旨趣愈出。③

就此而言,杜詩堪稱為曹氏的家學淵源,形成了祖孫之間一脈直承的詩學根柢,亦應是寶釵獨標杜甫為說的一個原因。

不僅一人可以兼備衆體,甚且"體"的多元展現還可以並存於一篇之內,於廣幅長卷的古風體中構成抑揚交錯的章法節奏。參照第七十八回賈寶玉應父命即席作《姽嫿詞》的一大段情節,其中所隱含的風格觀亦足以作為補充。當時於寶玉即席創作的整個過程中,除了後半段是一氣呵成之外,其前半段乃是透過工筆細剖的方式,讓衆位幕賓門客一一摘句以呈現其藝術價值之所在,而不同的風格也隨之展現。其中,他們讚美第三句的"穠歌艷舞不成歡"是"古樸老健,極妙",再則認為"丁香結子芙蓉縧"這一句"也綺靡秀媚的妙",可見該篇鎔鑄各種不同的詩歌風格,或是"古樸老

---

① 蘇軾《祭柳子玉文》,載於孔凡禮點校:《蘇軾文集》,北京:中華書局1992年版,卷六三,第1938—1939頁。
② 葉燮《原詩·外篇上》,載於丁福保輯:《清詩話》,臺北:木鐸出版社1988年版,第597頁。
③ 姜宸英《楝亭詩鈔序》,曹寅:《楝亭詩鈔》,載於《續修四庫全書》第1419冊,上海:上海古籍出版社2002年版,第527頁。

健",或是"綺靡秀媚",前後交織在詩歌脈絡之中,使得此一長篇作品展現得更加跌宕生姿。如此一來,透過表現技巧所呈現的多樣風格,也成為一首詩的組織手法了。

然而,種種構成風格的語言習慣又絶不僅是文字的表現技巧而已,往往還更奠基於作家的個性;同樣地,看似純由懷古題材所建構的"寶琴體",又豈只單單源自文類的要素所致？使之採用此一文類的個人性,是否乃更為深層的關鍵因素？而此種個人性又非僅天賦所能涵蓋,後天的成長經驗及隨之所養成的意識形態,皆必然參與了風格的形成動力。據此,關於風格的成因,稟賦、經驗與意志等構成人格的複雜因素,也都是決定風格表現的條件,必須進一步深論。

三、風格的成因

一如黑格爾(Georg Wilhelm Friedrich Hegel)所說:"藝術作品所提供觀照的内容,不應只以它的普遍性出現,這普遍性須經過明晰的個性化,化成個别的感性的東西。"[1]而在個性化的過程中,便會形成標示作品特定面貌的風格,因此風格總與品鑑人物有關,也往往立足於作家的個性。例如西方自從法國的布封(Buffon)在1753年提出"風格即本人(Le style est l' homme meme. Style is the man himself. 文如其人,風格是人)"[2]之後,"個性"說亦成為西方風格論的重要一派,如Flaubert說:"風格是作家思考或觀察事物的獨特方式。"(Style is the writer's own way of thinking or seeing.)[3]

然而,個性又來自何處？一個人對事物的觀察角度、思考方式,並非單純地與生俱來,所謂的性格也深受後天際遇、社會價值的影響,而曹雪芹於第二回《冷子興演說榮國府》中,已透過賈雨村所代言的"正邪兩賦"論說明先天、後天因素對個體材性的影響一樣地重要,形諸創作,乃交錯輔成、兩面俱全,非可偏倚。因此,曹雪芹在關於"體"的風格論述中,也一定程度展現出這些不同範疇的成分,以下即分别加以考察。

---

[1] 引見朱光潛:《西方美學史》,臺北:漢京文化公司1983年版,下卷,第130頁。
[2] 轉引自 J. Middleton Murry, *The Problem of style* (London: Oxford University Press, 1930), p.14.
[3] J. Middleton Murry, *The Problem of style*, p.14.

(一) 先天成因：氣質稟賦

首先，曹雪芹對於人性之先天論的認識和剖析，充分表露在第二回裏由賈雨村所代言的一大段氣論中，反映出某種意義上的先天決定論①。衡諸小説中對人物性格的設定或塑造，確實往往可見先天稟賦的痕跡，也直接構成了詩詞風格的主要因素。

以林黛玉而言，其前身本為西方靈河岸邊的絳珠仙草，因受神瑛侍者的灌溉之恩，含銜不忘，以致同赴塵世還淚作為償報，則既為還淚而生，今世勢必自尋煩惱、好哭盈淚，以完成此一天賦使命。所以應該説，曹雪芹精心擬造這一則仙草還淚的神話，乃是為黛玉多愁多病之感傷性情而量身訂製，以説明或合理化其好哭之性格特質。非由此，不足以解釋其處於優渥順遂的境遇中，卻不斷陷溺自苦的現象。是故，其詩篇中斑斑點點的淚痕，主要即是天賦性氣的展現，是為"風流別致"、"逸才仙品"、"纏綿悲戚"的"瀟湘體"。

至於史湘雲，則恰恰與黛玉適得其反，彼此形成了天賦影響的兩個極端對比。試看第五回太虛幻境所演奏之《紅樓夢曲》中，關於湘雲的《樂中悲》一闋説道：

> 襁褓中，父母嘆雙亡。縱居那綺羅叢，誰知嬌養？幸生來，英豪闊大寬宏量，從未將兒女私情略縈心上。好一似，霽月光風耀玉堂。

究實言之，湘雲的現實處境艱困於黛玉不知凡幾，然而卻不曾感傷哀切、以淚洗面，從曲文中的"幸生來"一詞，證明此一"英豪闊大寬宏量"與"霽月光風耀玉堂"的性格根本是源於天賦自然，乃能在窘迫的環境中保有豁達明朗的豪邁心胸。而這不但暗示她與黛玉的性格差異，也點出其來自性格因素的言語特徵，性格影響了風格，其詩詞創作中便多舒爽之氣，處處顯露出隨遇而安的生活態度，以及熱愛人生、珍惜光陰的積極樂觀，以"枕霞體"別樹一格。諸如：

> 卻喜詩人吟不倦，豈令寂寞度朝昏。（第三十七回《白海棠詩二

---

① 詳見歐麗娟：《〈紅樓夢〉"正邪兩賦"説的歷史淵源與思想內涵——以氣論為中心的先天稟賦觀》，載於《新亞學報》第三十四卷（2017年8月），第1—56頁。

首》之一）

秋光荏苒休辜負，相對原宜惜寸陰。（第三十八回《對菊》）

且住，且住！莫使春光別去。（第七十回《如夢令》）

湘雲以其毫無陰霾的清亮雙眸放眼望去，只見春光多嬌、秋色明淨，於是不肯自陷於寂寞心緒中虛度光陰，乃鼓舞雅興以欣賞感應世界的美好，較諸黛玉的傷春悲秋何等懸殊！同樣地，對於坎坷起伏的人生際遇，湘雲自有一種瀟灑豁達的坦然以對，所謂"也宜牆角也宜盆"（第三十七回《白海棠詩二首》之二），此一舒朗、開闊、坦蕩、豪爽的風格最為與眾不同。是故，即使湘雲的作品也同樣以夕陽、柳絮等為基本素材，但其風格卻截然有別與眾釵，自成專屬的"枕霞體"，則此一"情致嫵媚"的風格成因只能歸諸天性。

再觀寶釵的"蘅蕪體"，其"含蓄渾厚"、"溫雅沉著"的詩詞風格表現，自不能免於天賦的影響，如脂硯齋所言：

瞧他寫寶釵，真是又曾經嚴父慈母之明訓，又是世府千金，自己又天性從禮合節，前三人（案：指寶玉、黛玉、湘雲）之長並歸於一身。①

此中所謂的"曾經嚴父慈母之明訓，又是世府千金"，確指後天環境的陶冶塑模，至於"天性從禮合節"一說則顯係與生俱來的稟賦。由此可見，寶釵那"含蓄渾厚"、"溫雅沉著"的"蘅蕪體"，也蘊含了個人風格的天賦影響，是為其個性的一部分，而恰恰與黛玉、湘雲分別體現出非人力強致的不同風格來源。

（二）後天成因：經驗與意志

就創作風格的後天成因而言，第二回中賈雨村所代言的正邪兩賦論，也清楚說明後天因素對個體材性的影響一樣地重要，家庭作為最關鍵的成長環境，甚至主導了先天稟賦正邪兩賦者之分化為"情痴情種"、"逸士高人"、"奇優名倡"的決定性因素②。則創作風格又豈只是純任天性流露，不

---

① 庚辰本第二十二回批語，第446頁。
② 詳見歐麗娟：《論〈紅樓夢〉中人格形塑之後天成因觀——以"情痴情種"為中心》，載於《成大中文學報》第45期（2014年6月），第287—338頁。

受經驗的影響？而這又構成了影響作品風格的重要因素。

故 J. Middleton Murry 謂:"風格無疑體現了作家的個性,因為風格是個人經驗模式的直接表現。"(Style naturally comes to be applied to a writer's idiosyncrasy, because style is the direct expression of an individual mode of experience.)①就此而言,曹雪芹的風格論也有所呼應,於前引第七十回的對話説明中,寶玉所謂"這聲調口氣,迥乎不像蘅蕪之體,所以我不信"的説法,初步根據了"單一風格"的推論,但從後續對話往返的過程,其實又經過了數次理路上的轉折,充分顯示風格論述的複雜層次:

首先,寶玉固然是從單一風格的角度,不為薛寶琴戲謔的冒名頂替企圖混淆視聽所動,而直指林黛玉"傷悼哀音"的特殊詩風以為辨識的依據,所言便觸及了風格與際遇的內在關聯,所謂"曾經離喪,作此哀音",便説明生平際遇對創作的影響。林黛玉幼年即遭至親亡故,家族單薄無依,雖係名門閨秀,卻孤身存世,於是此一"離喪哀音"便隨著吟詠抒情而成為作品主調,是為"瀟湘體"。學者認為:"曹雪芹還進一步把作品的風格與作者的生活境遇、思想感情、身分地位、性格特徵聯繫起來,指出作品風格均符合作者之'聲調口吻',是作者思想感情、生活境遇的綜合表現。"②主要便是就此而言。

類似地,所謂的"寶琴體"雖然是懷古格調的表彰,然而,若非寶琴具有當代才媛罕有的"離心式"生活經驗,自幼跟隨父親游歷大江南北,親履包括塞北、南海在內的各省古蹟遺址,又豈能操觚寫下《懷古十絕句》,並將此一心胸視野融入詞之豔科媚韻,而產生"聲調壯"的風格③,形成所謂的"寶琴體"? 衡諸其他金釵,皆欠缺、也不宜有懷古之作,實為"非不為也,乃不能也"的必然結果,參照一生足不出戶的黛玉只能在書房中閱讀遙想,而寫出《五美吟》之類的詠史詩,更突顯出經驗、際遇對風格的重大影響。

據此,或者也可以説,當寶釵和寶玉論較《桃花行》的風格歸屬時,舉杜甫在"叢菊兩開他日淚"之類的沉鬱風格之外,尚有"紅綻雨肥梅"、"水荇牽風翠帶長"之類的"媚語"為例,而以多元風格推翻寶玉的單一風格論,卻缺乏反駁力道的原因,便在於忽略了性別、成長等後天影響的強烈制約。

---

① J. Middleton Murry, *The Problem of style*, p.19.
② 翟勝健:《曹雪芹文藝思想新探》,北京:北京大學出版社 1997 年版,第 8 章,第 133 頁。
③ 詳見歐麗娟:《論〈紅樓夢〉中的薛寶琴〈懷古十絕句〉——懷古、詠史、詠物的詩類匯融》,第 45—90 頁。

單獨抽象地看，多元風格論自屬合理也符合歷史事實，只不過，詩聖之博大固然有以致此，但千金閨秀的詩藝養成畢竟缺乏相關的發展條件，因此，閨秀才媛下筆時大多以"本真性靈"直接流露，猶如道、咸年間之戈如芬於《學詩》中所云：

> 聽慣吟哦侍祖庭，唐詩一卷當傳經。花紅玉白描摹易，筆底還須寫性靈。①

此一現象於《紅樓夢》中亦然②，實質上衆家才媛仍以單一風格貫穿全場，這不能不說是閨閣所限。

更值得注意的是，寶釵以杜甫"多元風格"爲例的質疑，在原理上仍是有力，足以將單一風格論壓倒，因此寶玉立刻承認"固然如此説"，以致支持單一風格論的理由瓦解不復存在。於是後續寶玉乃改弦更張，用以自我辯護的理由也不再僅以"聲調口氣"作爲演繹法則，換從其他的"動力因"強化自己的推論結果。

試觀寶玉在聽了寶釵的多元風格論之後，笑道："固然如此説。但我知道姐姐斷不許妹妹有此傷悼語句，妹妹雖有此才，是斷不肯作的。比不得林妹妹曾經離喪，作此哀音。"此一説法申述在風格形成的過程中，除了來自個性、遭遇、環境的影響之外，還有一般人所忽略的意志選擇和價值判斷的制約因素，並不限於單一風格論者所持之"作品反映個性與遭遇"如此素樸的推理。

確實，人類並非客觀世界的被動反映以致淪爲環境的產物，如主體心理學(subjective psychology)所指出，在人的成長發展過程中，主體能動性乃是影響主體心理發展的重要因素之一，並與教育、環境一同構成主體心理發展的三維結構模式；其中，主體能動性作爲主體與世界相互作用的主導潛能③，可以説更是探求人格型態的核心。因此，所謂意志選擇和價值判斷的制約因素，指的是作者在創作過程中，除了被動地反映其生平遭遇與存

---

① 沈善寶：《名媛詩話》，載於《續修四庫全書》第1706册，上海：上海古籍出版社2002年版，卷九，第662頁。
② 詳參歐麗娟：《〈紅樓夢〉之詩歌美學與"性靈説"——以袁枚爲主要參照系》，載於《臺大中文學報》第38期(2012年9月)，第257—308頁。
③ 詳參鄭發祥：《主體心理學》，上海：上海教育出版社2006年版，第8、134—135頁。

在處境所形成的"自然風格"之外，還會因為個人美學品味的嘗試或社會普遍價值觀的影響，而進行對自我風格的積極調整與主動取捨，從而極端者甚至會產生與個人稟氣大相逕庭的作品。這就加入了意志選擇和價值判斷的理性因素，進一步提出有關詩歌風格論的複雜辯證。

其中所涉及風格的動力因（efficient cause），即詩人的主體意志，連帶含攝了思想價值觀，那並非經驗的被動反映，而是經過思考、探察、判斷等等取捨之後的刻意選擇，誠所謂"每一種風格都具體表現出一種認識論上的決定，以及對於我們理解什麼與如何理解的一種解釋"[1]。再參照法國現象學家米蓋爾·杜夫海納（Mikel Dufrenne）論及藝術家的風格時所說：

> 風格是作者出現的地方。其所以如此，是因為風格含有真正是技巧的東西：某種處理材料的方式……為了創造審美對象，風格非要材料這樣安排、簡化或組合不可。……這些技術手段還必須顯得是為一種獨特的想法或看法服務的。……對作為欣賞者我而言，技巧和學說都不足以確定一個風格。技巧和學說，還必須在我眼裏顯得出是出於某種世界觀的需要，這種世界觀把創作當作一種冒險和自由。……當我發現人與世界的某種活生生的關係，感到藝術家正是這種關係賴以存在的那個人時，就有了風格。……技巧模式不只是創作作品的一種手段，而且還是表現一個世界的手段。所以技巧就是創作者的一種標記，比如……某一詩人的某一慣用詞。[2]

其中所謂的"世界觀"（a certain vision of the world），即"人與世界的某種活生生的關係"（a certain vital relation of man to the world）[3]，是為藝術家對社會生活世界的觀照或對生命存在的感知。

以此衡諸黛玉所慣用的"傷悼語句"，包括意象偏好與詞語選擇，正代表著一種負面的殘缺悲思與死亡的幻滅觀照，黛玉正是把創作當作一種悲

---

[1] Susan Sontag, "On Style," in *Against Interpretation* (New York: Delta Book, 1966), p.35.
[2] 詳見杜夫海納著，韓樹站譯：《審美經驗現象學》，北京：文化藝術出版社1992年版，第133—145頁。
[3] 詳見 Edward S. Casey, Albert A. Anderson, Willis Domingo, Leon Jacobson trans., *The Phenomenology of Aesthetic Experience* (Illinois: Northwestern University Press, 1973), pp.105,106；該書譯自 Mikel Dufrenne, Phénoménologie de l'expérience esthétique (Paris, France: Presses Universitaires de France, 1953)。

劇性生命的實踐，以致執拗地固持人生中的某些哀痛時刻，頑強地抗拒遺忘、淡化那些過往經驗的人性本能，而集中地、持續地、濃烈地陷溺於傷悼情緒裏，於字裏行間處處散發一片哀音，從而構成了鮮明可辨的瀟湘體。可是，從理論上來說，瀟湘體固然是開放的藝術嘗試，可以成為詩人創作實踐時的典式之一，但事實上並非人人如此，也不應個個皆然，寶玉所另行援取的理據，所謂"我知道姐姐斷不許妹妹有此傷悼語句，妹妹雖有此才，是斷不肯作的。比不得林妹妹曾經離喪，作此哀音"，即是從不同的世界觀加以補充，以強化黛玉與瀟湘體的唯一連結，肯認《桃花行》必為黛玉手稿的版權專屬。其重點有二：

其一，這段說法暗示了某種風格之塑造，乃是可以透過刻意的排拒而形成，所謂"不許"、"不肯"都顯示出意志選擇和價值判斷作用過的痕跡，說明了在創作表現上，會因為某些禁忌的考慮而有所取捨，也連帶影響了風格表現，此即反映了傳統"趨吉避凶"的詩讖觀。猶如《禮記·孔子閒居篇》引孔子曰："志之所至，詩亦至焉。"在"詩言志"的創作表達下，自魏晉以降逐漸形成了"詩為命運之預言"的認知，於《紅樓夢》的詩歌創作活動上亦多所反映[1]；配合一般"趨吉避凶"的心理，於是詩人在若非出於身世遭遇之深切浸染、感傷性格之耽溺沉湎，而在強烈情思之不容已的情況下寫出傷悼之句，所謂"為情而造文"如林黛玉者，便往往會刻意避開頹喪傷感之哀音，以免干犯忌諱或招致禍端。明朝徐師曾就此曾感慨道：

　　自詩讖之說興，作者遂多避忌：沉逆驚喪，不堪贈遠；短促凋哀，詎宜稱壽；卑降免失，忌獻於達官；落下遺出，惡聞於始進。推此類也，能無病於言乎？[2]

換言之，在"詩可以反映未來命運"的詩讖思維下，諸如"沉逆驚喪"、"短促凋哀"、"卑降免失"與"落下遺出"之類的負面語句，極容易成為詩人下筆時迴避割捨的部分，以致在此無形的規約下便容易形成特定的詩歌風格。這纔是促使寶玉做出寶釵"斷不許妹妹有此傷悼語句"、寶琴"雖有此才，是斷不肯作"之判斷背後的真正原因；所謂"斷不許"與"斷不肯"的認定，

---

[1] 詳見歐麗娟：《詩論紅樓夢》，第 1 章《緒論》第 2 節 " '詩讖' ——命運之載體"。
[2] 徐師曾：《詩體明辯》，臺北：廣文書局 1972 年版，《論詩》，第 43 頁。

無一不反映出這種趨吉避凶之詩讖觀點的介入,以免一語成讖地步入不幸。

這種"詩讖"思維,形同把創作當作一種對命運的護航,發揮文字的導航功能,以避免人生航道上的阻礙,而確保順行暢通的機率,由此所致的風格傾向自然與瀟湘體有所乖離,因此成為寶玉的判斷標準。

其二,若更仔細進一步推敲,所謂"妹妹雖有此才,是斷不肯作的"一說,似乎又不僅只是詩讖觀念之下的刻意迴避。畢竟"趨吉避凶"的務實思維,在寶釵身上固然是長輩的好意,就寶琴個人則未免流於俗氣,與其不食人間煙火的脫俗仙姿並不切合。連結下文緊接的"比不得林妹妹曾經離喪,作此哀音"這兩句一體並觀,可以推知寶琴"雖有此才,是斷不肯作"的原因,應該更是一種不願為了藝術效果而虛情矯飾假擬的自我堅持。誠如袁枚所言:

> 明鄭少谷詩學少陵,友林貞恒譏之曰:"時非天寶,官非拾遺,徒托于悲哀激越之音,可謂無病而呻矣!"學杜者不可不知。①

則以寶琴的皇商家世、行旅天下的見識胸襟,而集萬千寵愛在一身、未曾經歷"離喪"之苦痛遭遇的境況,倘若字字哀切、故作楚楚可憐之態,實未免"為文而造情"的虛矯,而招致識者的無病呻吟之譏,如此將何等地自失身分! 寶琴自己之所以"斷不肯作",自應以此為最大的可能性。

至此,寶玉以"曾經離喪"與否的個人遭遇,以及預言吉凶的"詩讖"觀點,再加上不肯"為文造情"的誠懇原則,確立《桃花行》與黛玉的唯一連結,其所謂"斷不許"與"斷不肯"的說法,都告訴我們:風格的展現有時可以是出自意志選擇之後的結果。風格之塑造可以是刻意追求所致,包括因應外在需要而進行排拒、削減而形成,隱含了現實得失和價值判斷的作用。

至此,關於風格的成因,包括稟賦、經驗與意志等皆與其力,足見《紅樓夢》詩學中對"風格"的把握堪稱全面。

(三) 形式因: 意象、體裁、技巧

除了上述在"作者"方面的先天、後天因素之外,攸關風格之形成者,尚

---

① 袁枚:《隨園詩話》,臺北:漢京文化公司1984年版,卷六,第196頁。

有作品本身作爲一種藝術表達方式,於組構方式上所產生的形式因(formal cause)。如艾布拉姆斯(H. M. Abrams)主編的《簡明外國文學辭典》所言:"風格是散文或詩歌的語言表達方式,即一個說話者或作家如何表達他要說的話。分析作品或作家的風格特點可以從以下幾個方面入手:作品的詞藻,即詞語的運用;句子結構和句法,修辭語言的頻率和種類,韻律的格式,語音成分和其他形式的特徵以及修辭的目的和手段。"①卡頓(J. A. Cuddon)於《文學術語辭典》中亦指出:"文體是散文或詩歌中特殊的表達方式;一個特殊的作家談論事物的方式。文體分析包括考察作家的詞語選擇,他的話語形式,他的手法,以及它的段落的形式——實際上即他的語言和使用語言方式的所有可以覺察的方面。"②就此,可以黛玉的瀟湘體爲例,由意象選擇、文體組構兩方面加以說明。

猶如寶玉所點示者,瀟湘體的主要特徵便是充滿"傷悼語句"、"哀音",由此構成"纏綿悲戚"的風格,而那些"傷悼語句"即包括了學者所觀察到的:

> 她詩中常出現"訴"與"憐"二字(如"花解憐人花也愁","紅消香斷有誰憐","滿紙自憐題素怨,片言誰解訴秋心","醒時幽怨同誰訴","嬌羞默默同誰訴"等句),證明外界環境對她而言是太強了……因之她作品裏全是一片哀音,像是"無告之民",又像是受盡委屈的孩子。在詩中她一直以弱者之姿態出現;她雖性傲,實則她的孤傲乃是弱者用以自衛的保護色,暗示內心的恐懼與空虛。③

此一發現,更清晰地抉發出風格形成的形式要素,離不開特定的語言習慣,包括用字遣詞以及使用頻率。除此之外,林黛玉的作品中經常出現"淚"的淒涼、"風雨"的蕭瑟,以及暮春、深秋、夕陽、殘月、落花、飛絮、枯葉等廣義的死亡意象,正是瀟湘體不可或缺的基本要素。

不僅如此,林黛玉獨處時所吟詠的抒情詩,大都採用了長幅的古風歌

---

① 阿伯拉姆編,曾忠禄譯:《簡明外國文學辭典》,長沙:湖南人民出版社1987年版,"風格"條。
② J. A. Cuddon, *A Dictionary of Literary Terms* (New York: Wiley-Blackwell, 1976), "Style"條。引自楊暉:《古代詩"路"之辯:〈原詩〉和正變研究》,桂林:廣西師範大學出版社2008年版,第126頁。
③ 傅孝先:《漫談紅樓夢及其詩詞》,載於《無花的園地》,臺北:九歌出版社1986年版,第99頁。

行體,淋漓盡致地一唱三嘆,包括第二十七回的《葬花吟》、第四十五回的《代別離·秋窗風雨夕》、第七十回的《桃花行》,各篇皆透過頻繁的轉韻,以及換韻時必使用"逗韻"的技巧,製造出"流利飄蕩"的抒情韻致①,也助長了長歌放聲的淒楚之音。此一現象也可以證明,風格的形成確實還包括體裁所提供的助力。

至於寶釵的"蘅蕪體",除了句句所流露的大方沉穩之外,還有一處透過翻案技巧所達到的效果可茲說明。如果就衆金釵之作的意象偏好與詞語選擇而言,在第七十回《柳絮詞》的詩社競賽中其實出現了高度的同一性,正如當場薛寶釵所觀察的,諸作"終不免過於喪敗",非獨黛玉之作為然,連寶琴所作"聲調壯"的《西江月》一闋,其實同樣不免出現類似於"瀟湘體"的飄泊離恨,所謂"三春事業付東風,明月梅花一夢","江南江北一般同,偏是離人恨重"等等皆屬之,擴而及於全部詩詞,甚至可以整體概括出《紅樓夢》的詩歌風格趨向於"中晚唐"②。此所以寶釵別出心裁,説道:"我想,柳絮原是一件輕薄無根無絆的東西,然依我的主意,偏要把他説好了,才不落套。所以我謅了一首來,未必合你們的意思。"果然該闋詞篇一反飄零沉墮的趨向,刻意向上飛升、夷然不為聚散所動,所謂:

> 白玉堂前春解舞,東風捲得均勻。蜂團蝶陣亂紛紛。幾曾隨逝水?豈必委芳塵? 萬縷千絲終不改,任他隨聚隨分。韶華休笑本無根,好風頻借力,送我上青雲!

其中固然也有詩讖意識使然,但更多的乃是一種充實自如的君子胸懷,包括"幾曾隨逝水?豈必委芳塵"的抗拒主流,"萬縷千絲終不改,任他隨聚隨分"的淡定自在,以及"好風頻借力,送我上青雲"的超然昇華,都透過翻案技巧而更加顯露,故被衆口一致喝采為"翻得好氣力",公推得魁。則"蘅蕪體"的風格表現,同樣可以藉由形式技巧而助成之。

---

① "流利飄蕩"一詞出自第七十八回,寶玉應命作《姽嫿詞》時即採用同一做法,其意趣可以相通。關於小說中古體長詩的格式布局、審美效果,詳見歐麗娟《詩論紅樓夢》,第 4 章《長篇詩歌之創作理念》,第 4 節。
② 相關論證,詳參歐麗娟:《論〈紅樓夢〉與中晚唐詩的血緣系譜與美學傳承》,載於《臺大文史哲學報》第 75 期(2011 年 11 月),第 121—160 頁。

四、結　語

　　《紅樓夢》作為一部"詩性小説",往往"從詩詞句中泛出"種種敘事妙處,因而可以為各個鮮明可感的人物、場景追蹤出脱胎的詩詞來歷,至於曹雪芹之以作詩填詞的活動穿插其間,不但不是情節的中斷,以減緩敘事的節奏,更不是高才文人在傳統"文化負擔"之下的運用,以上這兩種解釋都屬於形式上的考量,是外加的介入而非内在有機的促發;毋寧説,那是一種對貴族階層精英文化的如實再現,在數代累積的大雅文明下,談詩論藝本身便是日常生活的自然展演,第四十八回《慕雅女雅集苦吟詩》所集中叙寫的"香菱學詩"一段,甚至綿延到第四十九回纔因寶琴的莅臨而終止,可為其證,因此可以幾近全面地鋪陳傳統詩學的内涵,"風格論"便是其中的一個環節。

　　從上文的討論可見,透過論詩的生活場景、尤其是詩社活動過程中小説人物的往返論較,曹雪芹對於傳統文論中有關風格的掌握是很足夠的,他以"體"字表達一種具有個人特徵的特殊創作樣態,其中涵攝了詩家的稟賦、經驗與意志等因素,對於形成、塑造風格的種種動力因可謂掌握周延;此外,也透過詞藻、意象等詞語的運用,以及篇章的組織方式強化了"瀟湘體"的特徵,從修辭語言方面具體展現出風格形成的形式因。至此,《紅樓夢》之詩學論述的涵蓋面也益發完整。

(作者單位:臺灣大學中國文學系)

Narrative and lyricism: Style Theory of the Poetics embodied in *The Dream of the Red Chamber*

Li-chuan Ou

Being a great masterpiece of classical novel, *The Dream of the Red Chamber* is celebrated in its grand, complex and finely-characterizing narrative. At the same time, the work also inherits and incorporates a great Chinese lyrical tradition. In the novel, poems (the main vehicle to express and communicate feelings for Chinese literati) play an unprecedented "structural role" and are organically incorporated in the narrative. The wonderful blend of narrative and lyrics is an important topic in *Hongxue* (The critics of *The Dream of the Red Chamber*). In *The Dream of the Red Chamber*, which closely combines narrative and poetic lyricism, *Cao Xueqin* provides a comprehensive poetic representation, including a style discourse. This article analyzes this discourse from both Chinese and Western perspectives on literary style. I first discuss several aspects of the poetic form, analyzing the usage of words, sentence structures, syntax, and the formats of rhythm of the poems in *The Dream of the Red Chamber*. I then discuss the aspect of poetic motivation, analyzing the unique worldview embodied in the poems, that is, "a certain vital relation of man to the world", a perception of the social life and/or the existence of life. The discussion contributes to the clarification of the poetics of *The Dream of the Red Chamber* and illuminates the lyricism of this novel.

Keywords: *The Dream of the Red Chamber*, poetics, style discourse, lyric tradition in China

徵引書目

1. David Crystal and Derek Davy, *Investigating English Style*. London：Longman，1969.
2. Edward S. Casey, Albert A. Anderson, Willis Domingo, Leon Jacobson trans., *The Phenomenology of Aesthetic Experience*. Illinois：Northwestern University Press，1973. 譯自 Mikel Dufrenne, *Phénoménologie de l'expérience esthétique*. Paris，France：Presses Universitaires de France，1953.
3. H. M. Abrams, *A Glossary of Literary Terms*, 7th Ed, Fort Worth：Harcourt Brace College Publishers，1999.
4. J. A. Cuddon, *A Dictionary of Literary Terms*. New York：Wiley-Blackwell，1976.
5. J. Middleton Murry, *The Problem of style*. London：Oxford University Press，1930.
6. 一粟編：《紅樓夢資料彙編》，北京：中華書局，1964年版。
7. 元好問著，狄寶心校注：《元好問詩編年校注》，北京：中華書局，2011年版。
8. 王士禛著，張宗柟纂集、戴鴻森校點：《帶經堂詩話》，北京：人民文學出版社，1998年版。
9. 王運熙：《中國古代文論中的"體"》，《中國古代文論管窺》，濟南：齊魯書社，1987年版，頁22—32。又見《中古文論要義十講》，上海：復旦大學出版社，2004年版，頁185—197。
10. 宇文所安（Stephen Owen）著，王柏華、陶慶梅譯：《中國文論：英譯與評論》，上海：上海社會科學院出版社，2003年版。
11. 朱光潛：《西方美學史》，臺北：漢京文化公司，1983年版。
12. 朱庭珍：《筱園詩話》，郭紹虞輯：《清詩話續編》，臺北：木鐸出版社，1983年版。
13. 李萬鈞：《"詩"在中國古典長篇小説中的功能》，《文史哲》1996年第3期，頁90—97。
14. 杜夫海納（Mikel Dufrenne）著，韓樹站譯：《審美經驗現象學》，北京：文化藝術出版社，1992年版。
15. 杜甫著，楊倫評注：《杜詩鏡銓》，臺北：華正書局，1990年版。
16. 沈善寶：《名媛詩話》，《續修四庫全書》第1706冊，上海：上海古籍出版社，2002年版。
17. 阿伯拉姆（H. M. Abrams）編，曾忠禄譯：《簡明外國文學辭典》，長沙：湖南人民出版社，1987年版。
18. 姜宸英：《棟亭詩鈔序》，曹寅：《棟亭詩鈔》，《續修四庫全書》第1419冊，上海：上海古籍出版社，2002年版。
19. 范葦雲：《歲寒堂讀杜》，臺北：臺灣大通書局，1974年版。
20. 徐師曾：《詩體明辯》，臺北：廣文書局，1972年版。
21. 徐復觀：《〈文心雕龍〉的文體論》，《中國文學論集》，臺北：臺灣學生書局，2001年版。
22. 浦安迪（Andrew H. Plaks）講演，陳玨整理：《中國叙事學》，北京：北京大學出版社，1996年版。
23. 脂硯齋等評，陳慶浩編：《新編石頭記脂硯齋評語輯校（增訂本）》，臺北：聯經出版公司，1986年版。

24. 袁枚：《隨園詩話》，臺北：漢京文化公司，1984年版。
25. 高友工：《中國敘述傳統中的抒情境界》，《美典：中國文學研究論集》，北京：三聯書店，2008年版。
26. 高棅編選：《唐詩品彙》，上海：上海古籍出版社，1988年版。
27. 曹雪芹、高鶚著，馮其庸等校注：《紅樓夢校注》，臺北：里仁書局，1995年版。
28. 陶淵明著，袁行霈箋注：《陶淵明集箋注》，北京：中華書局，2003年版。
29. 童慶炳：《文體與文體的創造》，昆明：雲南人民出版社，1994年版。
30. 黃生評注：《杜詩說》，合肥：黃山書社，1994年版。
31. 楊暉：《古代詩"路"之辯：〈原詩〉和正變研究》，桂林：廣西師範大學出版社，2008年版。
32. 葉燮：《原詩》，丁福保輯：《清詩話》，臺北：木鐸出版社，1988年版。
33. 翟勝健：《曹雪芹文藝思想新探》，北京：北京大學出版社，1997年版。
34. 劉勰著，周振甫注：《文心雕龍注釋》，臺北：里仁書局，1984年版。
35. 歐麗娟：《〈紅樓夢〉"正邪兩賦"說的歷史淵源與思想內涵——以氣論為中心的先天稟賦觀》，《新亞學報》第34卷(2017年8月)，頁1—56。
36. 歐麗娟：《〈紅樓夢〉之詩歌美學與"性靈說"——以袁枚為主要參照系》，《臺大中文學報》第38期(2012年9月)，頁257—308。
37. 歐麗娟：《杜甫詩中的妻子形象——地母/神女之複合體》，《漢學研究》第26卷第2期(2008年6月)，頁35—70。
38. 歐麗娟：《詩論紅樓夢》，臺北：里仁書局，2001年版。
39. 歐麗娟：《論〈紅樓夢〉中人格形塑之後天成因觀——以"情痴情種"為中心》，《成大中文學報》第45期(2014年6月)，頁287—338。
40. 歐麗娟：《論〈紅樓夢〉中的薛寶琴〈懷古十絕句〉——懷古、詠史、詠物的詩類匯融》，《臺大文史哲學報》第85期(2016年11月)，頁45—90。
41. 歐麗娟：《論〈紅樓夢〉與中晚唐詩的血緣系譜與美學傳承》，《臺大文史哲學報》第75期(2011年11月)，頁121—160。
42. 鄭發祥：《主體心理學》，上海：上海教育出版社，2006年版。
43. 蕭統：《陶淵明文集序》，陶淵明著，袁行霈箋注：《陶淵明集箋注》，北京：中華書局，2003年版。
44. 鍾嶸著，楊祖聿校注：《詩品校注》，臺北：文史哲出版社，1981年版。
45. 顏崑陽：《論"文體"與"文類"的涵義及其關係》，《清華中文學報》第1期(2007年9月)，頁1—67。
46. 嚴羽著，郭紹虞校釋：《滄浪詩話校釋》，臺北：里仁書局，1987年版。
47. 蘇珊‧桑塔格(Susan Sontag)著，程巍譯：《反對闡釋》，上海：上海譯文出版社，2003年版。
48. 蘇紅軍：《類別》，柏棣主編：《西方女性主義文學理論》，桂林：廣西師範大學出版社，2007年版。
49. 蘇軾著，孔凡禮點校：《蘇軾文集》，北京：中華書局，1992年版。
50. 龔鵬程：《成體系的戲論：論高友工的抒情傳統》，《清華中文學報》第3期(2009年12月)，頁155—190。

論馮秋雪在澳門詞學上之貢獻*

鄧駿捷

【摘 要】民國年間,澳門"雪社"(包括"雪堂")詩社的馮秋雪,不僅創作了大量的詩詞作品,還在詞學的推廣和研究方面卓有建樹。秋雪在《詩聲——雪堂月刊》上編撰"芬蒼室詞譜"、"冰簃詞話",又請人為宋詞製作西式樂譜。此外,他編著有《宋詞緒》一書,除選詞編集外,在詞譜考訂、詞的批評上亦多有己見。馮秋雪的詞學上承嶺南詞家陳洵,進而接通清代常州詞派的脈絡。對於秋雪詞學的探討不僅可以填補澳門民國詞學研究中的一個重要的空白,而且可為澳門與嶺南以至整個清代至民國詞學關係的尋繹,提供一個較有學術價值的例證。

【關鍵詞】澳門文學　馮秋雪　《宋詞緒》　詞學　近代文學

民國年間的"雪社"(包括"雪堂"),可以說是"澳門文學史上第一個以本土居民為骨幹的文藝團體的作家群落"[①];且是當時澳門文學社團中持續時間最長,前後維持了八年(約 1913—1921 年),組織較為固定,活動形式較為多樣,創作最為豐富的詩社。"雪堂"的社友人數較多,大約在 20 人以上。他們以澳門為主要活動地,同時遍及穗港,甚至南京、日本橫濱等地。後來,"雪堂"中的四位主要社員馮秋雪、馮印雪、趙連城和黃沛功,邀請梁彥明、劉草衣、周佩賢三人加入,重組而成"雪社",因此"雪堂"可以說是"雪社"的前身。除了一般的聚會外,"雪社"每月還有"詩課"活動,又編輯

---

* ［基金項目］澳門文化局 2018 年度學術研究獎學金項目"澳門'雪社'研究"階段性成果。
① 鄭煒明:《澳門文學史》,濟南:齊魯書社 2012 年版,第 42 頁。

出版詩課彙卷、《詩聲——雪堂月刊》，以及《秋心秋零哀辭》、《曼殊上人燕子龕詩》等書刊，社友在其上發表了大量的詩詞和文章①。

在其中，馮秋雪是"雪堂"、"雪社"的發起者、組織者以及主持者，所以馮氏的詩作受到較多研究者的注目。然而，秋雪實鍾情於詞，他在《雪社詩集》五種②、個人詩詞集《秋音》甲、乙稿③中發表了不少詞作，並有《甲申夏詞》、《支春日寱》兩部詞集④，可謂澳門民國詞人中的佼佼者。不僅如此，秋雪還在《詩聲》上編撰"莾蒼室詞譜"、"冰簃詞話"，又請人為宋詞製作西式樂譜，在澳門大力推廣詞學。此外，秋雪編著有《宋詞緒》一書，除選詞編集外，在詞譜考訂、詞的批評上亦多有己見。綜合以上三個方面，可見馮秋雪在澳門民國詞壇的地位及詞學上的貢獻。可惜的是，過往學界對此鮮有述論。今不揣淺陋，試繼《民國澳門詞人馮秋雪的創作及其地位》⑤一文後，集中討論秋雪的詞學成果，以供治澳門文學和民國詞學者參考。

一、秋 雪 詞 作

馮秋雪（1892—1969），名平，又名宗樾，字秋雪，號澹於，筆名紫君、金英等，廣東南海人。祖父馮成，清末澳門富商。秋雪是馮成長子嘉驥之子。清光緒三十一年（1905）前後，秋雪與弟印雪（1893—1964）、趙連城（1892—1962）就讀於澳門培基兩等小學堂。培基學堂是當時港澳兩地唯一獲得清政府核准立案的學校，擁有學生一百多人。秋雪等人組織了一個"非儒會"，積極參加學堂的演説會和辯論。1910年，同盟會在澳建立"濠鏡閲書報社"，馮秋雪、馮印雪、古桂芬、區韶鳳、何國材、周樹勳和趙連城等培基學

---

① 詳參鄧駿捷、陳業東：《"雪社"初探》，載於《雪社作品彙編》第1冊，澳門：澳門文化局2016年版，第8—55頁。
② "雪社"先後出版《雪社第一集》（1925年）、《雪社第二集》（1926年）、《雪社第三集》（1927年）、《雪花——雪社第四集》（1928年）、《六出集——雪社第五集》（1934年），以及馮秋雪、馮印雪、趙連城的古典詩詞、新詩合集《緑葉——雪社叢書之一》（1928年）。
③ 馮秋雪：《秋音甲稿》，1939年版；馮秋雪《秋音乙稿》，1940年版。
④ 馮秋雪：《甲申夏詞》，1946年版；馮秋雪《支春日寱》，1950年版。
⑤ 鄧駿捷：《民國澳門詞人馮秋雪的創作及其地位》，載於《中國韻文學刊》（2018年第4期），第97—101頁。

生被接受加入同盟會。其後,秋雪、連城等人積極參與各項革命活動。1911年10月,武昌起義成功。廣東的陳炯明、王和順等在東江起事。香港同盟會組織香港實踐女校隊伍向惠州、石龍進發,而在女校工作的趙連城參加了謝英伯、高劍父率領赴石龍的一路。光復石龍後,趙隨民軍,進入廣州①。1912年,馮秋雪在廣州西村廣雅書院、廣東高等師範學校讀書,同年與連城在澳結婚②。

　　民國之後,各地同盟會組織日趨解體。馮秋雪回憶:"澳門方面也不例外,原日領導人,皆先後離去,'濠鏡閱書報社'不久亦結束。留澳的當地同盟會幾位會員,便在澳門組織了一個'雪堂詩社',寄情吟詠,不談政治。"③"雪堂"的活動包括雅集、暢游、聚飲、詩課與編輯出版月刊《詩聲》等。而《詩聲》自1915年7月至1920年6月,共出版了4卷46期。《詩聲》的連續出版,使"雪堂"成為了當時穗澳的一個知名詩社。其後,"雪堂"的"社友星散,尠獲聚首"④,活動漸漸消散。1925年,馮秋雪等人重組詩社,稱為"雪社"。雪社每月聚會和設題吟詠,又將同題作品、社員詩詞編輯出版為《雪社詩集》。這些詩集從一個側面反映了澳門20世紀20至30年代的文學狀況,是"澳門文學歷史的寶貴資料"⑤。

　　秋雪早年肆力於詩,作詞不多;而重組"雪社"後,詞境日進。1925年除夕,他創作了一組五闋的《減字浣溪沙》,其四云:"少小繁華亂眼生。斷除癡騃我何曾。不堪重憶舊門庭。　　錦樣知交羅樣薄,年時心事此時情。人間冷暖總無憑。"⑥秋雪多愁善感,且在辛亥革命前後的十多年裏,經歷了各種的人和事,包括加入朱執信組織發展的澳門中華革命黨,合資開設中華革命黨在澳門的"通訊和臨時碰頭聯絡之所"南華印書館,奉派為中華革命軍某軍第六支隊參謀,積極參與討伐袁世凱及其在廣

---

① 詳參趙連城:《同盟會在港澳的活動和廣東婦女界參加革命的回憶》,載於中國人民政治協商會議全國委員會文史資料研究委員會編《辛亥革命回憶錄》第二集,廣州:文史資料出版社1981年版,第302—322頁。
② 馮秋雪、趙連城於"壬子(1912年)十一月廿二日"在澳門結婚,詳見秋雪:《水佩風裳室筆記》,載於《雪堂月刊》第一卷第一號,1915年7月1日,第8頁。
③ 馮秋雪:《中華革命黨澳門"討龍"活動雜憶》,載於中國人民政治協商會議廣州市委員會文史資料研究委員會編《廣州文史資料》第十一輯,廣州:廣東人民出版社1964年版,第38頁。
④ 黃沛功:《雪社第一集·叙》,澳門:雪社,第1頁。
⑤ 李鵬翥:《澳門文學的過去、現在及將來》,載於《澳門文學論集》,澳門:澳門文化學會、澳門日報出版社1988年版,第170頁。
⑥《雪社第二集·同人舊稿》,第17頁。

東的爪牙龍濟光等活動。1919年，秋雪與連城在澳開辦佩文學校，馮任校長、趙任教務主任，生活較為安定。但面對革命後的政治亂象，個人心態上的落寞，內心所鬱積的情緒遠非一般人可比。而在1926年所作的《鶯啼序》（用夢窗韻）①，則以他與趙連城的閨中情事為線索，將兩人的諸種經歷和情感穿插糅合，或可視為秋雪對自己前半生所作的一次總結。

1935年後，"雪社"活動基本停頓。1937年7月7日，日軍全面展開對華侵略。日本特務橫行澳門，殘害同胞。抗戰初期，馮秋雪任中山大學戰地服務團駐香港辦事處主任。1938年10月，廣州淪陷。秋雪避居香港，期間出版了《秋音》甲、乙稿。《秋音甲稿》有《虞美人·初春憶廣州》一闋，詞云："盆梧已綠東風未。空憶成憔悴。高城一去獸音嘷。長記雲山珠海月輪高。　沈沈水國籠蜃氣。愁入鄉關淚。初春風物儘淒迷。誰見堤邊楊柳向人低。"②而《乙稿》中的詞作，意緒蘊藉深遠，技法更加圓熟，如《四園竹》云："斜陽薄薄，暖上袷衣襟。繞隄瘦水，凝海癡雲，搖蕩孤吟。朝市換，天涯淚暗。有誰來慰登臨。　燭深深。宵分夢落觚稜，飄燈往事重尋。坐對明河有爛，休向東君，說與晴陰。花未寢。聽寇警，愁邊墜客心。"③秋雪曾從陳洵學詞（詳見下文），至此可算甚有進益；而從詞風言，抗戰時期可說是秋雪學詞歷程中的關鍵一步。

1941年，香港淪陷，秋雪、連城攜全家步行返回內地。由惠州轉老隆到曲江，旋入桂林。不久，衡陽會戰爆發，桂林疏散，秋雪一家逃至昭平，未及半年，日寇逼蒙山，昭平疏散，再遷森聰村④。在漫天烽火，西行避寇之時，馮秋雪寫下了不少的詞作，結集為《甲申夏詞》，又修訂了詞選著作《宋詞緒》⑤。《甲申夏詞》"傷時念亂，孤憤容或過之"（《甲申夏詞·後序》），內有《渡江雲》一闋："戰雲佤楚甸，平林望極，兵氣滿高城。三年青瘴苦，又見荒陬，戍鼓斷人行。中原廢壘，向斜陽、烽燧微明。休記省、短燈檠棄，牆角暗愁生。　無憑。茫茫天意，浩浩胡塵，更漂流桃梗。賸晚花、酥融流

---

① 《雪社第三集·雪社集外詞》，第2頁。
② 馮秋雪：《秋音甲稿》，第18頁。
③ 馮秋雪：《秋音乙稿》，第5—6頁。
④ 詳參沈錦鋒：《趙連城》，載於珠海市政協文史資料委員會編《珠海人物傳》下冊，廣州：廣東人民出版社1993年版，第151—152頁。
⑤ 馮平（秋雪）編：《宋詞緒》，香港：中華書局1965年版。

水,斜昕芳塍。呼梧人去黃墟冷,怕思量、當日深盟。晴淚眼,時時猶記盈盈。"①全詞時局人生交織,而又脈絡清晰,描摹哀境,無限愁情,傾瀉而出。《甲申夏詞》附有《女樓詞》六首,是秋雪蟄居於昭平譚氏小閣時所作,其較《甲申夏詞》更覺悲鬱。不過,秋雪寫於甲申(1944)除夕的《夜游宮》卻值得注意:"萬態瀾翻漏迥。酒闌候、淒涼燈檠。年事欺人變流景。立多時,背輦喧,看斗柄。 夢斷銅駝冷。望故國、浮雲宵暝。羈翼寒花漫愁凝。傍簾櫳,盼東君,來彩勝。"②此是《女樓詞》壓卷之作,從"盼東君,來彩勝"句可以看出,秋雪對於抗戰的信心依然沒有動搖,時時刻刻盼望着勝利之日,回鄉與親人團聚。

　　1945年,日寇投降,秋雪、連城返回廣州。由於子女衆多,生活艱苦,加上戰後人事凋零,秋雪心情鬱結難解。1949年10月1日,中華人民共和國成立。1950年春,馮秋雪寫作了《支春日讇》。《支春日讇》共30首,"全用小令",是一部別具特色且深有寄託的咏物詞集。第一闋《于中好》云:"劫後殘陽滿眼紅。三春花事付飄風。漫天啼鴂春無幾,九十風光盡懊儂。 塵世事,到頭空。鴨頭塘水綠濛濛。疲津那有清漪起,一任流年逐水東。"③秋雪一生都在近代中國風雲幻變的旋渦中打轉,幾番在生死存亡邊緣徘徊。此時他已近六旬,面對新政權的建立,撫摸舊歷史的傷痕,內心不禁交織着蒼涼與迷茫。此外,《支春日讇》的寫作技巧也頗可注意,如《定西蕃·柝》:"一夜燈前欹枕,分漏水,韻聲哀,繞高臺。 遙接戍樓寒角,更更向客催。敲落街南缺月,尚徘徊。"④此詞寫羈客孤枕,在夜燈缺月下,更更柝聲徘徊高臺、戍樓,不禁被深深地牽動愁緒。詞中有景,有人,也有聲,更有情,可謂咏物詞中的上乘之作。從上可見,《支春日讇》透露了馮秋雪在飽經滄桑之後,又一次面對人生選擇時的複雜心態。不過事實表明,馮秋雪很快適應過來。1952年,他以"無黨派"人士身份任廣州市文史館的館員(趙連城則被選爲廣州市婦女代表),專長是"詩詞"⑤,同時也較多地參與社會活動,至1969年病逝於穗。

---

① 馮秋雪:《甲申夏詞》,第1頁。
② 馮秋雪:《甲申夏詞》附《女樓詞》,第2頁。
③ 馮秋雪:《支春日讇》,第1頁。
④ 馮秋雪:《支春日讇》,第1頁。
⑤ 廣州市文史館編:《廣州市文史研究館志》,廣州:廣州市文史館2003年版。

二、推廣詞學

馮秋雪在"雪堂"詩社之時,創辦《詩聲》,主持編輯工作①,一方面是"為策我'雪堂'進步計"②,即聯繫社員之間的活動和友誼。另一方面,更希望藉詩詞吟詠在澳門宣傳國粹,維持風教,故此《雪堂求助小啟》有云:

> 經夫婦,成孝敬,厚人倫,美教化,移風俗,前人之歸功於詩者尤衆。後世詩學寖微,風俗人心亦隨之而日下,徒欣歐化,敝屣宗邦,而吾四千年之國粹,竟胥淪於冥冥中。吁!國粹既亡,國將不國矣。敝同人有慨乎此,爰集同志,組織詩社於澳門,名曰雪堂。其始不過召集同志,以相唱酬,月夕花朝,藉鳴天籟。迄乙卯之夏,遂公諸世,刊月報曰《詩聲》。內容專究詩詞,並徵佳什,以維國粹,庶免詩亡。③

正為此一目的,《詩聲》從第一卷第一號始,就刊載了詩話、詞話等古代文學理論作品。就詞話而言,第一卷連續刊載了南宋張炎的《詞源》(共12號),第二卷連續刊載了清人周濟(止庵)的《詞選序論》(共5號)。與此同時,馮秋雪又以"雪堂"、"莽蒼"之名,在《詩聲》上發表"莽蒼室詞譜"。"詞譜"共分三卷,卷一載於《詩聲》第一卷第一號至第二卷第二號,共14回;卷二載於《詩聲》第二卷第三號至第三卷第一號,共11回;卷三載於《詩聲》第三卷第二號至第四卷第七號,共10回(其中第三卷第五、八、十至十二號,第四卷第三、四、六號未載)。以下將"莽蒼室詞譜"各回所收詞調列表示之:

卷數/回數	《詩聲》	詞　　調
卷一(一)	第一卷第一號	十六字令、荷葉杯、瀟湘神、桂殿秋
(二)	第二號	夢江南、深院月、漁父、江南春

---

① "雪堂"社員霏雪:《雪堂唫和望雪元韻》"詩社號雪堂,秋雪專掌記"句,自注:"雪堂發刊《詩聲》,秋雪任編輯。"見《詩聲》第四卷第八號,1919年10月8日,第13頁。
② 《雪堂月刊》第一卷第一號,1915年7月1日,第10頁。
③ 《詩聲》第二卷第二號,1916年8月1日,第11—12頁。

續　表

卷數/回數	《詩聲》	詞　　調
（三）	第三號	一葉落、遐方怨、思帝鄉、如夢令
（四）	第四號	歸自謠、定西番、望江怨、長相思
（五）	第五號	相見歡、上行杯、醉太平
（六）	第六號	太平時、一痕沙、紗窗恨
（七）	第七號	巫山一段雲、采桑子、添字昭君怨、笑郎呆
（八）	第八號	菩薩蠻、風簾自在垂、減蘭、好事近
（九）	第九號	柳含煙、謁金門、憶少年、誤佳期
（十）	第十號	金蕉葉、一絡索、憶秦娥、平韻憶秦娥、清平樂
（十一）	第十一號	更漏子、相思兒令、畫堂春
（十二）	第十二號	阮郎歸、人月圓、錦堂春、攤破浣溪沙
（十三）	第二卷第一號	朝中措、武陵春、秋蕊香
（十四）	第二號	虞美人影、三字令、秋波媚
卷二（一）	第三號	賀聖朝、柳梢青、太常引
（二）	第四號	偷聲木蘭花、小闌干①、燕歸梁、應天長
（三）	第五號	荷葉杯、憶漢月、滴滴金、惜分飛
（四）	第六號	漁歌子、月中行、滿宮花
（五）	第七號	西江月、望江東、少年遊
（六）	第八號	思越人、迎春樂、青門引、醉花陰、尋芳草
（七）	第九號	風蝶令、傾盃令、醉紅妝、怨王孫
（八）	第十號	雙調望江南、浪淘沙、杏花天、戀繡衾
（九）	第十一號	江月晃重山、月照梨花、鷓鴣天、芳草渡
（十）	第十二號	河傳、玉樓春、鵲橋仙、南鄉子
（十一）	第三卷第一號	虞美人、明月掉孤舟、一斛珠、梅花引
卷三（一）	第二號	踏莎行、小重山、散天花、臨江仙
（二）	第三號	蝶戀花、一翦梅、後庭宴、七娘子

---

① 原作"少年遊"，"詞譜"卷二（五）更正，見《詩聲》第二卷第七號，1917年1月1日，第4頁。

續　表

卷數/回數	《詩聲》	詞　調
（三）	第四號	唐多令、釵頭鳳、錦帳春、玉瓏璁
（四）	第六號	繫裙腰、賀聖（明）朝①、破陣子、落燈風
（五）	第七號	踏莎美人、蘇幕遮、漁家傲、明月逐人來
（六）	第九號	定風波、醉春風、淡黃柳、錦纏道、行香子
（七）	第四卷第一號	解珮令、垂絲釣、青玉案
（八）	第二號	看花回、月上海棠、水晶簾
（九）	第五號	惜黃花、千秋歲、離亭燕、越溪春
（十）	第七號	碧牡丹、荔枝香近、訴衷情近、剔銀燈

"詞譜"三卷共收132個詞調（《憶秦娥》分列平仄韻）。在卷一中，詞調的排列較為隨意。卷二、三則按字數為序，卷二始於49字的《賀聖朝》，終於57字的《梅花引》；卷三始於58字的《踏莎行》，終於75字的《剔銀燈》。每調有詞例，並注明前後段的句數、韻數，每字標平仄，句讀有說明，叶韻處皆注平韻或仄韻。間有按語，注出異說，如《攤破浣溪沙》云："雪堂按：況周儀《餐櫻廡隨筆》曰：此調名《浣溪沙》，前後段各七字三句者，名《減字浣溪沙》。據宋賀方回《東山寓聲》樂府。俗以七字三句兩段為《浣溪沙》，而以此調為《攤破浣溪沙》，誤也。"②馮秋雪傾力撰寫"詞譜"，不僅表明了他對各種詞調的熟悉，更加反映出他在澳門推廣詞學的用心和苦心。因為如此連續不斷地發表"詞譜"，在當時的澳門僅有馮秋雪一人、《詩聲》一部刊物，難怪他宣稱《詩聲》是"研究詩詞者不可不讀"，"青年學子不可不讀"③之書。

此外，馮秋雪又曾多次主動請世界語會會員鍾寶琦（俠隱）④為宋詞製作西式樂譜。其謂："秋雪不能樂而嗜樂，然杜門數稔，久矣不聞絲竹之音。

---

① 此調"詞譜"所舉的詞例為歐陽炯"憶昔花間初識面"詞，本名《賀明朝》，清人萬樹《詞律》混入《賀聖朝》。詳參王奕清等編：《欽定詞譜》卷六，北京：中國書店2010年版，第103頁。
② 《詩聲》第一卷第十二號，1916年6月1日，第6頁。
③ 《破天荒之詩聲》，載於《詩聲》第二卷第四號，1916年10月1日，第12頁。
④ 1914年6月，鍾寶琦來澳門宣傳世界語（Esperanto），發起夏令講習所。秋雪即往學習，並稱"鍾君為傳播斯語於澳門之第一人，予亦為澳門世界語學者第一人"（秋雪：《水佩風裳室雜乘》三，載於《詩聲》第一卷第四號，1915年10月1日，第4—5頁）。

前接陳若金君來教，挾示嫠婦怨曲一紙。予見獵心喜，蓋以中國舊曲而譜西調，難事也。然予偏見，頗嫌其俗。適鍾君寶琦過我，予告以己意，並示陳君原曲，囑代製一譜，歌白石之《齊天樂》詞。鍾君，音樂師也，恂予請。越日，以譜示予，高歌一曲，氣薀腸迴，佳製也。"遂將鍾寶琦所製姜白石《齊天樂·蟋蟀》的西式樂譜刊於《詩聲》中①。自此一發不可收拾，先後刊發了鍾寶琦所製宋人黃雪舟《湘春夜月》，蘇軾《念奴嬌》、《水調歌頭》，李清

---

① 《詩聲》第一卷第五號，1915年11月1日，第7—8頁。

照《聲聲慢》等詞的樂譜①。馮秋雪的思想和行動"時時站在時代的前面","很相信社會蜕進的結果"②;他洋溢着以新形式發揚中國傳統文學的熱情,而用西式樂譜宣傳宋詞這種古典文學樣式,在澳門可謂開風氣之先。

更加需要指出的是,馮秋雪率先在《詩聲》上撰寫的"冰籢詞話"。"詞話"小序云:

> 去歲金風初至,采薪遽憂。晝永夜長,書城坐困。籠愁日淡,甍夢鐙熒。連城③藥鑪事暇,輒於榻前為余誦唐宋諸大家長短句。每終一闋,絮絮評高下。有屈古人者,余則如律師,滔滔申辯不已。連城謂余傷氣,古人縱屈,亦不許作辯護士,否則去詞,談野乘。余素不甚喜説部,願反舌,可否亦筆之。積二旬,得百三十則。病中所記,詞多蕪雜。去臘歲除,出而刪汰。"冰籢",余與連城讀書之室也,爰取以名篇。中所論者,皆愈後余辯正也。民國第一己未年(1919)初夏,秋雪記。④

《詩聲》共載"冰籢詞話"四回,涉及詞與詩、詞與樂、李清照、朱淑真,詞之疊韻、清代詞人、謝菊初詞、詞讖之説、秋雪與連城之七夕詞,趙連城評易安詞、周濟評清真詞等内容⑤。可惜後來《詩聲》停刊,未能一睹"冰籢詞話"之全貌(詳見下文)。不過,僅就目前資料所知,130 則的"冰籢詞話"是澳門民國時期第一部完整的詞話著作(1918 年),而馮秋雪則是澳門第一個撰寫詞話的作者。此外,由於此前《詩聲》上沒有任何"詞話"作品,秋雪遂請"雪堂"社員黄沛功開設"心陶閣詞話"⑥,以作桴鼓相應之勢。

---

① 詳見《詩聲》第一卷第六號,1915 年 12 月 1 日,第 7—8 頁;《詩聲》第二卷第一號,1916 年 7 月 1 日,第 5—6 頁;《詩聲》第二卷第五號,1916 年 11 月 1 日,第 6—7 頁;《詩聲》第四卷第三號,1919 年 4 月 15 日,第 9—10 頁。
② 古畸:《緑葉的序》,見馮秋雪、馮印雪、趙連城:《緑葉》,第 3、4 頁。
③ 趙連城,名璧如,號冰雪。趙連城的生平事蹟,詳參沈錦鋒:《趙連城》,載於《珠海人物傳》下册,第 146—154 頁。
④ 秋雪《冰籢詞話》(一),載於《詩聲》第四卷第二號,1919 年 3 月 16 日,第 10 頁。
⑤ 詳見《詩聲》第四卷第二號,第 10—11 頁;《詩聲》第四卷第三號,第 8—9 頁;《詩聲》第四卷第四號,1919 年 5 月 14 日,第 9—10 頁;《詩聲》第四卷第六號,1919 年 7 月 12 日,第 8—10 頁。
⑥ 詳見《詩聲》第四卷第六號,第 7—8 頁;《詩聲》第四卷第七號,1919 年 8 月 10 日,第 8—10 頁;《詩聲》第四卷第八號,第 10—12 頁。按:《心陶閣詞話》在《詩聲》上刊出的時間較《冰籢詞話》晚 4 個月(黄沛功此前在《詩聲》上撰寫的是《心陶閣詩話》),且只刊出四回。從内容來看,《心陶閣詞話》應是隨寫隨刊的,與《冰籢詞話》全部寫成後逐回刊出有所不同。

總之，馮秋雪在《詩聲》上長期編撰"詞譜"，又請人將多闋宋詞製作西式樂譜；並且發表個人所撰的"冰簃詞話"，相邀黃沛功撰寫"心陶閣詞話"。凡此種種，在當時相對荒蕪的澳門詞壇，其推廣發揚之功，無疑值得高度讚揚。

三、詞學研究

20世紀30年代中期，馮秋雪居澳門時，便開始了詞選著作《宋詞緒》一書的編纂，先成《師周吳第一》、《問塗碧山第二》兩篇，"當時曾就正於詞家陳述叔前輩"①。抗戰時期，馮秋雪輾轉於廣州、香港和廣西各地，流離失所。而且，陳洵（述叔）早於1942年去世，因此《宋詞緒》中的《餘子為友第三》稿成後，"無從質正"。1946年夏，馮秋雪"避寇於廣西昭平森聰村何氏土閣"②，基本上完成第三編的定稿；其後，仍"覺闕略尚多，遺珠不少，爰附《補遺》一卷"，時在"乙酉中秋"③。《宋詞緒》的編纂"歷時十載"④，可見是馮秋雪傾全力撰作的一部詞學著作。

《宋詞緒》共收"宋詞凡一百八十三首，分編四卷。《師周吳第一》、《問塗碧山第二》、《餘子為友第三》及《補遺》一卷，末附錄《海綃翁詞說》"⑤。關於此書的編纂宗旨，秋雪曾在《序》中有說明，其云：

> 昔周止庵別宋詞為四家，以周、辛、王、吳冠首。其序曰："清真集大成者也。稼軒斂雄心，抗高調，變溫婉，成悲涼。碧山饜心切理，言近指遠，聲容調度，一一可循。夢窗奇思壯采，騰天潛淵，返南宋之清泚，為北宋之穠摯。是為四家，領袖一代。餘子犖犖，以方附庸。問塗碧山，歷夢窗、稼軒以還清真之渾化。余所望於世之為詞人如此。"海

---

① 馮平（秋雪）編：《宋詞緒·補遺》，第132頁。
② 馮平（秋雪）編：《宋詞緒序》，第2頁。
③ 馮平（秋雪）編：《宋詞緒·補遺》，第132頁。
④ 馮平（秋雪）編：《宋詞緒·凡例》，第1頁。
⑤ 馮平（秋雪）編：《宋詞緒·凡例》，第1頁。按：《凡例》又云："所錄《海綃說詞未刊稿》，從未梓行，洵屬可貴。"其中若干內容，不見於今存各本《海綃說詞》。詳參林玫儀《陳洵之詞學理論》，載於林玫儀主編：《詞學研討會論文集》，臺北：中研院中國文哲研究所籌備處1996年版，第345—368頁。

綃翁曰:"止庵立周、辛、王、吴四家,善矣。惟師説雖具,而統系未明,則傳授家法,或未洽也。吾意則以周、吴爲師,餘子爲友,使周、吴有定尊,然後餘子可取益。於師有未達,則博求之友。於友有未安,則還質之師。如此則統系明,而源流分合之故,亦從可識矣。"綜觀周、陳兩家之説,皆爲詞學之正軌。……不佞昔於羊石,嘗從海綃翁游。於詞學之源流正變,温柔敦厚之微旨,與夫順逆離合之所在,翁時時爲言不厭。余詞學之根株,得翁灌溉噓植者匪尠。今兹《宋詞緒》之編纂,即本周、陳兩家之説,融會而貫通之。雖未敢稱有功於詞學,而詞壇撥亂反正聲中,或亦可許爲馬前之一卒也。①

從上可見,《宋詞緒》實是基於清代常州詞派及陳洵《海綃説詞》的詞學理論而編成的,其中所謂"融會而貫通",應是指保留了周濟的"問塗碧山",此與陳洵異;而退辛棄疾爲諸子,則同於陳洵,異於周濟。這裏保留了"問塗碧山",説明秋雪在學詞上注重次第,而不躐等,忽視初步模擬、揣摩的對象。這或許與個人的學詞經歷有關,但也較合符一般學詞者的規律。當然,除了詞學觀念的差異外,此或與秋雪詞多近碧山的"靨心切理,言近指遠",而少稼軒詞的"激昂豪邁"有關。

除體例上的特點外,《宋詞緒》還有兩個方面值得特別留意:第一,書中"第一、二卷,以人領詞。三卷及補遺一卷,則將作者姓名,分附詞名之下"。"各詞依詞律之例,除就字句附注平仄、韻叶、句讀外,并將各調必要之上去聲字另加注明。""計全書所收已逾百調,可作填詞圖譜觀。"②如上所述,在"雪堂"時期,馮秋雪就曾在《詩聲》上編撰"莽蒼室詞譜",累積了豐富的材料和經驗,此次可謂駕輕就熟。更加值得注意的是,秋雪對於一些詞調的具體填詞之法發表了個人的見解。如《絳都春》,《宋詞緒》所據爲吴文英《爲李筼房量珠賀》詞:

情黏舞綫。悵駐馬**灞**橋,天寒人遠。旋**剪露**痕,移得春嬌**栽瓊苑**。流鶯長語煙中怨。**恨**三月、飛花**零亂**。**豔**陽歸後,紅藏翠掩,小坊幽院。　　誰見。新腔**按徹**,**背燈暗共倚**、筼屏蕙蒨。**繡被夢輕**,金屋妝

---

① 馮平(秋雪)編:《宋詞緒序》,第1—2頁。
② 馮平(秋雪)編:《宋詞緒·凡例》,第1頁。

深**沈香換**。梅花重洗春風面。**正谿上**、參橫**月轉**。並禽飛上金沙，**瑞香霧**煥。

秋雪云：

按："旋蔫"至"零亂"，與後"繡被"至"月轉"同。"栽瓊苑"、"沈香換"，平平仄是定格。"灞"、"露"、"共"、"夢"四字，人尤易於用平，此則必須去聲。餘如"旋"、"恨"、"豔"、"翠"、"按"、"背"、"暗"、"繡"、"正"、"上"、"瑞"、"霧"等字，亦俱用去聲，各家俱同。又，"背燈暗共倚"句，不妨於"暗"字分豆，其下六字易填。①

此段大體同於清人萬樹的《詞律》②，陳廷敬、王奕清等奉康熙命編寫的《欽定詞譜》亦以此詞為例，《詞譜》謂"此調前後段第五句例作拗體"，"填者能悉如吳詞，始格律謹嚴"③，即所謂的"平平仄是定格"。至於"背燈暗共倚"句，《詞譜》於"暗"分豆，今人多從之④；秋雪則從《詞律》於"倚"分豆，萬樹曾解釋為"以備此上五下四體也"，秋雪略去未言。

又如《齊天樂》（即《臺城路》），《宋詞緒》所據為周邦彥詞：

　　綠蕪凋盡臺城路，殊鄉又逢秋晚。**暮雨**生寒，鳴蛩勸織，深閣時聞裁翦。雲窗**靜掩**。歎重拂羅裀，頓疏花簟。尚有**練囊**，露螢清夜照書卷。　　荆江留滯**最久**，**故人相望處**，離思何限。**渭水**西風，長安亂葉，空憶詩情宛轉。凭高**眺遠**。正玉液新篘，蟹螯初薦。醉倒**山翁**，但愁斜**照斂**。

秋雪云：

　　按：前段"暮雨"至"練囊"，後段"渭水"至"山翁"，句法平仄同。"靜掩"、"眺遠"、"照斂"，皆用去聲。後結須如五言詩一句，上二下三，不可用上一下四。又，"故人相望處"句，上二下三，而碧山詞"歎移

---

① 馮平（秋雪）編：《宋詞緒》，第 71—72 頁。
② 萬樹：《詞律》卷一六，清光緒二年（1876）刻本，第 26—27 頁。
③ 王奕清等：《欽定詞譜》卷二八，第 506 頁。
④ 參見龍榆生編撰：《唐宋詞格律》，香港：中華書局 1987 年版，第 122 頁；謝桃坊編著：《唐宋詞譜校正》，上海：上海古籍出版社 2012 版，第 477—478 頁。

盤去遠",作上一下四,想可不拘。①

此段亦基本上撮録自《詞律》,但《詞律》以王沂孫《齊天樂・蟬》爲例,故云:"'歎移盤去遠'句,可用上二下三,五言詩句法。"②秋雪以周詞爲例,遂反説之。與秋雪同時之陳匪石,其《宋詞舉》對此調的"考律",亦多近似。《宋詞舉》所據詞例同於《詞律》,其謂"句末之'過雨'(按:即周詞的'静掩')、'似洗'(按:即周詞的'最久')、'更苦'(按:即周詞的'眺遠')、'萬縷'(按:即周詞的'照斂'),必用去上",此同於《詞律》。又云:"結句當用二、三句法。"③馮、陳兩家説法基本一致,但秋雪似乎對於上、去之辨更爲嚴謹。

當然,秋雪也不是對《詞律》亦步亦趨,而是有所别擇的。如其於《法曲獻仙音》(周邦彦"蟬咽涼柯"詞)云:"《詞律》以爲'耿無語'三字,屬後段之首句。戈(載)選《宋七家詞》亦然(按:此同《詞譜》)。惟周(濟)選《宋四家詞》,則屬前段之尾句。今從之。"④又如《霜葉飛》(吴文英《重九》詞),其云:"本調《詞律》以'斷煙離緒關心事'爲句,作七字句起。杜《校》⑤謂當以'斷煙離緒'爲句,'緒'字是暗韻。因各家如張玉田有三首,均首句第四字有暗韻;周詞'霧迷衰草'一首,'草'字亦叶。兹從杜《校》。"⑥從上可見,馮秋雪據清人的《詞律》、《欽定詞譜》,以及各家詞選等書,參以自己的填詞經驗,對各調中的關捩之處,皆作了扼要精到的説明,確實達到"爲學詞者便利"⑦的初衷。

第二,在《宋詞緒》中,每詞附有諸家評語。如上所述,馮秋雪早年撰有"冰簃詞話",然"抗戰事起,全稿散失"。在編纂《宋詞緒》時,秋雪僅"以記憶所及,其於各詞中有所論列者,間以之附諸各家評語之末"⑧。今檢全書,共得"冰簃詞話"35條,與所選詞作的比例爲五比一,具體分佈情況詳見下表:

---

① 馮平(秋雪)編:《宋詞緒》,第14—15頁。
② 萬樹:《詞律》卷十七,第22—23頁。
③ 陳匪石:《宋詞舉》(外三種),上海:上海古籍出版社2016年版,第27、28頁。
④ 馮平(秋雪)編:《宋詞緒》,第26頁。
⑤ 杜《校》指的是清人杜文瀾的《詞律校勘記》,此書有清咸豐十一年(1861)序刊本。
⑥ 馮平(秋雪)編:《宋詞緒》,第40—41頁。
⑦ 馮平(秋雪)編:《宋詞緒・凡例》,第1頁。
⑧ 馮平(秋雪)編:《宋詞緒・凡例》,第1頁。

卷　　數	詞　　人	詞話條數	合　　計
師周吳第一	周邦彥	5	13
	吳文英	8	
問塗碧山第二	王沂孫	6	6
餘子為友第三	錢惟演	1	12
	晏　殊	3	
	歐陽修	1	
	張孝祥	2	
	姜　夔	2	
	劉克莊	1	
	周　密	1	
	姚雲文	1	
補遺	范仲淹	1	4
	柳　永	1	
	晁補之	1	
	賀　鑄	1	
總　計			35

從上表可見,關於周、吳、王三人詞作的評語最多,加起來共19條,佔總數一半有餘。這當然與《宋詞緒》的體例有關,不過也反映出馮秋雪對三人詞作的高度重視。其中對王沂孫有總評,云:"碧山詞意顯而不晦,又能含蓄。夫顯則易流於直率,碧山卻顯而能曲、能留,其不可及處在此。"[1]秋雪此據陳洵"詞筆莫妙於留。蓋能留,則不盡而有餘味"[2]之論以評碧山,可謂有發揮師說之功。

"冰篴詞話"多着眼於詞的作法和意韻,如評周邦彥《點絳唇‧遼鶴歸來》云:"此詞脈絡釐然。以相思為經,以寄書為緯。'舊時'二句,用留字訣

---

[1] 馮平(秋雪)編:《宋詞緒》,第77頁。
[2] 陳洵《海綃説詞‧通論》,載於唐圭璋編:《詞話叢編》第5冊,北京:中華書局1986年版,第4840頁。

收住,並復上'遼鶴'二句。讀之令人盪氣迴腸,有悠然不盡之思。"①而評《蝶戀花‧月皎驚烏棲不定》,分析則更為細緻,其云:"不隔。"又曰:"刻骨深情,語語從心坎中出,不假彫飾,可抵一篇江淹《別賦》。換頭'執手'三句,情景逼真,低徊往復,極纏綿之致,已難為別矣。至'露寒人遠雞相應',更何以為情邪。末句以'露寒'回應'月皎',以'雞相應'回應'驚烏',以'人遠'回應'棲不定'。周詞脈絡之細,於此可見。"②至評王沂孫《法曲獻仙音‧聚景亭梅次草窗韻》亦用此法,其云:"'已銷黯'句用重筆作撇,總束上段。然後以'況淒涼'句進深一層開下,'荏苒'句復提,回顧上段。縱有復盪開,但殷勤復合。數虛字運用之妙,為王詞少見者。"③秋雪評詞固然多受《海綃說詞》中倒提、逆挽、虛提、實證、推開、逼近、離合、順逆等繹詞之法的啟發,但也不乏一些個人獨特的見解,有助於後人讀詞時參考。

與此同時,"冰簃詞話"對宋詞中的悲壯激越之作亦未有忽略,如評姜夔《一萼紅‧人日登定王臺》云:"換頭以下,聲可裂帛。姜詞之聲情激越者,首推此闋。"④又如評周密《高陽臺‧寄越中諸友》云:"'夢魂'二句,語意精警,未經人道。《一萼紅》、《高陽臺》,皆草窗詞之沈雄悲壯、聲情激越者。"⑤可見秋雪評詞一定程度上兼顧到宋詞中的各類作品,甚至同一詞人的不同風格作品。此外,"冰簃詞話"也注意發掘詞中所隱含的家國之思,如評姜夔《長亭怨慢‧漸吹盡枝頭香絮》云:"'高城不見'、'亂山無數',隱刺時局,何限感喟。"⑥又如評吳文英《古香慢‧滄浪看桂》云:"亡國之音哀以思,此詞定必元兵入臨安後作。曰'淩山高處,秋澹無光'者,哀九廟之邱墟也;曰'夜約羽林輕誤'者,咎約金攻遼、約元滅金之失策也;曰'更腸斷,珠塵蘚路'者,傷帝昺之蒙塵嶺海也。"⑦陳洵曾謂此詞"傷宋室之衰也",秋雪進一步細繹,以求句句落實,雖不免有比附之嫌,但亦可見其玩索之深;加之當時秋雪身處抗戰危難之際,感受自非尋常。

總之,《宋詞緒》是一部深受常州詞派理論影響,但編例又別具特色。

---

① 馮平(秋雪)編:《宋詞緒》,第 2 頁。
② 馮平(秋雪)編:《宋詞緒》,第 10 頁。
③ 馮平(秋雪)編:《宋詞緒》,第 89 頁。
④ 馮平(秋雪)編:《宋詞緒》,第 116 頁。
⑤ 馮平(秋雪)編:《宋詞緒》,第 126 頁。
⑥ 馮平(秋雪)編:《宋詞緒》,第 117 頁。
⑦ 馮平(秋雪)編:《宋詞緒》,第 75 頁。

選詞注重"沈深渾厚,不取淺薄纖巧之作"[①];對每調的詞律有扼要説明,對每詞有集評,間附有編著者評語的詞選著作,它充分反映了馮秋雪的總體詞學水平。在此還需指出的是,《宋詞緒》雖遲至1965年纔在香港出版,但其主體寫作時間為20世紀30至40年代,定稿於1945年。因此,《宋詞緒》應該放在澳門詞學以及民國詞學的範圍内,進行更加深入的研究和全面的評價。

結　語

馮秋雪不僅是澳門民國時期的重要詞人,作詞不少,並且形成了個人的風格,與此同時,他於早年在澳門致力以各種形式推廣普及詞學知識,撰寫"詞話"著作;中歲以後,又傾力編撰了一部具有學術價值的詞選著作。反觀澳門民國時期的其他詞人,鮮有能在創作外,同時兼顧詞學的推廣、詞作的批評以及詞學的研究,且取得如此豐碩成果者。此外,秋雪的詞學思想和批評上承嶺南詞學大家陳洵,進而接通清代常州詞派的脈絡,因此完全可將其視為清代至民國詞學中的一個有機組成部分。由此可見,對於馮秋雪詞學的探討不僅可以填補澳門民國詞學研究中的一個重要空白,而且可為澳門與嶺南以至整個清代民國詞學關係的尋繹,提供一個較有學術價值的例證。

(作者單位:澳門大學中國語言文學系)

---

① 馮平(秋雪)編:《宋詞緒·補遺》,第132頁。

On Feng Qiuxue's Contribution to
Ci Studies in Macao

Chon-chit Tang

During the Republican era, Feng Qiuxue of Macao *Xue She* (snow poetry society, which include *Xue Tang*, snow poetry institute) not only created large number of poems and *ci*, but also made outstanding achievement in promoting and researching *ci* studies. Qiuxue compiled "Mang Cang Shi Ci Pu" and "Bing Yi Ci Hua" in *Voice Of Poetry—Xue Tang Monthly* and composed *ci* in Western style. Furthermore, he compiled *Song Ci Xu* (preface to *ci* of Song Dynasty), with unique views on the textual study of *cipu* and *ci* criticism. Feng Qiuxue's *ci* study links the Lingnan *ci* writer Chen Xun with the *ci* school of Changzhou in Qing Dynasty. To discuss Qiuxue's *ci* study not only fills in important gaps in the *ci* study in Macao during the Republican era, but also sets an example of the academic significance of exploring the relationship between the *ci* studies in Macao and Lingnan region during the Qing Dynasty and the Republican China.

Keywords: Macao Literature, Feng Qiuxue, *Song Ci Xu*, Ci study, Modern Literature

徵引書目

 1. 中國人民政治協商會議全國委員會文史資料研究委員會編:《辛亥革命回憶錄》第二集,廣州:文史資料出版社,1981 年版。
 2. 中國人民政治協商會議廣州市委員會文史資料研究委員會編:《廣州文史資料》第十一輯,廣州:廣東人民出版社,1964 年版。
 3. 萬樹:《詞律》,清光緒二年(1876)刻本。
 4. 王奕清等編:《欽定詞譜》,北京:中國書店,2010 年版。
 5. 珠海市政協文史資料委員會編:《珠海人物傳》,廣州:廣東人民出版社,1993 年版。
 6. 廣州市文史館編:《廣州市文史研究館志》,廣州:廣州市文史館,2003 年版。
 7. 雪社:《雪社第一集》,澳門:雪社,1925 年版。
 8. 雪社:《雪社第二集》,澳門:雪社,1926 年版。
 9. 雪社:《雪社第三集》,澳門:雪社,1927 年版。
10. 雪社:《雪花——雪社第四集》,澳門:雪社,1928 年版。
11. 雪社:《六出集——雪社第五集》,澳門:雪社,1934 年版。
12. 傅玉蘭編輯:《雪社作品彙編》(全 3 冊),澳門:澳門文化局,2016 年版。
13. 馮秋雪、馮印雪、趙連城:《綠葉——雪社叢書之一》,澳門:雪社,1928 年版。
14. 馮秋雪:《支春日寐》,澳門:雪社,1950 年版。
15. 馮秋雪:《甲申夏詞》,馮秋雪手寫印本,1946 年版。
16. 馮秋雪:《秋音乙稿》,澳門:雪社,1940 年版。
17. 馮秋雪:《秋音甲稿》,澳門:雪社,1939 年版。
18. 馮平(秋雪)編:《宋詞緒》,香港:中華書局,1965 年版。
19. 鄭煒明:《澳門文學史》,濟南:齊魯書社,2012 年版。
20. 李鵬翥等:《澳門文學論集》,澳門:澳門文化學會、澳門日報出版社,1988 年版。
21. 林玫儀主編:《詞學研討會論文集》,臺北:中研院中國文哲研究所籌備處,1996 年版。
22. 龍榆生編撰:《唐宋詞格律》,香港:中華書局,1987 年版。
23. 謝桃坊編著:《唐宋詞譜校正》,上海:上海古籍出版社,2012 年版。
24. 陳匪石:《宋詞舉》(外三種),上海:上海古籍出版社,2016 年版。

論敘事與抒情的邊界

饒龍隼

【摘 要】通觀中國古代各體文學發展演進的種種情形可知,敘事與抒情經由共生、分化、消長、互滲的歷程,兩者邊界是流動變化的,非一次劃定而截然清晰。從原始宗教到《詩》演述時期,敘事與抒情本來是一體共生的;春秋戰國以至兩漢時期,《詩》的賦與比興分開,賦的手法與賦的體式分開,賦體文學與他體文學分開,敘事與抒情分化,其邊界日益清晰;魏晉以後以詩歌為代表的抒情文類、以說部為代表的敘事文類分途發展,其抒情、敘事所占份額此消彼長,兩者邊界主要表徵在文體分類上;及至明清時期,兩者有時含混,敘事與抒情諸要素在此消彼長的同時,竟在某些特定的文類中出現互滲現象。是知,敘事與抒情並非靜止而截然二分,兩者邊界一直處於流動變化之中。

【關鍵詞】邊界　共生　分化　消長　互滲

近世以來隨著抒情傳統與敘事傳統討論的深入,中國古代文學敘事與抒情的邊界問題日益凸顯。它們究竟有無邊界?若有邊界則在哪裏?其邊界是模糊的,還是截然清晰的?其邊界是一次劃定,還是歷史地生成的?這一系列問題,亟需得到解決。這些問題若獲解決,且能付諸學術實驗;則可為疏通中國文學抒敘傳統提供理論依據,也能夠更好地參與中國文學研究的國際對話,以校正充實陳世驤"中國文學抒情傳統"說,並證成中國文學敘事與抒情兩大傳統並行論。

一、叙事與抒情之同體共生

　　文字表達的方式多樣,叙事與抒情特其二義,此外還有議論與説明等,而前二者更適用於文學。從中國文學史的源頭上説,叙事與抒情發生孰先孰後,是個難以考索的問題,今日恐祇能任其茫昧。然據甲骨文和青銅文,及其相應的表達辭式,猶可探悉情、事性狀,並考察抒、叙之何如。甲骨文出現"事"字162處,祇出現"情"字1處;青銅文無"情"字,出現"事"字338處;甲骨文無"抒""叙"字,《殷周金文集成》亦無之①。這起碼説明,在殷周之際,抒與情、叙與事不可能成辭,抒情與叙事的概念無從談起。

　　然而這祇是一種器物文字上的表象,並不排除當時有抒情、叙事之行為。此中抒情、叙事的實際狀況與情形,可據從"心"字和"事"字來分析。

　　先看從"心"字。在甲骨文字中,從"心"者少,據于省吾《甲骨文字詁林》著録,從"心"的甲骨文字大略有15個,分別為心(󰀀)、文(󰀀)、㱿(󰀀)、忌(󰀀)、志(󰀀)、沁(󰀀)、悆(󰀀)、戀(󰀀)、恩(󰀀)、窓(󰀀)、慮(󰀀)以及不可識讀的󰀀、󰀀、󰀀、󰀀,這些字多為人、地、水名,看似没有明顯的情感含義,其所出文句多為叙事,亦幾乎没有抒情意味;據張亞初《殷周金文集成引得》,從"心"的青銅文字大略有84個,其中帶情感含義的字,有心(󰀀)、志(󰀀)、忍(󰀀)、忞(󰀀)、忑(󰀀)、忑(󰀀)、盇(󰀀)、懂(󰀀)、懼(󰀀)、惡(󰀀),其所出文句多為叙事,且早期略無抒情意味。

　　如較早的周武王時器保卣銘文:

　　　　乙卯,王令保及殷東或五侯,征兄六品,蔑曆于保,易賓,用乍文父癸宗寶陵彝。遘于四方迨王大祀、祓于周,才二月既望。

又如較晚的周宣王時器虢宣公子白鼎銘文:

---

① 甲骨文出現"事"字,分別見《合集》115處、《合補》41處、《花東》6處;甲骨文出現"情"字僅見於《合補》1處;青銅文以《殷周金文集成》為檢索標本。

虢宣公子白乍陵鼎,用追享於皇且考,用祈眉壽,子孫永用□寶。①

但也有學者指出個別特例,如西周前期作册嗌卣銘文:

乍册嗌乍父辛陵,氒名義曰:"子子孫寶。"不彔!嗌子,子延先盡死。亡子,子,引有孫!不敢䠶憂。况彝,用乍大禦於氒且匕、父母、多申。母念哉!戈勿剝嗌鰥寡遺袼,石宗不剌。

晁福林説:"《作册嗌卣》卻是一個例外,它既没有稱頌先祖之美,也没有走'子子孫孫永寶'這樣的'明著之後世'的路徑,而是彰顯個人的失子之痛、失子之憂。就此而言,若謂此篇銘文是後世悼亡文字的濫觴,並不過分。此篇銘文没有直接寫自己的苦痛心情,而是胸臆臨銘而發,感觸方現於筆端。"②據實而言,這番分析屬援後例前,明顯有誇大其詞嫌疑。銘文中確實述及嗌亡子之事,但並非抒寫器主的失子憂痛,而衹是向祖神陳述其情,並明確説"不敢䠶憂"。所以,該銘雖然表達很特殊,但仍屬叙事而非抒情。

再看"事"字。甲骨文中,"事"字作𠭯、𠭯,从又持中,爲手執簡書之象形,其在卜辭實例中,事、史、使無别,蓋指執簡策之職官,及其所掌管之職事③;青銅文中,"事"字作𠭯、𠭯,从又持中,亦手執簡書之象形,蓋承甲骨文之筆勢而來,然上作三歧乃周文特有,亦指執簡以記録之職事。王國維説:"史之本義爲持書之人,引申而爲大官及庶官之稱,又引申而爲職事之稱。其後三者各需專字,於是史、吏、事三字於小篆中截然有别。持書者謂之使,治人者謂之吏,職事謂之事。"④由此可知,史爲記事之類職官,事爲史官所記之事;則甲骨、青銅文之叙事職能,乃殷周制度設施之固有節目。陳夢家曾通過綜述西周銘文所載,將成、康以後史官演變分爲三期⑤:

---

① 以上參見陳夢家:《西周銅器斷代》(上册),北京:中華書局2004年版,第7、330—331頁。
② 晁福林:《〈作册嗌卣〉:風格獨特的周代彝銘》,載於《中國社會科學報》2019年4月29日第7版。
③ 于省吾説:"史字所從之中,究屬何物,實難索解。……王國維以爲中爲盛簡策之器,亦難令人信服。商代已有典册,但未見與中有任何聯繫。晚周以後'中'之形制尚難以説明商代事物。"參《甲骨文字詁林》第四册,北京:中華書局1996年版,第2961頁。
④ 王國維:《觀林堂集·釋史》,北京:中華書局1959年版,第270頁。
⑤ 參見陳夢家:《尚書通論》(增訂本),北京:中華書局1985年版,第147頁。

初　期	中　期	晚　期
乍册	乍册尹、命尹	
内史	内史、乍册内史、乍命内史	内史尹
	尹氏、尹氏友	尹氏
史	史	史

這三個時期都有史與内史之類職銜，合"大史、内史掌記言、記行"説[1]。後世傳説、文籍載述，又有左史、右史之分。如劉勰稱："史者，使也。執筆左右，使之記也。古者，左史記事者，右史記言者。言經則《尚書》，事經則《春秋》也。"[2]不論"言""事"如何，均爲史官所叙之事無疑。

但甲骨、青銅文所反映的情況，並不能説明叙事就早出於抒情。這是因爲，龜甲獸骨和青銅鼎彝作爲器物，其貞卜、祀典功能是第一屬性，其所銘刻的文字衹是附屬品，而不是獨立自足的文本形式。若將甲骨青銅器物與所銘刻文字一同觀察，就會發現其所含叙事與抒情是同體共生的。通常貞卜的對象是祖先或神靈，貞人和時王都滿懷虔敬之心情，在這通靈的占問與刻辭活動中，情感表達和事件陳述是並行的；同樣，鑄銘隱含的對象是祖先和後代，器主人既敬慕祖德又冀望後人，在其家族銘功紀德的鑄造活動中，情感表達和事件陳述也是並行的。

今所見保存較完整的甲骨卜辭，包含前辭、命辭、占辭、驗辭，各部分文辭不是連貫的，而是貞卜諸環節的記録。如："（前辭）戊子卜。（命辭1）𢇍貞：帝及四夕令雨？（命辭2）貞：帝弗其及今四夕雨？（占辭）王占曰：丁雨，不重辛。（驗辭）旬丁酉，允雨。"[3]這四部分要連綴起來，纔能構成完整的叙事；而其連綴所依憑的就是貞卜程式，以及貫注其中的對上帝虔敬之情。故知其事與情是一體二分的，則叙事與抒情行爲實屬共生。青銅器銘

---

[1] 鄭玄注，孔穎達疏：《禮記注疏》卷二九《玉藻》，阮元校刻《十三經注疏》本，北京：中華書局1980年版，第1474頁上。
[2] 劉勰著，范文瀾注：《文心雕龍注·史傳》，北京：人民文學出版社1958年版，第283頁。關於左史、右史之職分，史載有兩種相反的説法。劉勰所記特其一種，同於《禮記·玉藻》："動則左史書之，言則右史書之。"然史志所載，正好反過來。《漢書·藝文志》："古之王者，世有史官……左史記言，右史記事。"《隋書·經籍志》："夏殷以上，左史記言，右史記事。"兩説以何者爲正，今日恐難以稽考。
[3] 胡厚宣總編：《甲骨文合集》，北京：中華書局1978—1982年版，第一四一三版。

的情況與甲骨貞卜近同,而又有自身特點和後續發展變化。早期青銅器的銘文簡樸,字數偏少甚或僅為族徽,其叙事的意味不甚明顯,而銘功紀德的情意較强;以後銘文字數逐漸增多,所述祖德勳績亦更詳實,其叙事的功能日益凸顯出來,而與器主人的情意共為一體。

以上通過甲骨文與青銅文這類器物文字,分析殷周之際叙事與抒情同體共生現象。這個現象在遠古時期是普遍存在的,因而隱含了叙事與抒情共生之通例。以此推尋,遠古歌謠,例皆情、事兼含,抒情與叙事共體:

例1《彈歌》:"斷竹。續竹。飛土。逐宍。"① 傳說此為黄帝時的歌舞,舞蹈是模仿狩獵的場景,歌詞是呈現捕獵的過程,前者為激奮情緒之宣洩,後者為連續動作之描述。將這兩相配合起來分析,即為抒情與叙事之共生。

例2《葛天氏歌》:"一曰載民。二曰玄鳥。三曰遂草木。四曰奮五穀。五曰敬天常。六曰達帝功。七曰依地德。八曰總萬物之極。"② 此為遠古葛天氏族祀神慶功的歌舞,儀式為三人操牛尾、投足以歌八闋。這八闋實為八個歌舞段落,逐一演述氏族生活的場景,包括養育百姓、圖騰崇拜、水土保護、五穀生產、敬奉天常、建立帝功、依順地德、統領萬物③,這些實堪稱宏大叙事,而多種崇高情感寓焉。

例3《伊耆氏祭歌》:"土反其宅,水歸其壑,昆蟲勿作,草木歸其宅。"④ 這是伊耆氏蠟祭歌舞,為祈求來年風調雨順,而模仿天神威嚇訓斥的語氣,命令水土昆蟲草木各安其事。此將叙事隱含在神威之中,而呈現快意又莊嚴的情氛。

例4《搶親歌》:"賁如,皤如,白馬翰如。匪寇,婚媾。"⑤ 這是遠古氏族搶親習俗及場景的描繪,其野性衝動和歡快喜慶之情溢於言表。

---

① 趙煜:《吴越春秋》卷五,景印文淵閣《四庫全書》本,臺北:臺灣商務印書館1983年版第463册,第60頁。
② 吕不韋主撰,王利器注疏:《吕氏春秋注疏·仲夏紀·古樂》,成都:巴蜀書社2002版,第536—538頁。
③ 吕不韋主撰,王利器注疏:《吕氏春秋注疏·仲夏紀·古樂》,第538頁。引畢沅校語:"舊本作'總萬物之極'。校云:一作'禽獸之極'。今案《初學記》卷十五、《史記·司馬相如傳》索引及《選》注皆作'總禽獸之極',今據改正。"畢氏所據諸校本均出自唐代,比東漢高誘的注本更晚產生。"禽獸"作"萬物",或另有所本,可並存不廢,而於義無害。
④ 鄭玄注,孔穎達正義:《禮記正義·郊特牲》,阮元校刻《十三經注疏》本,第1454頁上。
⑤ 王弼、韓康伯注,孔穎達正義:《周易正義·賁》,阮元校刻《十三經注疏》本,第38頁上。

例5《潛龍歌》：" 潛龍勿用，見龍在田，或躍在淵，飛龍在天，亢龍有悔，見群龍無首。"①這是一首遠古歌謠，描述龍的潛飛過程；但它不是意脈聯貫的文辭表達，而分屬於筮占操持程式諸步驟。其步驟有四：（一）用枚蓍籌算，以確定占問事類所隨機配對的卦名《乾》；（二）查閱占卜書，以給《乾》卦的每一爻位和整卦配對謠辭；（三）依據卦象和《易》象對爻辭作出解說；（四）結合謠辭和《易》象來占斷吉凶禍福。在這頗為神秘的操持程式中，逐步灌注敬慎、剛健之志意；故神龍潛飛之事與君子自強之志，同演述於卜官的筮占諸步驟之中。

例6《姎女歌》："燕燕往飛。"此為有娀氏二姎女所作歌，因其極簡樸而為北音之始。其創作情形為："有娀氏有二姎女，為之九成之臺，飲食必以鼓。帝令燕往視之，鳴若謚隘。二女愛而爭搏之，覆以玉筐。少選，發而視之，燕遺二卵，北飛，遂不反。二女作歌。"②燕應該是某氏族的圖騰，蓋該氏族與有娀氏通婚，纔發生男女戀情，而產生這首戀歌。像這種演生於原始宗教之鳥圖騰崇拜中的愛情，其燕飛鳴逝之事與戀慕不舍之情是一體未分的，兩相共生，見於音初。

例7《擊壤歌》："日出而作，日入而息。鑿井而飲，耕田而食。帝力于我何有哉。"這是逯欽立《先秦漢魏晉南北朝詩》卷一所錄詩歌，大概是依據更晚出文籍所載《擊壤歌》諸本校訂的。該詩前四句為叙事，最末一句則屬議論。其實，在王充《論衡·感虛》等篇中，載錄有《擊壤歌》更早版本："吾日出而作，日入而息，鑿井而飲，耕田而食，堯何等力？"此本叙事性增強，議論的意味減弱。若再往上追溯，則知該詩本無。《莊子·讓王》曰："舜以天下讓善卷，善卷曰：'余立於宇宙之中，冬日衣皮毛，夏日衣葛絺；春耕種，形足以勞動；秋收斂，身足以休食。日出而作，日入而息，逍遥於天地之間，而心意自得，吾何以天下為哉！悲乎，子之不知余也！'遂不受。"後《淮南子·齊俗訓》亦因承之，祇是將主角善卷改為古童蒙民。由此可知，傳說堯盛平時期的擊壤歌，實為一種自娛的歌舞唱和，其文辭之有無、文本之歧異實不足深考，然其情緒的發洩與美善之追述必相伴生③。

例8《候人歌》："候人兮猗。"此為塗山氏女所作歌，因其極簡樸而為南

---

① 王弼、韓康伯注，孔穎達正義：《周易正義·乾》，阮元校刻《十三經注疏》本，第13—15頁上。
② 呂不韋主撰，王利器注疏：《呂氏春秋注疏·季夏紀·音初》，第627—631頁。
③ 以上參考饒龍隼：《擊壤歌小考》，載於《古典文學知識》2001年第2期，第64—70頁。

音之始。其創作情形為:"禹行功,見塗山之女。禹未之遇而巡省南土。塗山氏之女,乃令其妾,候禹於塗山之陽。女乃作歌。"①"候人"既為極短之敘事,"兮猗"又是深情的發抒,兩相共生,亦出音初。

如上所示,原始宗教活動中的歌舞謠謳,其抒情與敘事是同體共生的;而作為原始宗教整合昇級版的祖神崇拜,及其制度化產物的甲骨貞卜、青銅鑄銘,其抒情與敘事也仍是同體共生的,故表徵為抒情與敘事之早期狀態。這狀態為敘事主要由文辭承擔,而抒情主要由器物或儀制承擔。總之,從遠古歌謠,到殷周甲金,例皆情、事並生,更兼抒、敘共體。

二、敘事與抒情之體制分化

中國本土的原始宗教諸形式,如天帝—高級神、巫術儀式、圖騰崇拜、萬物有靈、祖先崇拜、自然—星辰神話、祖神崇拜,及其作為制度化產物的甲骨貞卜、青銅鑄銘、《周易》占卜、禮樂儀制、《詩》篇演述等等②,都是抒情與敘事的原始載體。這些原始載體之功能發揮,其有效時間是極為漫長的,上可追溯至遙遠的鴻蒙時代,下則臨屆春秋晚期禮崩樂壞。但從周公旦制禮作樂,到孔子所遭禮崩樂壞,這些原始載體也經歷一個衰落失效的過程,就是在這過程中抒情與敘事發生體制分化。

這些原始載體的衰落,是個局部緩慢的過程:一方面,甲骨貞卜、青銅鑄銘、《周易》占卜、禮樂儀制、《詩》篇演述等還在流行,但同時它們的某些傳載功能、操持程式與寓意内涵在逐漸流失、消退或變改;另一面,言語這種新媒質的傳載功能在悄然生長,並逐步取代器物或儀制原來擔當的職能。由於早前敘事主要由文辭承擔,而抒情主要由器物或儀制承擔;所以言語傳載功能之增長,更明顯體現在抒發情志上。

這可從《詩》篇所載,來考察情志抒發狀況。大抵説,十五《國風》和《小雅》中的情志抒發頻繁,而《大雅》和三《頌》中的志意活動卻極少。這個分佈性狀表明兩點:(一)《詩》篇的情志抒發主要發生在志意活動場

---

① 吕不韋主撰,王利器注疏:《吕氏春秋注疏·季夏紀·音初》,第616—619頁。
② 參見饒龍隼:《原始崇信及其表象》,載於《上古文學制度述考》,北京:中華書局2009年版,第90—92頁。

景，而明顯遠離朝政、宴饗、祭祀等公共典禮場合；（二）其志意活動不再依賴禮樂儀制，而是主要訴諸言語文辭之表達。此性狀既見於《詩》篇，也還表徵於《尚書》中。例如：

  1. 謔浪笑敖，中心是悼（《邶風·終風》）；2. 心之憂矣，我歌且謠（《魏風·園有桃》）；3. 毋金玉爾音，而有遐心（《小雅·白駒》）；4. 憂心如惔，不敢戲談（《小雅·節南山》）；5. 心之憂矣，雲如之何（《小雅·小弁》）；6. 往來行言，心焉數之（《小雅·巧言》）；7. 嘯歌傷懷，念彼碩人（《小雅·白華》）；8. 有言逆於汝心，必求諸道；有言遜於汝志，必求諸非道（《商書·太甲下》）；9. 爾惟訓於朕志（《商書·説命下》）；10. 志以道寧，言以道接（《周書·旅獒》）；11. 有夏誕厥逸，不肯慼言於民（《周書·多方》）。

  例 1 至例 7 是《詩》篇中的語句，年代範圍為西周初以至春秋中期；而從其情感色彩看，大多是憂傷的思緒，蓋屬變風、變雅之類，應出自平王東遷前後。這些語例反映了西周晚期人們對志意與言語溝通的樸素認知，其主要特徵是志意與言語發生直接溝通而不需禮樂儀制傳載，志意是抒情主體的，言語也屬抒情主體，兩相均由抒情主體來操控，而達成二者的無間隔膠合。

  以此認知進度來反觀更早《尚書》中的語例，就會發現《尚書》的志意與言語溝通更古樸。例 8 和例 9 中的言語和志意，明顯分屬施受兩種身份的人。施言者發出言語，來幹預受言者的志意；受言者懷有志意，來接受施言者的影響。此即造成這樣的一種狀態，志意與言語不是同出一人；故二者溝通是間接的，尚未達至直接之溝通。例 8 和例 10 中的志意與言語溝通還另有隱情，即志意與言語借助"道"的中介而發生關聯。這樣，不論志意與言語分屬兩人，還是統合在同一個人身上，它們均因"道"的間隔而發生間接溝通，卻無法達成直接溝通。至於例 11 "不肯慼言於民"，雖關夏政而所言在西周早期，時序上更接近《詩》篇中的語例，故其志意與言語溝通與《詩》同。由此可知，儘管《尚書》有疑偽成分，但其語例所顯示總體情態，仍然真實地反映了殷周之交人們對志意與言語溝通的認知，故《尚書》與《詩》篇的認知序列恰與上述示例順序相反，即在該時段人們對志意與言語溝通之認知，經歷一個由間接溝通趨嚮直接溝通的進程。若説志意與言語間接溝通,仍表明有器物儀制的痕跡;那麼志意與言語直接溝通,就使抒情脱離了器物儀制,以此引發兩相的體制分化,而與敘事同訴諸語言表達①。

至此可以説,抒情與敘事之傳載體制及介面,已由器物儀制轉接爲語言媒介。正是得力於語言媒介的逐步深入地參與,抒情與敘事的邊界纔因體制分化而彰顯。比如殷周青銅銘文,越往後其文字越多;並且隨著長篇銘文大量出現,不僅其敘事性獲得長足發展,而且其抒情因素也有所增長,終使器物的表情功能被弱化。尤其戰國中山王䏜鼎,作爲巨幅的青銅載體,竟然銘刻有六百多字長文,而使述事與寫情一體兼備。其文曰:"氐(是)以賜之㝬命:'隹(雖)有死罪,及參(三)丗(世),亡不若,以明其德,庸其工(功),虜老賈奔走不卲(聽)命,寡人懼其忽然不可得,憚憚慄慄,恧(恐)隕社稷之光;氐(是)以寡人許之,恐(毋)息(慮)盧仕(從),皮(彼)有工(功)智斿,訓(台)死罪之有若,知爲人臣之宜(誼)斿。烏虖!念之哉,後人其庸,庸之,毋忘爾邦。"②此一文例亦充分表明,青銅器之情、事共生,已由器物含情、銘文述事之一體二分,演變爲銘文既述事又寫情之一體兼備;則其抒情與敘事之邊界,也就移置到語言媒介上。

與此類似的情形,也顯明在易象上。前引《潛龍歌》之文辭,是依託占卜操持程式的,其神龍潛飛之事與君子自强之志,實分屬於筮占的文辭與程式之中,雖一體二分,而以占爲主。及至春秋晚期孔子研《易》時,占卜功能弱化而文辭功能增强。長沙馬王堆 3 號漢墓所出帛書,其中的《要》篇有一段文字曰:

夫子老而好《易》,居則在席,行則在囊。子贛曰:"……夫子何以老而好之乎?"夫子曰:"……《尚書》多於(闕)矣,《周易》未失也。且又(有)古之遺言焉,予非安其用也。"[子贛曰:賜]"……夫子今不安其用而樂其辭,則是用倚於人也,而可乎?"……子贛曰:"夫子亦信其筮乎?"……子曰:"《易》,我復其祝卜矣,我觀其德義耳。"③

孔子研習《周易》之取向,是"不安其用而樂其辭"。"安其用"即尚占,是指

---

① 參見饒龍隼:《前諸子時期言意關係的新變》,載於《上古文學制度述考》,第 46—51 頁。
② 參見徐中舒:《殷周金文集録》,成都:四川人民出版社 1984 年版,第 386—387 頁。
③ 陳松長、廖名春:《帛書〈二三子問〉、〈易之義〉、〈要〉釋文》,載於《道家文化研究》第三輯,上海:上海古籍出版社 1993 年版,第 434—435 頁。

卜、筮、贊、數等要素；"樂其辭"即尚辭，是指遺言、辭、德義等要素。在尚占與尚辭之間，孔子顯然更重文辭。如此就出現了尚辭不尚占的趨勢，以至有偽託孔子"十翼"之創作，其文辭義理具有相對獨立性，而不再依賴占卜之操持程式。後《焦氏易林》即依循其文辭義理，推演編撰出四千零九十六首卦變辭。這些卦變辭均為四言詩，其中既有敘事又有抒情。如卦辭："黃鳥悲鳴，愁不見星，困於鷙鸇，使我心驚。"①這是一首很純粹的抒情詩，其情思乃因《説卦》而來。依據焦延壽的"卦自為變"之占法，《屯》之《豐》可演為七個單元卦：《離》有"雉"象，可引申為鳥；《震》有"玄黃"之色，則"黃鳥"之象出。《兑》有"口舌"之象，《坎》有"憂愁"之義，則"悲鳴"之象可得。《坎》又為水，可引申為雲；《坤》有"陰""夜"之象，合而為陰雲；《巽》為風，風吹陰雲掩蓋天空，則"不見星"之象出。《艮》有"黔喙之屬"，為黑嘴鳥類之象；《兑》又有"困境"之象，則"困於鷙鸇"之象生。《震》又有"決躁"之象，則可引申為"心驚"②。這樣僅在文辭義理上推演，就奇妙地生成一首抒情詩。像用這種方式創作的詩歌，實已脱離占卜程式之共體，而單純在語言媒介上，就可區分敘事、抒情。

其實上述情形，也可反過來看。語言媒介功能之逐步上昇，擠佔器物儀制的傳載空間，因使鑄銘或筮占承擔的抒情職能退化，而需更純粹的言語文辭形式來替代之。如在晚周詩教興廢和兩漢辭賦興盛的背景上，"賦"的功能變遷及體式生成就頗能説明之：

在《周禮·春官·大師》中，載有針對樂師瞽矇的六詩之教，即風、賦、比、興、雅、頌；同書《春官·大司樂》中，又有針對國子生員的樂語之教，即興、道、諷、誦、言、語。前者旨在培養能演述詩篇的音樂人才，後者旨在培養能行使專對的行政人才。在周代禮樂制度尚完好時，這兩類教職都屬史官系統，能並存不替而各司其責，共同承載禮樂言語行為。及平王東遷而天子衰微，更因春秋晚期禮崩樂壞；這種教學制度遭破壞，出現"詩亡"的局面，瞽矇采《詩》之官失散，新的《詩》篇不再產生③；已經整編好的《詩》篇雖留在官府，但其禮樂形式日漸流失而徒有文辭，成為"賦《詩》言志"的素材，

---

① 焦延壽：《焦氏易林》卷一《屯之豐》，景印文淵閣《四庫全書》本，臺北：臺灣商務印書館 1983 年版第 808 冊，第 279 頁。
② 參見陳良運：《焦氏易林詩學闡釋》，南昌：百花洲文藝出版社 2000 年版，第 348—349 頁。
③ 語出趙岐注、孫奭疏：《孟子注疏·離婁下》："王者之跡熄而《詩》亡，《詩》亡然後《春秋》作。"阮元校刻《十三經注疏》本，第 2727 頁下。

用來修飾朝堂議政和外交辭令；後來孔門開設言語一科，並以《詩》篇作為教程，就是為應對這個變局，以教導弟子能適應之；至於孔子刪定"《詩》三百"，則無奈祇能以文獻形式保存之。在這脱落儀制而徒有文辭的《詩》篇文獻中，原來詩樂演述中的抒情與叙事行為無所附麗；其情志的發抒與人事的記述，就須轉接到新的創作活動中。當時活躍的創作方式有兩種：一是作為士大夫素養的"登高能賦"①，一是制度化的史官之"《春秋》作"。前者主打抒情，是溢出《詩》篇外的謳歌嘯詠②；後者主打叙事，是為春秋時期的列國史記。兩者内涵、語體和功用均不同，展示了抒情與叙事的首次分化。

像這樣轉接為新的創作形式，祇是"詩亡"後的一條出路；同時還開闢另一條出路，即用《詩》方式的變革。原來"六詩"之風、賦、比、興、雅、頌，本是禮制完好時詩樂演述的六道工序，各項目之間是逐步遞進的，共同承載抒情與叙事功能；但隨著《詩》篇以文獻形式被編定，其風、雅、頌作為詩歌類名得落實，而賦、比、興則因無法歸類而没有著落，這反映在《詩大序》中便為"六義"説。《詩大序》對"六義"説，祇解釋了風、雅、頌三項，而於賦、比、興不予解釋，因使此三項有流失的錯覺。

其實賦、比、興這三項並未流失，而是以説《詩》的方式繼續流行，今存《魯詩》殘篇、《毛詩》鄭注等文籍，多保留"賦也"、"比也"、"興也"解説語。如：

　　《關雎》，文王之妃太姒，思得淑女以充嬪禦之職，而供祭祀賓客之事，故作是詩。首章，於六義中，為先比而後賦也；以下二章，皆賦其事，而寓比、興之意。

　　《氓》，淫婦為人所棄，鄘人述其事以刺之。首二章皆賦也，三、四、五［章］皆興也，五章賦也，六章賦中有比也。③

---

① 參見班固：《漢書・藝文志》："《傳》曰：'不歌而誦謂之賦，登高能賦可以為大夫。'言感物造耑，材知深美，可與圖事，故可以為列大夫也。"《二十四史》縮印本，北京：中華書局1997年版，第1755頁。
② 參見饒龍隼：《先秦諸子與中國文學》上編第一章謳歌嘯詠，南昌：百花洲文藝出版社2010年版，第37—109頁。
③ 以上申培：《詩説》，程榮纂輯《漢魏叢書》本，明萬曆新安程氏刊本，長春：吉林大學出版社1992年版，第二三頁上—二四頁上。

這從功能角度對賦、比、興作出解釋,而與風、雅、頌之詩歌體類分列開來;並歷經鄭衆、鄭玄、劉勰、鍾嶸的遞相沿襲,至唐初孔穎達《毛詩正義》而有三體三用說。更在此"三用"之中,賦與比、興進一步區分,賦通常指嚮敘事,比興多指嚮抒情。如:

> 賦之言鋪,直鋪陳今之政教善惡;比,見今之失,不敢斥言,取比類以言之;興,見今之美,嫌於媚諛,取善事以喻勸之。①
> 《詩》有六義,其二曰賦。賦者,鋪也,鋪采摛文,體物寫志也。/比者,附也;興者,起也。附理者切類以指事,起情者依微以擬議。起情故興體以立,附理故比例以生。比則畜憤以斥言,興則環譬以托諷。蓋隨時之義不一,故詩人之志有二也。②
> 詩有六義焉:一曰興,二曰比,三曰賦。文已盡而意有餘,興也;因物喻志,比也;直書其事,寓言寫物,賦也。弘斯三義,酌而用之,幹之以風力,潤之以丹彩,使詠之者無極,聞之者動心,是詩之至也。③

鄭玄從政教功利解說賦、比、興,指明其鋪陳與比類、取喻之差別;劉勰從摛文寫志解說賦、比、興,指出其體物與附理、起情之不同;鍾嶸從言意關係解說賦、比、興,提出書寫事物與隱喻情志需相待。兩相辭采、對象和效用均不同,體現了抒情與敘事的二次分化。

三、叙事與抒情之各體消長

上述抒情與叙事的兩度分化,導致賦的敘事功能急劇增強。隨著賦的敘事功能增強,其所敘事容量也在增加;當敘事文字達到一定長度,就會提高其篇幅的獨立性;而文辭篇章一旦相對獨立,作為文體的賦就脱胎而出。如戰國晚期荀況所作《賦》,本是由五篇詠物短賦構成的,分別題詠禮、知、雲、蠶、箴,文末附有佹詩、小歌兩小部件。此五篇短賦用問答形式展開叙

---

① 鄭玄注,賈公彥疏:《周禮注疏・春官・大師》,阮元校勘《十三經注疏》本,第796頁上。
② 劉勰著,范文瀾注:《文心雕龍注》之《詮賦》《比興》,第134、601頁。
③ 鍾嶸:《詩品・序》,載於曹旭集注:《詩品集注》,上海:上海古籍出版社1994年版,第39—41頁。

事,所謂"君子設辭,請測意之"云,頗類謎語競猜而又含諷喻意味,將《詩》的諷喻精神移入賦體。類似兼含諷喻意味的詠物賦,還有宋玉《風賦》、《釣賦》。是知賦雖"自詩出",然已"分歧異派"①。同是發揮《詩》的諷喻精神,漢代楚辭批評諸家依經立義,將屈原所作《離騷》諸篇及後學追摹之作,強行納入辭賦範圍而有"屈原賦"之名目;又因主客問答是戰國策士的主流言語方式,而使服習縱橫家語的"陸賈賦"獨標一類;至於《客主賦》等十二種,大都是詠物寫事誇誕之作,因無法歸入前三個賦類,乃彙聚一起而稱為雜賦。

對此情形,班固評曰:"春秋之後,周道寖壞,聘問歌詠不行於列國,學《詩》之士逸在布衣,而賢人失志之賦作矣。大儒孫卿及楚臣屈原離讒憂國,皆作賦以風,咸有惻隱古詩之義。其後宋玉、唐勒;漢興枚乘、司馬相如,下及揚子雲,競為侈儷閎衍之詞,沒其風諭之義。是以揚子悔之,曰:'詩人之賦麗以則,辭人之賦麗以淫。如孔氏之門人用賦也,則賈誼登堂,相如入室矣,如其不用何!'"②同出於周代"六詩"演述賦的源頭,至漢代而分出詩人之賦和辭人之賦,賦體從此走向獨立,因而"與詩畫境"③。前者"麗以則",後者"麗以淫";"麗"即語言修飾,是為詩、賦所共有;"則"為遵守法度,"風諭"之義存焉;"淫"為逾越法度,"風諭"之義沒焉;賦體既然"沒其風諭之義",便祇剩"侈儷閎衍之詞"了。這就是漢代大賦的體貌性狀,其辭氣之鋪張揚厲長於體物寫事,而相應地短於言志舒情,故與詩分任敘事與抒情。以後詩、賦分途演進,各成體類而邊界分明,以至有"詩緣情而綺靡"、"賦體物而瀏亮"之斷制④。

與賦體敘事性增強同步,詩的抒情性也逐漸凸顯。中國詩歌最早的源頭,當可追尋到遠古歌謠;然至晚周時期,則有三個近源。一是經刪修的《詩》文本,即文獻形態的"詩三百";二是士大夫"登高"所賦,即散見於載籍的謳歌嘯詠;三是楚地巫歌及文人擬作,即屈原師徒所創作的楚辭。這三宗詩歌資源都出自"詩亡"之後,是與《春秋》敘事並行的抒情之產物,其情感特質明顯,並獲得當下認知。

《詩》篇章句的情感特質,是在用《詩》場景發掘的。春秋時期斷章取義

---

① 劉勰著,范文瀾注:《文心雕龍注·詮賦》,第136頁。
② 班固:《漢書·藝文志》,《二十四史》縮印本,第1756頁。
③ 劉勰著,范文瀾注:《文心雕龍注·詮賦》,第134頁。
④ 六臣注:《文選》卷一七《文賦》,杭州:浙江古籍出版社1999年版,第293頁。

式的"賦《詩》言志"活動，是建立賦誦者與《詩》篇之間的情感對應關係；孔門創設"不學《詩》無以言"的言語教學科，是開啟《詩》興、觀、群、怨的情感教育功能①。這些情感認知不斷培養積累增聚，終至《毛詩序》中獲得理論表述："詩者，志之所之也，在心為志，發言為詩。情動於中，而形於言；言之不足，故嗟歎之；嗟歎之不足，故永歌之；永歌之不足，不知手之舞之、足之蹈之也。"②這是"詩言志"說最早的完整表述，標誌著中國詩歌抒情傳統正式確立。

春秋時人"登高能賦"，本為士大夫的素能修養。故班固追述云："傳曰：'不歌而誦謂之賦，登高能賦可以為大夫。'言感物造端，材知深美，可與圖事，故可以為列大夫也。古者，諸侯卿大夫交接鄰國，以微言相感，當揖讓之時，必稱《詩》以諭其志，蓋以別賢不肖而觀盛衰焉。"③不論是賦誦那些脫離樂舞體制的《詩》篇章句，還是像《大隧》、《狐裘》那樣的"詞自己作"，它們都是"睹物興情"，允能"原夫登高之旨"④。由此可知，散見於載籍的謳歌嘯詠，容涵士大夫的情感體認。

楚辭是屈原借用楚地民間祭祀歌曲形式而創作的，如《九歌》就是他根據舊曲《九歌》而翻作新聲，有所因襲，又有創新⑤。屈原創作一系列作品，已有明確的抒情意識。如《惜誦》"惜誦以至愍兮，發憤以抒情"，《抽思》"茲曆情以陳辭兮，蓀詳聾而不聞"。此創作風氣一旦開啟，宋玉《九辯》亦效曰："竊慕詩人之遺風兮，願托志於素餐。"對此，劉勰既從宗經角度強調其"取熔《經》旨"，又從情辭表達方面肯定其"自鑄偉辭"："《騷經》《九章》，朗麗以哀志；《九歌》《九辯》，綺靡以傷情……故能氣往轢古，辭來切今，驚采絕豔，難與並能矣。"⑥

以上三宗對詩歌情感特質的認知，不僅終結了情志抒寫的自發狀態，

---

① 參見何晏等注，邢昺疏：《論語注疏·陽貨》："子曰：'小子何莫學夫《詩》？《詩》可以興，可以觀，可以群，可以怨；邇之事父，遠之事君，多識於鳥獸草木之名。'"阮元校刻《十三經注疏》本，第 2525 頁中。
② 毛亨傳，鄭玄箋，孔穎達正義：《毛詩正義·大序》，阮元校刻《十三經注疏》本，第 269—270 頁。
③ 班固：《漢書·藝文志》，《二十四史》縮印本，第 1755—1756 頁。
④ 以上劉勰著，范文瀾注：《文心雕龍注·詮賦》，第 136 頁。
⑤ 王逸、朱熹都肯定《九歌》是屈原在沅、湘流域民間祭歌基礎上的創作，胡適《讀楚辭》、陸侃如《屈原評傳》則指出《九歌》為楚地宗教舞ır；聞一多《甚麼是九歌》則認為是楚國郊祀的樂章，周勳初《九歌新考》肯定《九歌》為屈原的創作。
⑥ 劉勰著，范文瀾注：《文心雕龍注·辨騷》，第 47 頁。

而且凸顯了詩家對情感的節文作用,從而確立了抒情在詩歌中的主體性。早在孔門《詩》的教學中,孔子就告誡弟子"無邪";"無邪"就是保守《詩》的性情之正,對鄭、衛之音不要往淫邪的方向去想①。嗣後,《荀子·勸學》:"《詩》者,中聲之所止也。"《毛詩序》:"變風發乎情,止乎禮義。""止"就是節止於某一點,這在語言表達上即為節文②。若將節文轉釋為漢魏六朝時期更趨華美的言語修飾,則"詩緣情而綺靡"之"綺靡"就是對抒情的節文。這樣,一方面詩歌明顯具有情感特質,另一面詩家對抒情又有所節止。對此,劉勰總括曰:"詩者,持也,持人情性;三百之蔽,義歸無邪,持之為訓,有符焉爾。"③

若將大賦與詩歌對照而言,則其敘事與抒情各有消長。賦長於寫物敘事,而短於言志抒情;詩長於言志抒情,而短於寫物敘事。正如劉勰所言:"昔詩人什篇,為情而造文;辭人賦頌,為文而造情。何以明其然?蓋風雅之興,志思蓄憤,而吟詠情性,以諷其上,此為情而造文也;諸子之徒,心非鬱陶,苟馳誇飾,鬻聲釣世,此為文而造情也。故為情者要約而寫真,為文者淫麗而煩濫。"④這就確立了敘事在賦中、抒情在詩中的主體性,從此敘事與抒情便成為大賦和詩歌各自的專長;以後雖因文體的變遷與交疊,敘事與抒情的成分各有消長,但總體上不超出這個基本格局,直到中國文學古典形態的終結。

如果說大賦與詩歌分任敘事與抒情,作為"詩亡"後的一種代償與分化,實現了集體創制向私人創作的轉換⑤;那麼"《春秋》作"局面的出現,作為周代職官制度化寫作之留守,則使史官的集體敘事職能不至失墜。當時各國都有史記之編撰,正如《孟子·離婁下》曰:"王者之跡熄而《詩》亡,《詩》亡然後《春秋》作。晉之《乘》,楚之《檮杌》,魯之《春秋》,一也。其事

---

① 參見何晏等注,邢昺疏:《論語注疏·為政》:"子曰:'《詩》三百,一言以蔽之,曰思無邪。'"阮元校刻《十三經注疏》本,第2461頁下。
② 參見荀況著,王先謙集解《荀子集解·儒效》曰:"聖人也者,道之管也,天下之道管是矣,百王之道一是矣;故《詩》、《書》、禮、樂之歸是矣。《詩》言是,其志也……故《風》之所以為不逐者,取是以節之也;《小雅》之所以為'小雅'者,取是而文之也;《大雅》之所以為'大雅'者,取是而光之也;《頌》之所以為至者,取是而通之也。"《新編諸子集成》(第一輯)本,北京:中華書局1988年版,第133—134頁。
③ 劉勰著,范文瀾注:《文心雕龍注·明詩》,第65頁。
④ 劉勰著,范文瀾注:《文心雕龍注·情采》,第538頁。
⑤ 參見饒龍隼:《先秦諸子與中國文學》,第53—62頁。

則齊桓、晉文,其文則史。"其事即指春秋爭霸之史事,其文則指對爭霸事之史述,這當然是一種歷史叙事,祇不過仍屬制度化寫作。對孟子的這個稱述,唐劉知幾有解釋曰:"斯則《春秋》之目,事匪一家,至於隱没無聞者,不可勝載。……孟子曰,晉謂之《乘》,楚謂之《檮杌》,而魯謂之《春秋》,其實一也;然則《乘》與《紀年》、《檮杌》,其皆《春秋》之别名者乎!故墨子曰'吾見百國《春秋》',蓋皆指此也。"①

但隨著春秋晚期職官制度進一步廢壞,史官的史書撰述職能從官府下移民間,以至出現國史日漸曠缺,而私家競相著史的現象。劉知幾《史通》首篇《六家》論史家流别,其中的春秋家、左傳家、國語家、史記家,均屬私家著史的範圍,表徵了史學發展趨勢。《春秋》乃孔子依魯國史記而作,《左氏春秋》傳説為左丘明所作,都是私家著史的代表作,傳載了史文叙事之功能。故劉知幾評曰:

> 逮仲尼之修《春秋》也,乃觀周禮之舊法,遵魯史之遺文,據行事,仍人道,就敗以明罰,因興以立功,假日月而定歷數,藉朝聘而正禮樂,微婉其説,隱晦其文,為不刊之言,著將來之法。②

儘管孔子修《春秋》,還能夠遵行舊法遺文;但其義例已有學派傾嚮,甚至加入了個人的意見。如他驚懼弑君、弑父之事頻發,乃在史文中寄託"微言大義",稱"知我""罪我"惟在《春秋》,這種自我認知當然有他的評判標準③。《左氏春秋》之史述,主要是記事而兼記言,因其行文多有誇飾成分,而被史家奉為叙事典範。如劉知幾贊曰:

> 《左氏》之叙事也,述行師,則簿領盈視,叱吒沸騰;論備火,則區分在目,修飾峻整;言勝捷,則收穫都盡;記奔敗,則披靡橫前;申盟誓,則慷慨有餘;稱譎詐,則欺誣可見;談恩惠,則煦如春日;紀嚴切,則凜若秋霜;叙興邦,則滋味無量;陳亡國,則淒涼可憫。或腴辭潤簡牘,或美

---

① 劉知幾著,王惟儉訓故:《史通訓故》内篇卷一《六家·春秋家》,上海:上海古籍出版社2006年據明萬曆三十九年序刻本影印,第二五四頁下。
② 劉知幾著,王惟儉訓故:《史通訓故》内篇卷一《六家·春秋家》,第二五四頁下。
③ 以上參見趙岐注,孫奭疏:《孟子注疏·滕文公下》,阮元校刻《十三經注疏》本,第2714頁下。

句入詠歌,跌宕而不群,縱橫而自得。①

這顯然突破了史家實錄規範,而流為後世小說之虛構誇誕。此體流蕩以至於戰國時期,出現仿史書之《戰國策》,其實祇是輯錄縱橫家語,已入諸子著述的範圍了。至於《虞氏春秋》、《呂氏春秋》、《嚴氏春秋》之類,更祇是假"春秋"之名以著諸子學派一家一得之見;其著史的體例既失,叙事也就無所附麗。直待司馬遷之《史記》出,史文的叙事性纔得以振復。所謂:"《本紀》以述皇王,《列傳》以總侯伯,《八書》以鋪政體,《十表》以譜年爵,雖殊古式,而得事序焉。"②"述"、"總"、"鋪"、"譜",是《史記》行文之"古式";而稱"得事序",就是得叙事之體。

與史書叙事性昇降變改幾乎同步,諸子著述的叙事因素也有所增長。《漢書・藝文志》所載"諸子十家",各與周代官制中的某類官守相對應③,此即史稱諸子出自王官之說,實指示六藝為諸家所共資取。通觀子書傳世文本與出土文獻,其行文大體是主議論而兼叙事;至於議論中夾雜的叙事因素,則主要呈現為四種文辭片斷:一是人物事蹟,如孔、墨、商、韓之類;二是歷史掌故,如武王伐紂之類;三是寓言故事,如狐假虎威之類;四是神話傳說,如後羿射日之類。這些文辭片斷,或因感生瑞應,或因時代久遠,或因虛飾誇誕,或因洪荒蒙昧,叙事多有不經,均非史家實錄,頗類後世小說。即如《文心雕龍・諸子》所云:"若乃湯之問棘,云蚊睫有雷霆之聲;惠施對梁王,云蝸角有伏屍之戰;《列子》有移山跨海之談,《淮南》有傾天折地之說,此踳駁之類也。是以世疾諸混洞虛誕。按《歸藏》之經,大明迂怪,乃稱羿斃十日,嫦娥奔月;殷《易》如茲,況諸子乎。"特別是班固將不能列入"可觀者九家"的衆書目,歸為"街談巷議、道聽塗說者之所造"的小說家,為後世各種小說體式的產生奠定了文獻分類基礎,也為小說確立了虛構誇誕和瑣屑叢雜的叙事特質。六朝的志怪、志異、志人等,唐代的傳奇、變文、詩話等,均為"小說家者流"的變體,彰顯非寫實文學的叙事特性。

---

① 劉知幾著,王惟儉訓故:《史通訓故》外篇卷一六《雜說上・左氏傳二條》,第三八五頁。
② 劉勰著,范文瀾注:《文心雕龍注・史傳》,第284頁。
③ 參見班固《漢書・藝文志》載:"儒家者流,蓋出於司徒之官";"道家者流,蓋出於史官";"陰陽家者流,蓋出於羲和之官";"法家者流,蓋出於理官";"名家者流,蓋出於禮官";"墨家者流,蓋出於清廟之守";"從橫家者流,蓋出於行人之官";"雜家者流,蓋出於議官";"農家者流,蓋出於農稷之官";"小說家者流,蓋出於稗官"。《二十四史》縮印本,第1728—1745頁。

總之,中國古典形態文學敘事與抒情之各體消長,是以"詩亡然後《春秋》作"為轉捩點的。這個過程頗為延緩漫長,其時間起點在春秋早期,而截止點在初盛唐時期,大約經歷了 1 400 年左右。其基本情形,略可描述為:"詩亡"之後,賦與比興分化,賦體文學產生,而與詩歌並行,前者主打敘事,後者主打抒情;"《春秋》作"後,先是史官集體著史,之後私家著史盛行,史文敘事特質變改,由實錄漸趨於虛構,催生小説敘事之體。

四、敘事與抒情之功能互滲

劉勰曰:"夫設文之體有常,變文之數無方,何以明其然耶? 凡詩賦書記,名理相因,此有常之體也;文辭氣力,通變則久,此無方之數也。"[①]"體"即文體,包含詩、賦、書、記、誄、史、傳奇、雜劇之類;"數"即文術,包含賦、比、興、抒情、敘事、議論、説明之類。所謂"名理相因",所謂"有常之體",若衡以上述敘事與抒情之各體消長,某種文體分任敘事或抒情既有定性;則其界限明確,不至模糊混亂。但語言會歷時變遷,如六朝之駢儷趨偶,唐宋以後的通俗化,作家亦有才性差異;因使"有常之體"也會演化,而不是封閉邊界、固定不變。然文體"有常",是不變的;而文術"無方",是可變的。故文變在"數",而不會在"體";又因"變文之數無方",故文術之變有廣闊空間。依循這個文學通變原理,文體與文術是不同位的。敘事與抒情雖可由各體分任,但並不等同於"有常之體";而是能夠超越特定文體的拘限,在不同文類之間實現功能互滲。

然而近世衡文,易忽略該原理。論者常好將文體與文術混合使用,而有抒情型和敘事型文學之分,抒情型文學大概指詩歌、散文等,敘事型文學大概指小説、戲曲等。抒情是文術,雖主要由詩歌等體分任,但其實並不專屬於詩歌;敘事也一樣,雖主要由小説等體分任,但其實並不專屬於小説。甚至還有一些特殊文學樣式,看似兩種文體的嫁接或糅合,如抒情小賦、人物詩傳、小品文,以及敘事詩、演劇詩、子弟詩等,這與其説是"有常之體"的變例,不如説是敘事與抒情的功能互滲。若説敘事與抒情之各體消長,是為著眼於文體的定性分析;那麽敘事與抒情之功能互滲,就是著眼於文術

---

① 劉勰著,范文瀾注:《文心雕龍注·通變》,第 519 頁。

的定量分析。而對於一篇具體的文學作品來説,若既在體式上作抒、叙定性分析,又在功能上作抒、叙定量分析,那就能更好地探觸兩者的邊界。

至於如何進行抒、叙定量分析,則是一個有待探索的學術命題。比如,可否引入若干較爲確定的指數,來創建一个可操作的分析模型。其法爲:(1)對作品的虚詞、實詞及詞類頻度進行分析統計,(2)對作品的表情字詞、語彙的頻度進行分析統計,(3)對作品的用典、用事和歷史掌故進行分析統計,(4)對作品的風格、趣味和鑒賞體驗進行分析統計,(5)對作品的時間單元、長度和波度進行分析統計,(6)對作品的空間寬度、密度和跨度進行分析統計,(7)對作品的事件長度、幅度和厚度進行分析統計,(8)對作品的人物數量、身份和行動進行分析統計,(9)對作品的名物、意象和場景事態進行分析統計,(10)對作品的直抒、含蓄等抒情方式進行分析統計,(11)對作品的順叙、倒叙等叙事方式進行分析統計,(12)對作品的上述各項或更多的指數進行綜合測評。但建立各項指數及相關理論模型,仍然要以大量的個案積累爲基礎,並從個案中歸納普遍適用的條例,而這也是難以在短時間内奏效的。所以抒、叙的定量分析應該嘗試,目的是積累經驗而不必急於求成;當前較爲可靠的且能行之有效的辦法,是對叙事、抒情之功能互滲作特徵描述。

通觀各體文學的語言文字表達,以及歷代文學叙事、抒情性狀,叙事與抒情之功能互滲,略有如下可描述的特徵:

(一)詩、賦(文)分任抒情與叙事,但在某些特定的體式或變體中,竟會出現反向功能增强的現象,使詩主叙事而賦(文)主抒情。例如,小賦之作,本以詠物爲專能,卻兼擅舒情寫懷[1],如張衡《思玄賦》、蔡邕《述行賦》、趙壹《刺世疾邪賦》等;寫人紀事,本是史傳的能事,卻成爲詩的主題[2],如嵇康《幽憤詩》、韓愈《落齒》等;樂府民歌,本爲入樂之詠唱,卻有叙

---

[1] 賦至東漢時期,顯然分爲兩支:其一支是大賦,已顯衰落不振跡象;另一支是小賦,頗有後來轉盛之勢。小賦在東漢初年出現,到東漢中期大爲盛行,並逐漸取代大賦地位,開魏晉抒情小賦先聲。這類小賦多抒發個人情懷,訴説仕途失意的憤懣情緒,有時也寫幽思閑情逸致,甚或對社會政治進行批判。這些作品不再供奉帝王,不再宣言儒家正統思想,而多援引道家之言,情感意緒較爲疏放。

[2] 參見饒龍隼:《明代人物詩傳之叙事》,載於《文學評論》2017年第5期,第131—138頁。其文曰:"寫人紀事是歷代詩家常備題材,其作品產量宏富可謂數不勝數;進而兩相結合,或兼寫人和事,或因人紀事,或以事寫人,像這樣的詩歌取材,歷來亦被廣泛沿用。"

事之巨製①,如漢樂府《古詩為焦仲卿妻作》、北朝民歌《木蘭辭》等;歌行排律,作為長篇的詩體,卻以叙事為擅場,如杜甫"三吏三別"、白居易《長恨歌》等。杜詩"三吏三別",史家稱之"詩史";白氏《長恨歌》、《琵琶行》等詩作,有人物、場景、情節及心理等描寫。此類詩作或講述完整人生故事,或截取人生的若干時段和剖面;雖仍合詩之體要,卻有較強叙事性。

(二)詩歌與散文"並"於同一文本,而使抒情與叙事構成互文關係,詩的情思因文之叙事更顯凝練,文的事義因詩之抒情得到昇華。中國古典詩歌作品,詩題之下往往有序;而散文、辭賦作品,往往文末附有詩歌。一般常見的文本狀貌,是詩(文)"并"序;而較少見文"并"詩,更難得見詩"并"詩。前者,詩"并"序②,如曹植《贈白馬王彪并序》,由 74 字《序》和長篇正文構成;文"并"序,如左思《三都賦序》,由 329 字《序》和《蜀都賦》、《吳都賦》、《魏都賦》構成。後者,文"并"詩,則有陶淵明《桃花源記并詩》,由 321 字《記》和 32 行《詩》構成;唐宋以後還有一種情況,是在碑文之末系以銘詩,用韻語復述碑文内容,并附益諸多評贊之意。還有一些無序的長題詩,直接用長幅題名替代序,交代寫作背景或指涉詩本事,亦具有"并"序的叙事功能③。

(三)有些邊緣文類散語、韻語夾雜,詩、詞、賦、散文等諸體兼備,既有詩歌諸體式連帶的抒情性,又有散文、小説連帶的叙事性。唐中期興起、適於説唱的變文,是一種散、韻結合的文學品類,用通俗語言宣講鋪叙佛教義旨,内容有佛經故事、民間傳説等。例如《孟姜女變文》,有叙事、歌詠、祭文;還如《伍子胥變文》,聲辭并茂、情事兼含。唐傳奇是在六朝志怪小説基礎上發展起來的,至中晚唐時期受俗講變文的影響而廣為流行,吸引一批文學名家如元稹、白行簡等參與創作,甚至成為士子科舉應試前展露才情

---

① 《古詩為焦仲卿妻作》是一篇成熟的叙事詩,其序曰:"漢末建安中,廬江府小吏焦仲卿妻劉氏,為仲卿母所遣,自誓不嫁。其家逼之,乃投水而死。仲卿聞之,亦自縊於庭樹。時人傷之,為詩云爾。"
② 詩序濫觴於漢,形成於魏,六朝以來繼續發展,至唐宋時蔚為大觀。
③ 漢魏六朝的詩題較簡古,唐宋以後詩題趨於繁複。有些詩作雖然無序,但詩題的文字很長;其長幅題名類同於序,具有一定的叙事功能。如王世貞《封户部大夫次泉李德潤先生其先自關中徙豪衛京師遂為京師人補博士弟子通經術有聲而不獲第有子今儀部君早達以其官封先生不色喜惟杜門讀書繕性而已儀部申直言獲譴先生不色憂旋被召遷今官迎先生養先生亦不色喜其夷然泊然者如故也弇州生聞之曰先生其有道者歟選部魏子曰子以先生有道者則子之言遍天下而乃嗇於有道者何也辭弗獲已為古風一章歌以壽之》,詩題名長達 158 字,裏面人物關係、生平事蹟、性格修養、創作緣起等項陳述甚詳。

的"温卷"①。例如元稹所撰名作《鶯鶯傳》,在纏綿悱惻的愛情故事叙述中,為主人公代作《春詞》、《明月三五夜》等詩,還插入時人楊巨源、元稹對崔張愛情的詩贊,既用以抒寫人物心理、情感活動,又因以推動故事情節的深入展開。此種以韻語抒情嵌入散語叙事的手法,還在後世小説、戲曲中得到廣泛運用。如李志常《長春真人西遊記》,於紀行中及時著録丘處機詩作;曹雪芹為《紅樓夢》裏的衆多角色擬作詩詞,用以推動故事情節發展和預示人物命運結局。

(四)在人物題詠和寫人紀事基礎上,產生明代人物詩傳這個新品種②,它不僅提供了新異的文學質素,還拓展了詩歌叙事功能與題材。從質素來看,它是詩體的人物傳記,而非傳統常規的人物題詠;從題材來看,它是專為某個人立傳,而非因人紀事或以事寫人。它有詩歌的基本特性,抒情言志並含蓄凝練;又有傳記的主要特徵,叙事寫實而詳略得體。這樣就會產生互文性意涵,亦即通常所説的話語間性。其話語間性的產生,有兩重理據與來源:(1)從文本内的互文性來看,它既有傳記的叙事特性,又具備詩歌的抒情特性,故為一種混合交融性狀。(2)從文類間的互文性來看,人物詩傳所含話語間性,乃緣於詩與傳記之遇合,而非簡單機械地疊加。正是得益於詩歌與傳記的歷史性遇合,分化了的抒情與叙事功能纔一體交融。

(五)為適應社會各階層的消費需求,元、明、清時期市民通俗文學繁榮,催生了一些特形的長篇叙事詩,因使滲入的叙事功能空前高漲。這些新出的特種形態的長篇叙事詩,有子弟書、演劇詩和女子絕命詩等③。子弟書是清代流行的曲藝形式,因其為八旗子弟所演唱而得名;又因其表演形式主要為清唱,曲詞雅俗有致而又講究韻律,不僅具有俗文學的特質,同時

---

① 參見宋趙彦衛《雲麓漫鈔》載:"唐之舉人,先藉當世顯人,以姓名達之主司,然後以所業投獻,逾數日又投,謂之温卷,如《幽怪録》、《傳奇》等皆是也。蓋此文備衆體,可以見史才、詩筆、議論。"傅根清點校,《唐宋史料筆記叢刊》本,北京:中華書局1996年版,第135頁。
② 參見饒龍隼:《明代人物詩傳之叙事》,載於《文學評論》2017年第5期,第131—138頁。
③ 傳世的子弟書作品較多,其書編録整理頗具規模。傅惜華編《子弟書總目》,載録子弟書約有400多種;黄仕忠等編纂《子弟書全集》,共收録子弟書520種存目70多種。詠劇詩散見於總集、别集、選集及筆記、劄記、日記中,趙山林《歷代詠劇詩歌選注》選録了646篇歷代詠劇詩作。女性絕命詩盛行於清代,多由當代女性詩人創作。胡文楷著《歷代婦女著作考》,統計自漢至明,共計女詩人有361家,而"清代婦人之集,超軼前代,數逾三千"(參見《歷代婦女著作考·自序》,上海:上海古籍出版社1985年版,第5頁)。如邵梅宜《薄命詞》、姚令則《絕命詞》、何桂枝《悲命詩》、杜小英《絕命詞十首并序》、黄淑華《題壁詩并序》等。

兼具詩化藝術品質①。詠劇詩是一種特殊題材的詩歌，早產生於唐代而興盛於元、明、清。元、明、清戲曲表演活動興盛，因使詠劇詩獲得蓬勃發展，並在文人創作中頗有地位，產生數量蔚爲可觀的作品。它是以詩歌形式對戲劇的文本及表演、作家及演員、審美與傳播等進行詠歎點評，從中體現詩劇作者的觀劇體驗、審美情趣、價值取向、文化心理與思想觀念等内涵，行文夾叙夾議，兼有抒情諷頌。清代女性詩人空前劇增，她們創作了一類絕命詩，講述自己生平遭遇，有很强的自傳色彩，或爲節殉命，或撫存悼亡，或回顧一生，或感念懷恨，行文情事兼備而盪氣迴腸，有很强的抒情性和叙事性。

　　基於上述各項考論，可得一個基本認知：叙事與抒情你中有我、我中有你，兩者之間並没有清晰可辨的邊界；但兩者也非始終混合一體，而會歷時變遷、流動變化，大略有同體共生、體制分化、各體消長與功能互滲等進程。今日討論叙事與抒情邊界之命題，固然是出於當下學術語境的需要；然而這並非一時權宜應急之舉，而是命題本身有深入研討價值。學界期待對中國文學的叙事與抒情質素作定性定量分析，但在目前條件下定性分析容或可行而定量分析實難落實；然則當下所能夠做到的，是對兩者進行特徵描述。總之，叙事與抒情並非静止而截然二分，兩者邊界一直處於流動變化之中；因之要研討探觸其邊界，就需作動態與特徵描述，從中獲取切實有效的理論認知，進而構建中國文學抒、叙傳統。以此衡量陳世驤的"中國文學抒情傳統"説，可知它只是西方霸權學術語境下的應對之辭，而不可執其説來中國文學中按圖索驥，否認與抒情傳統交錯並行的叙事傳統。

（作者單位：上海大學文學院）

---

① 比如啟功稱之爲"創造性的新詩"，參見啟功：《創造性的新詩子弟書》，載於《啟功全集》第1卷，北京：北京師範大學出版社2009年版，第203頁；趙景深以爲是古今絶美的叙事詩，參見趙景深：《〈子弟書叢鈔〉序》，載於《曲藝叢談》，北京：中國曲藝出版社1982年版，第215頁。

On the Boundary Between Narration and Lyricism of Pre-Modern Chinese Literature

Longsun Rao

From a comprehensive perspective of the development and evolution of Chinese literature, we can see that narration and lyricism have gone through the course of commensalism, divisions, growth and decline, and mutual permeation. The boundary between narration and lyricism is constantly fluxing and changing, without a clear-cut definition. From primitive religions to performative writings such as *The Book of Songs*, narration and lyricism were originally co-existing. During the Spring and Autumn Period, the Warring States Period and the Han Dynasty, the narration in *The Book of Songs* began to separate from analogies and symbols. To be more precise, narration as a technique was separated from narration as a style (*fu*), and the literary genre *fu* was separated from the other literary genres. Narration and lyricism became divided, and their boundary became clearer. After Wei and Jin Dynasties, the lyric genre, represented by poetry, and the narrative genre, represented by novels and dramas, developed in separate ways. The boundary between narration and lyricism is mainly represented in stylistic classification and narration and lyricism were not always distinguished until Ming and Qing Dynasties. While the relationship between narration and lyricism changed, they permeated into each other in some specific genres. Thus, narration and lyricism are not static and dichotomous concepts, but with fluxing and changing boundaries.

Keywords: Boundary, commensalism, divisions, growth and decline, interpermeation

徵引書目

1. 六臣注：《文選》，杭州：浙江古籍出版社，1999年版。
2. 于省吾：《甲骨文字詁林》，第4冊，北京：中華書局，1996年版。
3. 毛亨傳，鄭玄箋，孔穎達正義：《毛詩正義·大序》，阮元校刻《十三經注疏》本，北京：中華書局，1980年版。
4. 王國維：《觀林堂集·釋史》，北京：中華書局，1959年版。
5. 王弼、韓康伯注，孔穎達正義：《周易正義》，阮元校刻《十三經注疏》本，北京：中華書局，1980年版。
6. 申培：《詩説》，程榮纂輯《漢魏叢書》本，明萬曆新安程氏刊本，長春：吉林大學出版社，1992年版。
7. 吕不韋主撰，王利器注疏：《吕氏春秋注疏》，成都：巴蜀書社，2002年版。
8. 何晏等注，邢昺疏：《論語注疏》，阮元校刻《十三經注疏》本，北京：中華書局，1980年版。
9. 胡文楷著：《歷代婦女著作考》，上海：上海古籍出版社，1985年版。
10. 胡厚宣總編：《甲骨文合集》，北京：中華書局，1978—1982年版。
11. 荀況著，王先謙集解：《荀子集解》，《新編諸子集成》（第1輯）本，北京：中華書局，1988年版。
12. 徐中舒：《殷周金文集録》，成都：四川人民出版社，1984年版。
13. 班固：《漢書》，《二十四史》縮印本，北京：中華書局，1997年版。
14. 晁福林：《〈作册嗌卣〉：風格獨特的周代彝銘》，《中國社會科學報》2019年4月29日第7版。
15. 陳良運：《焦氏易林詩學闡釋》，南昌：百花洲文藝出版社，2000年版。
16. 陳夢家：《西周銅器斷代》（上册），北京：中華書局，2004年版。
17. 啟功：《創造性的新詩子弟書》，《啟功全集》第1卷，北京：北京師範大學出版社，2009年版。
18. 焦延壽：《焦氏易林》，景印文淵閣《四庫全書》本，臺北：臺灣商務印書館，1983年版。
19. 陳松長、廖名春：《帛書〈二三子問〉、〈易之義〉、〈要〉釋文》，《道家文化研究》第三輯，上海：上海古籍出版社，1993年版，第434—435頁。
20. 陳夢家：《尚書通論》（增訂本），北京：中華書局，1985年版。
21. 趙岐注，孫奭疏：《孟子注疏》，阮元校刻《十三經注疏》本，北京：中華書局，1980年版。
22. 趙彦衛著，傅根清點校：《雲麓漫鈔》，《唐宋史料筆記叢刊》本，北京：中華書局，1996年版。
23. 趙景深：《〈子弟書叢鈔〉序》，《曲藝叢談》，北京：中國曲藝出版社，1982年版。
24. 趙煜：《吴越春秋》，景印文淵閣《四庫全書》本，臺北：臺灣商務印書館，1983年版。
25. 劉知幾著，王惟儉訓故：《史通訓故》，上海：上海古籍出版社，2006年據明萬曆三十九年序刻本影印。

26. 劉勰著,范文瀾注:《文心雕龍注》,北京:人民文學出版社,1958年版。
27. 鄭玄注,孔穎達疏:《禮記注疏》,阮元校刻《十三經注疏》本,北京:中華書局,1980年版。
28. 鄭玄注,孔穎達正義:《禮記正義》,阮元校刻《十三經注疏》本,北京:中華書局,1980年版。
29. 鄭玄注,賈公彥疏:《周禮注疏》,阮元校勘《十三經注疏》本,北京:中華書局,1980年版。
30. 饒龍隼:《擊壤歌小考》,《古典文學知識》2001年第2期,第64—70頁。
31. 饒龍隼:《原始崇信及其表象》,《上古文學制度述考》,北京:中華書局,2009年版。
32. 饒龍隼:《先秦諸子與中國文學》,南昌:百花洲文藝出版社,2010年版。
33. 饒龍隼:《明代人物詩傳之叙事》,《文學評論》2017年第5期,第131—138頁。
34. 鍾嶸著:《詩品·序》,曹旭集注《詩品集注》,上海:上海古籍出版社,1994年版。

從敘事角度看抒情傳統説

傅修延

【摘　要】廣義的敘事覆蓋抒情,狹義的敘事與抒情並列,目前已有將抒情問題納入敘事學理論體系的努力。在敘事傳統之外提出抒情傳統,在西方或許没有多大必要,在中國則有助於穿透史官文化的影響,從詩學而非史學的角度去尋找文學傳統的真正源頭。敘事學不應是"無情"之學,敘事傳統研究也不應忽視自身文脈的個性,注意聆聽抒情與敘事兩大傳統的"交響共鳴",或可避免從單一角度看問題的片面。

【關鍵詞】敘事　抒情　傳統　史詩　農耕

敘事與抒情是一對緊密聯繫的範疇,無論研究的是前者還是後者,都不妨换個立場從對方角度看問題,這就像是兩座燈塔相互照見自身下面的暗處。陳世驤先生的"中國文學傳統從整體而言就是一個抒情傳統"之説(下稱抒情傳統説)①,對敘事學和當前的敘事傳統研究構成了無法回避的挑戰。經過一段時期的反躬自省,筆者個人覺得這一觀點實際上有助於敘事學突破與生俱來的學科局限,建構起更具包容性的理論體系,敘事傳統研究亦可以其為鏡窺見自身不足。為便於説明問題,本文擬先釐定敘事與抒情之間的關係,再從中西差異角度探析抒情傳統説的發生緣由,最後歸

---

① 陳世驤著,楊彦妮、陳國球譯:《論中國抒情傳統:1971年美國亞洲研究學會比較文學討論組致辭》,載於陳世驤著,張暉編:《中國文學的抒情傳統:陳世驤古典文學論集》,北京:三聯書店2015年版,第6頁。按,抒情傳統説在海内外學術界產生了較大影響,董乃斌在《中國文學敘事傳統研究·導論》中對此有詳細梳理。參見董乃斌主編:《中國文學敘事傳統研究》,北京:中華書局2012年版,第6—7頁。

納此説給叙事學和叙事傳統研究帶來的諸多啟示。

一、叙事與抒情的多重考量

　　叙事在漢語語境中有廣義與狹義之分。狹義的叙事與抒情並列，這是内地從中小學語文課到大學寫作課一直灌輸的觀念，其影響範圍甚爲深遠。廣義的叙事則覆蓋了抒情，在叙事學家看來，這是一個捲入因素與涉及層面更多的能指，故事講述人在用包括語言文字在内的各種媒介叙事時，除了傳遞事件信息外，還會或隱或顯地披露立場觀點，或多或少地發表議論感慨，或詳或略地介紹人物與時空環境，等等。不言而喻，除了有意爲之的所謂"零度叙事"外（實際上很難做到），這些活動都有可能伴隨著一定程度的情感抒發，就此而言抒情實際上附麗於叙事之中，兩者之間爲毛與皮的關係。在這一意義上，"叙事"一詞經常從記叙文寫作課堂上那個内涵狹窄的技術性概念中脱穎而出，變成整個講故事活動的代稱。討論這個問題還應聽取故事講述人的意見，深諳叙事奥秘的汪曾祺主張"一件事可以這樣叙述，也可以那樣叙述。怎樣叙述，都有傾向性"，他不喜歡一些年輕作家"離開故事單獨抒情"，認爲還是應該"在叙事中抒情，用抒情的筆觸叙事"[①]。隨著小説、電影等叙事門類成爲文學的主力軍，叙事在當前已是最重要的文學行爲，人們經常用"叙事能力"作爲判斷作家水準高下的標準，這些都顯示廣義叙事的運用超過了狹義叙事。

　　叙事在人們心目中由小叙事向大叙事演變，與叙事學興起的大背景有密切關聯。叙事學（narratology）一詞係從海上舶來，學科意義上的叙事學誕生於20世紀60年代的法國，當時屬於結構主義文學理論的一個分支，其代表人物致力於歸納與叙事有關的種種規律和規則，因而又稱結構主義叙事學或經典叙事學。經典叙事學誕生後不久便因結構主義退潮而失去活力，但20世紀90年代以來，美國和歐洲的一些學者又使這門學科恢復了生機，後經典叙事學的代表人物之一戴衛·赫爾曼宣稱自己"是在相當寬泛的意義上使用'叙事學'一詞的，它大體上可以與'叙事研究'相替换。這種

[①] 汪曾祺：《晚翠文談》，杭州：浙江文藝出版社1988年版，第44—45頁。

寬泛的用法應該說反映了敘事學本身的演變"①。"叙事學"與"叙事研究"可以相互替换之說,把叙事學從理論家專屬的象牙塔中解放出來——只要符合"敘事研究"這個更為寬泛的定義,不管是規律探尋、現象研究還是作品分析,統統都可歸入叙事學名下。大陸學界一貫跟風,新世紀以來一股勢頭强勁的叙事學熱潮開始湧動:學術期刊上以叙事為標題的論文觸目皆是②,高校每年大批量生產與叙事學相關的本科、碩士與博士學位論文。使用頻率的提高還導致了敘事一詞的所指泛化,在此問題上"講好中國故事"這一流行語所起的作用不可小覷,一些文章中出現的"叙事",只有將其理解為"創作"、"歷史"甚至"文化"纔能讀得通。

由此又要提及後經典叙事學的另一標誌性特徵——跨學科趨勢。羅蘭·巴特宣稱"叙事遍存於一切時代、一切地方、一切社會"③,以往人們只在小説、戲劇、影視、歷史和新聞中看到敘事,如今法學、醫學、教育學和社會學等學科也開始了自己的叙事研究,人類學甚至把叙事看作人類文明進步的一大動力。《人類簡史》的作者尤瓦爾·赫拉利說智人淘汰尼安德特人的主要原因是會講故事④,牛津大學的人類學家羅賓·鄧巴更指出叙事是人類的獨家本領,其作用是"把有著共同世界觀的人編織到了同一個社會網絡之中"⑤。如果說這些研究有什麽共同點,那就是它們都在顯示叙事非文學所能專美,站在這樣的立場,可以看出跨學科趨勢這一提法不夠準

---

① 戴衛·赫爾曼主編,馬海良譯:《新叙事學》,北京:北京大學出版社 2001 年版,第 23—24 頁。
② 經查中國知網資料庫,2009 年 3 月 4 日至 2019 年 3 月 4 日這 10 年中,篇名中包含"叙事"一詞的學術論文共有 35 254 篇,年均量為 3 525 篇;篇名中包含"叙述"一詞的學術論文有 18 918 篇,年均量為 1 891 篇。兩者相加,年均總量為 5 416 篇。
③ 羅蘭·巴特著,張寅德譯:《叙事作品結構分析導論》,載於張寅德編選:《叙述學研究》,北京:中國社會科學出版社 1989 年版,第 2 頁。
④ "如果一對一單挑,尼安德特人應該能把智人揍扁。但如果是上百人的對立,尼安德特人就絕無獲勝的可能。尼安德特人雖然能夠分享關於獅子在哪的信息,卻大概没辦法傳頌(和改寫)關於部落守護靈的故事。而一旦没有這種建構虚幻故事的能力,尼安德特人就無法有效大規模合作,也就無法因應快速改變的挑戰,調整社會行為。"尤瓦爾·赫拉利著,林俊宏譯:《人類簡史:從動物到上帝》,北京:中信出版社 2014 年版,第 35 頁。
⑤ "文化中有兩個關鍵的特性,顯然為人類所獨有。這兩個特性一個是宗教,另一個是講故事。""講述一個故事,無論這個故事是叙述歷史上發生的事件,或者是關於我們的祖先,或者是關於我們是誰,我們從哪裏來,或者是關於生活在遥遠的地方的人們,甚至可能是關於一個没有人真正經歷過的靈性世界,所有這些故事,都會創造出一種群體感,是這種感覺把有著共同世界觀的人編織到了同一個社會網絡之中。"羅賓·鄧巴著,余彬譯:《人類的演化》,上海:上海文藝出版社 2016 年版,第 20、274 頁。

確——許多學科本身就與敘事有千絲萬縷的牽連，人們從敘事角度提出問題來研究是遲早的事情。從神話時代起，世界各民族的先民就懂得用講故事的方式來闡釋外部世界和分享個人體驗，把挑選出來的事件按某種邏輯加以編排，聽故事的人便會在不知不覺之中受到影響。讓鮮活的故事來闡述觀點説明問題，效果要強於使用枯燥的數位、圖表和冰冷的理論，這或許就是許多非文學的學者紛紛開口講故事的原因。敘事的外延擴大到如此地步，令《敘事》雜誌的主編詹姆斯・費倫也感到驚訝，他在論及於此時不無譏誚地使用了"敘事帝國主義"（narrative imperialism）這樣的表述①。

在"敘事帝國主義"這樣的語境中，敘事顯然無法"屈尊"與抒情平起平坐，不僅如此，要想在敘事學的學科體系中為抒情覓一席之地亦非易事。敘事學總體上屬於形式研究，這門學科的創立者最初是想模仿語言學模式歸納出一套置之四海而皆準的敘事語法，而語言學又是以追求"精深細密"的自然科學為師，這就使得經典敘事學在研究態度上也向語言學甚至是自然科學看齊，努力保持冷靜客觀無動於衷。筆者閱讀範圍有限，目前只看到敘事學中的主觀敘述（subjective narrative）中或有容納抒情的位置，傑拉德・普林斯認為主觀敘述來自文本中的顯性敘述者（overt narrator）與故事中的人物，主要體現其思想、情感和對事物的判斷②。顯性敘述者為讀者可以明顯察覺到的敘述主體，這個類別中介入敘述者（intrusive narrator）的聲音最為響亮，但此聲音既可能打動讀者，也可能形成對故事講述的干擾。歐美敘事中，介入敘述與事件講述不相融合的現象屢有發生，不耐煩聽宣講或宣洩的讀者，很難忍受亨利・菲爾丁《湯姆・瓊斯》、雨果《悲慘世界》和托爾斯泰《戰爭與和平》中撇開事件進程的大段議論。與此形成鮮明對照，受"寡事省文"精神的影響（詳後），中國敘事中介入敘述和事件講述"兩張皮"的問題很少發生，講完故事後來一段畫龍點睛般的"君子曰"、"太史公曰"或"異史氏曰"，可以起到很好的"卒章顯志"作用。"寡事省文"也導致古代作家在寫人時多用惜墨如金的白描手法，而西方從古希臘

---

① James Phelan, "Who's Here? Thoughts on Narrative Identity and Narrative Imperialism", in *Narrative* 13.3: pp.205 – 210.
② 傑拉德・普林斯著，喬國強、李孝弟譯：《敘述學詞典》，上海：上海譯文出版社 2011 年版，第 220—221 頁。按，克林斯・布魯克斯與羅伯特・彭恩・沃倫《理解虛構小説》一書中的相關論述，是普林斯劃分主觀叙述與客觀叙述的理論基礎。參見 Cleanth Brooks & Robert Penn Warren, *Understanding Fiction*, Englewood Cliffs: Prentice-Hall, Inc., 1979, p.513.

羅馬時期起就喜歡以直抒胸臆的長篇獨白來塑造人物,阿波羅尼奧斯《阿耳戈船英雄記》中的美狄亞和奧維德《變形記》中的密耳拉都是受愛火煎熬的人物,她們近乎譫妄的喃喃自語使兩位情感豐富的女性形象躍然紙上①。對於主觀叙述中的情感氾濫,W.C.布斯在《小説修辭學》的"控制情緒"一節中有過警告,他希望作者專注於講自己的故事,不要動不動就直接介入,應當讓人物來發揮影響讀者的作用②。

　　從上可見,普林斯、布斯等人只是在説到主觀叙述與介入叙述時旁及抒情,並未對其展開正面討論。在這方面更進一步的是中國的叙事學學者譚君强,他把抒情問題納入叙事學的總體框架,提出了抒情主體這一概念。衆所周知,叙事學領域的許多理論突破都與其擅長的二元區分有關:把"話語"與"故事"分開,為研究故事是怎樣講述出來的開闢了新天地;把"作者"與"叙述者"分開,解釋了令人困惑的"不可靠叙述"現象;在此基礎上把"誰看"與"誰説"分開,有助於辨識叙述中"感知"與"聲音"之間的複雜關係。沿用這種二分法,譚君强試圖將抒情主體從叙述主體中剥離出來:"叙述主體與抒情主體二者是相對而言的,是就其在不同文類中所起到的主要作用而言的。在有些融叙事與抒情為一體的作品中,這樣的主體同樣可以融為一體,或許可稱之為叙述—抒情主體,或抒情—叙述主體。"③如果説在小説中,讀者更多察覺到叙述者及其聲音的存在,那麽在以抒發情感為主的詩歌中,為讀者所感知的主要是抒情人(lyricizing instance)及其聲音。譚君强認為較之於叙述者,抒情人與作者的關係要密切得多,有時甚至與作者難分彼此。譚文在論述中以拜倫的《堂璜》為證,愚以為這方面最典型的還是他的《恰爾德·哈洛爾德遊記》:長詩中出現了一位動輒以大段議論打斷叙述進程的抒情人(學界過去稱抒情主人公),故事主人公——旅行者恰爾德·哈洛爾德的風頭完全被這位喧賓奪主的抒情主人公蓋過,最後一章中哈洛爾德的形象已經黯淡到可有可無的地步。拜倫在長詩序言以及相關信件中,多次提到自己與哈洛爾德以及那位"用自己的口吻説

---

① 前者見 Robert Scholes、James Phelan & Robert Kellogg, *The Nature of Narrative*, New York: Oxford University Press, 2006, p.338;後者見奧維德著,楊周翰譯:《變形記》,北京:人民文學出版社1984年版,第232—237頁。
② 布斯著,華明等譯:《小説修辭學》,北京:北京大學出版社1987年版,第228頁。
③ 譚君强:《論叙事學視閾中抒情詩的抒情主體》,載於《雲南師範大學學報》第48卷第3期(2016年5月),第128頁。

話的作者"之間的關係①,這些内容為研究叙述—抒情主體提供了寶貴材料。從叙事學角度研究抒情問題目前已掀開了序幕,不久的將來這方面一定會有更多成果涌現。

二、從中西差異角度看抒情傳統説的提出

叙事學和"叙事帝國主義"均為西方語境中的產物,西方叙事以神話、史詩和戲劇等為先導,這些基本上都可歸入文學藝術範疇,所以亞理斯多德會把對它們的研究稱為《詩學》,此一事實決定了西方叙事傳統從一開始就有如鹽在水般的詩性成分。而中國文學研究領域之所以會把抒情傳統單獨拈出,或許是因為我們歷史上的史官文化先行,這種狀況導致叙事一詞首先從政治與歷史領域中產生,也就是説古人的叙事概念最初不是發端於文學。

為了更準確地把握"叙事"一詞的所指,需要對這個漢語詞彙的本義和形成作點歷史考察。古代文獻中"叙"與"事"二字連用,筆者看到的一個出處是在《周禮·春官宗伯》中:

> 馮相氏掌十有二歲、十有二月、十有二辰、十日、二十有八星之位,辨其叙事,以會天位。
>
> 内史掌王之八枋之法,以詔王治。一曰爵,二曰禄,三曰廢,四曰置,五曰殺,六曰生,七曰予,八曰奪。執國法及國令之貳,以考政事,以逆會計。掌叙事之法,受訥訪,以詔王聽治。凡命諸侯及孤、卿、大夫,則策命之。凡四方之事書,内史讀之。王制禄,則贊為之。以方出之,賞賜,亦如之。内史掌書王命,遂貳之。②

---

① 拜倫著,楊熙齡譯:《恰爾德·哈洛爾德遊記》,上海:上海譯文出版社1990年版,第1—5頁、第193—198頁。按,拜倫自序與相關信件均收入該書。長詩第四章以拜倫致約翰·霍布豪斯的信為開篇,信中云:"關於最後一章的處理,可以看出,在這裏,關於那旅人,説得比以前任何一章都少,而説到的一點兒,如果説,跟那用自己的口吻説話的作者有多大區别的話,那區别也是極細微的。事實上,我早已不耐煩繼續把那似乎誰也決不會注意的區别保持下去。"
② 鄭玄等注:《十三經古注》第3册,北京:中華書局2014年版,第502—504頁。

這裏的"叙事"實際上是依序行事的"序事"——古人筆下"叙事"與"序事"常常可以換用,所謂"掌叙事之法,受訥訪,以詔王聽治",指的是按照尊卑次序行事的法則,接納臣下謀議,轉告國王處治。《周禮》中與"事"相連的"叙"字,差不多都有"依序而行之"的内涵:如"地官司徒"中的"凡邦事,令作秩叙"①,其中的"秩叙"即秩序;"天官塚宰"中的"以官府之六叙正群吏:一曰以叙正其位,二曰以叙進其治,三曰以叙作其事,四曰以叙制其食,五曰以叙受其會,六曰以叙聽其情"②,説的也是以官府的六種序次,來規範、約束官員的爵禄權柄。

從上可見,叙事一詞最初屬於政治或曰行政範疇,與講故事活動貌似風馬牛不相及,然而從實質上看,最初的叙事與後來的叙事之間距離並不遥遠:發生在朝廷官府之中的那種依序而行之的叙事,其主要表現應為天子、大臣、諸侯周圍的奏事與論事,一旦這個詞從政治領域轉移到日常生活中來,它的所指必然更多對應為對"事"的傳播。再則,我們祖先選擇叙事這個詞作為符號也是切中肯綮的,叙事是一種沿著時間箭頭單向單線開展的連續性活動,所謂單線是指同一時間内只能叙述一個事件,如此一來事件的叙述次序就成了至關重要的問題,叙事謀略、智慧和技巧往往具體體現在這個次序上。後人劃分的一些叙事類型,如順叙、倒叙、插叙之類,也是根據次序來劃分。對秩序問題的重視與古代禮制有關。"禮"在古代中國的作用是"經國家,定社稷,序人民,利後嗣",因此一切社會活動都要依序而行,即便是在今天,人們仍在根據"以叙正其位"的精神安排各種座次。正因為有這樣的文化環境,纔會有"叙事"、"序事"這類富於秩序感的名稱,可以説這個名稱極具封建社會的特色。對"叙"、"事"二字還應分而析之。"叙"在《説文解字》中給出的意思是"次第",段注中補了一句——"古或假序為之",這些與上文完全吻合。"叙"字的"記叙"、"叙説"等含義出現得也不算太晚,《國語·晉語三》有"紀言以叙之,述意以導之"的提法③,其中"叙"已微有"述布"之義。"事"這個高頻字則出現得晚一些,《説文解字》中"事"與"史"同部,王國維認為殷商時尚無"事"字,

---

① 鄭玄等注:《十三經古注》第3册,第413頁。
② 鄭玄等注:《十三經古注》第3册,第363頁。
③ 左丘明撰,韋昭注:《國語》,上海:上海古籍出版社2015年版,第209頁。

故以"史"爲"事"①。史學界對"史"字的解釋雖有些分歧,但都未越出"職司記述的官員"這個範圍,故《説文解字》釋"史"爲"記事者也"。"叙"與"事"兩字合成一詞後,"有秩序地記述"之義更爲顯豁。

史官文化先行帶來的一大影響,便是叙事在很長時期内被看成是專屬於史家的行爲,劉知幾在《史通·叙事》中以《尚書》與《春秋》爲例,提出叙事的原則是"寡事省文":"夫國史之美者,以叙事爲工,而叙事之工者,以簡要爲主。簡之時義大矣哉!歷觀自古,作者權輿,《尚書》發蹤,所載務於寡事,《春秋》變體,其言貴於省文。"②《尚書》是中國最早的歷史文獻,《春秋》爲古代編年體史書之祖,從它們當中提煉出來叙事原則,應該説更適用於史學領域的叙事。"寡事省文"要求惜墨如金,按照這一標準,不但揮灑文字的主觀抒發要被驅逐,就連講述的事件也須儘量精簡。文學究其本質是一種靠情感和體驗去感染讀者的藝術,如果一味刪削儉省,擠乾掉一切多餘的"水分",那麽剩下來乾巴巴的東西就不是文學了。史官文化先行意味著後起的文學叙事要向前面的歷史叙事看齊,在"史貴於文"價值觀的支配下,我們過去總是用史家的標準來衡量所有的叙事:"史才"即講故事的本領,一部小説若是被譽爲《春秋》、《左傳》,一位作家若是被説成"史遷"、"班馬",不啻是對其作品和叙事能力的最高褒獎。這種唯史家馬首是瞻的語境,使得叙事傳統在人們心目中更多指向史家之文,事實上這一傳統也是在《尚書》、《春秋》等史著中初露端倪。至此我們能夠理解,在叙事傳統之外提出抒情傳統,在西方或許没有多大必要,在中國則有某種"去蔽"意義——有助於今人穿透史官文化的影響,從詩學而非史學的角度去尋找我們文學傳統的真正源頭。亞理斯多德在《詩學》中説史家與詩人所叙之事有"已發生"與"可能發生"之别③,兩者之間既有這種質的不同,用同一個標準來衡量便不合適。

史官文化屬上層建築,中西之間更爲根本的差異還在於經濟基礎或者

---

① "古之官名,多由史出。殷周間王室執政之官,經傳作卿士,而毛公鼎、小子師敦、番生敦作卿事,殷墟卜辭作卿史,是卿士本名史也。又天子諸侯之執政,通稱御事,而殷墟卜辭則稱御史,是御事亦名史也。又古之六卿,《書·甘誓》謂之六事。司徒、司馬、司空,《詩·小雅》謂之三事,又謂之三有事。《春秋左氏傳》謂之三吏。此皆大官之稱事若吏即稱史者也。"王國維《釋史》,載於《觀堂集林》第1册,北京:中華書局1959年版,第269—270頁。
② 劉知幾著,浦起龍通釋,王煦華整理:《史通通釋》,上海:上海古籍出版社2009年版,第156頁。
③ 亞理斯多德著,羅念生譯:《詩學》,北京:人民文學出版社1962年版,第28頁。

说生產方式。西方人傳統的海洋、遊牧和狩獵活動，使其習慣於在大海、草原和大漠之間穿行，因此他們的文學從古到今都不缺乏旅途故事。希臘神話中尋找金羊毛的傳說以及荷馬史詩對遠征與還鄉故事的講述，打開了流浪漢叙事的閘門，從這道閘門中湧出的既有中世紀外出遊俠的騎士傳奇，還有 16 世紀拉伯雷的《巨人傳》、17 世紀無名氏的《小癩子》、18 世紀笛福的《魯濱孫漂流記》、19 世紀馬克·吐温的《哈克貝利·芬歷險記》、20 世紀凱魯亞克的《在路上》以及今年剛獲奧斯卡獎的《綠皮書》等。連方興未艾的太空遨遊電影也在這個序列之中——身著宇航服的太空漫遊者看到的宇宙景觀固然神奇，但其主要行動仍然不外乎奔向遠方和返回家園，這與伊阿宋尋找金羊毛以及俄底修斯回家沒有本質差別。需要特别指出，這些作品中的主人公雖風塵僕僕地奔波於旅途，卻幾乎都不以旅途勞頓為苦——魯濱孫心中總有"偏向虎山行"的衝動，霍爾頓不斷地想著要"離開一個地方"①，文化基因決定了他們無法老老實實地待在家中。

　　相比之下，農耕生活導致國人更為留戀身邊的土地家園，故土難離雖為人之常情，但戀土情結已成為中國文化最為突出的標誌。費孝通《鄉土中國》的英文標題為 Earthbound China（此名得之於人類學家馬林諾夫斯基），這個書名直譯出來就是"綁在土地上的中國"。這種安土重遷的文化中，不可能孕育出西方那種以浪跡天涯為樂的旅途叙事。或許有人會說中國古代也有許多遊記，但若仔細分析，便會發現旅行者只是在範圍並不太大的空間內移動，就連張騫的"鑿空西域"從地圖上看也未向西走出很遠。卡爾·雅斯貝爾斯注意到人類各大文明中心分佈的範圍都未超出北緯 25 度至 35 度區間②，在這個由西南歐洲、北非綿亘至東亞的狹長地帶上，西邊的各文明中心相互間靠得較近，呈現出一種以地中海為中心的抱團狀態，

----

① "但是我（按即魯濱孫）的倒楣的命運卻以一種不可抗拒的力量逼著我不肯回頭。儘管有幾次我的理性和比較冷靜的頭腦曾經向我大聲疾呼，要我回家，我卻沒有辦法這樣做。這種力量，我實在叫不出它的名字；但是這種神秘而有力的天數經常逼著我們自尋絕路，使我們明明看見眼前是絕路，還是要衝上去。"笛福著，徐霞村譯：《魯濱孫飄流記》，北京：人民文學出版社 1981 年版，第 11 頁。"我（按即霍爾頓）流連不去的真正目的，是想跟學校悄悄告別。我是說過去我也離開過一些學校，一些地方，可我在離開的時候自己竟不知道。我痛恨這類事情。我不在乎是悲傷的離别還是不痛快的離别，只要是離開一個地方，我總希望離開的時候自己心中有數。"塞林格著，施咸榮譯：《麥田裏的守望者》，桂林：灕江出版社 1983 年版，第 5 頁。
② 卡爾·雅斯貝爾斯著，柯錦華等譯：《智慧之路》，北京：中國國際廣播出版社 1988 年版，第 69 頁。

這意味著西方人作跨國乃至跨洲的旅行並不是那麼困難，遠方對他們來說也不是真正的遙不可及——荷馬史詩提到一陣風就把船隻吹到另一個國家甚至是另一片大陸。而在這個長條狀地帶最東邊的華夏文明，處在與地中海文明群相對疏離的狀態，東臨茫茫大海、西有"世界屋脊"的地理格局，使我們祖先的空間移動——尤其是東西向移動受到很大限制，跨越洲際的長途旅行對他們來說更是難以想象。至於那些涉及遠方和異域的小説如《西遊記》與《鏡花緣》等，其中的叙述往往顯示出作者不知道什麼是真正的遠方和異域——《西遊記》講述的是西天取經的故事，走在西天路上的唐僧師徒仍為中華景觀所環繞①；《鏡花緣》中多九公、唐敖等人雖然到了海外，他們看到的君子國、兩面國和犬封國竟與《山海經》中的陌生人想象同出一轍。遠方的風景與陌生人既然不是古人生活中的常態，自然也就不會成為文學的主要表現對象，強己所難的"硬寫"難免會露出諸多破綻。

　　以上就農耕與海洋文化所作的中西比較，讓我們想到本雅明所説的"遠行人必有故事可講"："人們把講故事的人想象成遠方來客，但對家居者的故事同樣樂於傾聽。蟄居一鄉的人安分地謀生，諳熟本鄉本土的掌故和傳統。若用經典原型來描述這兩類人，那麼前者現形為在農田上安居耕種的農夫，後者則是泛海通商的水手。"②參照這一説法，中西叙事傳統或可分別用農夫型和水手型來形容。水手與農夫的叙事各有千秋難分高下，但兩者的區別也是非常明顯的。水手飄洋過海見多識廣，對外部世界的萬千殊象見慣不驚，而農夫因為對熟人社會多有依賴，一旦離開自己的田園故土與父老鄉親——這是免不了的事情，便容易表現為情感上的動盪與心理上的不適。講故事主要是講述主人公的行動，任何人都不可能永遠待在原地不動，因此如果要問中國文學中什麼氣息最濃，人們首先想到的可能是鄉土氣息；要問中國抒情傳統"抒"的是什麼"情"，人們首先想到的可能是抒發離愁別恨。漢民族從某種意義上説是一個鄉愁的民族，中國文學史上充

---

① 《西遊記》所寫西天國家的風土人情、社會結構、政治體制乃至城池街道等皆與大唐相似，更有趣的是作者為了省事，常將我們這邊文人的寫景狀物詩詞"植"入書中，結果造成西天路上出現許多東土事物。如第八十八回取經人進入玉華國："三藏心中暗喜道：'人言西域諸番，更不曾到此。細觀此景，與我大唐何異！所為極樂世界，誠此之謂也。'又聽得人説，白米四錢一石，麻油八厘一斤，真是五穀豐登之地。"吴承恩著，黄蕭秋注釋，李洪甫校訂：《西遊記》（下），北京：人民文學出版社 1955 年版，第 1076 頁。
② 瓦爾特·本雅明：《講故事的人》，載於漢娜·阿倫特編，張旭東、王斑譯：《啓迪：本雅明文選》，北京：三聯書店 2014 年版，第 96 頁。

滿了吟詠"單寒羈旅"之作①,古人不管是望月、憑欄、聽笛、賞花和觀柳,總是會勾起對故鄉和親人的無邊思念。《鹽鐵論》卷七"備胡"對此有生動描述:

> 今山東之戎馬甲士戍邊郡者,絕殊遼遠,身在胡越,心懷老母。老母垂泣,室婦悲恨,推其飢渴,念其寒苦。《詩》云:"昔我往矣,楊柳依依。我今來思,雨雪霏霏。行道遲遲,載渴載飢。我心傷悲,莫之我哀。"故聖人憐其如此,閔其久去父母妻子,暴露中野,居寒苦之地。故春使使者勞賜,舉失職者,所以哀遠民而慰撫老母也。②

《鹽鐵論》為辯論記錄(郭沫若稱之為"對話體的歷史小說"),此處對戍卒及其家人的心理書寫卻近乎抒情。漢民族歷史上少有遠征,也沒有像西方那樣的史詩,引文對此提供了一個文化角度的解釋:離鄉背井有違農耕民族的天性,我們的古人因此視異域為畏途,而世界上那些海洋與遊牧民族的史詩,都不乏長途遷徙與大規模征戰的背景。早在"群經之首"的《易經》中,就有一些以旅途為險境的卦辭,如"征夫不復"(《漸》)、"君子于行,三日不食"(《明夷》)和"旅瑣瑣,斯其所取災"(《旅》)等。後來的屈原因有流放外地的親身經歷——現在看範圍並未超出湖北湖南一帶,更把去國懷鄉之情抒發到極致。詩中的抒情主人公一方面意識到世界之大無所不具,("思九洲之博大兮,豈惟是有其女。")另一方面又承認自己不可理喻地"獨懷故宇"。("何所獨無芳草兮?爾獨懷乎故宇?")"獨懷故宇"說白了,就是故土之外雖有世界,卻不是屬於自己的世界③,根植於農耕文化的這種心理從古代一直蔓延下來,直到工業化運動來臨之後,我們這裏纔湧動起一股嚮往遠方的熱潮④。

鄉愁或曰鄉情雖然只是人類需要抒發的情感之一,但在鄉土社會中,

---

① "日來漸慣了單寒羈旅,離愁已淺,病緣已斷。"冰心:《往事》(二),載於《冰心文集》第三卷,上海:上海文藝出版社1984年版,第76頁。按,"漸慣了單寒羈旅"一語出自近代詞人譚獻的《金縷曲·江干待發》。
② 桑弘羊撰,王利器校注:《鹽鐵論校注》(定本),下冊,北京:中華書局1992年版,第497—498頁。
③ "蓋屈子心中,故都之外,雖有世界,非其世界。"錢鍾書:《管錐編》(二),北京:三聯書店2001年版,第910頁。
④ "詩與遠方"一語如今在網上屢屢出現,許多人都在談論"一場說走就走的旅行",實現"世界這麼大,我想去看看"的願望。

人們的各種思慮和牽掛均與其存在千絲萬縷的聯繫,傳世作品多有對鄉人、鄉情、鄉景、鄉音、鄉食和鄉味的精彩描寫,給人留下深刻難忘的印象。《世説新語・識鑒》中的張翰因爲想起了老家的菰菜羹和鱸魚膾,立馬決定辭官千里還鄉①;《法顯記》寫法顯乘船回國時偏離航線數月,最後登岸時"見藜藿菜依然,知是漢地"②。這兩則鄉愁叙事中,"蓴鱸之思"和"藜藿依然"起到了畫龍點睛的作用。鄉愁一般來説指向人們的生身立命之處,但這種指向並不是完全固定的③,同村、同縣、同市乃至同省之人都在"老鄉見老鄉,兩眼淚汪汪"之列,而到了遠隔重洋的國外,鄉愁又可以發散到整個神州。古人將"社稷"作爲國家的代名詞,"社"爲地神,"稷"爲穀神,因此國家就是土地莊稼的集合。漢語中"家"與"鄉"不僅緊密相聯,它們還與"邦"、"國"等字組成覆蓋範圍更大的搭配——"鄉邦"、"家國"之類的詞語,顯示"家"、"鄉"乃是"邦"、"國"的細胞和基礎。家國情懷之所以被視爲優秀傳統文化的基本内涵,就是因爲有這種把家園和邦國視同一體的認識傳統,這種傳統使無數小家聚攏成血脈相連的鄉邦,無數鄉邦匯合爲"和合萬邦"的華夏。屈原眷戀的"宗邦"只指向楚地,而在後世被其感動的五湖四海讀者心中,這個"宗邦"代表的是整個中國。愛國不是一種抽象的情感,它一定要落實到具體的人和物上,對許多作家詩人來説,腳下這片土地上的一人一事、一草一木都是家鄉和祖國的符號和化身,這些對象的吟詠者因此也往往被視爲愛國詩人④。

三、抒情傳統説對叙事學與中國叙事傳統研究的啟示

抒情傳統説給叙事學帶來的啟示,是這個領域過去忽視了對情感的研

---

① "張季鷹辟齊王東曹掾,在洛見秋風起,因思吴中菰菜羹、鱸魚膾,曰:'人生貴得適意爾,何能羈宦數千里以要名爵!'遂命駕便歸。"劉義慶著,劉孝標注,余嘉錫箋疏,周祖謨等整理:《世説新語箋疏》,上海:上海古籍出版社1993年版,第393頁。
② 釋法顯撰,章巽校注:《法顯傳校注》,北京:中華書局2008年版,第146頁。
③ "客舍并州已十霜,歸心日夜憶咸陽。無端更渡桑乾水,卻望并州是故鄉。"劉皂《旅次朔方》,一作賈島《渡桑乾》。
④ 域外文學也有這種情况,萊蒙托夫《祖國》一詩所謳歌的,都是農舍、馬車和林間小路之類的鄉村景物。

究。如前所述，叙事學是由一群傾慕結構主義語言學的法國學者所創立，他們口口聲聲説以語言學為師，其更深的意圖還在於向物理學等"硬科學"看齊。亨利·詹姆斯最早用"窗洞"來形容後來成為叙事學基本範疇的視角概念，他强調"如果没有駐在洞口的觀察者，换句話説，如果没有藝術家的意識，便不能發揮任何作用"①。然而這一警告並未引起足夠重視，語言學模式後來雖逐漸從叙事學中淡出，西方學者的"物理學欽羨"（physics envy）並未有所減弱，"精深細密"至今仍是許多人不懈追求的目標。國内叙事學在西方影響下也有明顯的形式論傾向，一些人甚至把研究對象當成解剖桌上冷冰冰的屍體。然而叙事本身是有情感温度的人際交流，人類學家把講故事看成是一種抱團取暖的行為，而要讓有體温的人真正靠攏到一起，便不能不動之以情②。由此可以得出這樣一種認識，講故事不是一種"無情"的行為，叙事學因此也不應是"無情"之學。

"無情"給叙事學造成的損害，是這門學科至今仍未有效地幫助人們理解叙事現象和闡釋叙事作品。經典叙事學如前所述對語言學亦步亦趨，大衛·赫爾曼一針見血指出其弊端所在："語言學並不對具體言説做出解釋，而是對符合語法的形式和序列得以產生和處理的可能條件進行一般性的説明。同樣，叙事學家們也認為，不應該將叙事的結構分析看作闡釋的侍女，從根本上來説，叙事學的目的就是做分類和描述工作。"③對闡釋的蔑視以及對叙事語法的狂熱追求，導致這門學科使用的範疇不斷細化，概念與術語隨之層出不窮。莫妮卡·弗盧德尼克據此諷刺叙事學是一門派不上用場的"應用科學"："叙事學既是關於叙事文本的一門應用科學，也是一種理論。作為一門應用科學，叙事學面對的批評挑戰是：'這又能怎麽樣？所有這一切細分再細分的範疇對於理解文本有什麽用呢？'"④然而後經典叙事學這方面的糾偏並不徹底，叙事學如今雖然已與叙事研究等義，但是西

---

① 亨利·詹姆斯，項星耀譯：《一位女士的畫像·作者序》，北京：人民文學出版社1984年版，第7頁。
② 傅修延：《人類為什麽要講故事：從群體維繫角度看叙事的功能與本質》，載於《天津社會科學》總第221期（2018年第4期，2018年7月），第127頁。
③ 大衛·赫爾曼著，馬海良譯：《叙事理論的歷史（上）：早期發展的譜系》，載於詹姆斯·費倫、彼得·J·拉比諾維茨主編：《當代叙事理論指南》，北京：北京大學出版社2007年版，第19頁。
④ 莫妮卡·弗盧德尼克著，馬海良譯：《叙事理論的歷史（下）：從結構主義到現在》，載於詹姆斯·費倫、彼得·J·拉比諾維茨主編：《當代叙事理論指南》，北京：北京大學出版社2007年版，第27頁。

方學者建構理論大廈的熱情一時半刻難以熄滅,筆者曾戲謔地説後經典叙事學提供的理論工具箱依然沉重,結果"只有那些理論上的大力士纔能拎得起來"①。

"無情"造成的另一損害是與創作實踐的脱節。應該承認,西方叙事學在剖析"叙事是什麽"上取得了相當可觀的成績,這是其"精深細密"追求的正面效應,不過弄清楚"叙事是什麽"應當是為了回答"怎樣叙事",一些開宗立派者卻因自己的理論自負而對後一問題不予理睬。19世紀在西方便有"批評的世紀"之稱,20世紀以來批評理論的生產更趨繁榮,不少人覺得自己創建的理論體系具有完全的獨立自足性,不屑於再像過去的批評家那樣與具體的創作實踐掛起鉤來。這方面羅蘭·巴特一度走得最遠:"叙述者和人物主要是'紙上的生命'。一部叙事作品的(實際的)作者絕對不可能與這部叙事作品的叙述者混為一談……因為(叙事作品中)說話的人不是(生活中)寫作的人,而寫作的人又不是存在的人。"②"紙上的生命"没有溫度,將作品中鮮活生動的表述視作蒼白的幻象,把真實的作者排除在研究視閾之外,不啻是公然宣佈與創作方面井水不犯河水。我們無法想象《恰爾德·哈洛爾德遊記》中的抒情主人公(即巴特所謂"說話的人")與拜倫之間没有關係,前者直抒胸臆的滔滔議論難道不是與後者在上議院發表的激烈演講同出一轍嗎?筆者個人一直覺得叙事學的許多成果可以為創作和闡釋方面所用,叙事學作為"一門關於叙事文本的應用科學"未獲應用,主要責任不在他人還在這門學科自身。

抒情傳統説對叙事傳統研究的啟示,在於提醒我們關注自身文脈中不同於他人的個性。陳世驤先生説:"當我們説起一種文學的特色為何時,我們已經隱含著將之與其他文學做比較了。而如果我們認為中國抒情傳統在某種意義上代表東方文學的特色時,我們是相對於西洋文學説的。"③筆者理解這是説東方文學"相對於西洋文學"更重抒情,並非否認中國文學中叙事傳統的存在,要知道全世界没有哪個民族没有自己世代相傳的講故事傳統,所不同的只是講故事的方式。在此意義上我們可以對抒情傳統説作一點自己的詮釋:東方叙事的特色在於更重抒情,用前引汪曾祺的説法就

---

① 傅修延:《中國叙事學》,北京:北京大學出版社2015年版,第7頁。
② 羅蘭·巴特:《叙事作品結構分析導論》,第29—30頁。
③ 陳世驤著,楊彦妮、陳國球譯:《論中國抒情傳統》,載於陳世驤著,張暉編:《中國文學的抒情傳統:陳世驤古典文學論集》,北京:三聯書店2015年版,第3—4頁。

是更傾向於"用抒情的筆觸叙事"。劉鶚在《老殘遊記·自叙》中説馬和牛因缺乏靈性而不會哭泣，人類則因靈性而生感情，這就有了宣洩感情的各種哭泣：

> 《離騷》為屈大夫之哭泣，《莊子》為蒙叟之哭泣，《史記》為太史公之哭泣，《草堂詩集》為杜工部之哭泣；李後主以詞哭，八大山人以畫哭；王實甫寄哭泣於《西廂》，曹雪芹寄哭泣於《紅樓夢》。王之言曰："別恨離愁，滿肺腑難陶洩。除紙筆代喉舌，我千種想思向誰説？"曹之言曰："滿紙荒唐言，一把辛酸淚；都云作者癡，誰解其中意？"名其茶曰"千芳一窟"，名其酒曰"萬豔同杯"者，千芳一哭，萬豔同悲也。吾人生今之時，有身世之感情，有家國之感情，有社會之感情，有種教之感情。其感情愈深者，其哭泣愈痛：此鴻都百鍊生所以有《老殘遊記》之作也。①

值得注意的是，引文列舉的宣洩形式不僅有小説，詩詞辭賦乃至戲曲繪畫俱在其中。劉鶚用"哭泣"指代傳統叙事的抒情傾向，這一妙喻畫龍點睛，勾勒出史上一系列故事講述人的悲戚神情。事實確是如此，古往今來訴諸文字、聲音和圖像的文藝叙事，凡能傳世的大多像是哭泣、流淚或歎息，從屈原的"長太息以掩涕兮"到八大山人的"墨點無多淚點多"，給人留下的都是長籲短歎的印象。

　　抒情傳統説還有助於開闊叙事傳統研究的視野。一味強調叙事，我們的目光就會只盯著小説和前小説、類小説這樣的散體文學，實際上詩體文學對叙事發育亦有孳乳之功。董乃斌先生目前主持的國家社科基金重大項目"中國詩歌叙事傳統"包含了這一內容，其主編的《中國文學叙事傳統研究》列有"古典詩詞的叙事分析"、"漢魏隋唐樂府叙事論"和"唐賦叙事特徵述論"等專章②。董乃斌先生的研究以抒情與叙事兩大傳統的"交響共鳴"為出發點，這一提法有利於避免只從"抒情"或"叙事"角度看問題的片面，筆者個人從中獲益尤多。有了"交響共鳴"這一意識，我們就會發現作

---

① 劉鶚《自叙》，載於劉鶚著，陳翔鶴校，戴鴻森注：《老殘遊記》，北京：人民文學出版社 1979 年版，第 1—2 頁。
② 董乃斌主編：《中國文學叙事傳統研究》，北京：中華書局 2012 年版。

者所叙之事固然重要,叙事中滲透的情感亦爲作品的價值所在。從前述鄉土叙事中可以看到,人們對自己生身立命之處的娓娓講述,無不浸染著對那方土地的憐惜與愛重。筆者在《人類爲什麽要講故事:從群體維繫角度看叙事的功能與本質》一文中提到,講故事的最終目的在於用情感紐帶維繫著自己所屬的群體,不管是民系、民族還是國家,所有"想象的共同體"①的建構與維繫都有叙事的一份功勞。最後要説的是,如果説"想象的共同體"是建構出來的,那麽不管是抒情傳統還是叙事傳統,也與研究者的建構甚至是"發明"有關,《傳統的發明》一書就主張許多傳統是被後人"發明"出來的②。有鑑於此,筆者覺得還是公允一點好,兩大傳統"交響共鳴"這一提法似乎更能體現中國文學的本來面貌。

(作者單位:江西師範大學文學院)

---

① 本尼迪克特·安德森,吴叡人譯:《想像的共同體——民族主義的起源與散佈》,上海:上海人民出版社 2005 年版。
② 霍布斯鮑姆、蘭格編,顧杭、龐冠群譯:《傳統的發明》,南京:譯林出版社 2004 年版。

Lyrical Tradition from the Narrative Perspective
Xiuyan Fu

Narrative covers lyricism in the broad sense, while it is juxtaposed with lyricism in the narrow sense. In today's scholarship, the efforts have been made to integrate issues related to lyricism into the theoretical system of narratology. It may not be necessary to put forward lyrical tradition beyond narrative tradition in the west, but in China it is important to pervade the culture of historiography and seek the real source of literary tradition from the poetic perspective. Narratology should not be a "heartless" science, and the study of narrative tradition should not ignore the distinguished features of its own context. Attention to symphonic resonance performed by both narrative and lyrical traditions may avoid the one-sided view on problems from single perspective.

Keywords: Narrative; lyricism; Tradition; Epic; Agriculture

徵引書目

1. Cleanth Brooks & Robert Penn Warren, Understanding Fiction, Englewood Cliffs: Prentice-Hall, Inc., 1979.
2. James Phelan, "Who's Here? Thoughts on Narrative Identity and Narrative Imperialism," In Narrative 13. 3.
3. Robert Scholes、James Phelan & Robert Kellogg, The Nature of Narrative, New York: Oxford University Press, 2006.
4. 尤瓦爾・赫拉利著,林俊宏譯:《人類簡史:從動物到上帝》,北京:中信出版社,2014年版。
5. 王國維:《釋史》,《觀堂集林》,第1冊,北京:中華書局,1959年版。
6. 卡爾・雅斯貝爾斯著,柯錦華等譯:《智慧之路》,北京:中國國際廣播出版社,1988年版。
7. 左丘明撰,韋昭注:《國語》,上海:上海古籍出版社,2015年版。
8. 本尼迪克特・安德森著,吳叡人譯:《想象的共同體——民族主義的起源與散佈》,上海:上海人民出版社,2005年版。
9. 瓦爾特・本雅明:《講故事的人》,載於漢娜・阿倫特編,張旭東、王斑譯:《啟迪:本雅明文選》,北京:三聯書店,2014年版。
10. 冰心:《往事》(二),載於《冰心文集》,第三卷,上海:上海文藝出版社,1984年版。
11. 亨利・詹姆斯著,項星耀譯:《一位女士的畫像》,北京:人民文學出版社,1984年版。
12. 吳承恩著,黃肅秋注釋,李洪甫校訂:《西遊記》(下),北京:人民文學出版社,1955年版。
13. 汪曾祺:《晚翠文談》,杭州:浙江文藝出版社,1988年版。
14. 亞理斯多德著,羅念生譯:《詩學》,北京:人民文學出版社,1962年版。
15. 拜倫著,楊熙齡譯:《恰爾德・哈洛爾德遊記》,上海:上海譯文出版社,1990年版。
16. 韋恩・布斯著,華明等譯:《小説修辭學》,北京:北京大學出版社,1987年版。
17. 桑弘羊撰,王利器校注:《鹽鐵論校注》(定本),下冊,北京:中華書局,1992年版。
18. 笛福著,徐霞村譯:《魯濱孫飄流記》,北京:人民文學出版社,1981年版。
19. 陳世驤著,楊彥妮、陳國球譯:《論中國抒情傳統》,載於陳世驤著,張暉編:《中國文學的抒情傳統:陳世驤古典文學論集》,北京:三聯書店,2015年版。
20. 傅修延:《人類為什麼要講故事:從群體維繫角度看叙事的功能與本質》,《天津社會科學》總第221期(2018年第4期,2018年7月),頁114—127。
21. 傅修延:《中國叙事學》,北京:北京大學出版社,2015年版。
22. 傑拉德・普林斯著,喬國強、李孝弟譯:《叙述學詞典》,上海:上海譯文出版社,2011年版。
23. 塞林格著,施咸榮譯:《麥田裏的守望者》,桂林:灕江出版社,1983年版。
24. 奧維德著,楊周翰譯:《變形記》,北京:人民文學出版社,1984年版。
25. 董乃斌主編:《中國文學叙事傳統研究》,北京:中華書局,2012年版。

26. 詹姆斯·費倫、彼得·J·拉比諾維茨主編：《當代敘事理論指南》，北京：北京大學出版社，2007年版。
27. 劉知幾著，浦起龍通釋，王煦華整理：《史通通釋》，上海：上海古籍出版社，2009年版。
28. 劉義慶著，劉孝標注，余嘉錫箋疏，周祖謨等整理：《世說新語箋疏》，上海：上海古籍出版社，1993年版。
29. 劉鶚：《自叙》，載於劉鶚著、陳翔鶴校、戴鴻森注：《老殘遊記》，北京：人民文學出版社，1979年版。
30. 鄭玄等注：《十三經古注》，第3册，北京：中華書局，2014年版。
31. 錢鍾書：《管錐編》，北京：三聯書店，2001年版。
32. 霍布斯鮑姆、蘭格編，顧杭、龐冠群譯：《傳統的發明》，南京：譯林出版社，2004年版。
33. 戴衛·赫爾曼主編，馬海良譯：《新敘事學》，北京：北京大學出版社，2001年版。
34. 羅賓·鄧巴著，余彬譯：《人類的演化》，上海：上海文藝出版社，2016年版。
35. 羅蘭·巴特著，張寅德譯：《敘事作品結構分析導論》，載於張寅德編選：《敘述學研究》，北京：中國社會科學出版社，1989年版。
36. 譚君強：《論敘事學視閾中抒情詩的抒情主體》，《雲南師範大學學報》第48卷第3期(2016年5月)，頁127—134。
37. 釋法顯撰，章巽校注：《法顯傳校注》，北京：中華書局，2008年版。

獨抒性情與文本互涉的辯證
——袁宏道的詩論與詩歌

蔡振念

【摘　要】文學作為文化的一環，其在當世的傳播或者後世的流傳勢必要依賴口語或文字。語文作為一種符徵，是傳播者的工具，但文學作品是作家個性與心靈的表現，因此表現作品的文字自然講求獨特性，纔能突顯作家之一空依傍，露才呈性；其次，文學中各種文類也有其傳統，作家不可能自外於文學傳統，作家作品必須放在文學傳統中纔能評估其作品的價值與個人才性。這就為作家帶來一個兩難處境，一方面作家要獨抒性情，一方面又要兼顧繼承傳統，如何可能？明代公安派詩人袁宏道可能是這種現象中最值的探討的詩人之一，他生在明代前後七子的擬古與復古的文學風氣之後，不滿於前七子李夢陽、何景明等與後七子李攀龍、王世貞等"文必秦漢，詩必盛唐"之詩文理論，於是提出"獨抒性情"之說。問題是前後七子主張"文必秦漢，詩必盛唐"，漢唐詩文確實是傳統中的經典，袁宏道真的能一空依傍，字字從心中湧出，篇篇都是獨創嗎？這是本文所欲探究的主題。

【關鍵詞】袁宏道　獨抒性情　互文性　復古　詩學

一、叙論：獨創還是摹擬

　　文學作品的載體是語言與文字，而語文是文化的底蘊和最大公約數，因此語文是一種人人能懂的符號。近代結構主義研究語言文字，把語文作為一種符號,區分為符徵(signifier)與符旨(signified)①,文學作為文化的一環,其在當世的傳播或者後世的流傳勢必要依賴口語或文字,語文作為一種符徵,是傳播者的工具,藉此傳達當事者心中之符旨。近代傳播理論則以敘述者(narrator)和受述者(narratee)來指稱傳播兩端的當事者,而語文是其中之媒介。因為傳播的需要,語文有其特性,即是其符徵必需是約定俗成的,纔能為接受者所理解。因此語文有其慣性,語文慣性最基本的表現應該是文法,説話或書寫而無文法,勢必不為他人所理解。但受述者或讀者並非被動的接受文字符號,而是以自己先存既有的知識結構(fore-structure),來看出敘述者或作者所未見的意義②,因此閲讀前人文本,既是對前人文本的理解闡釋,也是一種創造新義行為。作者以自己的文字符號來編成符碼(encode),讀者則以自己的知識脉絡(context)來解讀符碼(decode),也即詮釋文本(text)。在這種閲讀活動中,過去的符碼被後來者用現下的符碼知識加以詮譯,而現下的符碼因我們對過去符碼的知識而得以深化、衍義、擴大,因而形成了作品互相指涉的交感③。

但文學作品是作家個性、心靈與情感的表現,因此表現作品的文字自然講求獨特性,纔能突顯作家之一空依傍,露才呈性,其次,文學中各種文類也有其傳統,作家不可能自外於文學傳統,作家作品必須放在文學傳統中纔能評估其作品的價值與個人才性④。這就為作家帶來一個兩難處境(dilemma),一方面作家要獨抒性情,一方面又要兼顧繼承傳統,如何可能?

---

① 首先提出符徵與符旨(或譯意符與意指)是語言學家索緒爾(Ferdinand de Saussure)於 1916 年出版的《通用語言學》(*Cours de Linguistique Générale* 又譯《普通語言學教程》)首先提出的,該書是由索緒爾的學生們將他在日内瓦大學上課的筆記編輯成書,被視為引領歐美語言學蓬勃發展的關鍵之作。語言學中,符徵和符旨的關係通常是約定俗成的,也就是没有任何實質關聯的——純粹是達成了一群人的共識。參見 Ferdinand de Saussure, *Course in General Linguistics*, translated and annotated by Roy Norris, London: Bloombury, 1983, rpt. 2013.

② 先存結構是海德格(Martin Heidegger, 1889—1976)的概念,見 Robert Magloia, *Phenomenology and Literature: An Introduction*, West Lafaette, Indiana: Predue UP, 1977, pp.174–191.

③ Edward Stankiewicz, "Structural Poetics and Linguistics," in *Current Trends in Linguistics Interpretive Communities*, Cambridge, Mass: Harvard UP, 1980, pp.147–80; Jonathan Culler, *The Pursuit of Signs: Semiotics, Literature, Deconstruction*, Ithaca: Cornell UP, 1981, pp.105–119.

④ T.S. Eliot, "Tradition and Individual Talent," in *Selected Essays: 1917–1932*, New York: Harcourt Brace,1932, pp.3–11. 中譯參見艾略特(T.S. Eliot, 1888—1965)著,卞之琳、李賦寧譯《傳統與個人才能:艾略特文集論文》(上海:上海譯文出版社 2012 年版)書中《傳統與個人才能》一文,該文中譯又見杜國清譯《艾略特文學評論選集》,臺北:田園出版社 1969 年版,頁 1—20。

我們從文學史的角度來看,文學的發展無非是傳承與新變的辯證①。因此作家常在傳統與獨創之間依違折衝,有時甚至表現出理想與現實的妥協,或者理論主張與實際創作的悖反。這種現象史不絕書,歷代文人多有,但明代公安派詩人袁宏道(1568—1610,穆宗隆慶元年至神宗萬曆三十八年)可能是這種現象中最值的探討的詩人之一,他生在明代前後七子的擬古與復古的文學風氣之後,不滿於前七子李夢陽(1473—1530)、何景明(1483—1521)等與後七子李攀龍(1514—1570)、王世貞(1526—1590)等"文必秦漢,詩必盛唐"之詩文理論,於是提出"獨抒性情"之説。前後七子復古的詩文理論主要是在明初成祖至英宗間館閣重臣楊士奇(1364—1444)、楊榮(1371—1440)、楊溥(1372—1446)及李東陽(1447—1516)為首的茶陵派文學風氣下提出的。臺閣重臣的詩作,大多屬應制頌聖、題贈之章,以歌詠昇平為主要內容,風格雍容閑雅,欠缺真實性情。在臺閣體盛行詩壇之後,李東陽出而矯之,以擬古樂府著稱,推崇李白(701—762)、杜甫(712—770),主張詩要寫真情實意。李東陽主盟當時文壇,追隨者衆。但以李東陽為首的茶陵派並未完全擺脱臺閣氣息,因此為前後七子的宗唐復古肇立了近因②。等到前後七子一出,反抗臺閣體與八股文,以擬古及復古為職志,但這種回到漢唐傳統的風格,等於拾古人遺唾,缺乏文學作品應有的個性,等到公安袁宗道(1560—1600)、袁宏道、袁中道(1570—1626)兄弟登上文壇,由於他們性喜自由,嘉樂山水,自然不願受傳統桎梏,於是有了獨抒性情的主張。袁宗道世壽不永,且大半時間都在做官,留下的詩歌僅近二百首,文則多為應酬文章③。袁中道則到萬曆四十四年(1616)纔舉進士,此時離他去世不過七年,他一生大半時間多在旅游山水,結交詩友,對詩歌理論並沒有太多的主張④。因此三袁中唯袁宏道個性最明顯,留下的詩歌及論詩文章最多,對前後七子之復古反抗力道也最大。問題是前後七子主張"文必秦漢,詩必盛唐",漢唐詩文確實是傳統中的經典,袁宏道真的能一空依傍,字字從心中湧出,篇篇都是獨抒性情嗎?

近代文論有所謂影響的焦慮,美國學者布魯姆(Harold Bloom,1930—)

---

① 有關文學的傳承與新變可參看張高評《宋詩之傳承與開拓》(臺北:文史哲出版社1990年版)與《宋詩之新變與代雄》(臺北:洪業文化公司1995年版)二書。
② 參考郭紹虞:《中國文學批評史》,臺北:五南圖書公司1994年版,頁312—319。
③ 參見袁宗道:《白蘇齋類集》,上海:上海古籍出版社1989年版。
④ 參見袁中道著,錢伯城點校:《珂雪齋集》,上海:上海古籍出版社1989年版。

在《影響的焦慮》書中提出，任何文學家，均負荷著前人對自己影響的焦慮，在此種弗洛伊德之戀父又弒父的心理衝突的情況下，尋求突圍。後來者必須對早先的作品重新運用、翻案，以便發展出本身的創意[1]。此外，在他的另一部作品《誤讀的地圖》中，他更提出，世上所有偉大的文學創作，均乃是對於前輩作家的一種誤讀，後來者必須將誤讀作為新解，每個人的寫作、思考、閱讀，都無法避免模仿，但詩人又以修正前人的方式去逃避模仿[2]。法籍學者克莉斯蒂娃（Julia Kristeva, 1941— ）更提出了文本互涉（intertextuality，或譯互文性，在本文中兩個譯名將交互使用）的概念，認為所有的文本或文學作品都和他人之作形成互涉，不存在一空作傍的文本，任何文本都是從其他文本中汲取或建構的，文本彼此互相聯繫的現象廣泛存在，旁徵博引和典故繁複的史書固然頗富互文性，即使是號稱獨創的文學作品，同樣依靠互文性來建構其內涵。互文性還指出歷史的、社會的因素與環境同樣和文學作品形成互文，讀者先前的閱讀經驗、文學知識也和作品形成至關緊要的互文[3]。在《符號學》一書中，她更強調，每一個作品都是從其他作品引用文句、拼嵌成形，既吸收其他作品，又加以變化[4]。克莉斯蒂娃的觀念來自俄國學者巴赫汀（Mikhai Mikhaliovich Bakhtin, 1895—1975），他認為語言作為表達的符號，只能在人與人之間的領域產生，因此語言或符號其實是一種社會活動，其意義來自對話（dialogue）場合，從而語言便是社會活動的產物，其意義在互相交會中生生不息。他人的文本和自己的文本不斷地交涉，後來者對前行者或者翻案（interior polemic），或者諧擬（parody），或者風格模仿（stylizing），或者是刻意的重複、引用，使得文本意義成為知識的總合[5]。法國結構主義學者巴特（Roland Barthes, 1915—1980）和德希達

---

[1] Harold Bloom, *The Anxiety of Influence*, New York: Oxford UP, 1973.
[2] Harold Bloom, *A Map of Misreading*, New York: Oxford UP, 1975. 布魯姆也在 *A Map of Misreading* 中提出不存在獨創的文本，只有文本之間的交互關係之說，參見該書頁3。
[3] Julia Kristeva, *La Révolution Du Langage Poétique: L'avant-Garde À La Fin Du Xixe Siècle, Lautréamont Et Mallarmé*, Paris: Éditions du Seuil, 1974, English translation: *Revolution in Poetic Language*. New York: Columbia University, 1984, 按本書為克莉斯蒂娃博士論文的出版。
[4] Julia Kristeva, *Séméiôtiké: recherches pour une sémanalyse*, Paris: Edition du Seuil, 1969. English translation: *Desire in Language: A Semiotic Approach to Literature and Art*, Oxford: Blackwell, 1980, p.146.
[5] V. N. Voloshinov, *Freudianism: A Marist Critique*, New York: Academic, 1976, p. 85; Julia Kristeva, *Desire in Language: A Semiotic Approach to Literature and Art*, trans. Thomas Gora et al, New York: Columbia UP, 1980, pp.65–73.

（Jacques Derrida，1930—2004）也都景從克莉斯蒂娃的説法，巴特認為任何一個文本都是一個互文本，其他文本都以某種形式存在於這一文本之中，每一個文本都是對另一個文本的吸收和改造，作品因此是彼此之間的對話、諧擬、翻案之關係的交匯①。德希達則以為寫作是在叙述者和受述者（或者説訊息的發出者和接收者）兩者缺席（absent）的情況下發生的，僅憑前行文本的被引用（citationality）開創新本文的生命，因此，世界上没有純粹獨創的現存符號或文本，只有不斷延異（deferred）、有待解讀的符號或文本②。俄國另一位形式主義學家什克洛夫斯基（Victor Shklovsky，1893—1984）也有相同的看法，他説："藝術作品的形式決定於它與該作品之前已存在過的形式之間的關係，不單是諧擬作品，任何一部藝術作品都是作為某一前行作品的類比和對照而創作的。"③現代文本理論雖出自西文學界，但文學理論之成立，在於它為文學現象提出了一個普遍而行諸四海皆準且古今通用的律則。因此，我們不難找到在中國文論文相對應的説法。

在中國傳統文論中，劉勰（約465—520）的《文心雕龍》可能最早注意到文本的互涉，在《宗經篇》中他指出了後人作品對經典的繼承，其言曰："若稟經以製式，酌雅以富言，是仰山而鑄銅，煮海而鹽也。"④唐皎然（730—799）《詩式》也提到復古之中需有變化，也就是模仿中有新創，其言云："作者須知復變之道，反古曰復，不滯曰變，若惟不變，則陷於相似之格。"⑤後來韓愈（768—824）知道獨創之難，所以在《答李翊書》中説："惟陳言之務去，戛戛乎其難哉！"因此他要李翊"游乎《詩》、《書》之源，無迷其途，無絶其源"⑥，换句話説，就是要從《詩》、《書》中取材，所以他在《進學解》中乾脆承

---

① Roland Barthes, *S/Z*, trans. Riehard Miller, New York: Hill and Wang, 1974, p.4.
② Jacques Derrida, "Signature Event Context," *Glyph*, 1, Baltimore: Johns Hopkins University Press, 1977, pp.172-197.
③ Victor Shklosky, *Theory of Prose*, trans. Benjamin Sher, London: Balkey Archive Press, 1991, p.35.
④ 劉勰：《文心雕龍》，臺北：啟業書局1976年版，頁23。另對中國文學中作品互相指涉的問題，可參見葉維廉：《中國現代文學批評選集·序》，臺北：聯經文化事業公司1976年版，頁1—14；Chou Ying Hsiung（周英雄），"Intertextuality between Han China Proverbs and Historiography," *Asian Culture*, 9.3 and 4(1981), pp.67-78, 60-72；另鄭樹森《結構主義與中國文學研究》（載於《中外文學》1982年第10卷第10期，頁26—27）也提到對前人作品成句的引用是中國文學的特色，構成了作品之間互為指涉的關係。
⑤ 釋皎然《詩式》卷五"復古通變條"，收入張伯偉編：《全唐五代詩格校考》，西安：陝西人民教育出版社1996年版，頁307。
⑥ 韓愈著，屈守元編：《韓愈全集校注》，成都：四川大學出版社1996年版，頁1454。

認自己"竊陳編以盜竊"①,又在《南陽樊紹述墓誌銘》中說詩文:"必出於己,不襲蹈前人一言一句,又何其難也……惟古於詞必己出,降而不能乃剽賊,後皆指前公相襲,從漢迄今用一律,寥寥久哉莫覺屬。"②這是說後人雖指責前人之作公然相襲,但從漢到唐其實人人難免,只是久而未覺自己之作和古人有相連屬而已,韓愈言下之意,當然是說獨創實難,所以後學要能變化古人為自己所用,承襲中要有創意,並不是真的鼓勵抄襲。北宋黃庭堅(1045—1105)也曾就對前人文本的推陳出新,提出點鐵成金之說,在《答洪駒父書》中云:

    自作語最難,老杜作詩,退之作文,無一字無來處,蓋後人讀書少,故謂韓、杜自作此語耳,古之能為文章者,真能陶冶萬物,雖取古人之陳言,入於翰墨,如靈丹一粒,點鐵成金也。③

又惠洪《冷齋夜話》引黃庭堅奪胎換骨之說云:

    詩意無窮而人才有限,以有限之才追無窮之意,雖淵明、少陵不得工,不易其意而造其語,謂之換骨法,規摹其意而形容之,謂之奪胎法。④

劉若愚以為換骨指使用不同字句模仿前人意境,奪胎指模仿前人字句以表現不同的意境⑤,李又安(Adel A. Rickett)則以為奪胎意指使用前人的詩句來表達深一層或與原詩不同的意思,換骨則指用不同的語詞表達相同的意思⑥。奪胎換骨除了模仿前人字句,使用句典之外,也是事典的使用,錢鍾

---

① 韓愈著,屈守元編:《韓愈全集校注》,成都:四川大學出版社1996年版,頁1911。
② 同上注,頁2641。
③ 黃庭堅:《豫章黃先生文集》,臺北:商務印書館1979年版,《四部叢刊》正編第49冊,卷九。又見胡仔:《苕溪漁隱叢話》,臺北:新興書局,1983年版,前集卷九引。
④ 吳文治編:《宋詩話全編》,上海:江蘇古籍出版社1998年版,頁2429。
⑤ 劉若愚之說見James J. Y. Liu, *The Art of Chinese Poetry*, Chicago: University of Chicago Press, 1962, p.78.
⑥ 見其 "The Poetics of Huang Ting-chian," in Adele A. Rickett, ed. *Chinese Approached to Literature from Confucius to Liang Ch'i-chiao*, Princeton: Princeton UP, 1978, 中譯見莫礪鋒:《法則和直覺:黃庭堅的詩論》,原載《文藝理論研究》1983年第2期,收入莫礪鋒:《神女的追尋》,上海:上海古籍出版社1994年版,頁271—285。

書論宋詩,以為宋代詩人貴用事在點鐵成金的黃庭堅詩裏達到了登峰造極,宋人有了唐詩作榜樣,"就放縱了摹仿和依賴的惰性"①。錢鍾書對文學傳統於後來者的意義也有很適切的評論,他說:"前代詩歌的造詣不但是傳給後人的產業,而在某種意義上也可以説向後人挑釁,挑他們來比賽,試試他們能不能後來居上,打破紀錄,或者異曲同工,別開生面。"②中國文論在用詞上雖和現代西方文論不同,但對詩歌中摹仿和文本互涉現象以及在摹仿之際如何創新的辯難是一致的。

　　無論中西文論,都指出詩歌的獨創戛戛其難,文本都是前有所承的。因此,公安派袁宏道主張獨抒性情是可以成立的嗎? 還是他其實是在傳統的影響下反傳統,在文本的獨創中其實和前行詩人而形成文本互涉? 詩歌的創作中不免用典、挪用前人詩句、唱和他人作品、借古諷今、諧擬等,在今天文學理論看來,這些都是互文性,是互文便無獨創,而是和古人或今人作品形成秘響旁通③,如此一來,袁宏道在詩歌創作中還能説是字字由己出嗎? 還是他其實在不自覺的表現出了理論與作品間的辯證或者甚至是悖反? 這是本文的問題意識,也是本文希望透過袁宏道文學理論與詩歌的檢驗,來討論文學創作中傳承與新變之間的關係。

二、獨抒性情理論的提出

　　前文提到,袁宏道的詩學主張是極其具有針對性的,他看不慣前後七子詩必盛唐的復古詩觀,所以主張獨抒性情。但復古詩派有其時代意義,宋佩韋指出:"明代士大夫經過了長期的八股訓練,已不知不覺地養成了模仿的根性,復古派盡以救衰起蔽為己任,盡怎樣地高唱文必秦漢,卻終逃不出模仿古人的圈套。"④宋氏這段話其實也説明了一個文學史上普遍的現象,那就是模仿前人往往是不可避免的學習過程,只是有些作家在模仿之

---

① 錢鍾書:《宋詩選注·序》,臺北:書林書店1990年版,頁17;宋人善摹仿的相關研究另可參見徐復觀:《宋詩特徵試論》,載於《中國文學論集·續編》,臺北:學生書局1981年版,頁23—68。
② 錢鍾書:《宋詩選注·序》,頁16。
③ 葉維廉:《秘響旁通——文意的派生與交相引發》,載於《歷史傳釋與美學》,臺北:東大圖書公司局1988年版,頁89—113。葉維廉在此文中對文學母題(motif)如何在不同詩文中反復出現有很好的闡釋,文學既是許多母題的不斷重復,便不可能有真正的獨創。
④ 宋佩韋:《明代文學史》,上海:商務印書館1934年版,頁5。

後能出以己意,點鐵成金,奪胎換骨,如黃庭堅,這是高明的模仿,如姜白石所言:"不求與古人合而不能不合,不求與古人異而不能不異。"①但有些作家字擬句隨,容易為人看破,成了拙劣的模仿。但不論那一種模仿,都是不同程度的文本互涉。吉川幸次郎(1904—1980)其實極肯定明代復古派摹古的史識,只是他認為問題就在摹古派"作品無法擺脱窠臼,變成了古人的奴隸,難免止於單純的模仿,毫無推陳出新,獨出心裁的創造性。"②可見問題不在模仿,模仿是文學的常態。杜甫在唐詩中之創體無可置疑,但他《宗武生日》詩中仍告誡兒子要熟讀《文選》,杜甫自己的作品,更是多從六朝詩人而來③。蓋模仿形成了和他人文本的互涉,仿佛佛經中所説的帝網明珠,互相映照,彼此相融。因此,前後七子的問題不在於學習盛唐詩,而在於不能辨證性的從盛唐傳統中"轉化"出新意④。李夢陽和何景明的友人陸深(1477—1544)就曾批評二人的作品"似落人格套,雖謂之擬作可也"⑤。

　　袁宏道在當時詩壇摹古聲中登場,不滿於當時詩風,這當然和他個性喜自由,不喜格套有關,但也是當時千篇一律的模仿詩風,已到了不得不變的時勢使然。因此他拈出獨抒性情的詩學主張,便得到了不少迴響⑥,影響深遠⑦。但是他的詩學主張,雖然有洞見(insight),也有其不見(blindness)⑧,我們必須將其放在當時的時代背景來看纔不致先入為主。其洞見之處當然在於他提出獨抒性情,語語自胸臆中流出之説,合於文學作品應有創意及個性的原則。其不見則在創意難得,追步模仿前人不可免,大詩人尚且

---

① 姜夔:《白石道人詩集·序》,《文淵閣四庫全書》電子版,頁2。
② 吉川幸次郎著,鄭清茂譯:《元明詩概説》,臺北:聯經出版公司2012年版,頁223。
③ 杜甫詩對六朝詩人的繼承,可參見呂正惠:《杜甫與六朝詩人》,臺北:大安出版社1989年版。
④ 這裏借用林毓生對五四時期知識份子反中國文化傳統有些保留,他認為傳統不是要捨棄或反對,而是要能轉化。參見林毓生:《中國傳統的創造性轉化》,北京:三聯書店1988年版。
⑤ 陸深:《儼山外集》,《文淵閣四庫全書》電子版,卷一五,頁122。
⑥ 時代稍後的錢謙益(1582—1664)評袁宏道云:"中郎之論出,王、李之雲霧一掃,天下之文人才士始知疏淪心靈,搜剔慧性,以蕩滌摹擬塗澤之病,其功偉矣。"見錢謙益:《列朝詩集小傳》,哈佛大學:中國哲學書電子化計劃,丁集,袁稽勳宏道條下。網址:https://ctext.org/library.pl?if=gb&file=44010&page=2。
⑦ 有關袁宏道文學對後世的影響,參見田素蘭:《袁中郎文學研究》,臺北:文史哲出版社1982年版,第七章,頁209—227;韋仲公:《袁中郎學記》,臺北:新文豐出版公司1979年版,後跋,中郎總論,頁125—130。
⑧ 洞見與不見是美國耶魯大學學者德曼(Paul de Man,1919—1983)提出的術語,認為任何批評家都有其洞見,也有其盲點,見Paul de Man, *Blindness and Insight*, Minneapolis: Minnesota Press, 1983, pp.102-103。

如此,何況其他。完全出自個人胸臆,不僅使詩歌脫離傳統脉絡,無所繼承,也將使詩歌成為個人囈語,難為他人所理解。袁宏道在理論上雖力倡獨抒性情,但在實際作品中實不能不與古人相唱和,追步前人,也許折衷之道在於從古人作品中作創造性轉化,此種轉化近於西方文論的陌生化(de-familiarization)手法,所謂陌生化,意謂當一種藝術手法或修辭成為陳套,不能再引起新鮮感受,後來者於是用新奇和阻拒手段,擴大對事物感知的困難,使熟悉的經驗有了新鮮的效果[1],換言之,也就是在前人基礎上推陳出新,或宋人所謂的奪胎換骨。無論如何,袁宏道處在摹古風氣極盛之後,其抨擊摹古,提倡獨抒性情,自有其時代意義與詩學上的重要性。我們必須檢視他對摹古的一些批評,纔能理解他理論的時空背景,首先來看袁宏道在序弟弟中道的詩集時對當時摹古風氣的不滿:

> 蓋詩文至近代而卑極矣,文則必欲準於秦、漢,詩則必欲準於盛唐,剿襲摹擬,影響步趨,見人有一語不相肖者,則共指以為野狐外道。曾不知文準秦、漢矣,秦、漢人曷嘗字字學六經歟?詩準盛唐矣,盛唐人何嘗字字學漢、魏歟?秦、漢而學六經,豈復有秦、漢之文?盛唐而學漢、魏,豈復有盛唐之詩?唯夫代有升降,而法不相沿,各極其變,各窮其趣,所以可貴,原不可以優劣論也。[2]

另外他提倡宋詩,也是為了對抗當時"文必秦漢,詩必盛唐"的無謂[3]:

> 至於詩,則不肖聊戲筆耳。信心而出,信口而談。世人喜唐,僕則曰唐無詩,世人喜秦、漢,僕則曰秦、漢無文,世人卑宋黜元,僕則曰詩文在宋、元諸大家。

這是為了矯枉不得不然的言論,唐代是詩歌極盛的時代,近體詩的五七言律絕都在唐代完成格律和體製,古詩和古樂府也在唐代完成律化,使得唐代不管五七言古詩或樂府都和兩漢及魏晋六朝不同,宋、元、明代起,至少

---

[1] 陌生化理論參見 Victor Shlovsky, "Art as Techque," in Lee T. Lemon and Marion J. Reis, ed. *Russian Formalist Criticism: Four Essays*, Lincoln: University of Nebraska Press, 1965, pp.5–25.
[2] 袁宏道著,錢伯城箋校:《袁宏道集箋校·叙小修詩》,頁187。
[3] 袁宏道著,錢伯城箋校:《袁宏道集箋校·張幼于》,尺牘,頁501—502。

在聲調格律上都無法超越唐人訂下的形式,其它諸如李、杜、王、孟等在詩歌題材上的開創就不用説了。而袁宏道語不驚人死不休的説"唐無詩",實有其時代背景及為反擬古不得不然的一番苦心。細檢袁宏道文集,可以發現他不僅常提到盛唐李、杜詩,更時時閲讀杜詩,在給李贄的信中曾説:"至李、杜而詩道始大。"①他的好友曾可前(1560—1611)在序其《瓶花集》時説:"石公(袁宏道號)居嘗語友人,文必摹秦漢,詩必襲杜陵,此自世之大病……斯言出,疑信參半,其信者遂謂石公自為文若詩焉耳。余獨謂石公之文從秦漢出,石公之詩善學老杜者。"②曾可前被視為公安派詩人,正因他和袁氏兄弟往來密切,知之最深,他道出了盛唐李、杜詩,是横在後學前面的一座巨山,不可能被忽視,後學者唯有高屋建瓴,踏在巨人的肩上繼續前進。我們也許可以説,在前人影響的焦慮下,袁宏道提出了獨抒性情之説,但獨創不可能一無依傍,不以前人作品為參照,就像物理學所説,我們能够感受到物體的運動,是因為有兩種物體互為參照,在萬里無雲的天空中,乘客幾乎感受不到飛機的快速前進,也像心理學的鏡像理論,人對自我的了解,是來自他者做為參照纔有可能。文學也是如此,没有前行者作品的參照,就無所謂獨創,獨創也必需放在傳統中來觀察,因此詩人可能自覺是獨創,但在無意識中其實已經汲取了社會、文化、歷史、傳統文學等等中的元素與養分,甚至模仿了前人作品而不自知,因此獨創也者,乃是對傳統的創造性轉化。杜甫號稱大家,但只要細檢仇兆鰲《杜詩詳注》,不難看出杜詩有多少詩句是變化前人而來,有多少使事用典,皆出六朝以前文化的積澱,皆出先秦兩漢以至六朝的文史著作。在這樣的脈絡下,袁宏道一方面倡言唐無詩,一方面又推尊李、杜,也就無足怪了。甚至中晚唐如李賀也是他喜愛的詩人,他的朋友甚至視他為"今之長吉"③。

雖然曾可前以為袁宏道學老杜,但袁宏道自己則一再强調今人應該為今人之文,不必摹古,他在給友人張幼于的尺牘中説到:

> 古之不能為今者也,勢也。……辟如《周書·大誥》、《多方》等篇,

---

① 袁宏道著,錢伯城箋校:《袁宏道集箋校·與李龍湖》,尺牘,頁734。
② 袁宏道著,錢伯城箋校:《袁宏道集箋校·附録》,頁1694。
③ 袁宏道好友江盈科(1553—1605)在序袁宏道《解脱集》時説:"中郎論詩,最恥臨摹,其於長吉詩非必有心學之,第余觀其突兀怪特之處,不可謂非今之長吉。"見袁宏道著,錢伯城箋校:《袁宏道集箋校·附録》,頁1690。

古之告示也，今尚可作告示不？《毛詩·鄭》、《衛》等風，古之淫詞䙝語也，今人所唱《銀柳絲》、《掛鍼兒》之類，可一字相襲不？世道既變，文亦因之，今之不必摹古者也，亦勢也。……若使今日執筆，機軸尤為不同。何也？人事物態，有時而更，鄉語方言，有時而易，事今日之事，則亦文今日之文而已矣！①

袁宏道在上文中說一時代有一時代之文學，古不能為今，今也不必摹古，這當然是正確的，但他又推尊蘇軾、歐陽修，以及民歌俗曲如《銀柳絲》之類，更在自己作品中大量追模白居易（772—846）、蘇軾（1037—1101）及民歌，這就呈現了理論和創作之間的背離了。摹擬漢唐是摹擬，摹擬宋詩、民歌當然也是摹擬，袁宏道有此矛盾，可能是為了對抗詩必盛唐的復古派，於是拈出宋詩及歐、蘇、民歌，但這種矛盾，我們必須放在時代背景下去理解。錢謙益在《列朝詩集小傳》中適切地指出萬曆中期的詩風及袁氏推尊宋詩之由：

萬曆中年，王、李之學盛行……中郎以通明之資，學禪於李龍湖，讀書論詩，橫說豎說，心眼明而膽力放，於是乃昌言擊排，大放厥辭，以為唐自有詩，不必選體也，初、盛、中、晚皆有詩，不必初、盛也。歐、蘇、陳、黃各有詩，不必唐也。②

袁宏道則在序弟弟袁中道的詩集時稱其所作詩文大都獨抒性靈，從自己胸臆中出，甚至以為即使有若干瑕疵，也都是本色獨造，既使作品看似佳處，只要落入蹈襲，便有遺憾。他甚至以為當時詩文，值得流傳的，只有民歌，因為只有民歌出自胸臆，是真性情：

---

① 袁宏道著，錢伯城箋校：《袁宏道集箋校·江進之》，尺牘，頁515—516。文中之盧楠，字少楩，大名濬縣（河南省淇縣東北）人，國學生，明代廣五子之一，詩文為王世貞（1526—1590）贊賞，萬恭（1515—1591）稱其詩作有先秦策士之風。為人恃才傲物，好使酒罵座。嘉靖二十一年因得罪縣令而下獄，謝榛（1495—1575）至京師為其稱冤，時平湖陸光祖代縣令，冤案始得昭雪。嘉靖三十年出獄後，到彰德拜謝謝榛。隆慶三年（1569）因嗜酒而死。有《蠛蠓集》等。參《明史·謝榛盧楠傳》卷二八七。
② 錢謙益《列朝詩集小傳》（哈佛大學：中國哲學書電子化計劃資料庫），丁集，袁稽勳宏道條下。網址：https：//ctext.org-/library.pl?if=gb&file=44010&page=2。

> 弟小修……泛舟西陵，走馬塞上，窮覽燕、趙、齊、魯、吳、越之地，足跡所至，幾半天下，而詩文亦因之以日進。大都獨抒性靈，不拘格套，非從自己胸臆流出，不肯下筆。有時情與境會，頃刻千言，如水東注，令人奪魄。其間有佳處，亦有疵處，佳處自不必言，即疵處亦多本色獨造語。然予則極喜其疵處，而所謂佳者，尚不能不以粉飾蹈襲為恨，以為未能盡脱近代文人氣習故也。……且夫天下之物，孤行則必不可無，必不可無，雖欲廢焉而不能，雷同則可以不有，可以不有，則雖欲存焉而不能。故吾謂今之詩文不傳矣。其萬一傳者，或今閭閻婦人孺子所唱《擘破玉》、《打草竿》之類，猶是無聞無識真人所作，故多真聲，不效顰於漢、魏，不學步於盛唐，任性而發，尚能通於人之喜怒哀樂嗜好情欲，是可喜也。①

又在序曾可前詩集時，強調他和曾可前之所以同調，厥在氣味相投，詩文皆有真性情：

> 余文信腕直寄而已。以余詩文視退如，百未當一，而退如過引，若以為同調者，此其氣味必有合也。昔人謂茶與墨有三反，而德實同，余與退如所同者真而已。其為詩異甘苦，其直寫性情則一。②

在給好友張獻翼（1550—1636，字幼于）的信中提到書籍之所以流傳，在於不依傍古人，詩文若是剽襲他人，便無足觀，他自己最得意之詩，正是那些他人所不取而不似唐人的作品：

> 昔老子欲死聖人，莊生譏毁孔子，然至今其書不廢，荀卿言性惡，亦得與孟子同傳。何者？見從已出，不曾依傍半箇古人，所以他頂天立地。今人雖譏訕得，却是廢他不得。不然，糞裏嚼查，順口接屁，倚勢欺良，如今蘇州投靠家人一般。記得幾個爛熟故事，使曰博議，用得幾個見成字眼，亦曰騷人。計騙杜工部，囤紮李空同，一個八寸三分帽子，人人戴得。以是言詩，安在而不詩哉？不肖惡之深，所以立言亦自

---

① 袁宏道著，錢伯城箋校：《袁宏道集箋校·叙小修詩》，頁187。
② 袁宏道著，錢伯城箋校：《袁宏道集箋校·叙曾太史集》，頁1106。

有矯枉之過。公謂僕詩亦似唐人,此言極是。然要之幼于所取者,皆僕似唐之詩,非僕得意詩也。夫其似唐者見取,則其不取者斷斷乎非唐詩可知。既非唐詩,安得不謂中郎自有之詩,又安得以幼于之不取,保中郎之不自得意耶?僕求自得而已,他則何敢知。近日湖上諸作,尤覺穢雜,去唐愈遠,然愈自得意。①

在給友人梅蕃祚(字子馬,生卒年不詳)的《王程稿》作序時,他説自己論詩的主張多與時人不合,又無借梅蕃祚的話道出自己心聲:

> 余論詩多異時軌,世未有好之者,獨宣城梅子與余論合。凡余所擯斥抵毁,俱一時名公鉅匠,或梅子舊師友也,梅子的然以為是。……梅子嘗語余曰:"詩道之穢,未有如今日者。其高者為格套所縛,如被殺翮之鳥,欲飛不得,而其卑者,剽竊影響,若老嫗之傅粉,其能獨抒己見,信心而言,寄口於腕者,余所見蓋無幾也。"②

在給自己同年進士江盈科(字進之,1553—1605)的詩集寫序時,他再次抨擊復古之詩學及不敢呈一己之才以摹擬為務的作品:

> 近代文人,始為復古之説以勝之。夫復古是已,然至以剿襲為復古,句比字擬,務為牽合,棄目前之景,摭腐濫之辭,有才者詘於法,而不敢自伸其才,無之者,拾一二浮泛之語,幫湊成詩。智者牽於習,而愚者樂其易,一唱億和,優人騶子,皆談雅道。吁,詩至此,抑可羞哉!③

在給自己的舉人座主馮琦(字用韞,號琢菴,1558—1603)的信中,他又強調自己詩作皆獨出己見,絕不摹古:

> 宏實不才,無能供役作者。獨謬謂古人詩文,各出己見,決不肯從人脚根轉,以故寧今寧俗,不肯拾人一字。④

---

① 袁宏道著,錢伯城箋校:《袁宏道集箋校·張幼于》,尺牘,頁 501—502。
② 袁宏道著,錢伯城箋校:《袁宏道集箋校·叙梅子馬王程稿》,頁 699。
③ 袁宏道著,錢伯城箋校:《袁宏道集箋校·雪濤閣集序》,頁 710。
④ 袁宏道著,錢伯城箋校:《袁宏道集箋校·馮琢菴師》,尺牘,頁 781—782。

獨抒性情當然是袁宏道在前後七子摹古的時代環境中不得不然的主張，但我們從他友人曾可前的文章中可看出，在旁人眼中，袁宏道詩文還是有所承襲，在詩歌方面，他不可能無視於唐詩的成就，他標舉宋詩，主要是針對當時"詩必盛唐"的剽襲之風而發，盡管他在詩學主張上一再強調獨創，但在實際創作中他又多方借用前人詩句、使事用典、和唐宋人韻、推尊白居易和蘇軾，尤其是對白、蘇的推尊，詩文中處處可見，但筆者翻檢中國期刊全文資料庫、臺灣期刊論文索引系統、中國碩博士論文網、臺灣碩博士論文加值系統及書目資訊網，竟發現僅少數論文淺論袁宏道對蘇軾的推尊①，可見學界對此一議題尚未有深入之探討。以下筆者便從袁宏道對白、蘇的推尊、模仿、和詩，來論袁宏道在拈出獨抒性情的詩學和實際創作上的辨證與轉化，也就是説袁宏道一方面強調詩歌的獨創性，另方面其實也不能擺脱前人影響的焦慮，不自覺中作品也呈顯了對前行詩人的摹擬以及文本互涉的現象。

三、對白、蘇的摹擬：獨創還是互文

袁宏道對白居易與蘇軾的推尊，和其老師李卓吾有一定的關係。但也是受到其大哥袁宗道的影響，朱彝尊在《静志居詩話》評袁小修時説：

　　自袁伯修出，服習香山、眉山之結撰，首以白蘇名齋，既導其源，中郎、小修繼之，益揚其波，由是公安派盛行。②

按袁宗道長宏道八歲，長中道十歲，仕宦在二人之前，朱彝尊之説應可信，袁宏道自己在《識伯修遺墨後》文中也説：

　　伯修酷愛白、蘇二公，而嗜長公（蘇軾）尤甚。每下直，輒焚香靜坐，命小奴伸紙，書二公閒適詩，或小文，或詩餘一二幅，倦則手一編而

---

① 賀玉：《淺論袁宏道在詩歌理論及創作上對蘇軾的推崇》，《金田》2015年第10期，頁14—15。作者爲四川省自貢市自流井區自貢一中高中部教師。張志傑：《論交際語境下的"袁宏道爲蘇軾後身"説》，《新國學》2017年第1期。
② 朱彝尊：《静志居詩話》，北京：人民文學出版社1998年版，卷一六，"袁中道"條下，頁465。

臥,皆山林會心語,近懶近放者也。余每過抱甕亭,即笑之曰:"兄與長公,真是一種氣味。"伯修曰:"何故?"余曰:"長公能言,吾兄能嗜,然長公垂老玉局,吾兄直東華,事業方始,其不能行一也。"伯修大笑,且曰:"吾年只是東坡守高密時,已約寅年入山,彼時纔得四十三歲,去坡翁玉局尚二十餘年,未可謂不能行也。昔樂天七十致仕,尚自以為達,故其詩云'達哉遠哉白樂天',此猶白頭老寡婦,以貞驕人,吾不學也。"因相與大笑。①

三弟袁中道也在記大哥袁宗道書齋時提到:

> 伯修賦性整潔,所之必葺一室,掃地焚香宴坐,而所居之室,必以白蘇名,去年買一宅長安,堦上竹柏森疎,香藤怪石,大有幽意,乃於抱甕亭後,潔治靜室,室雖易,而其名不改,尚友樂天、子瞻之意,固有不能一刻忘者。②

可見袁氏兄弟對白居易的推尊喜愛,肇自大哥袁宗道,只是袁宏道變本加厲,甚至以白、蘇二公為大菩薩,在給蜀人黃輝(1559—1612)的信中,他說:

> 詩文是吾輩一件正事,去此無可度日者,窮工極變,舍兄不極力造就,誰人可與此道者?如白、蘇二公,豈非大菩薩?然詩文之工,決非以草率得者,望兄勿以信手為近道也。③

一般認為袁宏道是追求精神自由的人,性喜山林,不屑為官④,但其實他對白居易和蘇東坡的推尊,除了詩文之外,還在於二人能做到儒家己欲立而立人,己欲達而達人的處世態度,以出世情懷為入世事業,在給友人的信中,他說:

> 陶石簀近字,道其宦情灰冷。弟曰:"吾儒說立達,禪宗說度一切,

---

① 袁宏道著,錢伯城箋校:《袁宏道集箋校‧識伯修遺墨後》,頁1111。
② 袁中道:《珂雪齋集》,上海:上海古籍出版社1989年版,卷一二,《白蘇齋記》,頁533。
③ 袁宏道著,錢伯城箋校:《袁宏道集箋校‧黃平倩》,尺牘,頁1259。
④ 劉大杰:《袁中郎的詩文觀》,附見袁宏道著,錢伯城箋校:《袁宏道集箋校‧附錄三》,頁1743。

皆賴些子煖氣流行宇宙間，若直恁冷將去，恐釋氏亦無此公案。"蘇玉局、白香山非彼法中人乎？今讀二公集，其一副愛世心腸，何等緊切。①

陶石簣即陶望齡（1562—1609）②，蘇玉局即蘇軾，蘇軾晚年自儋州貶所赦回，授朝奉郎提舉成都玉局觀，實未至任所，而是任其在外州居任，但後人仍以其最後官職名之。在上信中，袁宏道提到自己以好友陶望齡倦宦，而以白、蘇入世情懷相勉。

前文提到，詩文中的互文性，不僅在字隨句仿，模其精神，也在典故史實的拈出。袁宏道對白居易、蘇軾的推尊，便以這種方式來形成互文性。在給徐州知府夏崇謙的信中，他說：

往見燕子樓甚頹落，即子房山上祠，亦僅蔽風日耳。仁兄游刃之暇，能一改創之乎？蘇子瞻有祠否？《黃樓賦》有佳搨，幸見寄一本。③

按白居易有《燕子樓詩三首并序》④，序中提到他為校書郎時游徐州，張尚書宴請，席中見到張尚書愛妾關盻盻（或作盼盼），12 年後友人張仲素示其《燕子樓詩三首》，其時張尚書已逝，關盻盻則居於燕子樓而不嫁，白居易感其事，因和詩三首。白居易《燕子樓》三首如下：

滿窗明月滿簾霜，被冷燈殘拂臥牀。燕子樓中霜月夜，秋來只為一人長。

鈿暈羅衫色似煙，幾回欲著即潸然。自從不舞霓裳曲，疊在空箱十一年。

今春有客洛陽回，曾到尚書墓上來。見說白楊堪作柱，爭教紅粉不成灰？

---

① 袁宏道著，錢伯城箋校：《袁宏道集箋校·與劉雲嶠祭酒》，尺牘，頁 1595。
② 陶望齡，字周望，號石簣，會稽人，萬曆十七年進士，授翰林院編修，終官國子祭酒，見《明史》卷二一六陶傳。望齡與弟奭齡同為袁氏兄弟至交。
③ 袁宏道著，錢伯城箋校：《袁宏道集箋校·與夏徐州》，尺牘，頁 1605。按夏徐州即夏崇謙，京山人，萬曆十六年舉人。
④ 白居易著，朱金城校箋：《白居易集校箋》，上海：上海古籍出版社 1988 年版，卷一五。

據黃啟方考證，白居易《燕子樓詩三首並序》應是寫於元和六年四月居母喪之前①。清代汪立名編《白香山詩長慶集》在《燕子樓詩三首》下引明萬曆年間蔣一葵在其《堯山堂外紀》之説，以為關盼盼接到白居易詩後，因白居易責其不能死節，竟不食旬日而死。至於白詩中的尚書，究竟是張建封或其子張愔，則衆説紛紜，宋代以來已多指尚書為張愔②。

至於黃樓，據蘇轍《黃樓賦》所記，乃熙寧十年（1077）秋，黃河決於澶淵，水及彭城下，時任徐州太守的蘇軾使民具畚鍤，畜土石，以為水備。後又請增築徐州城，事畢於城之東門為築大樓，塈以黃土，因名黃樓，可覽觀山川，弔水之遺跡。可知黃樓是蘇軾在彭城治水的紀功樓，蘇轍在序文中説，因其兄治水得宜，官民日親，後來秦觀也作了《黃樓賦》。《黃樓賦》雖非蘇軾之作，但卻是記其事功。東坡自己在徐州詩詞不少，最著名的當然是寫於元豐元年（1078）之《永遇樂·明月如霜》③，其時為東坡改守徐州的次年，東坡這詞有序云："彭城夜宿燕子樓，夢盼盼，因作此詞。"詞末云："燕子樓空，佳人何在，空鎖樓中燕。"

上文袁宏道給友人夏崇謙的尺牘為我們提供的文本相涉的最好範例，讓我們清楚看到白居易、蘇軾、袁宏道異世而共鳴的現象，三個文本共同指向了同一歷史事件或者説文學母題，白居易在曾經宴請他的徐州太守友故去後，到過洛陽張尚書墓，感慨尚書故去而佳人獨存，白詩末句寫時空變易，紅粉終有成灰之日，未必是責佳人不能死節，只是言者無心，聽者有意，一首詩竟讓佳人斷魂，恐怕是白傅始料未及的。三百年後東坡到徐州，寫詞用燕子樓事典，等於也回應了白居易對物事人非、時逝人去的感慨。事過八百年，袁宏道異世再寫，宛如刮去再寫的羊皮紙（palimpsest），新的文本上，舊跡猶存，具現了歷史敘事永遠是漫漶重疊與反覆改寫的。袁宏道《燕子樓》寫白居易和愛姬楊柳之事，全詩云：

空窗畫掩紅紗隔，一夕溫風長葵麥。秋去春來雙燕兒，年年銜粉

---

① 黃啟方：《黃樓如何燕子樓》，載於《東坡的心靈世界》，臺北：學生書局 2002 年版，頁 63。
② 相關考證見日人福本雅一著，李寅生譯：《燕子樓與張尚書》，載《河池學院學報》第 6 期（2007 年 12 月），頁 15—23。
③ 全詞云："明月如霜，好風如水，清景無限。曲港跳魚，圓荷瀉露，寂寞無人見。紞如三鼓，鏗然一葉，黯黯夢雲驚斷。夜茫茫、重尋無處，覺來小園行遍。　天涯倦客，山中歸路，望斷故園心眼。燕子樓空，佳人何在，空鎖樓中燕。古今如夢，何曾夢覺，但有舊歡新怨。異時對、黃樓夜景，為余浩嘆。"

扮粧額。芍藥死枝不死根,焉知黃土不青春。幽魂異日逢楊柳,應悔生前別舍人。①

這是袁宏道於萬曆二十六年入京途中,經徐州燕子樓而作。詩中的楊柳,即白居易愛姬樊素,按《舊唐書·白居易傳》:"家妓樊素、蠻子者,能歌善舞。"②晚唐孟棨(乾符二年進士,875 年)《本事詩·事感》:"白尚書姬人樊素善歌,妓人小蠻善舞,嘗為詩曰:櫻桃樊素口,楊柳小蠻腰。年既高邁,而小蠻方豐艷,因為《楊柳枝詞》以託意。"③葛培嶺引蔡顯《紅蕉詩話》認為樊素、小蠻指的是同一人。香山詩集中並無"櫻桃樊素口,楊柳小蠻腰"兩句,白居易姬樊素,又名柳枝、樊蠻,不見有小蠻名④。按白居易《晚春酒醒尋夢得》詩云:"還攜小蠻去,試覓老劉看。"⑤自注云:"小蠻,酒榼也。"是白居易詩中的小蠻乃是酒榼名。白居易應只有姬人樊素,別名柳枝者,案白居易《宴後題府中水堂贈盧尹中丞》詩,其中有"莫言楊柳枝空老"句,白居易自注:"府妓有歌楊柳枝曲者,因以名焉。"⑥白居易晚年得風濕病,因遣名馬及柳枝,有《病中詩》十五首,其中有一首《別柳枝》:"兩枝楊柳小樓中,嫋娜多年伴醉翁。明日放歸歸去後,世間應不要春風。"又有《對酒有懷寄李十九郎中》詩云:"往年江外拋桃葉,去歲樓中別柳枝。"又有《不能忘情吟》詩,序中說:"妓有樊素者,年二十餘,綽綽有歌舞態,善唱柳枝,人多以曲名之。"詩云:"駱駱爾勿嘶,素素爾勿啼;駱反廄,素返閨。吾疾雖作,年雖頹,幸未及項籍之將死,何必一日之內棄騅兮而別虞姬!乃目素曰:素兮素兮!為我歌《楊柳枝》。我姑酌彼金罍,我與爾歸醉鄉去來。"⑦樊素離去後,一次酒宴散後,正值暮春三月,春盡花殘,白居易想起了樊素,寫了《春盡日宴罷感事獨吟,開成五年三月三十日作》:"五年三月今朝盡,客散筵空獨掩

---

① 袁宏道著,錢伯城箋校:《袁宏道集箋校·燕子樓》,頁 573。
② 宋祁等:《舊唐書·白居易傳》,北京:中華書局 1985 年版,卷一一六,頁 4354。
③ 孟棨:《本事詩》,《文淵閣四庫全書》電子版,頁 12。
④ 見葛培嶺:《白居易》,臺北:知書房出版社 2001 年版,頁 413,注 3。蔡顯,字景真,號閒漁,江蘇華亭(今屬上海市)人,清朝文人。雍正七年(1729)中舉。在家開館授徒為業。乾隆三十二年(1767)三月《閒漁閒閒錄》刻成後,分送其門人和親朋。書中語涉狂悖,且多評發他人陰私之處,被處死。
⑤ 彭定求等編:《全唐詩》,上海:上海古籍出版社 1986 年版,卷四五六。
⑥ 彭定求等編:《全唐詩》,卷四五九。
⑦ 彭定求等編:《全唐詩》,卷四六一。

扉。病共樂天相伴住,春隨樊子一時歸。閒聽鶯語移時立,思逐楊花觸處飛。金帶縋腰衫委地,年年衰瘦不勝衣。"①後來東坡詩《次京師韻送表弟程懿赴夔州運判》中有"我甚似樂天,但無素與蠻"之句,應是沿襲《本事詩》之誤,以樊蠻、樊素為二人。

袁宏道在上引詩作中,把關盼盼和樊素的故事作聯想,設想她們幽魂若相逢,則楊柳應後悔生前輕別白居易舍人。在此我們又看到了一個文本互涉的典範,白居易當年寫關盼盼,感嘆初見張尚書時,兩人猶恩愛逾恒,但十一年後,隨著張尚書故去,人事變遷,時光易老,紅粉也難免紅顏不再。袁宏道再寫燕子樓,則嘲諷了白居易的輕遺愛姬。同樣是離別,生離與死別,也許生離更令人難堪。袁宏道巧妙的應用典故,形成了有趣的文本互涉。下面一首《遣姬》詩,袁宏道又再度用楊柳典故:

蠶懶無心更作絲,樂天未老別楊枝。陽臺不是嫌雲雨,圖得生離勝死離。②

萬曆三十二年(1604),袁宏道三十七歲,閒居公安,在《甲辰初度》詩中,我們又看到了他用楊柳母題:

閒花閒石伴疏慵,鏡掃湖光屋幾重。勸我為官知未穩,便令遺世亦難從。樂天可學無楊柳,元亮差同有菊松。一盞春芽融雪水,坐聽游衲數青峯。③

所謂"樂天可學無楊柳",也是蘇軾《次京師韻送表弟程懿赴夔州運判》詩中"我甚似樂天,但無素與蠻"的回響,再一次,白居易、東坡、袁宏道形成了織錦式的互文。袁宏道多次在詩中表示對樂天的追慕,在《偶成》中說:"擬與樂天為近舍,借他歌板佐歌聲。"④在另一首詩中,又用到歌姬典故:"寒節逢人少,新詩説酒多。小蠻持管笑,呵墨寫長蛾。"⑤

① 彭定求等編:《全唐詩》,卷四五八。
② 袁宏道著,錢伯城箋校:《袁宏道集箋校·遣姬》,頁613。
③ 袁宏道著,錢伯城箋校:《袁宏道集箋校·甲辰初度》,頁1052。
④ 袁宏道著,錢伯城箋校:《袁宏道集箋校·偶成》,頁992。
⑤ 袁宏道著,錢伯城箋校:《袁宏道集箋校·冬日雜興其四》,頁613。

在互文性理論中，和詩也是文本互涉的一種方式，關於和詩，宋劉攽（1023—1089）《中山詩話》將唐人和詩分為三種："唐人賡和詩，有次韻，先後無易；有依韻，同在一韻；有用韻，用彼韻不必次，吏部和皇甫《陸渾山火》是也，今人多不曉。"①吏部指韓愈（768—824），皇甫指皇甫湜（777—835）。又吳喬《答萬季埜詩問》："和詩之體不一，意如答問而不同韻者，謂之和詩；同其韻而不同其字者，謂之和韻；用其韻而次第不同者，謂之用韻；依其次第者，謂之步韻（亦稱次韻）。步韻最困人，如相毆而自縶手足也。蓋心思為韻所束，而命意佈局，最難照顧。"②換言之，和韻、用韻、同韻三者實質相同，都是指同韻部而韻字之順序不同，而次韻也稱步韻，最為嚴格，韻字先後順序必須相同③。和詩既然必須和原詩之意，又在用字用韻上必須步步相隨，則當然就是一種模仿，不管是和古人之作或和時人、朋友之作，都形成了文本之間密切的關聯，而不可能是完全的獨創。在袁宏道詩歌中，正有不少是和白居易和蘇軾的同題之作，如他模仿白居易作《白香山三十四歲作感時詩余今正其時矣仍次其韻》詩云：

    少年沐新髮，鬱若青莎地。一朝盆水中，霜縷忽三四。辟如百里塗，行行半將至。視老猶壯容，比少已憔悴。是身如肉郵，皮毛聊客寄。微官復寄身，寄與寄第二。浮雲畸太空，種種非作意。鱗鬣及鬐鬃，散時等一氣。為樂供朱顏，及時勿回避。青山好景光，花木饒情致。我有戰老策，勝之以無累。胸中貯活春，不糟自然醉。虛舟蕩遠波，從天作升墜。④

白居易《感時》詩云：

    朝見日上天，暮見日入地。不覺明鏡中，忽年三十四。勿言身未老，冉冉行將至。白髮雖未生，朱顏已先悴。人生詎幾何，在世猶如寄。雖有七十期，十人無一二。今我猶未悟，往往不適意。胡為方寸

----

① 吳文治編：《宋詩話全編》，上海：江蘇古籍出版社1998年版，頁445。
② 郭紹虞編：《清詩話》，上海：上海古籍出版社1999年版，頁25。
③ 有關和詩的詳細研究，可參看陳鍾琇：《唐代和詩研究》，臺北：秀威科技公司2008年版。
④ 袁宏道著，錢伯城箋校：《袁宏道集箋校·白香山三十四歲作感時詩余今正其時矣仍次其韻》，頁899。

間,不貯浩然氣。貧賤非不惡,道在何足避。富貴非不愛,時來當自致。所以達人心,外物不能累。唯當飲美酒,終日陶陶醉。斯言勝金玉,佩服無失墜。①

仔細對比,可以發現袁宏道這首追和白居易之作,用了吳喬所說最困難的步韻,"蓋心思為韻所束,而命意佈局,最難照顧"。但袁宏道巧妙的在模仿之外,作了翻案文章,推陳出新。白居易詩首先感慨青春易逝,人命不永,世事不盡如人意,接著道出無奈中的應對之道,厥在通達人情世故,使外物不能累,最後以及時行樂的思想總結全詩。袁宏道詩首言人生行半,忽已中年,感慨時間易逝、人生如寄的情緒和白居易是相同的,但他接著便道出自己不同於白居易的處世哲學,便是游山水以遺老,自然任運,醉春而不需醉酒。兩人之作,同又不相,相同的是感時的母題,不同的是應世的心態。如此一來,袁宏道在模仿古人中又有自己的創意,唯雖說是創意,又不脫唱和前人之作,在用字和用韻上步步相隨,印證了互文理論中所說的,沒有文本是獨一無二的,所有文本都是其它文本的迴響。

袁宏道另有《放言》五首,也是追和白居易的同題之作,詩如下:

掉頭誰擬作公卿,只合林間樹下行。臧是穀非憑耳過,元輕白俗任詩成。有身祇作他人看,無事休將造物爭。夜踏芒鞋深雪裏,自呼東郭冷先生。

賢愚富貴且憑他,山上髻鬟柳上娥。鐵網試撈穿海月,漁舟任截過頭波。齊肩大士辭輦久,禿髮中書感事多。船芎老郎江口女,咿啞容易得成歌。

鶯靴寧說上場難,衫袖郎當且自看。世路兩平三仄嶺,人情八折九迴灘。胸中毛女霞千片,石上王喬藥一丸。夢去幾番登岳頂,扶桑清水浴頹盤。

高人竊欲比無功,閒把心情托去鴻。《易》象有時輪瓦卜,《騷》材

---

① 彭定求等編:《全唐詩》,卷四二八。

兼不廢媱風。謀生拙似呦冰鶴，觸事剛如蝕木蟲。莫放大鵬天上去，恐遮白日駭愚蒙。

抹却濃嵐作羽衫，撫松終日坐枯巖。盜悲老氏折衡斗，馬謝莊生脫轡銜。青鳳下來傳古字，白雲飛去護仙緘。芝田數畝那耕得，收拾山中木柄欃。①

白居易《放言》五首原詩如下：

朝真暮偽何人辨，古往今來底事無。但愛臧生能詐聖，可知甯子解佯愚。草螢有耀終非火，荷露雖團豈是珠。不取燔柴兼照乘，可憐光彩亦何殊。

世途倚伏都無定，塵網牽纏卒未休。禍福回還車轉轂，榮枯反復手藏鈎。龜靈未免刳腸患，馬失應無折足憂。不信君看弈棋者，輸贏須待局終頭。

贈君一法決狐疑，不用鑽龜與祝蓍。試玉要燒三日滿，辨材須待七年期。周公恐懼流言後，王莽謙恭未篡時。向使當初身便死，一生真偽復誰知！

誰家第宅成還破，何處親賓哭復歌。昨日屋頭堪炙手，今朝門外好張羅。北邙未省留閑地，東海何曾有定波。莫笑賤貧誇富貴，共成枯骨兩如何。

泰山不要欺毫末，顏子無心羨老彭。松樹千年終是朽，槿花一日自為榮。何須戀世常憂死，亦莫嫌身漫厭生。生去死來都是幻，幻人哀樂繫何情。②

---

① 袁宏道著，錢伯城箋校：《袁宏道集箋校·放言效白》，頁 900—901。
② 彭定求等編：《全唐詩》，卷四三八。

白居易《放言》五首詩序云:"元九在江陵時,有放言長句詩五首,韻高而體律,意古而詞新。予每詠之,甚覺有味,雖前輩深於詩者未有此作。唯李頎有云:濟水自清河自濁,周公大聖接輿狂,斯句近之矣。予出佐潯陽,未屆所任,舟中多暇,江上獨吟,因綴五篇以續其意耳。"唐憲宗元和五年(810),元稹因得罪了權貴,被貶為江陵士曹參軍,元稹在江陵期間,寫了五首《放言》詩抒發心情。元和十年,白居易因上書急請追捕刺殺宰相武元衡的兇手,遭當權者忌恨,當年六月,被貶為江州司馬,途中寫下了和元稹《放言》組詩。可知白居易的詩原是追和元稹的,而袁宏道詩又是追和白居易的。

白居易第一首詩中的臧生指武仲臧孫氏,名紇,官為司寇,據《論語‧憲問》載:"子曰:臧武仲,以防求為後於魯。雖曰不要君,吾不信也。"防是武仲的封地,孔子是說武仲憑藉其封地防來要脅魯君,《左傳‧襄公二十二年》杜氏注:"武仲多知,時人謂之聖。"甯子指甯武子,《論語‧公冶長》載:"甯武子,邦有道則知,邦無道則愚。其知可及也,其愚不可及也。"照乘則為明珠名。《史記‧田敬仲完世家》載齊威王:"與魏王會田於郊。魏王問曰:王亦有寶乎?威王曰:無有。梁王曰:若寡人,國小也,尚有徑寸之珠照車前後各十二乘者十枚。奈何為萬乘之國而無寶乎?"①白居易這首詩旨在表達人情事物的真偽難辨。

第二首詩用了莊子典故,《莊子‧外物》:"宋元君夜半而夢人被髮窺阿門……使人占之,曰:此神龜也。……龜至,君再欲殺之,再欲活之。心疑,卜之,曰:殺龜以卜吉。乃刳龜……仲尼曰:神龜……知能七十二鑽而無遺筴,不能避刳腸之患。"②"馬失"句用塞翁失馬事,見《淮南子‧人間訓》③。

第三首中,"辨材"句下作者亦自注云:"豫章木生七年而後知。"按《史記‧司馬相如列傳》:"其北則有陰林巨樹梗楠豫章。"《正義》:"豫今之枕木也;樟今之樟木也。二木生至七年,枕樟乃可分別。"④《漢書‧王莽傳》:"爵位益尊,節操愈謙。散輿馬衣裘,振施賓客,家無所餘。收贍名士,交結將相卿大夫甚眾。……欲令名譽過前人,遂克己不倦。"後獨攬朝政,殺平

---

① 司馬遷:《史記‧田敬仲完世家》,臺北:文馨出版社,影印武英殿版,頁749。
② 郭慶藩輯:《莊子集釋》,臺北:河洛出版社1974年版,頁933。
③ 劉安編,高誘注:《淮南子》,臺北:世界書局1984年版,頁311。
④ 司馬遷:《史記‧司馬相如列傳》,臺北:文馨出版社,影印武英殿版,卷一一七,頁1229。

帝,篡位自立①。北邙,山名,亦作北芒,即邙山,在今河南省洛陽市北,為東漢及北魏的王侯公卿墓地。這一首詩也在表現人情真偽難辨。

第四首中,"張羅"句用典,形容門庭冷落,《史記·汲鄭列傳》:"夫以汲、鄭之賢,有勢則賓客十倍,無勢則否,況衆人乎!下邽翟公有言,始翟公為廷尉,賓客闐門;及廢,門外可設雀羅。"②這首詩表達了人生死的窮通塞達之別,但死亡撫平了人世間的一切不平等。

第五首中,顔子是早死的孔子學生顔回,老彭則是據説活了八百歲的彭祖,其父名陸終,彭祖名籛,彭城人。全詩大意在説榮枯有時,生死無常的夢幻感。

袁宏道的《放言》第一首中,用了兩個典故,第一個出自《莊子·駢拇》,原文云:"臧與穀二人相與牧羊而俱亡其羊。問臧奚事?則挾筴讀書;問穀奚事?則博塞以游。二人者,事業不同,其於亡羊均也。伯夷死名於首陽之下;盜跖死利於東陵之上。二人者所死不同,其於殘生傷性均也,奚必伯夷之是而盜跖之非乎!天下盡殉也:彼其所殉仁義也,則俗謂之君子;其所殉貨財也,則俗謂之小人。其殉一也,則有君子焉,有小人焉。若其殘生損性,則盜跖亦伯夷已,又惡取君子、小人於其間哉!"③莊子意謂事情也許表相不同,人物也許行事不同,但自殘生損性的本質來看,其實是相同的。

第二個典故出自《列子·天瑞》,原文云:"齊之國氏大富,宋之向氏大貧;自宋之齊,請其術。國氏告之曰:'吾善為盜。始吾為盜也,一年而給,二年而足,三年大穰。自此以往,施及州閭。'向氏大喜,喻其為盜之言,而不喻其為盜之道,遂踰垣鑿室,手目所及,亡不探也。未及時,以贓獲罪,没其先居之財。向氏以國氏之謬己也,往而怨之。國氏曰:若為盜若何?向氏言其狀。國氏曰:嘻!若失為盜之道至此乎?今將告若矣。吾聞天有時,地有利。吾盜天地之時利,雲雨之滂潤,山澤之產育,以生吾禾,殖吾稼,築吾垣,建吾舍。陸盜禽獸,水盜魚鱉,亡非盜也。夫禾稼、土木、禽獸、魚鱉,皆天之所生,豈吾之所有?然吾盜天而亡殃。夫金玉珍寶,穀帛財貨,人之所聚,豈天之所與?若盜之而獲罪,孰怨哉?向氏大惑,以為國氏

---

① 班固著,王先謙補注:《漢書·王莽列傳》,臺北:藝文印書館,無出版日期,卷九九,頁1711—1759。
② 司馬遷:《史記·汲黯列傳》,臺北:文馨出版社,影印武英殿版,卷一二〇,頁1271。
③ 郭慶藩輯:《莊子集釋》,頁323。

之重罔已也,遇東郭先生問焉。東郭先生曰:若一身庸非盜乎?盜陰陽之和以成若生,載若形;況外物而非盜哉?誠然,天地萬物不相離也;仞而有之,皆惑也。國氏之盜,公道也,故亡殃;若之盜,私心也,故得罪。有公私者,亦盜也;亡公私者,亦盜也。公公私私,天地之德。知天地之德者,孰為盜邪?孰為不盜邪?"①列子的故事寓意和莊子相同,也在說明人事或事物也許行徑、外相不同,但自本質而言,其實不二。袁宏道借用莊子典故,在這首詩中表達了泯汩是非的人生觀。

第二首鐵網典故出自宋王禹偁《仲咸借予海魚圖觀罷有詩因和》,詩云:"偶費霜縑與綵毫,海魚圖畫滿波濤。搘床難死慙龜殼,把酒狂歌憶蟹螯。蝤蛑腳多垂似帶,鋸鯊齒密利如刀。何當一一窮真偽,須把千尋鐵網撈。"②原意是指畫中的海魚栩栩如生,唯有用鐵網撈起真魚方可一探真假,袁詩借來指海中水月與真月真假不分,又有何關係。齊肩大士是袁宏道自喻,袁宏道自二十餘歲與李贄學佛,便斷葷食,至萬曆三十年作此詩,不食葷已久,但並未落髮。禿髮中書則指白居易,蓋白居易於長慶元年(821)任中書舍人。這首詩表現了袁宏道思想中無賢愚窮達的老莊齊物觀。

第三首中的毛女用《列仙傳》典故,原文云:"毛女者,字玉姜,在華陰山中,獵師世世見之。形體生毛,自言秦始皇宮人也,秦壞,流亡入山避難,遇道士谷春,教食松葉,遂不饑寒,身輕如飛,百七十餘年。所止巖中有鼓琴聲云。婉孌玉姜,與時遁逸。真人授方,餐松秀實。因敗獲成,延命深吉。得意巖岫,寄歡琴瑟。"③王喬也是神仙人物,《列仙傳》卷上:"王子喬者,周靈王太子晉也。好吹笙,作鳳凰鳴。游伊洛之間,道士浮丘公接以上嵩高山。三十餘年後,求之於山上,見桓良曰:告我家,七月七日待我於緱氏山巔。至時,果乘白鶴駐山頭,望之不得到,舉手謝時人,數日而去。"④這首詩中,袁宏道詠歎世路人情的崎嶇不平,以及出世自外人間的思想。

第四首中無功用《莊子·逍遙遊》典故:"若夫乘天地之正,而御六氣之辯,以遊無窮者,彼且惡乎待哉!故曰:至人無己,神人無功,聖人無名。"⑤瓦卜即古代之瓦兆,唐杜甫《戲作俳諧體遣悶》詩之二:"瓦卜傳神語,畬田

---

① 列御寇:《莊子集釋》,哈佛大學:中國哲學書電子化計劃,卷一。
② 王禹偁:《小畜外集》,《文淵閣四庫全書》電子版,卷七,頁5。
③ 劉向:《列仙傳》,《文淵閣四庫全書》電子版,卷下,頁30。
④ 劉向:《列仙傳》,《文淵閣四庫全書》電子版,卷上,頁316。
⑤ 郭慶藩輯:《莊子集釋》,頁17。

費火耕。"①仇兆鰲注引王洙曰:"巫俗擊瓦,觀其文理分析,以卜吉凶。"宋史繩祖《學齋呫嗶‧瓦卜》:"今之瓦卜,蓋有取於周太卜之瓦兆。"②另大鵬之喻,當然也可以是《莊子‧逍遥遊》中摶扶摇而上九霄的神鳥。全詩主旨在説自己拙於謀生,但其實有若大鵬,志在九霄,不在巢枝。

第五首中第三句用《莊子‧胠篋》典故:"故絶聖棄知,大盜乃止……剖斗折衡,而民不爭。"③袁氏云老氏,恐怕是誤記。第四句用《莊子‧馬蹄》:"夫加之以衡扼,齊之以月題,而馬知介倪,闉扼鷙曼,詭銜竊轡。"成玄英疏:"竊轡,即盜脱籠頭。"陸德明釋文:"嚙轡也。"④袁宏道在這首詩中企慕老莊,甚至仙家,但以仙路難求,終以無奈之情作收。仙家也許只是袁宏道對世情或宦情厭離的隱喻,畢竟詩人念佛多年,出離之心必然不淺。

白居易五首放言是在被貶時所作,故充滿了等是非、齊生死的釋老思想。袁宏道詩則作於萬曆三十年(1602)居公安時,這時大哥宗道和祖母已在萬曆二十八年去逝,他宦情冷落,自北京辭官回家,在心情上和白居易有些相似,因此詩中表達的思想也追步白舍人,然韻字並不相同,用典也不相同,但表達對世情的無奈和厭離是相同的,應是和意而不和韻之作。

除了白居易外,袁宏道最推尊的詩人是蘇軾。袁宏道對蘇軾的推崇,可能受到李贄(1527—1602)的影響。李贄生平服膺蘇軾,曾有詩文之選。《復焦弱侯》:"蘇長公何如人,故其文章自然驚天動地,世人不知,祇以文章稱之,不知文章直彼餘事耳,世未有其人不能卓立而能文章垂不朽者。弟子全刻抄出作四册,俱世人所未嘗取者。"⑤又《寄京友書》:"坡仙集我有披削旁注在内,每開看便自懽喜,是我一件快心却疾之書。"⑥焦弱侯即焦竑(1540—1620)⑦,袁石浦即袁宗道。袁宏道兄弟結識李贄在萬曆十八年

---

① 彭定求等編:《全唐詩》,卷二三一。
② 史繩祖:《學齋呫嗶》,《文淵閣四庫全書》電子版,卷三,頁90。
③ 郭慶藩輯:《莊子集釋》,頁353。
④ 郭慶藩輯:《莊子集釋》,頁339—340。
⑤ 李贄:《李温陵集》,《續修四庫全書》本,卷四,第1352册頁54。
⑥ 李贄:《李温陵集》,《續修四庫全書》本,卷五,第1352册頁77。
⑦ 焦竑,字弱侯,號澹園,又號漪園,南京人。十六歲選為京兆學生員,二十五歲中舉。神宗萬曆十七年會試北京,得中一甲第一名進士(狀元),授翰林院修撰,二十二年任太子講官。萬曆二十五年任鄉試主考官,將落榜之徐光啟提拔第一。由於個性耿介疏直,被曹大咸、楊廷蘭等彈劾,貶為福寧州同知。萬曆二十六年赴福建福寧州任,一年後移官太僕寺丞,辭官,歸家不出。焦竑篤信卓吾之學。他與李贄相率而為狂禪,贄至於詆孔子,而竑亦至崇揚墨。

（1590），時李贄漫游至公安，住於寺廟，相談傾倒，袁中道輯其問答為《柞林紀譚》①，那年袁宏道 23 歲，而李贄已 64 歲。萬曆十三年，李贄在湖北麻城龍湖隱居，萬曆十八年初見李贄後，便時相往來，對李贄詩文大為拜服。萬曆二十年第二次到龍湖訪李贄，次年再訪，臨別作《別龍湖師》八首。袁宏道在寫於萬曆二十一年的《懷龍湖》詩中，將李贄比為老子李耳，詩云："漢陽江雨昔曾過，歲月驚心感逝波。老子本將龍作性，楚人元以鳳為歌。"②袁中道在《中郎先生行狀》中也説宏道："既見龍湖，始知一向掇拾陳言，株守俗見，死於古人語下，一段精光，不得披露，至是……能轉古人，不為古轉，發為語言，一一從胸襟流出。"③小修這段文字，已可見中郎文學主張之所由自，其對東坡的喜愛，應該也是受李卓吾的影響。他甚至認同李卓吾為東坡後身的説法，在題李贄《枕中書》時云：

人有言曰：胸中無萬卷書，不得雌黃人物。……吾於楊升菴、李卓吾見之。或説卓禿翁……為蘇子瞻後身，以卓吾生平歷履，大約與坡老暗符。④

袁宏道又選有東坡詩，今國家圖書館藏其《東坡詩選》12 卷，線裝 6 册，卷首題"公安袁宏道中郎閱選，景陵譚元春友夏增删"，為明天啟元年刊本。選詩當然也是讀者接受的一種方式，選詩必擇其精華，在揀擇過程中，必已精讀其詩。既精讀其詩，不可能不受影響，在讀者接受理論中，讀者對特定本文的接受經常表現為選詩、摘句、讚頌、和詩、同題競作、挪用字句、引用典故等現象，這些都已是文本互涉理論中所謂任何文本都是其它文本的編織物了。

袁宏道在給李贄的一封信中，甚至以蘇軾為詩神：

近日最得意，無如批點歐、蘇二公文集。……蘇公詩高古不如老杜，而超脱變怪過之，有天地來，一人而已。僕嘗謂六朝無詩，陶公有詩趣，謝公有詩料，餘子碌碌，無足觀者。至李、杜而詩道始大。韓、

---

① 袁中道著，錢伯城點校：《珂雪齋集》，附錄。
② 袁宏道著，錢伯城箋校：《袁宏道集箋校》，頁 68。
③ 袁中道著，錢伯城點校：《珂雪齋集》，頁 755—756。
④ 袁宏道著，錢伯城箋校：《袁宏道集箋校·附錄》，袁宏道書李贄《枕中書》卷首，頁 1634。

柳、元、白、歐，詩之聖也，蘇，詩之神也。①

在給梅國楨（字客生，1542—1605）的信中，袁宏道又以蘇軾的詩卓絕千古，戛戛獨創，出自性情：

> 蘇公詩無一字不佳者，青蓮能虛，工部能實，青蓮唯一於虛，故目前每有遺景，工部唯一於實，故其詩能人而不能天，能大能化而不能神。蘇公之詩，出世入世，粗言細語，總歸玄奧，怳惚變怪，無非情實。蓋其才力既高，而學問識見，又迥出二公之上，故宜卓絕千古。至其道不如杜，逸不如李，此自氣運使然，非才之過也。②

又在《夜坐讀少陵詩偶成》詩中，認為蘇軾是唯一可以和杜甫異代相比的詩人。詩云：

> 嘗聞工書人，見書長一倍。每讀少陵詩，輒欲洗肝肺。體格備六經，古雅凌三代，武庫森戈戟，廟堂老冠佩。變幻風雲新，妖韶兒女黛。古鬼哭幽塚，羈遊感絕塞。古人道不及，公也補其廢。化工有遺巧，代之以覆載。僅僅蘇和仲，異世可相配。剪葉及綴花，諸餘多瑣碎。紛紛學杜兒，伺響任鳴吠。入山不見瑤，何用拾瓊塊。③

此詩中的蘇和仲，是蘇軾的字，較少為人所知。此詩首先稱美杜甫詩具六經之完備，超越前人，有如武庫中無所不有，詩風又如風雲變化無端，道古人之所未道，而有化工之巧，蘇軾步武杜甫，異世同標，能補杜詩之不足，不像時人，僅拾人牙慧餘唾，入寶山而不見瓊瑤。詩中稱美蘇軾善學杜，旨在帶出袁宏道對明代復古派一味學杜而又無所新創④。

山居無事，讀蘇詩也帶給袁宏道無限傷感：

---

① 袁宏道著，錢伯城箋校：《袁宏道集箋校·與李龍湖》，尺牘，頁750。
② 袁宏道著，錢伯城箋校：《袁宏道集箋校·答梅客生開府》，尺牘，頁734。
③ 袁宏道著，錢伯城箋校：《袁宏道集箋校·夜坐讀少陵詩偶成》，頁1049。
④ 有關明代復古派學杜之弊，參見陳英傑《明代復古派杜詩學研究》（臺北：臺灣學生書局2018年版），尤其是第二章至第六章論李夢陽、何景明、謝榛、王世貞、胡應麟、許學夷部分。

獨抒性情與文本互涉的辯證 ·235·

  飽食長腰米,高撐過頂枝。閒尋施藥地,細剖訟花辭。霧眼添燈暈,雲瓢挂瘦師。山齋通夜雨,腸斷子瞻詩。①

  除了在書信中屢屢提到蘇軾外,他也在許多詩中,歌詠蘇軾。萬曆三十六年(1608),袁宏道赴京途中過中山、定州,所寫的詩中有三首都提到東坡,第一首寫開元寺塔:

  孤塔三千級,俯身見鳥過。但知天闊遠,未許岫嵯峨。鈴語聞沙塞,燈光射虜河。昔賢誰眺此,韓宋與東坡。②

末句的韓宋是指韓琦(1008—1075)與宋祁(998—1061),韓琦知定州在宋仁宗慶曆八年(1045)四月辛卯③,一直到皇祐四年(1052),未見存詩。宋祁知定州在皇祐五年二月(1053)④,曾登開元寺塔,並題詩紀游⑤。蘇軾知州在元祐八年(1093)⑥,在定州半年,留有詩作二十九首,今定州開元寺塔

---

① 袁宏道著,錢伯城箋校:《袁宏道集箋校·和王以明山居韻》其四,頁849。
② 袁宏道著,錢伯城箋校:《袁宏道集箋校·登定州開元寺塔》,頁1386。有關開元寺塔,明朝徐昌祚:《新刻徐比部燕山叢錄》(臺南:莊嚴出版社1995年版,《四庫全書存目叢書》子部第248冊)云:"定州開元寺有塔名料敵塔,宋築以望契丹者。高十三級,廣六十四步。旁施鐵幢。中貫數抱大木,登上級可瞰百里,仰視行雲,勢若搖動。宋失燕、雲,以定州為邊境,故潛備甚密。"雍正《定州志》、清《畿輔通志》、民國版《定縣誌》略同。宋祁另有《登塔》詩寫登塔眺望云:"窣堵緣霄雁勢聯,憑闌清眺俯三川。春華已遍燃燈地,日氣猶烘喋雨天。游蓋結陰塵不動,飲籌催醧客爭傳。須知四級題名處,要記浮生六十年。"開元寺的前身是建於北魏太和十六年(492)的七帝寺。七帝是指從北魏開國到寺院興建時的七位帝王,建七帝寺意在為帝王祈福。隋開皇十六年(596),七帝寺更名為正解寺。到了唐開元二十六年(738),正解寺改以開元為額。北宋咸平四年(1001),真宗下詔建塔,宋仁宗至和二年(1055)成,歷時55年。參見賈敏峰、賈寶峰:《定州開元寺沿革考》,載於《文物春秋》2006年第3期,頁11—28。
③ 見畢沅《續資治通鑑》卷五〇宋紀,仁宗慶曆八年四月辛卯。
④ 見胡應麟《玉海》,臺北:商務印書館1983年版(據《文淵閣四庫全書》影印),卷三,《皇祐御敵論》。
⑤ 宋祁《宋景文公集·開元寺塔偶成十韻》,板橋:藝文印書館1966年版,卷二〇。詩云:"集福仁祠舊,雄成寶塔新。經營一甲子,高下幾由旬。屹立通無礙,支持固有神。雲妨垂處翼,月礙過時輪。頂日珠先現,條風鐸自振。沙分千界遠,花散四天春。億載如如地,三休上上人。堆螺俯常碣,繚帶視河津。陶甓勤爭運,圜金施未貧。誰紓簡棲筆,為我誌琳珉。"
⑥ 蘇軾知定州日期,按其元祐八年《九月十四雨中示子由》詩云:"去年秋雨時,我自廬山歸。今年中山去,白首歸無期。"蓋蘇軾元祐八年六月,以端明殿翰林侍讀二學士除知定州,九月尚留京師,行禮部事。冬十月,到定州。見孔凡禮:《蘇軾年譜》,北京:中華書局1998年版,元祐八年下。又王水照:《蘇軾研究》,石家莊:河北教育出版社1999年版,頁397。

三四樓間梯道猶有東坡題刻留字。

袁宏道第二首詩《過中山見諸名蹟題清風店壁》云："東坡瘦墨如健鷹"，第三首則是《中山觀長公雪浪石》，詩云：

> 銀鈎錯落繞盆唇，遭時燬禁石僅存。峨嵋積雪裏玄雲，坐令靈璧羞季昆。黑山夜渡蛟波翻，飛濤挂壁天迷昏。瀠流入眼風生痕，一洗河北印版紋，石中應有道子魂。①

詩題中的長公即東坡，因為東坡排行長子，時人尊稱為長公。按宋杜綰《雲林石譜》載東坡雪浪石云："中山府土中出石，灰黑，燥而無聲，溫然成質，其紋多白脈籠絡，如披麻旋繞委曲之勢。東坡常往中山，採一石置於燕處，目之為雪浪石。"②中山府即今定州，《輿地廣記》卷一一："中山府……戰國初為中山國，後為魏所并……大唐改為定州。"③蘇軾在定州得到雪浪石，愛不釋手，築雪浪齋以佇之，其《雪浪齋銘引》云："予於中山後圃得黑石，白脈，如蜀孫位、孫知微所畫石間奔流，盡水之變。又得白石曲陽，為大盆以盛之，激水其上，名其室曰雪浪齋云。"銘云："盡水之變蜀兩孫，與不傳者歸九原。異哉駁石雪浪翻，石中乃有此理存。玉井芙蓉丈八盆。伏流飛空漱其根。東坡作銘豈多言，四月辛酉紹聖元。"④又有《次韻滕大夫三首·雪浪石》詩寫此奇石之由來云：

> 太行西來萬馬屯，勢與岱岳爭雄尊。飛狐上黨天下脊，半掩落日先黃昏。削成山東二百郡，氣壓代北三家村。千峰石卷蠹牙帳，崩崖鑿斷開土門。揭來城下作飛石，一炮驚落天驕魂。承平百年烽燧冷，此物僵臥枯榆根。畫師爭摹雪浪勢，天工不見雷斧痕。離堆四面繞江水，坐無蜀士誰與論？老翁兒戲作飛雨，把酒坐看珠跳盆。此身自幻孰非夢，故國山水聊心存。⑤

---

① 袁宏道著，錢伯城箋：《袁宏道集箋校·登定州開元寺塔》，頁1386。
② 杜綰：《雲林石譜》，《文淵閣四庫全書》電子版，下卷，頁47。
③ 歐陽忞：《輿地廣記》，《文淵閣四庫全書》電子版，卷一一，頁174—175。
④ 蘇軾：《蘇東坡全集》，臺北：河洛圖書出版社1975年版，後集，卷八，頁551。
⑤ 蘇軾著，王文誥輯：《蘇文忠公詩編注集成》，臺北：臺灣學生書局1979年版，卷三七。又見清馮應榴(1741—1801)輯：《蘇軾詩集合注》，上海：上海古籍出版社2001年版，卷三七，頁1888。

袁宏道推尊蘇軾,喜其所喜,東坡珍愛的雪浪石、墨寶,一再出現在他詩中。他對東坡的推尊,也表現在和詩上,萬曆二十八年(1600),袁宏道將將游廬山,過赤壁,有懷東坡,因作《赤壁懷子瞻》,詩云:

> 夜深清拍嫋楊枝,驚起澄江白鷺鷥。過客爭澆赤壁酒,幾人曾和雪堂詩,山民自種元修菜,石榻剛存乳母碑。見欲鑄金範老子,柳浪湖上拜新祠。①

雪堂為蘇軾貶黃州時在東坡於大雪中所築之堂,因名雪堂。東坡更作《黃州雪堂記》誌其築堂始末。詩中元修菜者,據東坡《元修菜》詩并序,應是產於四川東坡家鄉的一種豆科蔬菜②。乳母碑則是指《乳母任氏墓志銘》宋神宗元豐三年(1080)十月,替乳母任采蓮所撰之墓誌③。柳浪湖在今公安孟家溪鎮東,袁宏道曾在湖堤之西築柳浪館閑居,與詩友唱和。

萬曆三十年(1602),袁宏道閑居公安,在二月十二日花朝曾作《花朝和坡公韻》詩云:

> 絲絲新柳颭堤門,早晚南村又北村。風信暖寒觀樹色,藥苗深淺記竿痕。行來潮覺姑威重,靜裏頻將姹火溫。是物逢春皆作語,子規

---

① 袁宏道著,錢伯城箋:《袁宏道集箋校·赤壁懷子瞻》,頁857。
② 蘇軾《元修菜詩并序》云:"菜之美者,有吾鄉之巢,故人巢元修嗜之,余亦嗜之。元修云:使孔北海見,當復云吾家菜耶?因謂之元修菜。余去鄉十有五年,思而不可得。元修適自蜀來,見余於黃,乃作是詩,使歸致其子,而種之東坡之下云。"詩云:"彼美君家菜,鋪田綠茸茸。豆莢圓且小,槐芽細而豐。種之秋雨餘,擢秀繁霜中。欲花而未萼,一一如青蟲。是時青裙女,採擷何匆匆。烝之復湘之,香色蔚其饛。點酒下鹽豉,縷橙芼薑蔥。那知雞與豚,但恐放箸空。春盡苗葉老,耕翻煙雨叢。潤隨甘澤化,暖作青泥融。始終不我負,力與糞壤同。我老忘家舍,楚音變兒童。此物獨嫵媚,終年繫余胸。君歸致其子,囊盛勿函封。張騫移苜蓿,適用如葵菘。馬援載薏苡,羅生等蒿蓬。懸知東坡下,塉鹵化千鍾。長使齊安人,指此說兩翁。"見蘇軾著,王文誥輯:《蘇文忠公詩編注集成》,卷二二。另清馮應榴輯注:《蘇軾詩集合注》,卷二二注引趙景和《雲麓漫抄》以為趙以巢菜為豌豆苗,非是,見頁1113。
③ 碑文云:"趙郡蘇軾子瞻之乳母任氏,名采蓮,眉之眉山人。父遂,母李氏。事先夫人三十有五年,工巧勤儉,至老不衰。乳亡姊八娘與軾,養視軾之子邁、迨、過,皆有恩勞。從軾官於杭、密、徐、湖,謫於黃。元豐三年八月壬寅,卒於黃之臨皋亭,享年七十有二。十月壬午,葬於黃之東阜黃岡縣之北。銘曰:生有以養之,不必其子也。死有以葬之,不必其里也。我祭其從與享之,其魂氣無不之也。"蘇軾:《蘇東坡全集》,前集,卷三九,頁453。

未必是啼魂。①

詩中的姑羢,是一種羊毛衣,由蘭州所產羊毛製成②。姹火是煉丹之灶火,道家稱水銀為姹女,煉丹需用水銀,故云姹火③,按袁宏道未曾行丹道,這裏應該只是升火取暖。子規又名杜鵑,子規啼魂用揚雄《華陽國志》蜀帝典故。全詩寫早春風物,因春寒料峭,故猶未脱冬衣。末以萬物逢春皆自喜作結。東坡原詩題是《正月二十日往岐亭郡人潘古郭三人送余於女王城東禪莊院》,詩如下:

> 十日春寒不出門,不知江柳已摇村。稍聞決決流冰谷,盡放青青没燒痕。數畝荒園留我住,半瓶濁酒待君温。去年今日關山路,細雨梅花正斷魂。④

按此詩作於元豐四年,題下王次公注引《東坡志林》云:"黄州城東十五里有永安城,俗謂之女王城。"可知東坡詩作於黄州,原是一首留别詩,詩末所謂"去年今日關山路,細雨梅花正斷魂"者,即指元豐三年過關山時,作有《梅花》詩二首⑤。袁宏道之和詩是和韻而未和題,情境也不同,但就早春情懷之母題及步韻而言乃可謂和東坡詩形成文本互涉。另萬曆三十年(1602)二月,袁宏道在公安有和東坡的梅花詩三首:

> 世人鬭豐不鬭槁,瘦而能立勝肥倒。世人相喜不相愁,濁快豈若清煩惱。寒花遒逸花典刑,不與夭喬論繁早。根株虬曲榦横斜,總令無花格也好。山茶肥膩蠻腮紅,蒲柳輕微娟黛掃。孤清妁月婢春雲,

---

① 袁宏道著,錢伯城箋校:《袁宏道集箋校·花朝和坡公韻》,頁 912。
② 據民國楊鍾羲《雪橋詩話餘集》,雕龍中日古籍全文資料庫電子書,卷三引《蘭臬載筆》,蘭州所產羊毛尤細者稱姑羢,頁 164。
③ 姹火一詞少見於古籍,除袁宏道此處使用外,筆者僅檢索到明鄧士亮《心月軒稿》,雕龍中日古籍全文資料庫電子書,卷三有《壽左文郊先生八十先生嗜仙》詩云:"幾尋靈藥到仙源,黍米丹成姹火温。"頁 84。詩中黍米原為一植物果實,可作中藥,但在道書中被用來比喻人出生後先天的一點靈氣,稱之為黍米丹,見孔德:《道家内丹丹法要義》,北京:中央編譯出版社 2015 年版,附録,丹經譬喻。
④ 見蘇軾著,清王文誥輯注:《蘇文忠公詩編注集成》,卷二一。又見清馮應榴輯注:《蘇軾詩集合注》,卷二一,頁 1038。
⑤ 見清馮應榴輯注:《蘇軾詩集合注》,卷二一,頁 1038,句下引王次公注。

白石蒼盡相對老。只將黃髮領芳菲，忍令高姿伴花草。山中夜逢萼綠華，騎著幺鳳上青昊。

花神一夜色枯槁，主人入門愁絕倒。夜深花嘆似人言，主人百事重花惱。一者庸工剪束繁，二者醜女折戴早。三者頭上寧著老鴉啼，不願俗子相憐好。晒褌遺矢主不知，花落青苔任帚掃。算縞立券坐花前，無酒無詩送花老。孤山事我若仙姝，君之視臣如芥草。主人百拜謝花神，過不即芟如春昊。

主人被謔如催槁，空庭百匝愁顛倒。抗顏也作花忠臣，摘葉披枝恐花惱。貯君玉照金谷之堂，山驕石侲君開早。覘君和羹驛使之辭，調卑格弱君言好。我無紅碧為君妍，莎臺莓榭躬除掃，宋硯蜀紙李廷珪，折枝貌得花韻老。榮枯開落等一觀，自覺與花非草草。月沉風止兩無言，一方積雪照冥昊。①

第一首詩旨在寫梅花的孤標傲世，不以濃膩肥艷媚俗，寒冬中著花，不與高大的花樹競早，是花中典型②，既使不開花，瘦骨枝幹也具高格。而梅花又生長山中崖邊，不求人知，猶如高士，直可與仙人同歸。末聯中萼綠華是仙女名，據《太平廣記·女仙二》引《真誥》云："萼綠華者，女仙也。年可二十許，上下青衣，顏色絕整。以晉穆帝昇平三年己未十一月十日夜降於羊權家。自云是南山人，不知何仙也。自此一月輒六過其家。權字道學，即晉簡文黃門郎羊欣祖也。權及欣，皆潛修道要，耽玄味真。"③後來羊權竟和萼綠花同登仙界。

第二首寫俗人不知賞梅花，令主人和花神同愁，或者工人胡亂剪裁，或者醜女折花戴頭，或者枝上烏鴉啼鳴，而人們忙於算錢謀生俗務，竟無詩無酒伴花老去。想孤山隱士林和靖（名逋，967—1028）以梅為妻，而今人視梅如草介，最後主人以春天也不芟除梅花告謝花神。

---

① 袁宏道著，錢伯城箋校：《袁宏道集箋校·和東坡梅花詩韻今年雪多梅開不甚暢為花解嘲復以自解云耳惟長先生作》，頁 914—915。
② 典刑一辭和前人寫梅花形成互文，如元胡助《隱趣園八詠》之八"歲寒亭"："松竹如佳士，梅花更典刑。"
③ 李昉輯：《太平廣記》，《文淵閣四庫全書》電子版，卷五七，頁 103。

第三首中主人欲將梅花貯之名園，以免為俗子所欺，並願以筆墨圖畫梅花，使花貌永不老。詩中玉照者，玉照堂也，在杭州。袁宏道萬曆二十五年辭吳縣令後首次游西湖，有雜記16篇記游，其中《晚游六朝待月記》云："石簣數為余言傅金吾園中梅，張功甫玉照堂故物也，急往觀之。"石簣者，陶望齡；張功甫即張鎡，南宋將領張俊之孫，官奉議郎，職祕閣，能詩善畫。張氏嘗闢地十畝，種植古梅，並築室以賞梅，名曰"玉照堂"，時有梅四百株。金谷園為晉石崇宅第，在洛陽，杜甫《至後》詩有"青袍白馬有何意，金谷銅駝非故鄉。梅花欲開不自覺，棣萼一別永相望"①之句。驛使一詞用南朝宋陸凱《贈范曄》詩："折梅逢驛史，寄與隴頭人。江南無所有，聊贈一枝春。"②李廷珪者，原姓奚，河北易縣人，祖父奚鼐為晚唐製墨名家，以松煙為墨，稱奚鼐墨而聞名。唐末戰亂，奚氏為避亂至歙州，因當地多松，仍以製墨為生，為徽墨之始祖。後廷珪為後主李煜賞識，賜姓李，改名廷珪。所制之墨堅如玉，且有犀紋，時與澄心堂紙、龍尾石硯並稱三寶③。袁宏道引用不少事典及句典，和前人形成互文，杜甫和陸凱寫梅花詩久為人所知，讀者在接受時不難索解，也容易引起對前行文本的回溯，在這裏，因為互文的關係，讀者和作者的期待視野(horizon)因而融合為一④。

　　袁宏道這三首詩和蘇軾的《和秦太虛梅花》，而蘇軾又是和秦觀（1049—1100）《和黃法曹憶建溪梅花同參寥賦》的，秦觀詩又是和黃法曹的⑤，同時和黃法曹詩的還有參寥子。這就使袁宏道的詩和前人之作形成繁複的文本互涉，除了諸人之作如帝網明珠互相映照，諸詩也都韻字相同，詩意複疊。袁宏道追步之作在取法古人之外也有獨創。我們先看蘇軾的《和秦太虛梅花》，詩寫於元豐六年（1083），詩云：

　　　　西湖處士骨應槁，只有此詩君壓倒。東坡先生心已灰，為愛君詩
　　　　被花惱。多情立馬待黃昏，殘雪消遲月出早。江頭千樹春欲暗，竹外

---

① 彭定求等：《全唐詩》，卷二二八。
② 逯欽立輯校：《先秦漢魏晉南北朝詩》，北京：中華書局1983年版，宋詩，卷五，頁1204。
③ 參見李遠杰：《河北名人小傳》，石家莊：河北人民出版社1984年版，頁169。
④ 有關接受美學、讀者反應理論及期待視野等理論，參見 Wolfgang Iser, *The Act of Reading* (Baltimore: The John Hopkins UP, 1974); Jane Tompkins, ed. *Reader-Response Criticism* (Baltimore: The John Hopkins UP, 1980); Hans Robert Jauss, *Toward an Aesthetic of Reception*. trans. Timothy Bahti Minneapolis: University of Minnesota Press, 1982).
⑤ 黃法曹即黃子理，福建浦城人，時為海陵（今江蘇泰州）司法參軍。

一枝斜更好。孤山山下醉眠處,點綴裙腰紛不掃。萬里春隨逐客來,十年花送佳人老。去年花開我已病,今年對花還草草。不如風雨卷春歸,收拾餘香還畀昊。①

西湖處士指林和靖,袁宏道在第二首詩中也提到。蘇詩"江頭千樹春欲暗,竹外一枝斜更好"。更令人想到林和靖的《山園小梅》中的"疏影橫斜水清淺,暗香浮動月黃昏"②。"被花惱"一句也是杜甫《絕句》"江上被花惱不徹"的互文。"萬里逐客"兩句,蓋蘇軾自熙寧四年(1071)因和王安石不和出判杭州,再責黃州,十年之間從杭州、密州、徐州再到黃州,輾轉薄宦,故自比逐客,更言心已成灰,想來只有梅花稍可安慰情懷。末句用《詩·小雅·巷伯》:"投畀有昊"之典,謂將梅花餘香投向昊天也。

再看秦觀《和黃法曹憶建溪梅花同參寥賦》,詩云:

海陵參軍不枯槁,醉憶梅花愁絕倒。為憐一枝傍寒溪,花水多情自相惱。清淚斑斑知有恨,恨春相逢苦不早。甘心結子待君來,洗雨梳風為誰好?誰云廣平心似鐵,不惜珠璣與揮掃。月沒參橫畫角哀,暗香銷盡令人老。天分四時不相貸,孤芳轉盼同衰草。要須健步遠移歸,亂插繁華向晴昊。③

海陵參軍即黃子理,"誰云廣平心似鐵"一句,廣平者,宋璟(663—737)字也。宋璟有《梅花賦》,其序云:"垂拱三年,余春秋二十有五,戰藝再北,隨從父之東川,授館官舍。時病連月,顧瞻圯牆,有梅一本,敷蕍於榛莽中,喟然歎曰:斯梅托非其所,出群之姿,何以別乎?若其貞心不改,是則可取也已。感而成興,遂作賦。"④後來皮日休倣宋璟作《梅花賦》,有《梅花賦序》云:"余嘗慕宋廣平之為相,貞姿勁質,剛態毅狀。疑其鐵腸石心,不解吐婉

---

① 見蘇軾著,王文誥輯注:《蘇文忠公詩編注集成》,卷二二。又見清馮應榴輯注:《蘇軾詩集合注》卷二一,頁1137。
② 林逋:《和靖詩集》,《文淵閣四庫全書》電子版,卷二,頁36。《山園小梅》全詩如下:"眾芳搖落獨暄妍,占盡風情向小園。疏影橫斜水清淺,暗香浮動月黃昏。霜禽欲下先偷眼,粉蝶如知合斷魂。幸有微吟可相狎,不須檀板共金樽。"
③ 秦觀:《淮海集》,《文淵閣四庫全書》電子版,卷三,頁52。
④ 董誥等編:《全唐文》,北京:中華書局1982年版,卷二〇七。

媚辭。然睹其文而有《梅花賦》,清便富豔,得南朝徐庾體,殊不類其為人也。"①秦觀此句承自皮日休,皮日休寫梅花又承自宋璟,下文我們可以看到,袁宏道《和東坡聚星堂韻》詩又再次用了廣平心如鐵的典故。中國古典詩中很多詩都可探本溯源,也可以説前有所承,戛戛獨創之中不免有沿襲。秦觀此詩也是如此,心如鐵、暗香等都是用典,已和古人之作為互文,又因是和詩和韻,又和今人梅花之作為互文,諸人之作等於古往今來,時空交錯中的一幅織錦。

再看參寥的詩,參寥即釋道潛(1043—1106),參寥和詩《次韻少游和子理梅花》,全詩如下:

> 朔風蕭蕭方振槁,雪壓茅齋欲欹倒。門前誰送一枝梅,問訊山僧少病惱。強將筆力為摹寫,麗句已輸何遜早。碧桃丹杏空自妍,嚼藥嗅香無此好。先生攜酒傍玉叢,醉裏雄辭驚電掃。東溪不見謫仙人,江路還逢少陵老。我雖不飲為詩牽,不惜山衣同借草。要看陶令插花歸,醉臥清風軼軒昊。②

按南朝梁何遜有《詠早梅揚州法曹梅花盛開》詩云:"兔園標物序,驚時最是梅。銜霜當路發,映雪擬寒開。枝橫卻月觀,花繞凌風臺。朝灑長門泣,夕駐臨邛杯。應知早飄落,故逐上春來。"③後來杜甫有《和裴迪登蜀州東亭送客逢早梅相憶見寄》詩云:"東閣官梅動詩興,還如何遜在揚州。此時對雪遙相憶,送客逢春可自由。幸不折來傷歲暮,若為看去亂鄉愁。江邊一樹垂垂發,朝夕催人自白頭。"④李白則有《送友人遊梅湖》,有句:"送君游梅湖,應見梅花發。有使寄我來,無令紅芳歇。"⑤李白詩和杜甫詩都用了陸凱詩折梅的典故。參寥的詩在何遜、杜甫、李白的基礎上,寫自己雖不如飲酒,但愛花愛詩和陶淵明並無不同。詩末表達了願如陶淵明般做個醉臥清風超軼軒轅、少昊的羲皇上人。

袁宏道追步蘇軾,在蘇軾及其詩友的梅花詩上踵事增華,鋪衍為三首,

---

① 皮日休:《皮子文藪》,《文淵閣四庫全書》電子版,卷一,頁23。
② 釋道潛:《參寥集》,哈佛大學:中國哲學書電子化計劃,卷三。
③ 逯欽立輯校:《先秦漢魏晉南北朝詩》,北京:中華書局1983年版,梁詩,卷九,頁1699。
④ 彭定求等編:《全唐詩》,卷二二六。
⑤ 彭定求等編:《全唐詩》,卷一七五。

形成和前人作品互相映襯。袁詩和蘇試中都用到西湖處士林和靖在孤山梅妻鶴子的典故,也都寄託了花落人老的感慨。但袁宏道後出轉精之處在他詩歌語言較東坡活潑及口語化,第二首且以雜言代替齊言,另一方面,袁詩用了更多典故,諸如梅花詩中常見的陸凱詩折梅贈驛使以及較少見的萼綠華及李廷珪之典。我們看到,袁詩在唱和蘇詩的同時,又有自己的獨創性,在文本互涉中既有前文本,又刮去前文本,在羊皮紙上傳達了新訊息。

袁宏道另一首《和東坡聚星堂韻》則云:

凍鳥無語僵寒葉,曉起漫墇五尺雪。穿簾撲幔綴斜風,楯碧紗紅景幽絕。鑪膏乍瀄紫絨生,研冷煤枯霜穎折。千梢擺壓鳳翅垂,萬瓦齊鋪烏鱗滅。近牆老鵠不知人,却立氄毰如被掣。月團三百沸溫瓶,盈碗漚花瀉文纈。高禪滿坐氀毹床,佳言衝口栴檀屑。楊岐偈子再三題,龐老機鋒時一瞥。東坡先生寫雪真,不用煩言與喻說。杜老梅花詩亦然,廣平空有心如鐵。①

東坡《聚星堂雪並引》云:

元祐六年(1091)十一月一日,禱雨張龍公,得小雪,與客會飲聚星堂。忽憶歐陽文忠作守時,雪中約客賦詩,禁體物語,於艱難中特出奇麗,爾來四十餘年莫有繼者。僕以老門生繼公後,雖不足追配先生,而賓客之美殆不減當時,公之二子又適在郡,故輒舉前令,各賦一篇。

窗前暗響鳴枯葉,龍公試手行初雪。映空先集疑有無,作態斜飛正愁絕。眾賓起舞風竹亂,老守先醉霜松折。恨無翠袖點橫斜,只有微燈照明滅。歸來尚喜更鼓永,晨起不待鈴索掣。未嫌長夜作衣稜,卻怕初陽生眼纈。欲浮大白追餘賞,幸有回飆驚落屑。模糊檜頂獨多時,歷亂瓦溝裁一瞥。汝南先賢有故事,醉翁詩話誰續說。當時號令君聽取,白戰不計持寸鐵。②

---

① 袁宏道著,錢伯城箋校:《袁宏道集箋校·和東坡聚星堂韻》,頁1051。
② 見蘇軾著,王文誥輯註:《蘇文忠公詩編注集成》,卷三四。又見清馮應榴輯注:《蘇軾詩集合注》卷三四,頁1723。

袁宏道詩中用了許多典故，楊岐指楊岐方會禪師（992—約 1049），因方會住袁州楊岐山普明禪院，故名。他師事臨濟宗門下之石霜楚圓禪師（986—1039），自成楊岐派，世稱楊岐禪師。龐老指龐居士，字道玄，生歿年代不詳，《祖堂集》卷一五記載他生於湖南衡陽，見到馬祖道一大師，便問：不與萬法爲侶者是什麽人？馬師回説：待居士一口吸盡西江水，我則爲你説。居士便於言下大悟，遂不變儒服，心游象外，混跡人間，初住湖北的襄陽東巖，後居郭西小舍，唯將一女服侍，製造竹簋，令女市貨，以維生計。另梅雪典故，除了東坡聚星堂詩外，還用了杜甫《和裴迪登蜀州東亭送客逢早梅相憶見寄》之典，在詩體上則全詩學步歐陽修、蘇軾等的禁體物語，寫梅花、雪而不用常語，初看全不似寫雪、梅。從各方面看，袁宏道此詩都是唐、宋諸人之作的模仿。

再看蘇軾原詩，序文中之張龍公爲傳説中人物，能致雨，蓋蘇軾在元祐六年自杭州召回，出守潁州，十月在潁州有《祈雨張龍公祝文》、《禱雨張龍公既應劉景文有詩次韻》，序文中汝南也即潁州。另所謂"禁體物語"，也就是詠某物不得用某物常見之慣用語①，蘇軾《聚星堂雪》一詩，特提"汝南先賢有故事，白戰不許持寸鐵"，故"禁體物語"又稱"白戰體"，强調白描手法，以及無所依傍。所謂汝南故事即當年歐陽修在潁州因雪會客作詩時，相約禁用"玉、月、梨、梅、練、絮、白、舞、鵝、鶴、銀"等寫雪之常用語。其後蘇軾繼作，除《聚星堂雪》外，尚有《江上值雪》、《雪後書北臺壁二首》諸詩，踵事增華，於艱難中特出奇麗，標榜自鑄偉詞，不傍前人，以陌生化（defamiliarization）的手法創新出奇。

蘇軾、袁宏道二人詩相同之處都在用歐陽修創發的禁體物語，寫雪而不用雪的平常形容詞，於是專用旁敲側擊的方式，兩詩中都用了許多和雪

---

① 如五代僧神彧《詩格》論破題《直致》，引崔補闕《詠邊庭雪》"萬里一點白，長空鳥不飛"，謂"此用白一字，傷其雪體，故云直致"，已開詠雪禁體之例。唯歐陽修《六一詩話》謂此體創始於宋初進士許洞之賦詩約禁，歐陽修在潁州撰《雪》詩，自我設限，所謂"禁體物語"詩之範式，於焉提出。嘉祐三年（1058），歐陽修《與梅聖俞》書簡曾言："前承惠《白兔》詩，偶尋不見，欲別求一本。兼爲諸君所作，皆以常娥月宫爲説，頗願吾兄以他意別作一篇，庶幾高出群類，然非老筆不可。"是歐公之願望於梅堯臣者，不止於"禁語"，更添加"禁意"，所謂"以他意別作一篇"者是。其後，傳梅堯臣著之《續金針詩格》，揭櫫"詩有七不得"，所謂"説見不得言見，説聞不得言聞，説靜不得言靜，説樂不得言樂"云云，著重"不犯正位"之描述，已略述禁體之詩法。參見張高評：《白戰體與宋詩之創意造語：禁體物詠雪詩及其因難見巧》，載於《中國文化研究所學報》第 49 期（2009 年 5 月），頁 173—212。

相關的典故，但都不是直接讓人容易想到是雪。袁詩就其用白戰體和次韻而言，當然是不出東坡原詩，但在尊蘇學蘇的前題下，他又自創了許多新辭，用了許多罕見典故、偏僻詞語，可謂有傳承，也有代變，和前人文本互涉而又自有新意，這是袁詩獨抒性情的創造性。

除了和詩之外，袁宏道也在許多詩中歌詠蘇軾軼事，如《石公解嘲》詩云：

> 於是石公乃攘袂而起，撫手按節而為之歌。歌曰昔者汝陽王，道逢麴車口流涎，醉鄉之日月不加延。後來蘇子瞻，望酒盞而醉，醉鄉之日月不加逝。又歌曰信美此土兮，樂而忘死。①

東坡不善飲酒，曾自言少年時望酒盞而醉，成年後則僅能飲三蕉葉②。袁宏道在詩中引用了飲酒的典故，汝陽王一典，出自杜甫《飲中八仙歌》："汝陽三斗始朝天，道逢麴車口流涎，恨不移封向酒泉。"③汝陽王李璡（？—750）是唐朝讓皇帝李憲的長子，獲封為汝陽王。官至太僕卿，善飲，又得到釀王的封號。信美此土一句出自王粲《登樓賦》："雖信美而非吾土兮，曾何足以少留。"

又在《贈黃平倩編修》詩云：

> 窗前獨種菴婆羅，石火風燈不浪過。緗帙夜繙塵牘少，客衣春晒衲頭多。毫端漭漭書巴水，枕上巉巉夢小峨。詩有餘師禪有友，前希李白後東坡。④

此詩中更是以蘇軾為詩歌上的老師，尚友古人。前文曾提及，典故、徵引詩句、讚辭、佚事等的入詩，都是讀者接受的一種表現，也是互文的一種現象，後來者不僅在和詩中對前賢致意，也有競作逞才之心，因此這些詩作，雖說

---

① 袁宏道著，錢伯城箋校：《袁宏道集箋校·石公解嘲詩》，頁552。
② 見蘇軾《題子明詩後》，孔凡禮點校：《蘇軾文集》，北京：中華書局1986年版，卷八。按此篇題跋宋程俠刻本、今河洛出版《蘇東坡全集》失收。東坡不善飲相關論述見黃啟方《我雖不解飲，把盞歡意足——東坡酒量淺論》，載於《東坡的心靈世界》，臺北：學生書局2002年版，頁5—12。
③ 彭定求等編：《全唐詩》，卷二一六。
④ 袁宏道著，錢伯城箋校：《袁宏道集箋校·贈黃平倩編修》，頁623。

是追步前作，但模仿之餘也有後來者的獨創之處，這也是袁宏道詩論雖主張獨抒性情，但在他的實際創作上，卻不免時時模仿前人，和前人之作文本互涉，這種現象在他追和白居易、蘇軾的詩作時尤為明顯，當然這也是因為白、蘇是他最推尊的詩人之故。

四、結　論

文學作品是作家個性與心靈的表現，因此講求獨特性，作家因之可以露才呈性，但文學也有其傳統，作家不可能自外於文學傳統，作家文學作品必須放在傳統中才能評估其作品的價值與個人才性。這是作家的兩難處境，一方面作家要獨抒性情，一方面又要兼顧傳統，如何可能？其次，近代文論有所謂影響的焦慮，任何作家，均負荷著前人對自己影響的焦慮，後來者必須對早先的作品重新運用、翻案，以便發展出本身的創意。世上所有偉大的文學創作，均乃是對於前輩作家的一種誤讀，後來者必須將誤讀作為新解，每個人的寫作、思考、閱讀，都無法避免模仿，模仿是一種文本互涉，所有的文本或文學作品都和他人之作形成互涉，文本彼此互相聯繫的現象廣泛存在，旁徵博引和典故應用都是互文性，他人的文本和自己的文本不斷地交涉，後來者對前行者或者翻案，或者諧擬，或者風格模仿，或者是刻意的重複、引用，使得文本意義更加豐富，任何一部藝術作品都是作為某一前行作品的類比和對照而創作的。互文便無獨創，但袁宏道的詩歌理論又提出了獨抒性情的主張，這是可能且可行的嗎？在文本互涉的語境中，詩歌創作中還能說是字字由己出嗎？還是袁宏道其實在不自覺中表現出了理論與作品間的辨證或者甚至是悖反？這是本文的問題意識，也是本文希望透過袁宏道文學理論與詩歌的檢驗，來討論文學創作中傳承與新變之間的關係。

如同上文的論述，我們得出，袁宏道的詩學，雖主張獨創，但在實際創作中，尤其是追步前人的和詩和擬作，仍不免通過使用典故、徵引詩句、讚辭、佚事等的入詩，和前行詩人形成文本互涉。文本互涉是讀者反應和接受的一種表現，後來者的和詩擬作，不僅是對前賢致意，也有競作逞才之心，這些詩作在模仿之餘也有其獨創之處，這也是袁宏道詩論雖主張獨抒性情，但在他的實際創作上，卻不免時時模仿前人，這種現象在他追和白居易、蘇軾的詩作時尤為明顯,當然這也是因為白、蘇是他最推尊的詩人之故。

　　經由文學理論的實際操作,也許我們可以對文本互涉提出若干修正,文本互涉理論指出所有文本都是前行文本的翻案、諧擬、風格模仿等,固然有其真實性。但我們也能看出,文學創作者的個性以及創新的文學本質,使得作家必得在前人影響的焦慮中推陳出新,因此文本互涉和袁宏道的獨抒其實是一種辨證的關係,作者在前人作品的巨大影子下,以其獨特的性情,走出影子,創造出自己的一片光彩,袁宏道追和白居易和蘇東坡的詩作給了我們最好的例證。

　　　　　　　　　　(作者單位:臺灣中山大學中文系)

Personal Creation or Intertextuality?
A Study of Yuan Huang-tao's Poetics

Jen-nien Chai

Literature is not only a matter of personal creation but also a matter of tradition and heritage. This essay intends to explore the relationship between creation and tradition, especially in the case of Yuan Huang-tao, a man of letter in Ming dynasty. Yuan was born after the prime time of the imitation and restoration of the ancient style when poems were only the reflection of those written by the masters of Han and Tang dynasties. The so-called imitation school was composed of a group of poets such as Li Meng-yang, Ho Ching-ming, Li Pan-lung, and Wang Shih-chen. Yuan was not satisfied with this trend, and he proposed the theory that poetic writings must be free from traditions and originated from one's own heart as a personal creation. However, is it possible that a poem is entirely created out of nothing? This is the question that this article will address.

Keywords: Yuan Huang-tao, personal creation, intertextuality, restoration of the ancient style, poetics

徵引書目

1. Adele A. Rickett, "The Poetics of Huang Ting-chian," in Adele A. Rickett, ed. Chinese Approached to Literature from Confucius to Liang Ch'i-chiao, Princeton: Princeton University Press, 1978.
2. Chou Ying Hsiung, "Intertextuality between Han China Proverbs and Historiography," Asian Culture, 9. 3 and 4(1981): 67-78, 60-72。
3. Edward Stankiewicz, *Structural Poetics and Linguistics*, Cambridge, Mass: Harvard University Press, 1980.
4. Ferdinand de Saussure, *Course in General Linguistics*, London: Bloombury, 1983, rpt. 2013.
5. Hans Robert Jauss, *Toward an Aesthetic of Reception*, trans. Timothy Bahti, Minneapolis: University of Minnesota Press, 1982.
6. Harold Bloom, *A Map of Misreading*, New York: Oxford University Press, 1975.
7. Harold Bloom, *The Anxiety of Influence*, New York: Oxford University Press, 1973.
8. Jacques Derrida, "Signature Event Context," Glyph 1, Baltimore: Johns Hopkins University Press, 1977.
9. James J. Y. Liu, *The Art of Chinese Poetry*, Chicago: University of Chicago Press, 1962.
10. Jane Tompkins, ed. *Reader-Response Criticism*, Baltimore: The John Hopkins University Press, 1980.
11. Jonathan Culler, *The Pursuit of Signs: Semiotics, Literature, Deconstruction*, Ithaca: Cornell University Press, 1981.
12. Kristeva, Julia. *La Révolution Du Langage Poétique: L'avant-Garde À La Fin Du Xixe Siècle, Lautréamont Et Mallarmé*, Paris: Éditions du Seuil, 1974. English translation: *Revolution in Poetic Language*, New York: Columbia University, 1984.
13. Kristeva, *Séméiôtiké: recherches pour une sémanalyse*, Paris: Edition du Seuil, 1969. English translation: *Desire in Language: A Semiotic Approach to Literature and Art*, Oxford: Blackwell, 1980.
14. Paul de Man, *Blindness and Insight*, Minneapolis: Minnesota Press, 1983.
15. Robert Maglioa, *Phenomenology and Literature: An Introduction*, West Lafaette, Indiana: Predue University Press, 1977.
16. Roland Barthes, *S/Z*, trans. Riehard Miller, New York: Hill and Wang, 1974.
17. T. S. Eliot, "Tradition and Individual Talent" in *Selected Essays: 1917-1932*, New York: Harcourt Brace, 1932.
18. V. N. Voloshinov, *Freudianism: A Marist Critique*, New York: Academic, 1976.
19. Victor Shklosky, *Theory of Prose*, trans. Benjamin Sher, London: Balkey Archive Press, 1991.
20. Victor Shklosky, "Art as Techque," in Lee T. Lemon & Marion J. Reis, ed. *Russian Formalist Criticism: Four Essays*, Lincoln: University of Nebraska Press, 1965.

21. Wolfgang Iser, *The Act of Reading*, Baltimore: The John Hopkins University Press, 1974.
22. 孔凡禮:《蘇軾年譜》,北京:中華書局,1998 年版。
23. 孔德:《道家內丹丹法要義》,北京:中央編譯出版社,2015 年版。
24. 王大橋:《袁宏道〈雪濤閣集序〉中文學發展觀的反思》,《船山學刊》2006 年第 3 期, 頁 130—132。
25. 王水照:《蘇軾研究》,石家莊:河北教育出版社,1999 年版。
26. 王志鋼:《袁宏道文藝思想中的真詩思想芻議》,《蘭州教育學院學報》2016 年第 3 期,頁 3—4。
27. 王禹偁:《小畜外集》,《文淵閣四庫全書》電子版。
28. 史繩祖:《學齋呫嗶》,《文淵閣四庫全書》電子版。
29. 司馬遷:《史記》,臺北:文馨出版社,影印武英殿版。
30. 田素蘭:《袁中郎文學研究》,臺北:文史哲出版社,1982 年版。
31. 白居易著,朱金城校箋:《白居易集校箋》,上海:上海古籍出版社,1988 年版。
32. 皮日休:《皮子文藪》,《文淵閣四庫全書》電子版。
33. 郭慶藩:《莊子集釋》,哈佛大學:中國哲學書電子化計劃。
34. 吉川幸次郎著,鄭清茂譯:《元明詩概說》,臺北:聯經出版公司,2012 年版。
35. 朱彝尊:《靜志居詩話》,北京:人民文學出版社,1998 年版。
36. 朴鍾學:《公安派文學思想及其背景研究》,臺灣大學碩士論文,1987 年。
37. 艾略特著,卞之琳、李賦寧譯:《傳統與個人才能:艾略特文集論文》,上海:上海譯文出版社,2012 年版。
38. 何宗美:《公安派研究結社考論》,重慶:重慶出版社,2005 年版。
39. 何宗美:《袁宏道詩文繫年考訂》,上海:上海古籍出版社,2007 年版。
40. 吳文治編:《宋詩話全編》,上海:江蘇古籍出版社,1998 年版。
41. 呂正惠:《杜甫與六朝詩人》,臺北:大安出版社,1989 年版。
42. 宋佩韋:《明代文學史》,上海:商務印書館,1934 年版。
43. 宋祁:《宋景文公集》,板橋:藝文印書館,1966 年版。
44. 宋祁等:《舊唐書》,北京:中華書局,1985 年版。
45. 宋俊玲:《公安派研究》,首都師範大學博士論文,2004 年。
46. 李昉輯:《太平廣記》,《文淵閣四庫全書》電子版。
47. 李遠杰:《河北名人小傳》,石家莊:河北人民出版社,1984 年版。
48. 李鳴、鄧瑞全:《袁宏道後期思想述略》,《青海社會科學》2005 年第 2 期,頁 128—132。
49. 李鳴:《袁宏道的詩歌創作歷程》,《廣州城市職業學院學報》2011 年第 4 期,頁 39—44。
50. 李贄:《李溫陵集》,《續修四庫全書》本。
51. 杜國清譯:《艾略特文學評論選集》,臺北:田園出版社,1969 年版。
52. 杜綰:《雲林石譜》,《文淵閣四庫全書》電子版。
53. 周質平:《公安派的文學批評及其發展》,臺北:商務印書館,1986 年版。
54. 孟棨:《本事詩》,《文淵閣四庫全書》電子版。

55. 易聞曉:《自然與人文夾縫中的文學自適論——袁巨集道文論的文本論析與多維觀照》,浙江大學碩士論文,1997年。
56. 易聞曉:《袁宏道:從性情到文學的自適》,《齊魯學刊》2000年第1期,頁71—76。
57. 林怡宏:《獨抒性靈的生命對話——論袁宏道的文學思想》,臺灣師範大學碩士論文,2000年。
58. 林逋:《和靖詩集》,《文淵閣四庫全書》電子版。
59. 林毓生:《中國傳統的創造性轉化》,北京:三聯書店,1988年版。
60. 姜夔:《白石道人詩集》,《文淵閣四庫全書》電子版。
61. 段慧冬:《公安派"性靈"文學思想研究》,青島大學碩士論文,2007年。
62. 胡仔:《苕溪漁隱叢話》,臺北:新興書局,1983年版。
63. 胡應麟:《玉海》,臺北:商務印書館,1983年版。
64. 韋仲公:《袁中郎學記》,臺北:新文豐出版公司,1979年版。
65. 徐昌祚:《新刻徐比部燕山叢錄》,臺南:莊嚴出版社,1995年版。
66. 徐復觀:《宋詩特徵試論》,收入《中國文學論集·續編》,臺北:學生書局,1981年版。
67. 班固著,王先謙補注:《漢書》,臺北:藝文印書館,無出版日期。
68. 秦觀:《淮海集》,文淵閣四庫全書電子版。
69. 袁乃玲:《袁中郎研究》,臺北:學海出版社,1981年版。
70. 袁中道著,錢伯城點校:《珂雪齋集》,上海:上海古籍出版社,1989年版。
71. 袁宏道著,錢伯城箋校:《袁宏道集箋校》,上海:上海古籍出版社,2008年版。
72. 袁宗道:《白蘇齋類集》,上海:上海古籍出版社,1989年版。
73. 馬傑、陳學通:《袁宏道詩學的思想淵源》,《文教資料》2006年第23期,頁74—75。
74. 張伯偉編:《全唐五代詩格校考》,西安:陝西人民教育出版社,1996年版。
75. 張高評:《白戰體與宋詩之創意造語:禁體物詠雪詩及其因難見巧》,《中國文化研究所學報》2009年第49期,頁13—212。
76. 張高評:《宋詩之傳承與開拓》,臺北:文史哲出版社,1990年版。
77. 張高評:《宋詩之新變與代雄》,臺北:洪業文化公司,1995年版。
78. 張然:《論公安三袁文藝思想的形成和發展》,山東大學碩士論文,2009年。
79. 張琛:《從〈敘小修詩〉看袁宏道的性靈説》,《銅仁學院學報》2012年第1期,頁22—26。
80. 梁新榮:《袁宏道前期詩文理論述評》,《新疆職業大學學報》2008年第2期,頁23—25。
81. 梁新榮:《袁宏道後期詩文理論之探究》,《現代語文(學術綜合)》,2012年第3期,頁28—30。
82. 梁新榮:《袁宏道詩文理論研究》,新疆大學碩士論文,2007年。
83. 畢沅:《續資治通鑑》,北京:中華書局,1957年版。
84. 莫礪鋒:《神女的追尋》,上海:上海古籍出版社,1994年版。
85. 郭紹虞:《中國文學批評史》,臺北:五南圖書公司,1994年版。
86. 郭紹虞編:《清詩話續編》,上海:上海古籍出版社,1999年版。

87. 郭慶藩輯：《莊子集釋》，臺北：河洛出版社，1974 年版。
88. 陳成文：《明代復古派與公安派詩史觀之比較》，政治大學碩士論文，1992 年。
89. 陳君麗：《公安派及其性靈說流變研究》，陝西師範大學碩士論文，2006 年。
90. 陳英傑：《明代復古派杜詩學研究》，臺北：臺灣學生書局，2018 年版。
91. 陳鍾琇：《唐代和詩研究》，臺北：秀威科技公司，2008 年版。
92. 陸深：《儼山外集》，文淵閣四庫全書電子版。
93. 彭定求等編：《全唐詩》，上海：上海古籍出版社，1986 年版。
94. 賀玉：《淺論袁宏道在詩歌理論及創作上對蘇軾的推崇》，《金田》2015 年第 10 期，頁 14—15。
95. 逯欽立輯校：《先秦漢魏晉南北朝詩》，北京：中華書局，1983 年版。
96. 黃庭堅：《豫章黃先生文集》，臺北：商務印書館，1979 年版。
97. 黃啟方：《東坡的心靈世界》，臺北：學生書局，2002 年版。
98. 黃雅琄：《明代詩文觀研究——論七子與公安詩論之異同》，東海大學碩士論文，1987 年版。
99. 楊國鳳：《袁宏道"性靈說"之我見》，《寧波大學學報（人文科學版）》2002 年第 1 期，頁 33—36。
100. 楊鍾羲：《雪橋詩話餘集》，雕龍中日古籍全文資料庫電子書。
101. 葉維廉：《中國現代文學批評選集》，臺北：聯經文化事業公司，1976 年版。
102. 葉維廉：《歷史傳釋與美學》，臺北：東大圖書公司局，1988 年版。
103. 葛培嶺：《白居易》，臺北：知書房出版社，2001 年版。
104. 董誥等編：《全唐文》，北京：中華書局，1982 年版。
105. 賈宗譜：《公安派文學思想研究》，北京：中國社會科學院，2011 年版。
106. 賈敏峰、賈寶峰：《定州開元寺沿革考》，《文物春秋》2006 年第 3 期，頁 11—28。
107. 雷建平：《從我國古代文學的發展看對袁宏道詩文創作的影響》，《蘭州工業學院學報》2004 年第 1 期，頁 80—82。
108. 雷建平：《淺論袁宏道的文學創作及其影響》，《蘭州學刊》2002 年第 2 期，頁 80—81。
109. 雷建平：《論袁宏道詩文創作在晚明文學中的意義》，《蘭州工業學院學報》2003 年第 2 期，頁 79—82。
110. 熊群花：《論袁宏道"獨抒性靈"理論的社會和人格原因》，《教育與教學研究》2008 年第 11 期，頁 94—96。
111. 福本雅一著，李寅生譯：《燕子樓與張尚書》，《河池學院學報》2007 年第 6 期，頁 15—23。
112. 趙伯陶：《袁宏道及其性靈文學》，《廈門城市職業學院學報》2009 年第 4 期，頁 14—18。
113. 劉向：《列仙傳》，《文淵閣四庫全書》電子版。
114. 劉安編，高誘注：《淮南子》，臺北：世界書局，1984 年版。
115. 劉勰：《文心雕龍》，臺北：啟業書局，1976 年版。
116. 歐陽忞：《輿地廣記》，《文淵閣四庫全書》電子版。

117. 蔣松源：《袁宗道、袁宏道、袁中道》，瀋陽：春風文藝出版社，1999 年版。
118. 鄧士亮：《心月軒稿》，雕龍中日古籍全文資料庫電子書。
119. 鄭樹森：《結構主義與中國文學研究》，《中外文學》1982 年第 10 卷第 10 期，頁 26—27。
120. 錢謙益：《列朝詩集小傳》，哈佛大學：中國哲學書電子化計劃。
121. 錢鍾書：《宋詩選注》，臺北：書林書店，1990 年版。
122. 鍾林斌：《公安派研究》，瀋陽：遼寧大學出版社，2001 年版。
123. 韓愈著，屈守元編：《韓愈全集校注》，成都：四川大學出版社，1996 年版。
124. 譚俊妮：《試論袁宏道的性靈說》，《北方文學》2014 年第 9 期，頁 74—75、76。
125. 蘇軾著，孔凡禮點校：《蘇軾文集》，北京：中華書局，1986 年版。
126. 蘇軾著，王文誥輯注：《蘇文忠公詩編注集成》，臺北：臺灣學生書局，1979 年版。
127. 蘇軾著，馮應榴輯注：《蘇軾詩集合注》，上海：上海古籍出版社，2001 年版。
128. 蘇軾著：《蘇東坡全集》，臺北：河洛圖書出版社，1975 年版。
129. 釋道潛：《參寥集》，哈佛大學：中國哲學書電子化計劃。
130. 饒迎：《從袁宏道到錢謙益——性靈說的變遷與崇宋詩風》，《湖南城市學院學報》2008 年第 1 期，頁 74—77。

文學新論

杜亞泉的啟蒙理性與生態意識
——兼及生態時代的東西方文化交流

魯樞元

【摘　要】杜亞泉是中國近現代思想史上一位被長期塵封的學者，他不但是一位普及科學、呼籲民主、開發民智、變革社會的"百科全書"式的啟蒙者，同時又是一位尊重自然生命、宣導身心和諧、統整傳統與現代、致力平衡接續發展的卓越思想家。在激進主義潮流的遮蔽下，杜亞泉長期以來被國人遺忘，直到上世紀末纔被"發掘出土"，並受到學界重視。本文試圖立足於啟蒙理性的複雜性、啟蒙人格的多面性，並在與西方啟蒙思想家比較研究的基礎上，悉心探究被眾多論者忽視的杜亞泉啟蒙理性中的生態意識，進而追溯全球生態災難的起因與衍變，探索生態時代東西方文化交流的新維度、新走向，為地球人類樹立生態型世界觀、走出生態困境、創建生態文明提供一點參考意見。

【關鍵詞】杜亞泉　啟蒙理性　生態意識　生態時代　東西方文化交流

生態危機歸根結底是人類的文化危機。

在西方，是由啟蒙理念主導的現代文化走上極端之後的隱患發作；在東方以及大多發展國家則體現為這一現代文化與本土傳統文化的衝突與博弈。

縱觀近百年的世界歷史，源自歐洲的啟蒙理念在推動全球現代化的同時，也將環境災難與生態危機播及全世界。人類原本期待的福音，已經在很大程度上變成噩夢。看似無關輕重的文化選擇與文化衝突，卻在不經意間決定了人類社會發展的方向與後果。

中國，地球上這一龐大的生命共同體，在邁進現代化、全球化的大門時，原本是有過重大爭議與討論的。這些圍繞文化選向的論爭最終決定了中國社會發展的去向，如今看來，所得所失已不難分辨。歷史不可能重新開始，人們對歷史經驗教訓的總結，卻有益於對未來社會的想象與籌畫。

杜亞泉，是20世紀初中國最早展開的東西方文化論爭中的一位代表人物，本文試圖以他作為個案，對東西方文化的衝突與交流、對中國現代化進程中暴露出的某些偏頗與失誤略加闡述。

一、中國傳統社會啟蒙者杜亞泉

杜亞泉，生於1873年，卒於1933年，浙江紹興人，與梁啟超同庚，與蔡元培、秋瑾、魯迅同鄉。他16歲得中秀才，修習於杭州崇文書院，舊學根底深厚。甲午戰爭後，受時代大潮衝擊，以開啟民智、濟世強國為己任，奮發自學西方科學文化知識，並游歷東洋，在數學、物理、化學、生物學、生理學、心理學、醫學以及哲學、社會學、政治學、倫理學、語言學諸領域均有所涉獵。他一生從事教育、編輯、出版事業，當年商務印書館編寫、出版的百餘種自然科學教科書，皆出自他之手。另有哲學專著《人生哲學》。由他引爆的20世紀初中國首場關於中西文化大論戰，即發生在他擔任《東方雜誌》主編期間。

1933年歲末，杜亞泉在上海寓所於貧病交集中去世，享年僅60歲。杜亞泉去世之後，胡愈之在悼詞中稱"先生實不失為中國啟蒙時期的一個典型學者"，他"沒有替遺屬留下物質的遺產，卻已替社會留下無數精神的遺產"[1]。他的商務印書館的後繼者在回憶文章中說，與他同代的知識份子都曾從杜亞泉編著的教科書中取得大量"啟蒙知識"。

在中國近現代，杜亞泉是一位繼容閎、嚴復之後，胡適、梁漱溟、張君勱之前的啟蒙思想家。他的啟蒙思想集中表現在"引進科學、開發民智、變革人心、改良社會"，尤其在"引進科學"、"變革人心"方面成績卓著。直到去世當年，他雖然疾病纏身，仍變賣家產，籌資編印《小學自然科詞書》，全書

---

[1] 許紀霖、田建業編：《一溪集》，北京：生活·讀書·新知三聯書店1999年版，第10、11頁。

包羅了天文學、氣象學、物理學、化學、礦物學、地理學、生物學、衛生學、工程學,以及農業、森林、製造、建築、食品、攝影等二十多個門類的基礎知識,被胡愈之譽為"中國科學界的先驅"。就向國民普及科學知識、科學觀念的實績而言,在近代中國的啟蒙運動中,應無出其右者。"就近代中國的知識更新和觀念進化而言,其影響尤為深遠,它不僅一般地滿足了世紀之初興學浪潮對自然科學教科書的迫切需要,而且改變了整整一代人的知識結構,並進而推動新舊知識的更替和思想觀念的進化,對近代科學觀念的形成和科學精神的確立具有重大的啟蒙意義。"①

遺憾的是,杜亞泉,這樣一位富有實績的啟蒙思想家,在此後波瀾起伏的中國社會變革中竟然很快被忽略、被遺忘了。一些重要的思想史著作中看不到他的身影,即使論述中國近現代中西文化之爭的書中也很少提到他。

杜亞泉被埋沒多年後再次"出土",已是他去世60年之後、當代中國改革開放方興未艾之際,對此做出重大奉獻的是宣導"新啟蒙"的思想家王元化及史學家許紀霖。此後,在中國學術界曾引發一場不大不小的"杜亞泉熱",1993年在杜亞泉的家鄉紹興上虞舉辦了紀念杜亞泉誕辰120周年全國學術研討會,接著相繼出版了《杜亞泉文選》、《杜亞泉文存》、《杜亞泉著作兩種》、杜亞泉評論集《一溪集》、《杜亞泉重要思想概覽》,同時發表了不少研究文章,並出版了浙江大學高力克教授研究杜亞泉思想的力作《調適的智慧》。

一個甲子過後,杜亞泉重現於中國思想界的視野,大多學者認可了王元化對他的定位:"他在胡適之前,首開以科學方法治學的風氣","他不僅是啟蒙者,也是一位自由主義者"。他在東西文化之間"主張溫和和漸進改革的理論"②,寄望於"從傳統資源中發掘新舊調和觀點"以變革中國社會③。

但自"五四"運動以來,中國社會的進程基本上為激進革命派掌控,對於西方現代文化,力倡全盤接受;對於中國傳統文化,主張從根本上取締。以政治革命取代社會改良成為時代大趨勢,已容不得任何"折中"、"調和"、

---

① 許紀霖、田建業編:《一溪集》,第196頁。
② 許紀霖、田建業編:《杜亞泉文存》,上海:上海教育出版社2003年版,第2、3、4、5頁。
③ 許紀霖、田建業編:《杜亞泉文存》,第13頁。

"改良"、"漸進"思想的存在。因此,在"五四"運動前夕爆發的那場東西方文化論戰中,杜亞泉竟被革命陣營的主將陳獨秀斥為維護封建名教綱常的保守主義者、謀叛共和的反動分子①。十年過後,中國革命形勢趨於更加激烈,原先位於"左翼領袖"的陳獨秀已被視為"右傾",本已經屬於"右翼"的杜亞泉自然就更加邊緣化。加上他慣常的那身長袍馬褂、秋帽布履的服飾,"時代落伍者"的頭銜儼然已被坐實。此後,在風急浪高的中國思想文化界就再也見不到他的身影。

時過60年,中國學界重提杜亞泉並非簡單地為這位啟蒙學者恢復名譽,而是具有顯著現實意義的。王元化在通讀了杜亞泉當年留下的文字後竟發出如此感慨:我們現在思考的很多問題,他在八十年前就注意到了。

"五四"以來的近百年裏,事實一再證明,激進主義的革命思潮即使初心良苦,一旦失去多元因素的制約與抗衡,就注定陷入劇烈的錯謬之境。近百年來,二元對立的思維模式,急功近利的工具理性,庸俗淺薄的社會進化論,包治百病的科學主義,獨尊一說的教條主義,粗暴武斷的鬥爭哲學通過形形色色政治運動的方式,不知給現代化進程中的中華民族帶來幾多挫折和災難。60年後在重新評價杜亞泉的不幸遭遇時,有學者以"萬山不許一溪奔"相喻,失去溪水滋潤的山川,只能淪為一片精神的荒漠。

歷史學家許紀霖認為"五四實際是一個多元的、各種現代性思潮相互衝突的啟蒙運動"②,以杜亞泉和《東方雜誌》為代表的是"另一種啟蒙,一種溫和的、中庸的啟蒙","激進的啟蒙與溫和的啟蒙、轉化的模式與調適的模式,其複雜的關係和歷史功過究竟如何,可以進一步討論,但絕對不是一個進步與落後的機械思維可以概括。二者之間,並非啟蒙與反啟蒙的對立,而是啟蒙陣營中的分歧"③。這使我想到同是法國啟蒙思想家的伏爾泰與盧梭,熱衷於政治鬥爭的陳獨秀神似伏爾泰,乃至羅伯斯庇爾;而杜亞泉則與謙和、清醒的盧梭擁有更多相似之處,他們都對如日中天的科學主義、專制主義保持沉著的批判態度。歷史最終證明,看似柔弱的盧梭比叱吒風雲的伏爾泰、羅伯斯庇爾更具生命力。據傳,歌德曾經做出過這樣的判斷:"伏爾泰標誌著舊世界的結束,盧梭代表了新世界的誕生。"④我們是否也可

---

① 陳獨秀:《獨秀文存》,合肥:安徽人民出版社1987年版,第187頁。
② 許紀霖、田建業編:《杜亞泉文存》,第495頁。
③ 許紀霖、田建業編:《杜亞泉文存》,第497頁。
④ [法]亨利·古耶:《盧梭與伏爾泰》,上海:華東師範大學出版社2010年版,第1頁。

以套用一下歌德的句式：陳獨秀為埋葬舊世界燃起一把烈火，而杜亞泉則為尚未到來的新時代添加一抹晨曦。

這裏說的"新時代"，是指啟蒙運動、工業革命開創的"現代社會"之後的這個時代。人們往往把這個時代籠統地稱作"後現代"，我認定這應該是一個"生態時代"。單向度的，激進式的啟蒙理念正是醖成當今全球生態危機的源頭，而杜亞泉力倡的多元的、中庸的、調和的、統整的，接續的、漸進的啟蒙理念中，或許就已經包含了生態社會的因數。陳獨秀等人單向度的啟蒙者屬於他們自己身處的那個時代，是那個時代的弄潮兒；而杜亞泉以及與他類似的一些思想者，如比他晚生 20 年的梁漱溟，都有可能已經超越了他們身處的那個時代，成為他們身後那個時代的預言者。我希望沿著這一方向探討下去，以發現杜亞泉啟蒙理性中的生態意識與生態精神。

二、啟蒙思想家杜亞泉的生態意識

美國漢學家艾愷（Guy Salvatore Alitto）將啟蒙理性扼要地概括為六個字"擅理性，役自然"[1]，"啟蒙理性"的集中體現即現代科學技術。啟蒙理性將人置於自然之外、之上，憑藉不斷發展的科學技術開發自然，役使自然，為自己源源不絶地獲取福利，長期以來已經對自然造成嚴重傷害，同時也破壞了人類自己生存的環境，污染了人類自己的心靈與精神世界，在地球上醖成日益嚴重的生態災難。

若是從以上視角看，啟蒙理性與生態精神似乎是完全對立的，甚至是敵對的。以塞亞·伯林（Isaian Berlin）在論及啟蒙時代那些傑出的、位居主流的思想家時指出：伏爾泰把哲學變成了解剖工具，狄德羅把社會生活視為"巨大的製作工廠"[2]，洛克把"心理"當作"被動的貯存器"[3]，18 世紀的這些哲學家們試圖讓世界的一切事物都遵循牛頓的物理學定律，認定憑藉自然科學人們就能夠解決時代面臨的一切問題。

伯林在他的書中一再指出："導致了 18 世紀思想中最光輝燦爛的洞

---

[1] ［美］艾愷：《世界範圍內的反現代化思潮》，貴陽：貴州人民出版社 1991 年版，第 5 頁。
[2] ［英］塞亞·伯林：《啟蒙的時代》，南京：譯林出版社 2012 年版，第 9 頁。
[3] ［英］塞亞·伯林：《啟蒙的時代》，第 42 頁。

見,同時也導致了敗壞這種洞見的重大謬誤,即以科學證明哲學。"①在伯林看來,18世紀這些思想家的"科學崇拜心理"儘管一時發揮了顯而易見的效用,歸根結底卻是"虛妄不實"的,並且隱埋下重大失誤。伯林在他的這本書中依次評點了洛克、伏爾泰、貝克萊、休謨、孔狄亞、哈曼諸多啟蒙思想家,卻没有提到大名鼎鼎的盧梭,或許,他也是把盧梭作爲一個啟蒙思想界的"異類"對待的,盧梭的思想或許在某種程度上另樹旗幟,在某種意義上預言了時代將釀成的那些謬誤。

中國的啟蒙者杜亞泉是否也是如此?

杜亞泉雖然博學多聞,熟悉當時的自然、人文諸多學科的理論知識,但從其現存的著作中未見他明確地講到生態學。他在其《人生哲學》一書中論及生物的發生與進化時曾提到的生物學家恩斯特·赫克爾(E·H·Haeckel,1834—1919),今譯海克爾,乃最初爲"生態學"命名的生物學家②。那時,即使在西方,生態學作爲一門獨立的學科也僅剛剛出現。在《杜亞泉文存》中,杜亞泉曾兩處説到"生態",一處爲:"農作苦於某種害蟲,則爲之演講某種蟲之生態及驅除之方。"③另一處爲:"一切生物,其機官之發達,生態之變遷,奚爲本能之所發展,而非出於知能作用者。"④這裏講到的"生態",乃指生物體的"生存狀態",與生態學研究的對象相關,但並非嚴格意義上的生態學概念。儘管如此,從現代生態學的視野看來,我們仍然不難發現,較之陳獨秀、李大釗、胡適等主流啟蒙思想家,杜亞泉的著作中展現的生態觀念、生態意識、生態精神仍然是十分豐富與顯突的。

現代生態學是一門研究生物體與其生存環境之間交互關係、及生物體彼此間交互關係的學科。最初僅僅被局限於動物、植物界,直到20世紀中期,當生態災難已經釀成普遍危機時,生態學纔開始轉向人類社會及人類精神領域,被學術界稱作"生態學的人文轉向"。生態學的核心觀念是世界的整體性,人與自然萬物是一個有機整體,世界萬物之間存在著普遍聯繫與多元共生作用,並在不斷生發演替的過程中維護著生態系統的持續平衡。

對照上述生態學觀念,杜亞泉的生態意識、生態精神内涵表現在下邊

----

① [英]塞亞·伯林:《啟蒙的時代》,第14頁。
② 《杜亞泉著作兩種》,北京:新星出版社2007年版,第43頁。
③ 許紀霖、田建業編:《杜亞泉文存》,第335頁。
④ 許紀霖、田建業編:《杜亞泉文存》,第176頁。

諸多方面。

（一）杜亞泉認定人與其它生物同類共祖，相依相生，處於同一生存循環之中，更宜相親相愛。

  吾嘗思物競之理矣，動物非食植物不生，人類非食動植物不生，則吾人之殘害動植物也亦太忍，而獨至人與人則雖日日肆其有形無形之競爭，而講群學者則必以愛其同類為鵠的。夫人與人之宜相親相愛，固亦天理所當然。但何以人與人宜相親相愛，而於動物植物，則待之若不必親愛而可殘暴也？以為人與人為同類共祖也，宜愛之親之也。則人為脊椎動物之一類，而他之脊椎動物即吾類也；人又為動物中之一類，則動物皆吾同類也；人為生物中之一類，則凡生物皆吾同類也。以為同類者亦不妨殘暴，則人與人亦不過同類也耳。親愛之宜也，則親愛亦無極；殘暴而可也，則殘暴亦無極。①

  杜亞泉的這段話發表在他主編的《普通學報》1901年第2期上，這時恩斯特·海克爾還健在，而生態學尚未成型。杜亞泉的這段話其實就已經道出生態學的核心觀念，世界上所有生物，包括人類在內都是一個有機整體，都存在於一個綿延不絕的系統之中。及至晚年，杜亞泉似乎對於生態學的原理有了更多的瞭解，在《人生哲學》一書中，不但花費許多筆墨闡述生物體與環境的關係，甚至還曾論及生物鏈中的碳循環："沒有植物的積貯，動物就沒得消耗；但沒有動物的消耗，空氣中碳氣缺乏，植物也就不能營同化作用。可見動植物是相依為命的。"②同時，他對人類與自然萬物在同一個大的系統中循環演進也做出了更為確切的表述："人類的生命，決不孤立於其它生命之外；一切生物，皆互相結合，同循此偉大的衝動而進行。動物立於植物之上，人類又立於一切動植之上，為共同進行的一大軍隊。"③杜亞泉的這些論述看似常識，實則皆為生態學學科中的基本原則。

---

① 許紀霖、田建業編：《杜亞泉文存》，第5頁。
② 《杜亞泉著作兩種》，第21頁。
③ 《杜亞泉著作兩種》，第134頁。

（二）杜亞泉特別強調宇宙間萬事萬物通過"調適"、"協同"達成的"統整性"，即多元的對立統一。

杜亞泉並不否認世界萬物之間存在著分化、對立與競爭，但他更看重的是分化、對立與競爭的各方通過"調適"達成"統整"，"宇宙進化之理法，為分化與統整"，"統整無止境，即進化之無止境也，此宇宙進化之大意也"①。他否認"叢林法則"僅只一味的對立與競爭，而協力與合作纔是自然界的根本法則："人類之趨向於協力，若男女之要求，若陰陽之相翕，終非人力所能抵抗。"②只有將"生存競爭"與"生存協力"統一起來，纔能使事物進入平衡、和諧狀態。只有將"統整"作為最終目的，世界萬物，包括人類在內，纔能結成一個共存共榮的生命共同體。

而達成統整的途徑則是"中和"，扣其兩端，適當妥協，相互寬容，存異求同，行"中庸之道"。具體到某一社會問題，比如"進步黨"與"保守黨"，他認為各有利弊，如"車之兩輪"、"鳥之兩翼"，缺一不可，只有整合一體纔能正常行進③。又如"社會主義與國家主義，本處極端矛盾之地"，也並非不能"交互提攜"、"協同以進行"，"天下事理，絕非一種主義所能包涵盡淨"④。

杜亞泉去世後，蔡元培在總結其一生行狀時指出：

> 先生既以科學的方法研求哲理，故週評審慎，力避偏宕，對於各種學説，往往執兩端而取其中，如唯物與唯心，個人與社會，歐化與國粹，國粹中之漢學與宋學，動機論與功利論，樂天觀與厭世觀，種種相對的主張，無不以折衷之法，兼取其長而調和之；於倫理主義取普泛的完成主義，於人生觀取改善觀，皆其折衷的綜合的哲學見解也。先生之行己與處世，亦可以此推知之。⑤

蔡元培不僅是杜亞泉的同鄉、同事，更堪稱推心置腹的"知己"。

同是"異類啟蒙者"，與杜亞泉推崇"統整"相似，法國的盧梭看重的是

---

① 許紀霖、田建業編：《杜亞泉文存》，第50、51頁。
② 許紀霖、田建業編：《杜亞泉文存》，第21頁。
③ 許紀霖、田建業編：《杜亞泉文存》，第141頁。
④ 許紀霖、田建業編：《杜亞泉文存》，第30頁。
⑤ 許紀霖、田建業編：《一溪集》，第8頁。

"整全"(depature from wholeness)。盧梭的"整全"面對的是人類社會在"文明"與"自然"之間的悖逆與對立,"在一個被人類文明敗壞的墮落社會中如何可能保存天性,過上一種符合自然的生活"①。杜亞泉與盧梭在求取人生與社會的和諧、完善上思路是一致的。

(三) 杜亞泉對於"科學至上"、"科學萬能"、"科學救國"的審視與警惕。

在現代社會經濟體制下,"科學技術的進步"往往又催生出許多生態災難,因此"科學技術"本身常常受到質疑,類似的故事就曾發生在美國記者瑞秋·卡遜(Rachel Carson)的生態批評名著《寂靜的春天》裏。

清末民初,中國最早的一批傑出的啟蒙思想家幾乎衆口一詞地讚頌著"科學至上"、"科學萬能"、"科學救國",而杜亞泉卻已清醒地注意到科學問題的複雜性、局限性。從現存資料看,杜亞泉對"科學主義"的審視並不像當代生態批評家那樣將矛頭指向由科學技術高速發展釀成的資源枯竭、大氣升溫、環境污染等自然界的病變。因為在當時的中國,這些生態災難尚未呈現。杜亞泉對科學主義的警惕,仍然是從他的"統整"、"調適"觀念出發的。在他的心目中,人類世界是由物理、生理、倫理、心理諸多層面構成的有機整體,相互聯繫而又相互區別,不能相互取代,因而就不能指望單靠"科學"包治百病、解決人類面臨的所有問題。杜亞泉鄭重指出:

> 希望明白科學的,不要做"科學萬能"的迷想。世界事物,在現世科學的範圍以內者,不過一部分。科學家的責任,在把科學的範圍擴大起來。若説"世界事事物物都不能出了科學的範圍",這句話,就是不明白科學的人所講。②

對此,學者高立克評述到:"杜亞泉的科學觀中貫穿著一種承認科學和人類知識能力之有限性的'理智的謙虛',而與五四流行之科學主義思潮的僭妄相映成趣。"③不只"理智的謙虛",更為難得的還有思維的深刻與縝

---

① [英]凱利:《盧梭的榜樣人生》,北京:華夏出版社2009年版,第139頁。
② 許紀霖、田建業編:《一溪集》,第147頁。
③ 高力克:《調適的智慧》,杭州:浙江人民出版社1998年版,第43頁。

密。杜亞泉在其《人生哲學》一書中敏鋭地指出：

> 科學雖征服自然，使自然為人類所有，而人類的精神轉因此喪失。本來希望人制馭自然，實際上為自然制馭人類。①

數十年過後，當科學真的已經在很大程度上"征服自然"後，系統論創始人貝塔朗菲（L. V. Bertalanffy）悲慘地指出："我們已經征服了世界，但是卻在征途中的某個地方喪失了靈魂！"②這似乎也應驗了早先盧梭的判斷："在一個領域裏的進步，必不可免地伴隨著在另一個領域裏的倒退。"③啓蒙運動以來三百年的歷史，中國現代化的百年歷史都已經説明：科學技術飛速發展，物質生活日漸豐富，社會的道德倫理水準並未隨之提升，甚至不升反降，而生態環境比起三百年前不知惡化了多少倍！

（四）杜亞泉認為物質主義、功利主義、消費主義、拜金主義暴殄天物、敗壞社會風氣、荼毒人的心靈。

民國初建，老中華帝國積弱已久，急需振興實業、發展經濟。杜亞泉對此並無異議，自己也曾指導親朋建工廠、開商店。但作為一位持有機整體性思維的學者，一位注重調適漸進的啓蒙思想家，他從一開始就注意到單一向度的憑藉刺激消費發展經濟，將破壞物質與精神之間的平衡，給社會帶來難以挽回的損傷。民國初建不久，中國社會剛剛開始對外開放，奢靡之風即開始流播蔓延，杜亞泉對此充滿憂慮：

> 暴殄之天物，浪擲之金錢，何可限量。地產之所出，既以供無謂之取求，人力之所造，又復偏重於淫巧之物品，而純正之產業，寶貴之人工，轉不克完其正當之效用，以增益國富。且一度領略奢華之後，決不能復安於淡泊，苟其失之，亦必榨取豪奪，行險僥倖，以求復得焉。④

杜亞泉已經隱約感到，國內興起的此類物質主義，消費主義，拜金主義

---

① 《杜亞泉著作兩種》，第11頁。
② ［奧］貝塔朗菲、［美］拉維奧萊特：《人的系統觀》，第19頁。
③ ［法］亨利·古耶：《盧梭與伏爾泰》，第8頁。
④ 許紀霖、田建業編：《杜亞泉文存》，第315頁。

源自西方現代社會的經濟體制,這種經濟體制是有缺陷的,並不完全適合中國的國情:

> 今日社會中之歡迎物質文明,仿效歐美奢侈之生活者,實破壞其社會之特質,而自速其滅亡……縱慾之國民,常失其奮鬥之能力。覽六朝之興替,觀羅馬之衰亡,俱足為社會之殷鑒。今日歐美社會中文明病之流行,識者亦抱無限之隱憂,蓋為此也。吾東亞人民,欲於歐風美雨之中,免社會之飄搖,亦惟有保持其克己之特質,以養成其奮鬥之精神而已。①

在杜亞泉看來,鑒於中國的經濟實力,不可勉強效尤西洋,不應為西洋物質文明所眩惑,"論進化之大原,謂為由於慾望之向上,無寧謂為由於勤儉所積貯之較為中理也"②。他主張維持傳統的勤儉樸素之風,讓科學技術、經濟生產為下層社會廣大民眾日常生活服務,而不可用鼓勵奢侈性、冗餘性消費促進經濟發展,推動社會進步。

一百年前的杜亞泉不可能具備清晰、明確的生態學理論知識,他的憂慮也僅只停留在"奢侈消費"引發的社會問題上,他自己提出的經濟學理論也是樸素的,即消費不是無止境的,消費不應成為少數人謀取金錢與財富的手段,而應當服務於人民大眾實際的生活日用。一百年過後,杜亞泉擔心並拒斥的歐美消費觀念不但沒有受到遏止,反而成為一種"全球化的意識形態"風行世界,在杜亞泉自己的國度,如今"消費"的指數已經領先世界,據貝恩諮詢機構最近發佈的"全球奢侈品市場年度報告"披露,2018年中國已經佔據全球個人奢侈品消費市場的33%,遠超歐洲與美國,更是日本的三倍。而且消費者還在迅速年輕化③。

當代生態批評家布浪(Lester R. Brown)警告世人:"我們正在掏空地球的自然資源來刺激消費。我們有半數的人生活在地下水位下降、水井乾涸的國家。有三分之一的農田土壤流失超過新土壤形成,土地的肥力在逐步喪失。全世界不斷增長的牛羊大軍,正在將廣袤的草原變成沙漠。我們砍

---

① 許紀霖、田建業編:《杜亞泉文存》,第 288 頁。
② 許紀霖、田建業編:《杜亞泉文存》,第 313 頁。
③ 見 2019 年 5 月 23 日《南方週末》相關報導。

伐森林來擴大農業耕地、生產木材和紙張，使森林每年萎縮530萬公頃。五分之四的海洋漁場因滿負荷或過度捕撈面臨崩潰。"[1]

長此以往，不但導致地球生態系統的崩潰，還將導致人種的退化衰敗。回望當年杜亞泉的憂慮，就不難看出他那"簡陋"的經濟學主張中蘊含的生態智慧。

（五）杜亞泉認為"物質救國"的結果不但傷及山水森林，還將招致"精神破產"，並因此宣導精神救世。

在日益深入的世界生態運動中，人們在驚呼自然環境遭受嚴重破壞的同時，發現人們的精神狀態也在隨之惡化。雅斯貝斯（karl Jaspers）將其視為"技術進步"中的"精神萎縮"[2]，貝塔朗菲將其看作人類精神世界中符號系統的迷狂和紊亂[3]；比利時生態學教授P·迪維諾（P. Durigneaud）明確的將其稱作"精神污染"[4]。在上述諸位西方思想家之前，中國近代啟蒙者杜亞泉就已經對這一問題做出不少論述。他指出：奢侈型消費無端損耗了珍貴的自然資源，結果反而招致國民精神破產，"湖海森林，無不經吾人之搜索，一條之河，一丘之山，無或免吾人之穿鑿。吾人之一軀，其所需何如是之夥耶！實則吾人非為應其需要而營衣食住，乃為滿足其功名心與虛榮心而營其衣食住。"[5]"人類在世，決不僅僅解決衣食住等物質生活，畢其生活能事，如道德、科學、藝術等，均為吾人精神生活的要求。此等精神生活，當不受物質生活的拘束，獨立進行，自由表現。"[6]"精神文明之優勢，不能以富強貴賤為衡。"針對中國社會鼎革之後呈現的種種"精神破產之情況"，如權利競爭，唯利是圖，貪享奢侈，縱情食色，昨為民党今作官僚，早擁共和夕擁帝制，改節變倫不以為羞，投機鑽營自以為智，他厲聲驚呼："吾國之鶴（指精神追求，引者注），已斃於物質的彈丸之下矣！"[7]"中華民國將變為動物

---

[1] ［美］萊斯特·R·布朗：《崩潰邊緣的世界》，上海：上海科技教育出版社2011年版，第3—4頁。
[2] ［德］卡爾·雅斯貝斯著：《時代的精神狀況》，上海：上海譯文出版社1997年版，第130頁。
[3] 參見［奧］馮·貝塔朗菲：《人的系統觀》，第25—28頁。
[4] P.迪維諾：《生態學概論》，北京：科學出版社1987年版，第333頁。
[5] 《杜亞泉著作兩種》，第242頁。
[6] 《杜亞泉著作兩種》，第13頁。
[7] 許紀霖、田建業編：《杜亞泉文存》，第366頁。

之藪澤。"①杜亞泉對於"科學"、"實業"的瞭解並不比當時的主流啟蒙思想家少,但他仍然不相信僅僅依靠"科學"與"實業"就可以救中國,反而提出"精神救國論"。"蓋近數十年中,吾國民所得宣導之物質救國論,將釀成物質亡國之事實,反其道而蔽之,則精神救國論之本旨也。"

杜亞泉在宣導"精神救世"、"精神救國"時,把古羅馬時期的斯葛多學派的思想家塞涅卡(Seneca)奉為楷模,將其《幸福論》作為中國"救時之良藥"。而《幸福論》的主旨,即:"使形體服從於精神,肉身服從於靈魂,為得全幸福之道。"②當時,生態學的奠基人海克爾的著作已經由馬君武、劉文典翻譯出版,其中《宇宙之謎》一書中寫道:19世紀的自然科學不僅在理論上取得驚人的進步,而且在技術、工業、交通等世紀應用過程中也取得了極為豐碩的成果,然而"在精神生活和社會關係這樣重要的領域裏,與過去世紀相比,我們卻取得很少或者乾脆沒有取得什麼進步,甚至令人遺憾地出現某些嚴重的倒退。這種明顯的矛盾,不僅使人產生一種內部支離破碎、虛妄荒謬的令人厭惡的感覺,而且還會在政治與社會領域裏引起重大災難的危險"③。

杜亞泉應該是看過海克爾的書的,並把這一觀點視為西方人對物質主義的反思告誡給中國社會的主流啟蒙思想家們,可惜並未得到認可。而海克爾在19世紀最後一年做出的這一論斷很快就被20世紀的兩次世界大戰所證實。如果考慮到20世紀世界以及中國社會政治中發生的一系列慘劇,回頭再看杜亞泉大聲疾呼的"精神救世"、"精神救國"的主張,就不得不承認他作為一位思想者的嚴肅性與前瞻性。二戰後,英國著名歷史學家阿諾德·湯因比(Arnold Toynbee)明確指出:"要根治現代社會的弊病,只能依靠來自人的內心世界的精神革命。"④湯因比將"精神革命"視為人類為地球生態解困的唯一途徑,這與杜亞泉當年呼籲的"精神救國"、"精神救時"也是一致的。

杜亞泉"精神救國"的宣導,莫說在當時,即使在"發展是硬道理"的當代中國,也難免被視為書生之議。然而,越來越多的事實證明,一個國家的

---

① 許紀霖、田建業編:《杜亞泉文存》,第54頁。
② 許紀霖、田建業編:《杜亞泉文存》,第238頁。
③ [法]恩斯特·海克爾:《宇宙之謎》,第4頁。
④ [英]湯因比、[日]池田大作:《展望二十一世紀》,北京:國際文化出版公司1985年版,第566頁。

經濟實力即使達到世界前列,如果思想貧瘠,信仰全無,道德滑坡,民生渙散,也還是難以成為世界強國的。

以上五點,是我對中國啟蒙運動的先驅杜亞泉學術思想中生態精神的發掘。其實,杜亞泉當年所關注的而如今已經成為嚴重生態問題的,還不止於這些。如他對忽視農村文化建設、過度城市化的擔憂:

> 田野生活者,富國之源泉,物質文明之生產地也。近今歐美各國,每以人民群集都會,引為文明過盛之隱憂。吾國文明,尚在幼稚,而都市生活之趨勢,已露端倪,亦宜杜漸防微,力為禁遏,夫然後受物質之利而不承其弊也。①

> 況近今農民,咸慕都會之繁華,工業之安逸,有日趨都會之傾向。苟不急為補救,使住居田舍者稍得慰藉之途,則優良者將輕棄其鄉里,別營城市之生涯,劣下者或愈即於畸邪,流為賭博之征途,馴至田野荒蕪,風俗墮壞。②

為此,他宣導在鄉村開發民智,普及新知,建立機構,改良民生,"隨時勢之需要,寓教於樂,使農民略有相當之知識,以應外界之潮流"③。

又如,他認為中國的官場制度弊端嚴重,政治生態日益敗壞,如不痛加改良將禍國殃民。

> 人民重視官吏,其危害之及於國家甚大。直接之影響,使國家之政治不安,間接之影響,使社會之實業不振,其關係可得而言焉。蓋人民既視官吏為最優之職業,則必努力以造成官吏之人才,教育乃首承其弊……而一般人民,且以登第學生之多寡,定學校之價值。試驗之成績如何,為學校之死活問題,於此而欲施正當之教育,殆無可望。風氣所趨,年年歲歲,制出多數之官吏候補者,供過於求,無待言矣。此等多餘之官吏,其學問志願,除政治生涯外,不適於他種之職業,即或

---

① 許紀霖、田建業編:《杜亞泉文存》,第 274 頁。
② 許紀霖、田建業編:《杜亞泉文存》,第 333 頁。
③ 許紀霖、田建業編:《杜亞泉文存》,第 335 頁。

為學校教師,或為新聞記者,亦無非鼓吹政治主義,挑撥政治感情,使政治風潮,波及學校,政治新聞彌漫於城市而已。①

杜亞泉的這段話已經深刻地涉及中國在教育體制、價值導向、官場生態方面存在的頑疾,他提出的改良措施是"裁減冗員"、"簡放政務"、"劃除官威"、"釐訂官俸",讓官員"謹身修己亦貢獻國家",讓民眾"平等視官"以做好自己的營生。杜亞泉的這些建議,對於今日中國政治生態、教育生態仍具有現實意義。

究竟出於什麼原因,使清末民初的杜亞泉在中國社會剛剛跨進現代化的門檻,就讓他意識到現代性存在的嚴重問題,並由此發表許多如今看來甚具"生態批評精神"的言論,從而使他成為中國獨樹一幟的啟蒙者。

我想到的有以下幾個方面:

一是他對西方哲學與現代科學有著多方面的認知與把握。

杜亞泉不是某一學科的專家,他的知識空間具有廣泛的跨學科性,幾乎跨越他那個時代自然科學、社會科學、人文學科的方方面面。並且,他對西方近現代思想家如達爾文、斯賓塞、伏爾泰、盧梭、貝克萊、休謨、孔德、康得、孟德斯鳩、海克爾、黑格爾、馮特、詹姆斯、托爾斯泰、羅曼·羅蘭、叔本華等人的思想都有著不同程度的吸納。他還曾一度游學日本。這不但使他擁有了科學與哲學的開闊視野,也使他具備了反思性的思維方式。在現代諸多學科門類中,杜亞泉對海克爾的生物學、叔本華的生命哲學、威廉·詹姆斯的機能主義心理學,塞涅卡的倫理學情有獨鍾,在我看來,這些學科與當代生態學及生態批評、環保運動,有著千絲萬縷的聯繫,這對杜亞泉生態意識的形成起到明顯的作用。

二是中國古代傳統文化的滋養。

杜亞泉從童蒙時代即受到良好的傳統文化教育,青年時代中秀才,於經史子集、訓詁音韻之學均有悉心研究。形成於漫長農業社會的中國傳統文化,其核心實為人與自然合一的生態文化。杜亞泉對此是認同的,他說過中國傳統文化"一切皆注重於自然","以自然為善,一切皆以天意,遵天命,循天理,""我國人之文明為順自然的"②。這個傳統文化中蘊含的"生

---

① 許紀霖、田建業編:《杜亞泉文存》,第 267 頁。
② 許紀霖、田建業編:《杜亞泉文存》,第 339 頁。

生爲易"、"天人合一"、"中庸之道"、"物與民胞"、"抱樸懷素"、"知白守黑"、"無爲而無不爲"等等生態精神注定對杜亞泉產生過潛移默化的作用。西方現代科學中的生態理念與古代中華傳統文化中的生態底藴相結合,是杜亞泉生態意識產生的重要成因。當然,對於西方現代文化,他不一味順從;對於自己民族的傳統文化,他也並不一味地膜拜,而是有所揚棄。比如中國傳統道德中的"克己",從好的一面説,養成了民族重内輕外,重精神輕物質的優良品性,但一味"克己"又使國民才智内縮、畏葸苟且、求逸避險、卑曲萎靡,理想的人格則爲"保持克己之特質,養成奮鬥之精神"[1]。杜亞泉熱衷西方科學卻不忘科學之懷疑精神,珍愛民族傳統文化,始終秉持"扣其兩端而取其中"的中庸之道,這也是當代生態運動應當發揚的識見。

三是杜亞泉擁有報刊記者的時事眼光。

這使他能夠及時對第一次世界大戰的破壞性做出整體性反思。在西方,"科學主義"神話的破產,"物質主義"的批判,社會進步論的幻滅,以及"現代性的反思",多半是在兩次世界大戰前後發生的。這一時期的傑出思想家,如西美爾、舍勒、懷特海、韋伯、别爾嘉耶夫,斯賓格勒、德日進、馬爾庫塞,他們對人類社會文化的反思,都是以兩次世界大戰的慘痛教訓爲背景的,舍勒於一戰爆發之際發表的《戰爭的天才》,指出物質戰勝了人,變成"機械殘殺"的工具,人類自身成了時代面臨的最大麻煩。斯賓格勒寫於一戰期間的名著《西方的没落》認爲,在"金錢"與"機器"統治下,人的精神創造力消失了,所謂進步帶來了越來越多的資源耗費和環境惡化,西方文化作爲一個整體正在衰敗。這些思想家們的反思,有意無意間都涉及了人與自然,人性與工業文明的衝突,因而具備了生態批評的傾向。杜亞泉作爲一位資深的報刊記者、編輯,身歷一戰的醖釀、爆發、結束全過程,他在此期間發表了大量言論。如"自歐戰發生以來,西洋諸國,日以其科學的發明之利器,戮殺其同類,悲慘劇烈之狀態,不但爲吾國的歷史之所無,亦且爲世界從來所未有"[2]。杜亞泉的關於東西方文明優劣之比較研究,關於人類文明之趨向之判斷,應是在總結一戰教訓基礎上展開的,這也就使得他的思想觀念中充滿了敏鋭而又不自覺的生態批評精神。

四是内斂、沉著、冷静、審慎、善疑、多思的個性。

---

[1] 許紀霖、田建業編:《杜亞泉文存》,第288頁。
[2] 許紀霖、田建業編:《杜亞泉文存》,第338頁。

對於文學創作來說,有一句名言"風格即人",即人的個性。那麼學者的個性與學者的治學有無關係呢? 恐怕不能說沒有關係,對於盧梭與杜亞泉這樣自學成才的學者來說,關係更大,幾乎是決定性的。杜亞泉去世後,親友對其性情、為人有許多評價。蔡元培描述他:"君身頎面瘦,腦力特銳。所攻之學,無堅不破,所發之論,無奧不宣。有時獨行,舉步甚緩,或諦視一景,佇立移時,望而知其無時無處無思索也。"[1]"先生雖專攻數理,頭腦較冷,而討尋哲理針砭社會之熱誠,激不可遏。"[2]胡愈之在追悼文章中寫道:"先生生平自奉之儉,治學之勤,待人之和藹,處事之果敢,無不足為青年人效法。"[3]他的兒子回憶說:父親是一位既嚴肅又慈祥的老人,不苟言笑,衣著古板,刻苦自學,勤奮寫作,自奉甚儉,立志不當官,不經商[4]。對照上述評說,結合他自己的大量著作,我們不難看出杜亞泉是一位勤學多思、敏銳善疑、冷峻內斂、自奉儉約、甘守清貧、淡於名利卻又能仗義執言的人。這樣的人並不適合商業社會的競爭,反而屢受其害;這樣的人也不可能投身革命運動的戰場,而只會提出一些建言與清議,說到底他還只是變革時代一位堅持獨立思考、堅持自由發聲的書生,或曰公共知識分子,這樣的人已經溢出啟蒙時代主流意識之外,反而與生態時代的精神氣息更為接近。陳獨秀、李大釗、吳稚暉以及丁文江、胡適,這些中國社會傑出的啟蒙思想家,依其豐富的知識,堅定的信念,努力奮取的鬥志,在當時何以不能意識到人類已經面臨的生態問題? 只能說是現代化的強光,遮蔽了他們的視線,內在的局限使他們一股道疾馳在想象中的社會進步的"金光大道"上,相對於他們,杜亞泉就顯得更柔弱也更複雜些,更矛盾也更豐富些。柔弱,複雜,豐富,不也正是地球生物圈的屬性嗎?

　　回望歷史,杜亞泉是清末民初中國社會轉型時期一位嚴肅認真、品節高尚、見地卓越的文化人、思考者。他或許尚未成為像盧梭乃至在中國稍遲於他的梁漱溟那樣的大思想家,他有他自身的弱勢與局限性。自學成才,使他免受學院派的約束,也使他的某些術語、概念的運用流於隨意性,對此他自己也曾做出反省:介紹諸說,多輾轉迻譯,不免謬誤;摘要舉示,不

---

[1] 許紀霖、田建業編:《一溪集》,第3頁。
[2] 許紀霖、田建業編:《一溪集》,第6頁。
[3] 許紀霖、田建業編:《一溪集》,第12頁。
[4] 參考許紀霖、田建業編:《一溪集》,第41—43頁。

免得粗遺精,時以記者之見地,妄為取捨①。他的有機、統整、調適、接續的思維方式使他在分析問題時透遞出許多寶貴的現代生態批評的思想光芒,但他身處的時代,自然生態在中國尚未成為重要問題;就西方社會而言生態學的人文轉向尚未啟動,因此,杜亞泉在論及生態問題時,常常還是站在人類中心的立場上,未能達到更深的層次。杜亞泉不組黨,不結盟,不像陳獨秀那樣有強大的組織力量支撐;他雖然熱衷於建學校辦教育,無奈總是艱難多舛以失敗告終,這又使得他不像胡適那樣門徒、弟子遍佈四海。所以,在他去世後,他的學說以及他的存在很快就消失在中國社會大變革的洪流中,這不僅是他個人的不幸,更是中國思想界的不幸。

三、20世紀初中國的文化選向及人類新文明建設

20世紀初,中國進入現代社會之際就文化選擇而言,一度曾存在三個向度:守舊主義、漸進主義、激進主義。固守傳統、泥古不化的守舊主義很快就潰不成軍敗下陣來。此後,持續不斷的主要是漸進主義與激進主義的論戰。首場大規模的論戰即爆發在《東方雜誌》與《青年雜誌》(後改名為《新青年》)之間的"東西文化之爭"。據相關專家統計,這場爭辯從1915年起延續十餘年,先後參與者數百人,發表文章近千篇,對以後中國近現代的文化運動產生了重大影響②。論戰的主將,激進主義一方是陳獨秀,漸進一方是杜亞泉。所謂"激進"、"漸進",當時的主要分歧在於對待西方外來文化與本土民族文化的態度。

陳獨秀持全盤西化的立場,對歐洲啟蒙運動以來卓有成效的"科學主義"、"物質主義"、"功利主義"、"實用主義"的文化理念推崇備至,竭力主張以西方現代文化取代中國的傳統文化,以"革命"的方式建立一個"新中國"。杜亞泉則採取兼收並蓄、調和折中、統整接續的立場,主張既吸收西方現代文化的特長又要避開其已經顯露的弊端,同時吸納接續中國傳統文化的精華,選擇中西文明融合的道路,以漸進"改良"的方式推動中國社會現代化的進程。

---

① 許紀霖、田建業編:《杜亞泉文存》,第48頁。
② 陳崧主編:《五四前後東西文化問題論戰文選》,北京:中國社會科學出版社1985年版,第2頁。

這場論戰的稍後階段,梁漱溟曾提出文化選擇的三個路向,一是"意欲反身向後要求"的印度文化,一是"意欲向前要求的西方文化",一是"意欲自為調和持中的中國文化",他的文化立場顯然是站在杜亞泉一邊的,有甚於杜的是,他斷定"世界未來文化就是中國文化的復興"[1]。年輕氣盛的梁漱溟的這些論斷不免有些粗疏武斷,但胡適在批評他時,連東西方文化之間的差異也否定了,認為世界上的文化不過大同小異,不存在性質的差別,只存在落後、先進的程度。當然,胡適認可的代表人類同一屬性的文化是西方文化,居於先進地位的也是西方文化。這場轟動一時的文化論戰以杜亞泉、梁漱溟的失敗告終。梁漱溟在不久後辭離北京大學到山東菏澤教中學去了;杜亞泉竟因此被免去《東方雜誌》主編的職務。而陳獨秀與胡適隨後都成為引領時代的風雲人物。中國社會在歷史轉折的緊要關頭,選擇了由歐洲啟蒙理性主導的以"科學主義"、"物質主義"、"功利主義"、"實用主義"為內涵、以"革命"為手段的激進主義文化路向。

從1915年展開的這場文化論戰,到如今已經過去一百多年。一百多年間,中國社會經歷過俄國十月革命、五四運動、兩次世界大戰、國共兩黨的合作與決裂、新中國成立後的大躍進、人民公社化、三年大饑荒、文化大革命,直到最近40年的經濟建設高潮。其中的成敗功過當然不是一篇文章所能夠說清楚的。可以大體做出判斷的是:中國社會的變革是巨大的,成就顯著,問題突出。"成也蕭何敗也蕭何",成就與問題就文化層面上來說,當然不能全部歸結於啟蒙時期的激進主義,但與在現代化進程的起跑線上選擇了激進主義路線密切相關。國內文化學者陳來就曾指出:"可以說,整個20世紀中國文化運動是受激進主義所主導的。"[2]農業問題專家溫鐵軍將其一部總結中國農村現代化的著作命名為《告別百年激進》,他認為中國農村現代化的教訓就是激進主義主導了整個過程。而這一過程,正是以1915年的東西方文化論戰為起點的。

激進主義的一個突出表現,就是面對西方發達國家的"趕超心態"。中國與西方在文化上的差異既然僅僅是時段與發達程度上的,那就是說我們可以在同一條道上通過自身努力趕上甚至超越過去。陳獨秀早在1917年就主張:"西洋種種的文明制度,都非中國所及。但就經濟能力而言,我們

---

[1] 《梁漱溟全集》第一卷,濟南:山東人民出版社1990年版,第114頁。
[2] 陳來:《傳統與現代》,北京:北京大學出版社2006年版,第69頁。

中國人萬萬趕不上。倘不急起直追，真是無法可以救亡。"①孫中山也把其建國大計寄託在對於西方的趕超上，他相信人力完全可以超越自然進化，只要發揮出火一般的革命意志和創造精神，中國就能夠"壓縮"許多進化"階段"，神速地達到"進化"的高級階段，後來居上，超過歐美，並成為世界進化新潮流的領導者②。孫中山去世早，尚未來得及實施他的趕超學說，而他的後繼者毛澤東卻把這一學說發展到了極致。在1958年的"大躍進"中，毛澤東提出了要在主要工業產品的產量上七年超過英國，十五年趕上美國，後來又將時間縮短為三到十年。激進的夢想落實為揠苗助長，結果只能是慘重的災難。我是當年全民"大煉鋼鐵"的親歷者，為了實現這一趕超目標，家裏灶房的鐵鍋、牆上的鐵釘都拿去煉鋼，周邊的大樹全都砍去做了燃料。勞民傷財，煉出的不過是一堆廢鐵。"大躍進"後隨之而來的是"大饑荒"，千萬人死於非命，震驚了整個世界。

激進主義的另一個突出表現是把"鬥爭"絕對化。杜亞泉以"靜的文明"與"動的文明"形容中國文明與西方文明的差異。他列舉的"動的文明"的首要屬性即"競爭自烈"、"對抗紛爭"、"戰爭為常態，和平其變態"、"以競爭勝利為生存必要之條件，故視勝利為最重，而道德次之"。而中國的傳統文化則重在"勤儉克己，安心守分"、"清心寡欲"、"與世無爭"。陳獨秀完全否定這一劃分，李大釗倒是認可杜亞泉的説法，只是他對中國的"靜的生活"持否定態度，認為只有"棄其從來之一切靜的生活，取彼西洋之一切動的生活；去其從來之一切靜的文明，迎彼西洋之一切動的文明"，方能夠救中國。他號召青年一代行動起來，迎合世界潮流，將中國由靜的國家改變為動的國家③。此後，競爭、對抗心態迅速在中國社會蔓延開來，更加上對馬克思列寧主義學説的活學活用，遂生成一種愈演愈烈的"鬥爭哲學"，與天鬥、與地鬥、與人鬥其樂無窮，外鬥加內鬥，"階級鬥爭"、"路線鬥爭"一度成為年年講、月月講、天天講的頭等大事，政治鬥爭運動每隔七八年就要來一次，"灑向人間都是怨"，嚴重地破壞了國家與民族的安定團結。

激進的功利主義干擾了科學文化教育界的健康發展。在這場論爭中，《東方雜誌》陣營中錢智修的《功利主義與學術》一文也成為激進派猛烈攻

---

① 陳獨秀：《獨秀文存》，第107頁。
② 見鄭大華、鄒小站主編：《西方思想在近代中國》，北京：社會科學文獻出版社2005年版，第123頁。
③ 《李大釗全集》第二卷，北京：人民出版社2006年版，第138頁。

擊的靶子。錢文認為中國受西方文化影響最大的是"功利主義"。由邊沁（Jeremy Bentham）、穆勒（John Stuart Mill）等人創始的功利主義是一個內容極為繁富的學派，中國文化界在引進這一"功利主義"學說時已經功利主義地將其大大簡化了，大抵只剩下"實用"、"急用"、"對大多數人有用才有價值"的條文。錢文列舉了此類功利主義在中國學術界引發的種種弊病，如：僅把應用價值作為學術研究的目的是有害於學術的；學術受制於應用將妨礙學術之獨立；"文化重心，自在高深之學，所謂普及教育，不過演繹此高深學問之一部分，為中下等人說法耳"；"功利主義之最大多數說，其弊在絕聖棄智。使學術界無領袖人才"；"唯以國家之力助少數學人脫離社會之約束，俾得從容治學"，學術才有精進之望①。對於錢文，陳獨秀卻大不以為然，他認為"人世間去功利主義無善行"，針鋒相對地提出中國應該"徹頭徹尾頌揚功利主義"的口號②。百年過後，從今日的實際狀況看，中國大眾的普及教育以及科學技術的普及應用都取得了顯著成績，但高等教育的品質及基礎理論研究的水準始終落在世界後面；無論自然科學還是人文學科，堪稱"學界領袖"的學術大師越來越稀缺；不少重大核心科學技術多停留在借用仿效階段，缺乏自主創新能力。追根溯源，不能說與現代中國在科技文化教育界長期持守的急功近利的激進思維模式無關。

激進主義的現代化運動嚴重地破壞了地球生態。發生在20世紀初的這場文化論戰，關於人類與自然之間關係的判斷，激進派顯然也壓倒了杜亞泉的溫和派。文化史學者王中江對中國激進主義革命派的宇宙觀曾做出以下描述："革命派對宇宙自然與人類社會的二重處理方式，最終也落腳在人類社會對於宇宙自然的優越、人類社會與自然的不同上"，"他們的'意圖'是要通過人類與自然的二元化，把人類從被動的自然秩序之下解放出來，使之成為'創造'進化的積極'主體'"。在陳獨秀那裏，"人類主體"被表述為："以人勝天，以學理構成原則，自造禍福，自導其知行"。陳獨秀的這一觀念並非他自己的發明，而是啟蒙理性的核心，即人類憑藉自己獨有的"學理"高居自然之上，戰天鬥地，為自己謀取福利。這一簡單不過的邏輯，既是啟蒙理性的核心，也是生態災難的源頭。中國社會在現代化伊始選擇了這一發展邏輯，也就為此後的生態災難打開了潘朵拉盒子，乃至付

---

① 陳崧主編：《五四前後東西文化問題論戰文選》，第50、52頁。
② 陳崧主編：《五四前後東西文化問題論戰文選》，第75頁。

出慘重的代價。至於當前的生態災難嚴重到什麽程度,報紙網路天天都有大量報導,本文不必再一一列舉那些統計數字,每個人都有自己的切身體驗。總之,連吃飯、飲水、呼吸、生殖、繁育這些人類生存的最基本的保障都已經成了大問題。"先污染,後治理"實際上成為中國當代經濟建設領域的潛意識。若是仔細考慮到經濟高速發展的生態成本,改革開放的紅利就不得不大大打個折扣。

以上四點只是擇要説明激進主義給中國現代化進程造成的傷害。雖然説以啟蒙理性為核心的西方現代性理念自身就存在許多問題,但中國的問題更大程度上是長期將這一啟蒙理念付諸單一地、片面地、過激地實踐,而且從來缺少認真地反思。

進入現代社會以來,人類做出的第一次重大反思是在第一、第二次世界大戰犧牲掉數以千萬計的人類生命之後。這次反思以西方學者為主,對西方現代社會賴以存在的思想基礎進行了全面的、徹底的反思與批判,其中就包括曾經被杜亞泉"漸進主義者"懷疑、質問過,被陳獨秀"激進主義"褒獎、頌揚過的"科學主義"、"物質主義"、"消費主義"、"功利主義"、"實用主義"以及"機械唯物論"、"直線進步論"等等。為了矯正西方社會的偏頗、挽救現代社會的敗落,西方的一些著名學者也曾把目光轉向世界的東方。我甚至猜想,德國思想家馬克斯・舍勒(Wax Scheler)在當時似乎就已經察覺到中國思想界的論爭,以及論爭中不同學者關於東西方文化的不同立場:

> 特別是中國和日本等國中的某些階層今天正竭盡全力去掌握歐洲實證主義的科學方法,去掌握相應的工廠化生產方式和經商方式,因而資本主義機制普遍化看來是近在咫尺了;然而,儘管如此,近些年來這些民族的更為高貴的代表們已知道,這種錯誤的所謂"歐化"只能觸及心靈和生命的皮毛,對於種族相應的、出自民族自身歷史的精神性基本態度(在宗教、倫理、藝術中一切屬於生命意義的東西)卻依舊毫未觸及。……這些國家中的佼佼者還知道:西歐作為信使把資本主義"精神"作為自己最後的光束帶給這些國家,而這一精神之根,就是説,在西歐的中心本身,這一"精神"正在慢慢衰亡。這些國家中都有自己的陀思妥耶夫斯基、索洛維約夫、托爾斯泰:他們帶著諷刺的微笑瞧著本土市民群衆的歐化狂潮勁兒,因為他們知道,正當自己的國家

的群眾將為勝利、為自己的國家與歐洲一樣實現了文明而歡呼時,朝他們迎面走來的"舊的"歐洲此時卻正在垮下去,正將讓位給一個新的、更高貴的歐洲。①

舍勒的這段話顯然是在批評一味追隨西方"全盤歐化"的"某些階層",因為他們看不到西方在其現代化道路上已經惹下要命的麻煩,紮根於啟蒙理性的西方文化已經到了矯枉糾偏的時刻;舍勒同時又在點贊東方民族本土思想家中那些"更為高貴的佼佼者",認為他們著手設計的將是一個新時代的新的文明。至於這個"新時代"的命名,舍勒進而說到:

如果我站在這個新時代的大門口題獻一個名稱,而這個名稱又將包含著這個時代的總體趨勢的話,那麼,只有一個名稱在我看來似乎是適應的,這就是"協調的時代"(Ausgleich)。②

舍勒認為這種"協調"將在自然界、物理界、精神界的各個層面展開,其中包括種族間緊張關係的協調、東西方不同文化群落之間的協調、原始文明與高級文明之間的協調、科學技術知識與人文精神之間的協調等。

對照舍勒的評析,對照杜亞泉執守的"統整"、"調適"理念,在 20 世紀初中國思想界發生的這場事關中國前途的論戰中,誰是"歐化狂潮"的激進者,誰是深謀遠慮的"佼佼者",不就一目了然嗎?

地球人類第二次面臨的生死選擇,該是自 20 世紀中期逐日逼近的全球性生態危機。較之上一次的反思,這一次的反思體現出更為廣闊也更為深刻的世界性的視野。

愈演愈烈的生態危機逼迫人們不得不做出重大選擇:人類將進入一個與以往不同的新的歷史時期,一個新的文明階段。相對於由啟蒙運動開創的工業文明及現代社會,這一"新文明"就是"生態文明",這一"新的歷史時期"就是生態時代。

最初做出這一判斷的是奧地利學者、系統論的創始人路德維希・馮・

---

① [德] 馬克斯・舍勒:《資本主義的未來》,北京:生活・讀書・新知三聯書店 1997 年版,第 81 頁。
② [德] 馬克斯・舍勒:《資本主義的未來》,第 215 頁。

貝塔朗菲（Ludwig von Bertalanffy），他在20世紀50年代就宣告：由文藝復興和啟蒙運動開創的西方文明已經完成自己的使命，它的偉大創造週期已告結束。新的文明，將是一種生存的智慧，一種生態學意義上的文明。生物學的世界觀正在取代物理學的世界觀。"19世紀的世界觀是物理學的世界觀……同時它也為非物理學領域——生命有機體、精神和人類社會提供了概念模型。但在今天，所有的學科都牽涉到'整體'、'組織'或'格式塔'這些概念表徵的問題，而這些概念在生物學領域中都有它們的根基。""從這個意義上說，生物學對現代世界觀的形成做出了根本性的貢獻。"①另一位傑出的思想家E·拉茲洛（Ervin Laszlo）則指出：這是人類史上繼"農業革命"、"工業革命"之後的"第三次真正的革命"，即將來臨的時代是一個"人類生態學的時代"②。

對照上述當代西方思想家的言論，我們再去仔細研究20世紀初發生在中國的那場"東西方文化大論戰"，我們就不得不承認杜亞泉的融匯中西、統整古今、調適漸進、人與自然共生的主張更具前瞻性，更吻合生態文明、生態時代的精神。哲學的功用是緩慢的，思想並不總能"立竿見影"，而是往往要潛伏很長時間纔會顯現其意義與價值。

自歐洲文藝復興時代以來，中國與西方的文化交流起伏跌宕、波譎雲詭，許多時候就像中國京劇《三岔口》中的表演，充滿隔膜、偏執、誤讀、臆測。而且存在著嚴重的不對等。比如，伊莉莎白·迪瓦恩（Elizabeth Devine）等人編纂的《20世紀思想家詞典》是我案頭常備的工具書，其中收錄的思想家共計414人，但東方僅4人，其中印度3人，或許還是沾了英殖民地的光；日本1人；中國則完全缺席③。編纂者如果不是出於傲慢，那就是出於知識的嚴重欠缺。面對生態時代的到來，這種情形可能將要發生根本性的改變。生態危機的全球性、後現代時期信息傳播的高效性，已經為世界各個國家、各個民族的文化交流提供充分的必要性與可行性。

在即將到來的生態時代，無論西方或是東方，世界上各個國家的思想家與知識分子精英之間的基本見解正在日益趨向一致。時過百年再來回顧中國上個世紀初展開的那場事關中國命運的文化論戰，經驗與教訓都已

---

① ［奧］貝塔朗菲著：《生命問題—現代生物學思想評價》，北京：商務印書館1999年版，第1頁。
② ［美］拉茲洛著：《布達佩斯俱樂部全球問題最新報告》，第106頁。
③ 見［英］伊莉莎白·迪瓦恩等人編：《20世紀思想家辭典》，上海：上海人民出版社1996年版。

經大抵清楚。反思這場論爭,不但有益於當下中國社會的健康發展,同時也會有益於世界新時代文明的創建。其中,異類思想家杜亞泉啟蒙理念中蘊含的生態意識就更值得我們珍視、發揚、傳承。

(作者單位:中國·黃河科技學院生态文化研究中心)

Du Yaquan's Enlightenment Rationality and Eco-Consciousness: The Ecological Age and East-West Cultural Exchanges

Shuyuan Lu

Du Yaquan was a scholar in the history of modern Chinese thought, who has long been neglected and not been rediscovered until recently. He was not only an encyclopedic enlightenment thinker who called for democracy, the development of people's intelligence, and societal change, but was also an outstanding thinker who respected natural life, advocated for physical and mental harmony, integrated tradition and modernity, and was devoted to balanced and sustainable development. Overshadowed by radical trends, Du has long been forgotten by the Chinese people and was not discovered until the end of the last century. History has proved that Du was an independent thinker, whose thoughts continued to attract attention in the new ecological age even after his works had become "dormant" for a hundred years.

This article, predicated on the complexity of Enlightenment rationality and the many facets of Enlightenment personality, as well as on the exploration of a comparative study of Du and Western Enlightenment thinkers, examines the much-neglected ecological consciousness of Du's Enlightenment rationality. It further traces the causes and development of global eco-disasters to examine the new dimensions, directions and visions of East-West Cultural exchanges in the ecological era. It aims to provide some food for thought regarding the establishment of ecological worldview for the humanities to get out of the ecological predicament and to create a future ecocivilization.

Keywords: Du Yaqyuan, Enlightenment rationality, eco-consciousness, an ecological age, East-West cultural exchanges

徵引書目

1. 李大釗：《李大釗全集》，北京：人民出版社，2006年版。
2. 陳獨秀：《獨秀文存》，合肥：安徽人民出版社，1987年版。
3. 杜亞泉：《杜亞泉著作兩種》，北京：新星出版社，2007年版。
4. 高力克：《調適的智慧》，杭州：浙江人民出版社，1998年版。
5. 梁漱溟：《梁漱溟全集》，濟南：山東人民出版社，1990年版。
6. 許紀霖、田建業編：《一溪集》，北京：生活‧讀書‧新知三聯書店，1999年版。
7. 許紀霖、田建業編：《杜亞泉文存》，上海：上海教育出版社，2003年版。
8. 許紀霖主編：《現代中國思想史論》，上海：上海人民出版社，2014年版。
9. 陳來：《傳統與現代》，北京：北京大學出版社，2006年版。
10. 陳崧主編：《五四前後東西文化問題論戰文選》，北京：中國社會科學出版社，1985年版。
11. 鄭大華、鄒小站主編：《西方思想在近代中國》，北京：社會科學文獻出版社，2005年版。
12. ［比］P.迪維諾：《生態學概論》，北京：科學出版社，1987年版。
13. ［法］亨利‧古耶：《盧梭與伏爾泰》，上海：華東師範大學出版社，2010年版。
14. ［法］亨利‧古耶：《盧梭與伏爾泰》，上海：華東師範大學出版社，2010年版。
15. ［法］恩斯特‧海克爾：《宇宙之謎》，上海：上海譯文出版社，2014年版。
16. ［美］艾愷：《世界範圍內的反現代化思潮》，貴陽：貴州人民出版社，1991年版。
17. ［美］拉茲洛著：《布達佩斯俱樂部全球問題最新報告》，北京：社科文獻出版社，2004年版。
18. ［美］萊斯特‧R‧布朗：《崩潰邊緣的世界》，上海：上海科技教育出版社，2011年版。
19. ［英］伊莉莎白‧迪瓦恩等主編：《20世紀思想家辭典》，上海：上海人民出版社，1996年版。
20. ［英］凱利：《盧梭的榜樣人生》，北京：華夏出版社，2009年版。
21. ［英］湯因比、［日］池田大作：《展望二十一世紀》，北京：國際文化出版公司，1985年版。
22. ［英］塞亞‧伯林：《啟蒙的時代》，南京：譯林出版社，2012年版。
23. ［奧］貝塔朗菲［美］拉維奧萊特：《人的系統觀》，北京：華夏出版社，1989年版。
24. ［奧］貝塔朗菲著：《生命問題—現代生物學思想評價》，北京：商務印書館，1999年版。
25. ［德］卡爾‧雅斯貝斯著：《時代的精神狀況》，上海：上海譯文出版社，1997年版。
26. ［德］馬克斯‧舍勒：《資本主義的未來》，北京：生活‧讀書‧新知三聯書店，1997年版。

李兆洛對駢文的重構*

吕雙偉

【摘　要】 雖然駢文之實到漢魏已備,但"駢文"之名直到清代纔出現。在嘉道以來駢散不分的文章思潮下,李兆洛通過理論批評及創作駢散合一的文章等,實現了對"駢體文"指向的重構,從而推動了清代駢文創作與理論的新變。他理論上輕視"齊梁體",推崇"漢魏體",以此推尊駢文;又在選本上將秦漢具有排偶色彩的文章收入駢體文選本,事實上擴大了駢體文的容量,建構了駢散不分的"漢魏體"駢文。這種駢文追求風骨遒勁,文質相符;多用四言單句,罕用四六隔對;語言清麗,隸事渾融,不重聲律等。這是晚清最受推崇的駢文體式,從而又實現了對清初工整的四六駢體的解構。理解李兆洛對駢文重構的過程和影響,對今天的駢文研究具有重要價值。

【關鍵詞】 李兆洛　《駢體文鈔》　駢文　風骨　重構

駢文是中國古代一種特殊的文章體類,它追求句式駢偶,但長期以來有實無名。正如民初王文濡所指出:"駢文乃相比相並之文也,其名雖定於後,其義已見於前。"[1]先秦經子著述中,駢語已經較多。秦漢時,文章更趨於排偶,藻飾色彩更濃。東漢、魏晉,駢體初步形成。齊梁時,對偶趨於工整且喜用隔對,隸事豐富,講究聲律和辭藻,駢文趨於鼎盛。駱鴻凱先生以《文選》中所選李斯、鄒陽、王褒、曹植、陸機、顔延之、王融、沈約的作品為

---

* 本文係國家社科基金重大招標項目"明清駢文文獻整理與研究"(18ZDA251)成果。
[1] 王承志:《駢體文作法》,載於余祖坤《歷代文話續編》,南京:鳳凰出版社2013年版,第1171頁。

例,從裁對、隸事、色采、聲律等的演變出發,説明駢文文體形成的過程性:"駢文之成,先之以調整句度,是曰裁對。繼之以鋪張典故,是曰隸事。進之以煊染色澤,是曰敷藻。終之以協諧音律,是曰調聲。持此四者,可以考跡斯體演進之序,右舉《文選》諸篇,乃絕佳之佐證矣。"①這四個特徵確實是齊、梁、陳、隋時代駢文的主要特徵,也是唐、宋、元、明"四六"的主要特徵,因而成為駢文體裁獨立的標誌性屬性,也成為民初以來學人研究駢文的重要參考。然而,從體裁的角度來説,作為文集的"駢文"、"駢體文"直到清代纔出現。清代駢文復興,超宋邁唐,民初王文濡甚至説:"要之清之文學,突過前朝,而駢文之集其大成,自可陋六朝而卑唐宋,非所謂一變至道者耶?"②清初陳維崧、吳兆騫、吳綺、章藻功、陸圻等江南文人的駢文,屬於駢文成熟後的齊梁、初唐風格。他們的駢文形式工整,四六隔對特徵明顯,有意追求裁對、隸事、敷藻和聲律等。但在嘉道以來駢散不分的文章思潮影響下,清人通過理論與創作對前代"四六"及清初"儷體文"概念進行了重構。在這一過程中,常州駢文群體,如邵齊燾、洪亮吉、孫星衍、李兆洛對駢文重構所起的作用最大。曹虹先生對李兆洛的《駢體文鈔》及其融通駢散有深入研究③,這裏擬從李兆洛對駢文的建構與解構加以探究。

一、李兆洛對"齊梁體"駢文的排斥

面對前代豐富的文學遺產,清人多以摹擬為創新,在詩、詞、駢文、古文等傳統文體上都強調學習前代,在批評中也多以前代風貌為依據。對於"駢體文"、"駢文",他們也作了全面深入思考,遠超唐、宋、元、明"四六"批評。康雍乾時的李紱(1675—1750)就從聲律、對偶、句式等方面,較早將前代駢文分為"六朝體"、"唐人體"、"宋人體"三類:"四六駢體,其派別有三種:平仄不必盡合,屬對不必盡工,貌拙而氣古者,六朝體也;音韻無不合,對仗無不工,句不過七字,偶不過二句者,唐人體也;參以虛字,衍以長句,

---

① 駱鴻凱:《文選學》,北京:中華書局2015年版,第209頁。
② 王承志《駢體文作法》,載於余祖坤:《歷代文話續編》,第1179—1180頁。
③ 曹虹:《陽湖文派研究》,北京:中華書局1996年版,第96—115頁;曹虹、陳曙雯、倪惠穎:《清代常州駢文研究》,南京:江蘇人民出版社2010年版,第273—303頁。

蕭散而流轉者,宋人體也。"①清初的詩文作者,大部分屬於明代遺民。易代之悲、興亡之感鬱結於心,加上晚明四六興盛培育了一批駢體作家等,康熙年間駢文復興。陳維崧、吳綺、章藻功、陸圻等江南文人模仿徐庾、初唐四傑而創作了大量駢文,這些駢文情感豐富真摯,句式整齊,特別是四六隔對使用頻繁,風格哀感頑豔,屬於成熟的齊梁、初唐體駢文②。在這樣的現實背景下,李紱沒有對"六朝體"加以細分,其實前期魏晉與後期齊梁風格迥異,前期符合其所講的平仄、屬對特徵,後期則不一致。但這種駢文三分思想,反映了清初至乾隆時期的駢壇主流觀念。直到嘉道以後重視漢魏體駢文,這一觀念纔有所改變。

相對於清人多籠統地將六朝駢文視為一體,推崇齊梁文風,李兆洛較早認識到先秦兩漢、魏晉、齊梁文風的不同,明確推崇漢魏,排斥齊梁,以實現駢文的尊體。其《答湯子垕》曰:

  曩與彥文(方履籛)論駢體,以為齊梁綺麗,都非正聲,末學競趨,由纖入俗,縱或類鳧,終遠大雅,施之製作,益乖其方,文章之家,遂相詬病。竊謂導源《國語》及先秦諸子,而歸之張(衡)、蔡(邕)、二陸(機、雲),輔之以子建(曹植)、蔚宗(范曄),庶幾風骨高嚴,文質相附。要之,此事雅有實詣,非可貌襲。學不博則不足以綜蕃變之理,詞不備則不足以達蘊結之情,思不極則不足以振風雲之氣。閣下近作,涉興無淺,言情必遙,已足祧六朝,追魏晉矣。深之以學,則士衡、子建,何必遠人?③

他認為齊梁駢文綺靡華麗,藻飾過度,不是"正聲"。不善學者,爭相模仿,導致為文纖細俚俗,即使類似齊梁,也終究遠離大雅,因而遭到文章家的指責或嘲罵。為了使駢文由俗入雅,由纖入正,李兆洛強調駢文創作應該以《國語》及先秦諸子為淵源,以張衡、蔡邕、陸機、陸雲為指歸,以曹植、范曄

---

① 李紱:《秋山論文》,載於王水照:《歷代文話》,上海:復旦大學出版社 2007 年版,第 4002—4003 頁。
② 呂雙偉:《陳維崧駢文經典地位的形成與消解》,載於《文學遺產》(2018 年第 1 期),第 156—168 頁。
③ 李兆洛:《養一齋文集》卷八,載於《續修四庫全書》第 1495 冊,上海:上海古籍出版社 2002 年版,第 126—127 頁。

為輔助，即以這種駢散不分、駢散合一的"漢魏體"駢文為"正聲"，纔有可能達到"風骨高嚴，文質相附"的境界。同時，駢文創作不能貌襲，浮在表面，應該要落到實處。這種實處，主要包含博學以綜理、遣詞以達情和深思以振氣，這樣纔能擺脱纖俗品格。他還以方履籛駢文為例，指出其善於興寄，言情遥深，成就可以承繼六朝，追攀魏晉。在這裏，"魏晉"駢體地位明顯高於"六朝"。在《跋方彦聞隸書》中，李兆洛也借方履籛駢文宗尚的轉變表達了對"齊梁體"、"初唐體"的不滿，有曰："其為駢體也，初愛北江洪先生，效齊梁之體，綺雋相逮矣。已而曰：'此不足以盡筆勢。'則改為初唐人，規格雄肆，亦復逮之。自以為未成也。"①"自以為未成"雖是方履籛的看法，但其實也代表了李兆洛的態度，上文《答湯子垕》就是對此最好的注腳。

在代好友莊綬甲為自己編的《駢體文鈔》作序時，李兆洛既批評了當時古文家排斥駢文，孤行一意，空所依傍，不求工，不使事，不隸詞的文章視為古文，非是則謂之"駢"，將古文與駢文截然對立，是好丹非素的現象；又對駢文家推崇齊梁體表示不滿：

> 然則今之所為文，毋乃開蒙古而便桍腹矣乎！業此者既畏"駢"之名而避之，或又甘乎"駢"之名而遂以齊梁為宗。夫文果有二宗乎？②

李兆洛主張取消駢體與散體／古文之分，強調駢文本來出於古文，兩者本來同源，秦漢古文也離不開駢體，從而使為文回到秦漢駢散不分、駢散合一的狀態去。然而，李兆洛雖主觀上没有認為秦漢散句單行，雜有駢偶和排比的文章就是"駢體"，自己只是因流溯源，凸顯"駢體"不應該被輕視，纔將《古文辭類纂》所選錄的大量秦漢古文選入，但客觀上造成了時人以及後人將這些駢散不分但有較多駢句的文章視為駢體文。此外，好友吳育為《駢體文鈔》作序時，較好地把握了李兆洛的推尊漢魏，貶抑齊梁體駢文的思想，有曰：

> 至枚乘、司馬長卿出而其體大備，有《書》之昭明，《詩》之諷諫，《禮》之博物，《左》之華腴。故其文典，其音和，盛世之文也。後生祖

---

① 李兆洛：《養一齋文集》卷七，載於《續修四庫全書全書》第1495册，第111頁。
② 李兆洛：《養一齋文集》卷八附《代作駢體文鈔序》，載於《續修四庫全書》第1495册，第119頁。

述,際齊、梁而益工,玄黃錯采,丹青昭爛,可謂美矣,然不能有古人之意。其蕩者為之,或跌宕靡麗,浮而無實,放而不收,至蕭氏父子而其流斯極。然其間如任昉、沈約、邱遲、徐陵、庾信之徒為之,莫不淵淵乎文有其質焉。惜也囿於俗,而不能進厥體,故君子有自鄶無譏焉。①

在吳育看來,漢代枚乘、司馬相如的駢文文典音和,是盛世之音;齊梁體雖然美麗,但缺乏古人之意;有的甚至跌宕靡麗,華而不實,放而不收,至蕭衍、蕭繹、蕭綱而達到極點。任、沈、徐、庾等雖文質兼有可采,但也囿於時俗,沒有提升駢文的文體品格。隨著《駢體文鈔》的廣泛流傳,這種推尊漢魏、貶抑齊梁體駢文的思想深刻影響了晚清的駢文批評和駢文創作。

光緒元年(1875),張之洞的《國朝著述諸家姓名略總目》"駢體文家"條目認為清朝:"諸家流別不一,有漢魏體、有晉宋體、有齊梁至初唐體。然亦間有出入,不復分列。至中晚唐體、北宋體,各有獨至之處,特諸家無宗尚之者。彭元瑞《恩餘堂經進稿》用宋法,今人《示樸齋駢文》用唐法。"②同年,其《輶軒語》叙述"古文駢體文"時指出:"國朝講駢文者,名家如林。雖無標目宗派,大要最高者,多學晉宋體。此派較齊梁派、唐派、宋派為勝,為其樸雅遒逸耳。"③對李紱的駢文三體之分進一步細化,其中明確指出"晉宋體",當包含"漢魏體",風格樸雅遒逸,為清代駢文體格最高者。張之洞本身就是清末駢文名家,其說較為可信。晚清朱一新在廣州學海堂講學時,針對學生提問:"駢文導源漢魏,固不規規於聲律對偶。百三家時有工拙,惟徐、庾能華而不靡,質而不腐。取法貴上,似當以風骨為主。"回答曰:"駢文萌芽於周秦,具體於漢魏。"所謂"具體",即體裁形成於漢魏。他還進一步指出不同時代駢文特徵的不同:

周秦諸子之書,駢散互用,間多協韻,六經亦然。西京揚、馬諸作,多用駢偶,皆已開其先聲。顧時代遞降,體制亦復略殊。同一駢偶也,魏晉與齊梁異,齊梁與初唐異。同一初唐、齊梁也,徐、庾與任、沈異,

---

① 吳育:《駢體文鈔序》,載於李兆洛:《駢體文鈔》,上海:上海古籍出版社2001年版,第16頁。
② 張之洞撰,范希曾補正:《書目答問補正》,上海:上海古籍出版社2001年版,第270頁。
③ 張之洞撰,程方平編校:《勸學篇》附《輶軒語》,北京:北京師範大學出版社2014年版,第134頁。

四傑與燕、許異。①

駢文不是一蹴而就，而是逐漸形成的。成體之後，隨著文體自身演變和時代風尚的變化，不同時代、不同名家的"體制"也有不同。光緒間，胡念修進一步將"耦文"分爲四種："蓋國朝文學大昌，無體不具。學奇之文，其名有四，曰周秦，曰兩漢，曰唐，曰宋；學耦之文，其名亦四，曰漢魏，曰齊梁，曰唐，曰宋。"②更是明確將清代駢文分爲四類，"漢魏"與"齊梁"並駕齊驅。可見，在晚清駢文批評中，"漢魏體"駢文備受重視，地位顯赫。在創作中，晚清駢文，特別是以王闓運、閻鎮珩、皮錫瑞爲首的湖湘駢文，主要體現了駢散不分、駢散交融的漢魏文章風貌。民初郭象升《文學研究法》説到："駢文衰於齊梁，由於玄言不振也。魏晉作者，根極道理，其言表裏瑩澈，視散文家或反過之，何得謂駢文無與於性道哉？"③這些都與李兆洛對"齊梁體"的排斥和對漢魏體的推崇，導致駢文宗尚在晚清發生轉向有關。

二、李兆洛《駢體文鈔》對"駢體文"指向的擴容

李兆洛不僅在理論上排斥齊梁駢體，而且在選本中凸顯漢魏甚至先秦"駢體"之文，擴大駢文涵攝文類的範圍。道光元年（1821），他編選的《駢體文鈔》刊行。該書改變駢文選本選文始於魏晉的慣例，輯録先秦、兩漢文章多篇，如李斯、司馬遷等人的；又打破宋、元、明四六選本不收頌贊、箴銘、哀祭等韻文的常規，對之加以選録；還通過相關序跋、書信指出學習兩漢文章非自駢體入手不可，推崇實際上是駢散不分的漢魏"駢體文"。這一方面擴大了駢文指向，解構了舊有的以齊梁、初唐駢體爲"正聲"的傾向，建構了一種新的駢文概念；另一方面，又弱化了駢文的文體特徵，強化了駢文的類別屬性，客觀上導致嘉道以來駢文内涵更加寬泛，文體屬性更加模糊，從而削弱了駢文文體的獨立性與自足性。

《駢體文鈔》所選文章，有些並不是時人所認可的駢文。如卷一"銘刻

---

① 朱一新著，吕鴻儒、張長法點校：《無邪堂答問》，北京：中華書局2000年版，第89—90頁。
② 胡念修：《國朝駢體文家小傳叙》，載於王水照：《歷代文話》，第6249頁。
③ 余祖坤：《歷代文話續編》，第1957頁。

類"中,收錄李斯刻石類文章7篇。這些文章句式主要是四言單句連用,上下兩句辭、意皆不對偶,意義不是並列或互補,而是前後遞進,上下連貫,一氣流轉,更不必說使用四六隔對了。且這些銘文多是三句一韻,以三句為一個語意單位,與齊梁以後的駢文多兩兩相對完全不同。如《泰山刻石》全文曰:

> 皇帝臨位,作制明法,臣下修飭。二十有六年,初並天下,罔不賓服。親巡遠方黎民,登茲泰山,周覽東極。從臣思跡,本原事業,祇誦功德。治道運行,諸產得宜,皆有法式。大義休明,垂於後世,順承勿革。皇帝躬聖,既平天下,不懈於治。夙興夜寐,建設長利,專隆教誨。訓經宣達,遠近畢理,咸承聖志。貴賤分明,男女禮順,慎遵職事。昭隔內外,靡不清淨,施於後嗣。化及無窮,遵奉遺詔,永承重戒。①

全文歌頌秦始皇的功德,基本為四言句式,都是三句一韻,每韻圍繞一事敘述,具有排比文意的特徵,但和後世具有裁對、隸事、敷藻和聲律等特徵的駢文差距較大。前人明確視為"散文"的一些表文,李兆洛也選入。明代沈懋孝論述"表"文時曰:"自東漢馬伏波之式銅馬也,有進表;吳陸士衡之謝平原內史也,有謝表;晉羊叔子之讓開府也,有辭表;劉越石之勸進中宗以系人望也,有賀表。乃若諸葛孔明之《出師》,李令伯之《陳情》,又出四體之外,直抒己志,精忠孝感,垂之到今矣。然皆散文也。駢體興於宋、齊、梁,而唐初則駱義烏以四六擅場。"②沈懋孝站在駢體興起於宋、齊、梁的立場,自然將諸《出師表》、《陳情表》等視為"散文"。但這裏提到的六篇表文,除了馬援的外,其他都入選《駢體文鈔》。此外,李斯的《諫逐客令》、司馬遷《報任安書》等傳統散體文,雖使用了較多排比和對偶,但很少使用四六隔對,對偶不工,隸事較少,且多用古文虛詞和句法,也被選入。這自然引起名不副實的感覺,好友莊綏甲因而建議改名。對此,李兆洛專門寫信加以解釋:

---

① 李兆洛:《駢體文鈔》,第2頁。
② 沈懋孝:《論四六駢體》,《文淵閣四庫全書補遺·明文海》,北京:北京圖書出版社1997年版,第686—687頁。

吾弟謂《駢體文鈔》當改名,吾弟未閲兆洛前序耶?未閲所代作之序耶?自亦未之深思耶?若以爲《報任安》等書不當入,則豈惟此二篇?自晉以前,皆不宜入也。如此,則《四六法海》等選本足矣,何事洛之爲此嘵嘵乎?洛之意頗不滿於今之古文家,但言宗唐宋,而不敢言宗兩漢。所謂宗唐宋者,又止宗其輕淺薄弱之作,一挑一剔,一含一詠,口牙小慧,讕陋庸詞,稍可上口,已足標異。於是家家有集,人人著書,其於古則未敢知,而於文則已難言之矣。竊以爲欲宗兩漢,非自駢體入不可。今日之所謂駢體者,以爲不美之名也。而不知秦漢子書,無不駢體也。竊不欲人避駢體之名,故因流以溯其源,豈第屈司馬、諸葛以爲駢而已,將推而至《老子》、《管子》、《韓非子》等,皆駢之也。今試指《老子》、《管子》爲駢,人必不能辭也。而乃欲爲司馬、諸葛避駢之名哉?《報任安書》,謝朓、江淹諸書之藍本也;《出師表》,晉宋諸奏疏之藍本也,皆從流溯源之所不能不及焉者也。其餘所收秦漢諸文,大率皆如此,可篇篇以此意求之者也。①

莊綏甲循名責實,以文體定選文,認爲既然是"駢體文鈔",就應該收録駢文,不能收録傳統散體文。即從駢文、散文對舉的角度,指出李兆洛選文的不當。其實,李兆洛深知駢文内涵,曾指出時人將駢文分爲六朝、唐和宋三體:"自秦迄隋,其體遞變,而文無異名。自唐以來,始有古文之目,而目六朝之文爲駢儷。而爲其學者,亦自以爲與古文殊路。既歧奇與偶爲二,而於偶之中,又歧六朝與唐與宋爲三。夫苟第較其字句,獵其影響而已,則豈徒二焉三焉而已,以爲萬有不同可也。"②但他編選駢文選本的目的,就是要打破駢文、古文割裂對舉的常規思維,也要打破駢文分爲三體的通常觀念,主張駢散同源,駢散不分,駢文是古文的自然發展。所以,他指出諸葛亮、司馬遷的文章和《老子》、《管子》、《韓非子》等子書中都有駢體現象的存在。這種駢體現象正是齊梁成熟駢文的重要淵源,從流溯源,自然可以將某些秦漢文章選入。他借此説明駢文存在的合理性,想推尊駢體,方法卻是將駢體消泯於古文中。可見,李兆洛不是不知駢文的内涵及發展歷史,而是故意打破駢散對立,宣導駢散不分,回歸到漢魏文章駢散交融的自然

---

① 李兆洛:《答莊卿珊》,《養一齋文集》卷八,載於《續修四庫全書》第1495册,第119頁。
② 李兆洛:《駢體文鈔序》,《養一齋文集》卷五,載於《續修四庫全書》第1495册,第77頁。

狀態。這種做法,無疑是對歷代"駢體"概念的解構,也是對當時駢文概念的建構。

《駢體文鈔》不僅將駢文溯源秦漢,甚至先秦諸子,延伸了駢文發展的時間長度,還在空間範圍上,拓展了宋代四六別集和四六話主要由制誥、表啟、上樑文、樂語組成,明代四六選本主要由表啟組成的局面,將數量衆多的文類收入其中。如漢代以來的頌贊、箴銘、哀祭,都屬於韻文,晚明至清初的駢文選本一般不予錄入,《駢體文鈔》卻將之收入,從而名正言順地擴大了駢文範圍。《駢體文鈔》包括上、中、下三編共三十一卷。上編包括銘刻、頌、雜揚頌、箴、謚誄哀策、詔書、策命、告祭、教令、策對、奏事、駁議、勸進、賀慶、薦達、陳謝、檄移、彈劾共十八卷;中編包括書、論、序、雜頌贊箴銘、碑記、墓碑、志狀、誄祭共八卷;下編包括設辭、七、連珠、箋牘、雜文共五卷。雖然分類有些蕪雜,沒有像姚鼐將"古文辭"分為十三類那樣清晰明瞭,但實際上除了辭賦、贈序和傳沒有收錄外,該書包含的文類與姚鼐的《古文辭類纂》幾乎相同。這也充分說明,"駢體文"像"古文辭"一樣涵容廣泛,功能齊備。古文家所謂駢體多無用,散體多有用之説,就不攻自破。

《駢體文鈔》能夠在駢文内涵及包含文類上實現擴容,當與李兆洛對當時古文家輕視駢體的思想有關。"李氏之為《駢體文鈔》,欲以合姚氏《類纂》,使世人明其同出一源之義而作為此書。嘉慶末,合河康紹鏞氏在粵東取吳山子所藏《類纂》本校閱付梓,李氏時為康客,因而謂唐以下始有古文之稱,而別對偶之文曰駢體,乃更選先秦、兩漢下及於隋為是《鈔》,以便學者沿流而溯源,故蔣氏《年譜》特著之,今人鮮有知其為姚書而作者。其主暨陽書院,示諸生必以《史》、《漢》、董、管、荀、吕、商、韓、賈諸文為宗,蓋猶前志,此駢散合一一派明統之法也。"[1]正如曹虹先生指出:"他在對姚鼐的'戀學淳詣'深懷敬意的同時,卻並不妨礙他在文學觀念上的創造與突破。事實上,《駢體文鈔》一書的選編,就隱然有與姚鼐《古文辭類纂》對壘的意圖。"[2]《駢體文鈔》在道光元年(1821)刊刻後,影響極大。湧現了道光間誦芬閣本、同治六年婁江徐氏精刻本、光緒七年四川存古書局重刻本、光緒七年四川尊經書局刻本、光緒八年上海合河康氏重刻本、光緒三十四年蘇州振興書社刻本等近十種;還有陳澧、翁同書、李慈銘、譚獻、平步青、楊佩瑗

---

[1] 王葆心:《古文詞通義》卷六,載於王水照《歷代文話》第 8 册,第 7293—7294 頁。
[2] 曹虹:《陽湖文派研究》,第 97 頁。

等人的評點本①。此外,還有民國十七年(1928)上海中華書局鉛印本、民國二十三年(1934)上海中華書局鉛印本等。無疑,《駢體文鈔》是中國古代刊刻次數最多,影響最大的駢文選本。通過所選作品時間和文類的"越界",他的駢散不分、推崇漢魏文章的觀念廣泛流傳,從而實現了對駢文的擴容和對駢文史的重構。

三、李兆洛的"漢魏體"駢文創作

李兆洛排斥齊梁,推崇漢魏駢體,不僅體現在理論批評上,還表現在創作中。受到歷代序跋駢儷色彩濃郁的影響,在清代駢文文類中,序跋最為常見,數量最多,駢儷化程度也最高。李兆洛本人並沒有以"駢體"、"駢文"命名自己文集,但其中多有駢儷色彩較重的文章。

光緒七年(1881),張壽榮編選的《後八家四六文鈔》八卷刊行。"後八家"指張惠言、樂鈞、王曇、王衍梅、劉開、董祐誠、李兆洛和金應麟,都為嘉道年間駢文家。張壽榮是浙江鎮海人,所選八家來自江、浙、皖、贛四地。該書所選駢文家地域、作品數量和排序如下:

地域	秀水	臨川	陽湖	會稽	陽湖	仁和	桐城	武進
作家	王曇	樂鈞	董祐誠	王衍梅	李兆洛	金應麟	劉開	張惠言
篇數	20	18	16	16	12	12	10	9
排序	1	2	3	3	5	5	7	8

"後八家"中,無疑以李兆洛在駢文史上的影響最大,但入選篇數排在第五,可見在張看來,李兆洛的駢文創作地位並不算太高。12篇入選文章為《皇朝文典序》、《南漢記序》、《姚石甫文集序》、《愛石圖題辭續編序》、《跋汪桐生漢印偶存》、《陶雲汀中丞蜀輶日記書後》、《重修元妙觀碑記》、《趙收庵先生誄辭》、《蕭母吳太宜人誄》、《江蘇學史辛筠谷先生誄》、《答陶巡撫書》、《連珠十五首》,其中序跋、連珠的駢儷色彩較濃,其他誄、記、書則是駢

---

① 鍾濤、彭蕾:《李兆洛〈駢體文鈔〉成書和版本考述》,載於《勵耘學刊》(2015年第1期),第250—253頁。

散結合,以散為主。光緒十四年(1888),張鳴珂編選的《國朝駢體正宗續編》刊行。張鳴珂是浙江嘉興人,他以嘉道至光緒初年的駢文家為對象,除了江南地區外,廣東、湖南的駢文家譚瑩、易順鼎等入選,從而比《後八家四六文鈔》更有代表性。該書選錄56位作家文149篇,其中4篇以上的14位,李兆洛入選3篇,排在第15位,地位並不高。這3篇駢文都是從《後八家四六文鈔》所選12篇四六中挑選出來的,分別是《皇朝文典序》、《愛石圖題辭續編序》、《陶雲汀中丞蜀輶日記書後》。

可以説,在李兆洛《養一齋文集》中,這3篇最能代表李兆洛文章的駢儷化程度,從中可以看出他駢散不分、駢散相容的創作風貌。3篇都不是長篇大論,篇幅較短;句式較少駢四儷六與隔句為對,多用叙述性而不是鋪陳性的四言;隸事雅潔且不多,文詞自然,文氣流暢,不像齊梁至初唐那種精緻綺靡的四六駢體。其《皇朝文典序》全文曰:

> 大圜不言,星雲爛然。實代之言,大方無紀。河嶽迤邐,以為之紀。其在於人,精者曰文。下挾河嶽,上昭星雲。所以經緯宇宙,炳朗絲綸者也。其儒墨之訓,彫瑑之詞,畸人術流之馳説,春女秋士之抽思,皆一花一葉,一翾一蚑,各有可觀,而非其至者矣。拘學之士,閉門距躍,高指月窟,卑詮蟲天,囿於所習,得少自足。或服習卿雲,揚攉燕許,只襲優冠,競陳雛狗。於朝家寶書鴻典,曾未或窺。是猶不睹建章宫之千門萬户,而妄意蓬室為璿臺;不聞鈞天廣樂之洞心駭目,而拊掌巴渝以軒舞也。曩廁庶常,竊抱此愧。間搜司存,冀有採獲。旋出宰邑,斯業廢然。罷官多暇,憶之耿耿。比游維揚,聞此土前輩先有纂集,亟求而觀,巨帙充几,登縣圃而案玉,入鮫淵而數珠矣。就其輯錄,小有乖棻。遂加釐次,以類相從,都若干篇,為七十四卷。羅列務盡,非有取捨。其所未備,俟諸博求。卷之大小不齊,蓋留編續之地焉。其於掌故,以當中郎獨斷;資之遺翰,或同伯厚指南。豈戴圜履方之倫,誇於創見;庶大雅宏達之彥,遂其乃心云爾。[①]

全文意在為時人提供典範性的文章選本,文詞簡潔,駢中有散,堪稱風骨高嚴,文質兼備。句式整齊中見駢儷,但以散化的四言句式為主,較少使用四

[①] 張鳴珂:《國朝駢體正宗續編》卷一,載於《續修四庫全書》第1668册,第225頁。

六隔對，毫無繁縟綺靡之弊，是典型的"漢魏體"駢文風貌。屠寄評李兆洛的駢文為"翰藻之美，張蔡是憲"①，確為當行評價。《愛石圖題辭續編序》是李兆洛應王國棟之邀，為其父親王學愚的《愛石圖》相關題辭所作序。該文首先感慨人生短暫，一閃即逝，雖然留有圖畫默寫嗜好，有題詞叙述功德，但終究令人悲傷；接著叙述王學愚的高尚品行與閑居生活，感慨世事滄桑，人事無常："嗟乎！逝景遥遥，百年短短。壑舟一運，石火猶遲。雖復追嗜好於平生，寄音容於模寫，抽毫述德，越世論交，其為周旋，抑已悕矣。學愚王君，珞珞自異，硜硜守中，居閑懷礪齒之風，敷衽盡他山之益。爰以高塵之賞，圖其置壑之歡。當其高齋客來，勝友輩集，銜杯晏笑，解帶舒懷。或矜冰雪之思，或動龍蛇之筆。傳玩既習，篇章日增。宛然在焉，思之如昨。乃日月代謝，存亡奄乖。一時同游，相繼淪喪。"②最後從王國棟虔誠守護《愛石圖》，編選《題辭續編》之仁，諸位友人題辭之誼等來讚揚王學愚的貞白之雅，磊落之襟足以流傳後世。全文同樣以四言為主，叙述清晰，文風雅潔，文氣流暢。文字看似簡潔，但堪稱句句有來歷，特別是緊扣"石"之典故，將之與叙述物件融合起來，渾然一體。如"逝景"來自王僧達《答顔延年》"歡此乘日暇，忽忘逝景侵"，説明光陰飛逝。"壑舟"來自《莊子·大宗師》"夫藏舟於壑，藏山於澤，謂之固矣。然而夜半有力者負之而走，昧者不知也"，比喻事物在不知不覺中變化。"石火"形容短暫，潘岳《河陽縣作二首》有"頗如槁石火，瞥若截道飈"。"越世"指超越世俗，來自《世説新語·賞譽下》。"周旋"出自《左傳·僖公二十三年》"若不獲命，其左執鞭弭，右屬櫜鞬，以與君周旋"。"珞珞"來自《老子》"不欲琭琭如玉，珞珞如石"。"硜硜"來自《論語·憲問》："鄙哉硜硜乎！莫己知也，斯已而已矣。""礪齒"，刷牙去垢，表示清高。劉義慶《世説新語·排調》："所以漱石，欲礪其齒。""敷衽"，解開襟衽，表示坦誠。《楚辭·離騷》："跪敷衽以陳辭兮，耿吾既得此中正。""他山"來自《詩經·小雅·鶴鳴》："他山之石，可以攻玉。""高塵"，崇高的風範。沈約《與何胤敕》："吾雖不學，頗好博古，尚想高塵，每懷擊節。"這些典故雅潔精煉而不繁縟生硬，化用無痕，體現了作者深厚的學識與過人的才華。文章整體風格也是運散於駢，句式整齊而不工致，是駢文初成時的形態。

---

① 屠寄：《國朝常州駢體文録》卷三一《叙録》，載於《續修四庫全書》第 1693 册，頁 712 頁。
② 張鳴珂：《國朝駢體正宗續編》卷一，載於《續修四庫全書》第 1668 册，第 226 頁。

此外,陶澍典試四川時撰寫了《蜀輶日記》,記叙沿途所經地區的山川地理、建制沿革和歷史古跡等。道光七年(1837),李兆洛寫下了《陶雲汀中丞蜀輶日記書後》。該文風格與上兩篇相似,從中還可以看出李兆洛有意追求通脱的思想:"夫耳目所構,皆關性靈;語言所抒,惟資神理。而研詞者騁詭麗,侈博者矜遠奧,考據者逐細碎,誇論者耽新奇,騖於一途,通之則窒。固才力之偏至,實神明之寡要耳。"①對於偏執一端,相輕所短,李兆洛不以為然,提出應該"通之",但一般人才力偏至,難以做到。陶澍的《蜀輶日記》:"苞廣谷大川之氣勢,宣政治弛張之所當,究古今成敗之所原。又探本禹跡,疏通桑酈。經生之所聚訟,形家之所揣摩,片言洞微,萬結立解。詞表纖旨,經百思而愈深;言中鴻律,俟千載而不惑,此豈與夫鸒聲釣世者同日語哉!"雖有誇飾,但該書確實體現了陶澍經緯彝憲、陶甄群生、因俗成化和開物成務的主要措施,因而本文較有現實針對性,堪稱李兆洛駢文中的代表作。

清代常州是駢文最為發達的地域,湧現了大批駢文名家。"乾嘉間,陽湖工偶體文者,以洪稚存、孫淵如、趙味辛、劉芙初為最。彦聞與董子詵、董方立兄弟聯鑣繼起,以稱雄於世。"②李兆洛在理論批評上聲名顯赫,但根據晚清的主要駢文選本和對李兆洛文本的分析,可知他的駢文創作成就和地位都不高。民初郭象升在《文學研究法》中説到:"申耆選《駢體文鈔》,修詞者奉為指南;而平生如此,似非專家。抑且不名一體,就其善者,雅近崔、蔡。碑板之文,所擅長也。"③"似非專家"及"不名一體",正説出了李兆洛對工致駢文的疏離。光緒十六年(1890),武進人屠寄(1856—1921)選編的《國朝常州駢體文録》刊行。該書收録43家569篇駢文,李兆洛入選達65篇,僅次於洪亮吉的79篇,遠超清初駢文大家陳維崧的21篇及乾嘉道的其他常州駢文名家如趙懷玉、劉嗣綰、楊芳燦、董基誠、董祐誠等。其實,這是屠寄對鄉賢李兆洛的偏愛。該書所選李兆洛文章,大部分為駢散相間之文。正如曹虹先生所言,李兆洛:"不拘於文體,或駢或散,稱心而言,而歸於氣骨深厚。屠寄《常州駢體文録》録李兆洛文六十五首,比陽湖派其他人士為多,其中如《姚石甫文集序》等文,雖被張壽榮選入《後八家四六文鈔》,

---

① 張鳴珂:《國朝駢體正宗續編》卷一,載於《續修四庫全書》1668册,第226頁。
② 王樹柟:《萬善花室文稿叙録》,《叢書集成初編》本,北京:商務印書館1935年版。
③ 余祖坤:《歷代文話續編》,第2020頁。

但與其説是四六文,不如説是駢散相間之文更合適。"①然而,這種駢散兼行之文在晚清被視爲"駢文"中最受歡迎的一體,本身就與李兆洛對駢散不分的漢魏文章的推崇密切相關。嘉道以來,文章界流行駢散合一、駢散不分的思想。到清末民初,這種思想更加流行,從而導致了魏晉文在當時備受推崇。

結　語

　　李兆洛以其駢文批評與創作,給清代駢文史留下了濃墨重彩的一筆。晚清重要的駢文選本和駢文批評,多離不開李兆洛的影響。可見,他對晚清駢文的演變具有重要的作用。他通過理論闡釋與選本批評等,主觀上想融通駢散,消弭駢散之爭,突出六朝駢文爲秦漢駢散不分之文的自然發展,因而選擇秦漢文録入駢體,但這客觀上建構了駢文成體的時間,擴大了駢文的文體範圍,因而重構了駢文史。這一建構同時也解構了宋、元、明至清初駢文文體的"四六"指向,使得駢散不分的"漢魏體"駢文,嚴格來説是"駢散文"在晚清非常流行。通過這種建構與解構,李兆洛客觀上消解了自晚唐李商隱至晚明的"四六"文體含義,泛化了駢體内涵,弱化了駢文的自足性。建構是李兆洛爲了推尊駢體而主動爲之,有意改變當時文壇古文家輕視駢體的痼疾;解構則是他以古文爲準的,推尊駢體而無心導致的客觀效果。無論建構還是解構,都顯示了李兆洛對晚清文壇帶來的重大影響,對駢文學的建構所起到的重要作用。

(作者單位:湖南師範大學文學院)

---

① 曹虹:《陽湖文派研究》,第212頁。

Li Zhaoluo's Reconstruction of Parallel Prose

Shuangwei Lü

Although the format of parallel prose was already established in Han and Wei Dynasties, the official term did not appear until Qing Dynasty. Since the trend of combining parallel prose and prose essay during the reigns of Emperor Jiaqin and Emperor Daoguang, Li Zhaoluo reconstructed the meaning of parallel prose through theoretical criticism and creative writing, and in doing so, innovated both the theory and the writing of parallel prose, In terms of theory, he criticized the parallel prose of Qi-Liang Style and praised the Han-Wei Style. He further added writings with parallel style from Qin and Han dynasties into parallel prose collections, and broadened the content of parallel prose, and constructed Han-Wei style parallel prose that combined parallel prose and prose essays. This kind of parallel prose pursues vigorous style and consistent literary quality, often with four words and single sentences rather than four or four-six prose. The language is exquisite, and narratives harmonious, with a less focus on rhythm. This is the most popular style of parallel prose in the late Qing Dynasty, which also deconstructed the neat four-six prose in the early Qing Dynasty. Understanding the process and impact of Li Zhaoluo's reconstruction of parallel prose has invaluable significance for today's parallel prose research.

Keywords: Li Zhaoluo, *Piantiwenchao*, Parallel Prose, Strength of Character, Reconstruction

徵引書目

1. 王水照：《歷代文話》，上海：復旦大學出版社，2007 年版。
2. 王樹楠：《萬善花室文稿叙録》，《叢書集成初編》本，北京：商務印書館，1935 年版。
3. 北京圖書館編：《文淵閣四庫全書補遺·明文海》，北京：北京圖書館出版社，1997 年版。
4. 朱一新著，吕鴻儒、張長法點校：《無邪堂答問》，北京：中華書局，2000 年版。
5. 李兆洛：《養一齋文集》，《續修四庫全書》第 1495 册，上海：上海古籍出版社，2002 年版。
6. 李兆洛：《駢體文鈔》，上海：上海古籍出版社，2001 年版。
7. 吕雙偉：《陳維崧駢文經典地位的形成與消解》，《文學遺産》2018 年第 1 期。
8. 余祖坤：《歷代文話續編》，南京：鳳凰出版社，2013 年版。
9. 曹虹、陳曙雯、倪惠穎：《清代常州駢文研究》，南京：江蘇人民出版社，2010 年版。
10. 曹虹：《陽湖文派研究》，北京：中華書局，1996 年版。
11. 屠寄：《國朝常州駢體文録》，《續修四庫全書》第 1693 册，上海：上海古籍出版社，2002 年版。
12. 張之洞撰，范希曾補正：《書目答問補正》，上海：上海古籍出版社，2001 年版。
13. 張之洞撰，程方平編校：《勸學篇》（附《輶軒語》），北京：北京師範大學出版社，2014 年版。
14. 張鳴珂：《國朝駢體正宗續編》，《續修四庫全書》第 1668 册，上海：上海古籍出版社，2002 年版。
15. 駱鴻凱：《文選學》，北京：中華書局，2015 年版。
16. 鍾濤、彭蕾：《李兆洛〈駢體文鈔〉成書和版本考述》，《勵耘學刊》2015 年第 1 期。

商盤手批《杜工部集》考辨*

曾紹皇

【摘　要】商盤作為清代著名文學家,有手批《杜工部集》一種,現藏於湖北省圖書館。商盤手批杜詩以朱筆小楷細書,通本滿批,被視為該館重要的珍稀善本之一,向不為學界所瞭解。商盤手批杜詩的内容多係選録清初學者黃生《杜詩説》一書。商盤在選録過程中刻意做了相關"技術性"處理:或删内容以泯其痕跡,或添枝葉以增其繁雜,或拆批語以亂其整體,或移位置以混其視綫,從内容到形式進行改頭换面,頗具迷惑性。商盤手批《杜工部集》保存了黃生《杜詩説》的大部分評點内容,為整理黃生《杜詩説》提供了可資參考的校勘材料;商盤手批杜詩對黃生《杜詩説》的選擇性抄録從一個側面體現了清初杜詩學的研究風尚,也反映出清代杜詩手批文獻辨偽的艱巨性和複雜性。

【關鍵詞】商盤　手批本　《杜工部集》　黃生　《杜詩説》

商盤是清代著名的文學家,"與厲樊榭名相埒"[1],以詩歌著稱於世,亦曾批點杜詩,湖北省圖書館藏有其批點《杜工部集》二十卷。該批本以朱筆小楷細書,通本滿批,被視為湖北省圖書館重要的館藏善本之一,收録於《中國古籍善本書目》。商盤杜詩批本向不為學界所重,除孫微《清代杜集序跋匯録》收録該批本之范蓀末題跋一則[2]外,其他現存杜集書目均

---

* 本文係國家社科基金一般項目"明清杜詩手批本研究"(16BZW081)、湖南省社科基金一般項目"湖南杜詩學史"(16YBA292)階段性成果。
[1]（清）徐世昌:《晚晴簃詩匯》,卷六七引"詩話"語,北京:中華書局1990年版,第2772頁。
[2] 孫微輯校:《清代杜集序跋匯録》,北京:人民文學出版社2017年版,第14頁。

未見著錄①,更談不上有所研究。商盤杜詩批點著眼於詩歌字句章法、結構層次的剖析,這種强調分段闡釋的評點方式與明末清初金聖歎、俞瑒等人的杜詩批點風格一致,具有鮮明的助解杜詩功能,但細考商盤手批《杜工部集》的具體内容則發現,商盤批點實多係選録黄生《杜詩説》一書,這不僅使商盤手批杜詩的批評價值大打折扣,而且還從一個側面展現了清代杜詩手批文獻辨僞的艱巨性和複雜性。

一、商盤的崇杜傾向及其批本傳承

商盤(1701—1767),字蒼雨,號寶意,浙江會稽(今紹興)人,清代文學家。"寶意胸羅玉笥,筆有錦機"②,為雍正八年進士,初以知縣用,後特旨改庶吉士,授編修,歷官雲南元江知府,隨軍遠征緬甸,感觸瘴癘,病卒於途。商盤"英俊倜儻,美鬚髯,工談笑,彈絲撫竹,妙得神解。詩上仿四傑,下仿元、白"③,著有《質園詩集》32卷,並選"會稽一郡之詩"為《越風》30卷。

商盤自幼聰慧,擁有異才,在家鄉結"西園詩社",係"西園十子"之一,同時還參加過揚州"邗江吟社"、天津"水西園"等各種文學團體,得到當時諸多文人的高度評價。"公灑墨淋漓,每成四韻,輒傾倒前賢,而才子之名,赫然布滿於都下。"④何世璂在《質園詩序》中盛讚其"戴苛中之通經,陳同甫之論事,兼而有之",稱其"一生得力畢萃於詩",為"當代知今知古之士"⑤。何世璂在序言中甚至將自己發現商盤比之於宋代歐陽修發掘蘇軾,認為"今生負才若此,繩武非難。吾所期者,將以東坡之品行為古今第一流,則向於文取之者,今且以詩,信之,生勉矣"⑥。其稱讚商盤詩歌才華之情,已不言而喻。而沈德潛亦稱商盤"少負逸才……而生平能事尤專注於詩",進而高度稱揚商盤《質園詩集》的藝術價值:"文如虎豹之炳蔚也,聲如

---

① 現今重要杜集書目如周采泉《杜集書録》、鄭慶篤、焦裕銀等《杜集書目提要》、張忠綱主編《杜甫大辭典》《杜集叙録》、孫微《清代杜詩學文獻考》等均未見著録。
② (清)張維屏:《國朝詩人徵略》(初編卷二六),廣州:中山大學出版社2004年版,第388頁。
③ (清)張維屏:《國朝詩人徵略》(初編卷二六),第387頁。
④ (清)蔣士銓:《寶意先生傳》,載於《四庫全書存目叢書補編》第9册《質園詩集》,濟南:齊魯書社2001年版,第401頁下。
⑤ (清)何世璂:《質園詩序》,載於《四庫全書存目叢書補編》第9册《質園詩集》,第399頁下。
⑥ (清)何世璂:《質園詩序》,載於《四庫全書存目叢書補編》第9册《質園詩集》,第399頁下。

鏊鏞之考擊也,利如干莫在掌而物皆斷割也;迅如蛟蛇之赴壑,大如鵬翼之怒飛,人莫能捕捉而仰視也。而時花之鮮,美女之嫭,蠻吟狖嘯之幽咽,而淒清亦間作焉。"[1]商盤《質園詩集》經"老友歸愚沈公定之,剪蔓呈柯,微露本質"[2]。李宗仁在《質園詩序》中則肯定商盤詩歌熔鑄經史、《莊》《騷》,參考漢魏六朝,而出之己意的特徵:"余惟質園詩本諸六經、諸史、莊騷以植其基,參考漢魏、六朝、唐宋以下諸大家,去跡研精,涵濡融貫,而一以自得出之。……古來篇什之多,至長慶、劍南而止。質園齒僅五十餘,積至若千卷,由是詩與年加其數,較二公尤富。……奚疑嶺南詩藪也。"[3]李宗仁不但指出了商盤詩學取向的淵源所在,而且從商盤詩歌數量繁夥的角度肯定商盤詩歌之多,甚至高贊其乃"嶺南詩藪"。實際上,商盤詩歌的成就不僅在於繼承先朝文學的內在傳統,而且在於商盤詩歌所反映的是自己的親身經歷和真實情感。按照商盤自己的說法是"三十年來,巖棲川觀,鳳泊鶯飄。瞻縈府之光華,歎錦袍之蕭瑟,可喜可愕,一寓於詩",生動反映了商盤人生軌跡的變遷和情感活動的起伏。蔣士銓在《寶意先生傳》中也表述了同樣的觀點:"公游心典籍,樹骨風騷,馳騁百家,弋獵四庫,著《質園詩》幾及萬篇,宦跡所歷,方幅殆遍,凡冠裳禮讓、戎馬戰爭之區、風月鶯花、般樂嬉游之地,以及蠻鄉瘴海、鬼國神皋、奇詭荒怪之境,莫不遐矚曠覽,傾液漱潤,一發於詩。"[4]自己的親身經歷,加上能夠熔鑄經史、《莊》《騷》,形成了自己獨特的詩歌風格。

商盤手批杜詩,與自己的詩學傾向和人生交往密切相關。一是取法"大家"的崇杜情結。商盤詩學不宗一家,主張博採眾長,轉益多師,尤其強調取法"大家",不為當下"名家"所惑。他在詩中明確表示:"春蘭秋菊各舒華,曲澗疏林亦可誇。巨仞摩天曾見否,大家畢竟勝名家。"(卷二二《冬夜置酒與星垣法意兩弟吳甥芳甸談詩》)這應該是商盤崇尚杜甫的心理因素,也是批點杜詩的重要原因。商盤善於吸取歷朝詩人的優點,納為己用,"公詩句初效樊南,既而出入杜、韓、元、白、蘇、陸間,歌行尤瑰麗縱恣,跌宕

---

[1] (清)沈德潛:《質園詩序》,載於《四庫全書存目叢書補編》第9冊《質園詩集》,第400頁上。
[2] (清)商盤:《質園詩集·自序》,載於《四庫全書存目叢書補編》第9冊《質園詩集》,第401頁上。
[3] (清)李宗仁:《質園詩序》,載於《四庫全書存目叢書補編》第9冊《質園詩集》,第400頁下。
[4] (清)蔣士銓:《寶意先生傳》,載於《四庫全書存目叢書補編》第9冊《質園詩集》,第402頁上。

自喜"①,尤其對杜甫,商盤特别推崇,不僅在《論詩示芳甸甥》詩中稱"杜韓兩足尊,蘇陸堪伯仲",表露出無比的欣羨與崇拜,而且在《書樊南詩集後》詩中提出"詩關時事方稱史",强調"詩"關時事,以"詩"寫"史"的重要。可見,商盤欽慕杜甫詩歌,且得其精髓,非常注意"詩史"的重要性。除了對杜甫的推崇之意,關於如何學杜,商盤也有自己的看法。在對清代柴育孝《兼山詩鈔》學杜的評論中,商盤表達了學杜不求形似、惟求神似的詩學觀念:"商盤曰:兼山學杜,僅得形似,取其清挺流麗者,不必處處規撫少陵,反同壽陵之步。"②商盤對柴育孝學杜"僅得形似"表示不滿,並提出"不必處處規撫少陵"的學杜觀點。在商盤看來,對於杜甫詩歌的學習,主要是在於對杜甫詩歌創作理路的師法,而不在於外在形式的相近。這一學杜理念,毫無疑問也貫穿於商盤手批杜詩之中。二是友朋交往多杜詩學者。商盤手批杜詩,或與所交往之詩人學者的影響有關。從《質園詩集》《質園尺牘》看,商盤與詩壇著名詩人如沈德潛、袁枚、蔣士銓、王又曾、厲鶚、杭世駿、嚴遂成、胡天游、金農、方世舉(息翁)等均有詩文唱和或書信來往。在交往的這些詩人中,多有杜詩研究或杜詩批點著作。沈德潛撰有《杜詩偶評》、杭世駿曾抄並録屈復、王士禛批點《杜工部集》、厲鶚與商盤兩人皆為揚州馬曰琯、馬曰璐兄弟"小玲瓏山館"的重要參與者,且後世多稱商盤"才名與厲鶚並稱",厲鶚曾批點《杜詩分體全集》,現有東里鎖恒過録厲鶚批點《杜詩會粹》存世,現藏浙大圖書館。方世舉(息翁)(1675—1759)與受戴名世《南山集》案牽連的方貞觀(1679—1747)為兄弟,據《揚州畫舫録》載:"方貞觀,字南堂,桐城人。工詩,書法唐人小楷,有《南堂集》。館於汪氏。與方息翁為兄弟,時號為桐城方。館程氏者息翁也,館汪氏者南堂也。"③方貞觀曾批點《杜工部詩輯注》,現藏南京圖書館。當然,有些詩人雖沒有杜詩研究或杜詩批點著作,但或崇尚杜甫人格,或熟悉杜詩内容,如蔣士銓不但尊杜④,且熟悉杜詩,撰有集杜五言律詩《歷下感懷集杜三十首》,還曾為張

---

① (清)蔣士銓《寶意先生傳》,載於《四庫全書存目叢書補編》第9册《質園詩集》,第402頁下。
② (清)阮元、楊秉初輯,夏勇等整理:《兩浙輶軒録》第11册《補遺》,杭州:浙江古籍出版社2012年版,第3313頁。
③ (清)李斗撰,汪北平、涂雨公點校:《揚州畫舫録》卷一五"岡西録",北京:中華書局1980年版,第352頁。
④ 蔣士銓有《南池杜少陵祠堂》詩云:"先生不僅是詩人,薄宦沉淪稷契身。獨向亂離憂社稷,直將歌哭老風塵。諸侯賓客猶相忌,信史文章自有真。一飯何曾忘君父,可憐儒士作忠臣。"

甄陶（1713—1780）的《杜詩詳注集成》作序，在序中對歷代杜詩箋注本進行了相關評述，也表達了對杜詩的尊崇之意。另如性靈派的袁枚，雖未見系統論杜專著，但在《隨園詩話》《小倉山房文集》《小倉山房詩集》《小倉山房尺牘》中多有論杜之語。商盤友朋顯著的杜詩成就和深厚的杜詩積累，無疑為商盤手批杜詩提供了良好的氛圍，這也應是其手批杜詩的重要因素之一。

商盤手批《杜工部集》20卷，共20冊，藏湖北省圖書館。該批本為黃色封皮，金鑲玉裝幀。商盤批點除第一冊末頁旁批為墨筆外，正文内批點皆為朱筆。批點形式有字旁單圈、雙圈，字旁點等。除字旁圓圈外，有時在杜詩標題上批有1至3個不等的圓圈，應為杜詩藝術高低之評判。而在杜集目錄中，亦在某些詩篇目錄上批有朱筆圓圈或點一類的標識，同時在其目錄下用朱筆標明"五古"、"七雜"、"五雜"、"五排"、"五律"、"七律"等體裁。

該批本第1冊末頁有范㮊朱墨筆題跋，介紹了該批本被范氏收藏的流傳過程：

> 吾邑盧氏裘[抱]經廔[樓]（注：旁有抹點，改作"堂"）①，後人弗振，藏書散出，余適罷官歸里，因從購得此箋，為商質園先生評騭之本，洵物聚所好也。盧氏先世有諱坦者②，喜畜古籍，其弆書之處曰"抱經堂"，與召弓先生氏同堂名，亦同以足跡不出里門，故聲聞遂弗之及云。咸豐紀元上春既望，天一閣後人范㮊荃甫識。

此處題跋，詳盡交代了商盤批本的流傳情況。商盤批點《杜工部集》乃由天一閣後人范㮊從其同邑盧址（1725—1794）抱經樓散佚之書購得的事實，並且介紹了盧址抱經堂與盧召弓抱經堂之堂號相同，但聲聞"弗之及"的現實情況，對瞭解此批本的傳承淵源頗有價值。不過，有一點值得注意的是：盧址藏書處一般均作"抱經樓"，以與盧文弨"抱經堂"相區別，考盧址藏書印亦多作"抱經樓"、"裘經樓"。而此識語稱"其（盧址）弆書之處曰'抱經

---

① 此題識中，"廔"字旁有抹點，改作"堂"字，當以"廔"字為確。清乾隆年間，兩浙間同時出現了以"抱經"為名稱的藏書樓，時稱"東西二抱經"。其中東抱經為浙江杭州盧文弨的"抱經堂"，西抱經為浙江寧波盧址的"抱經樓"，此處指盧址的"抱經樓"。
② 此處"坦"字或為"址"字形近之訛，"抱經樓"係浙江鄞縣盧址之藏書樓。

堂'"。按作爲藏書家的天一閣後人范懋柱與盧址爲鄞縣(寧波)同邑人,不至於不清楚盧址藏書樓號。那麽,其故稱"抱經堂"之名的原因何在?仔細研讀批本,或與該本之鈐印有關。該批本在《草堂詩箋元本序》處、卷一處等不同位置都鈐有"抱經堂藏書印"朱文方印,"抱經堂"一般系浙江杭州盧文弨的藏書印,盧址爲盧文弨族人,是否盧址也刻有"抱經堂藏書印",現不得而知,但據林申清《明清著名藏書家·藏書印》一書所著録盧址藏書印,未見其有"抱經堂"者。范懋柱或許爲了所記與鈐印相同,故稱其藏書處爲"抱經堂",這也恰巧能解釋爲何在此識語開頭"吾邑盧氏裒[抱]經廔[樓]"之"廔"字處作一抹點,改成"堂"字,大概也是出於這種考慮。如該"抱經堂藏書印"確係盧址之藏書印,那范懋柱稱盧址藏書處爲"抱經堂"亦未嘗不可。范氏識語之後,金鑲玉裝訂的白紙上另有墨筆旁批,係摘録錢遵王《讀書敏求記》和葉德輝《郋園讀書志》中考辨杜詩的相關内容,因與本文關係不大,兹不贅述。

商盤批點用朱筆行楷書寫,字體娟細,繁處細書彌滿。該書在不同書頁處鈐有"商盤字寳意"、"秀埜[野]草堂顧氏藏書印"、"曾在李鹿山處"、"抱經堂藏書印"、"湖北省圖書館藏書"、"湖北省立圖書館藏書"、"湖北省政府教育廳驗訖"等印章。其中"秀埜[野]草堂顧氏藏書印"係清代藏書家顧嗣立之藏書印。按顧嗣立(1665—1722),字俠君,號秀野,長洲(今蘇州)人,著有《昌黎先生詩集注》《元詩選》《寒廳詩話》等書。顧嗣立係蘇州有名藏書家,有蘇州"秀野草堂"和京師"小秀野園"兩藏書處。其晚年生活困頓,藏書生前業已散出,流落各處,商盤批點《杜工部集》當其散出書之一。"曾在李鹿山處"爲清代藏書家李馥之藏書印。按李馥(1666—1749),字汝嘉,號鹿山,福建閩縣(一作四川)人。康熙二十三年(1684)舉人。工詩,著有《鹿山詩鈔》。李馥爲清代藏書家,所藏善本多鈐"曾在李鹿山處"印章。清王應奎《柳南隨筆》卷一中記載有關於其印章"曾在李鹿山處"的史料一則:

> 李中丞馥,號鹿山,泉州人也。中康熙甲子科舉人,歷官浙江巡撫。性嗜書,所藏多善本。每本皆有圖記,文曰"曾在李鹿山處"。後坐事訟繫,書多散逸,前此所用私印,若爲之讖者。夫近代藏書家若吾邑錢氏、毛氏,插架之富,甲於江左,其所用圖記輒曰"某氏收藏"、"某人收藏",以示莫予奪者。然不及百年而盡歸他氏矣。中丞所刻六字,

寓意無窮,洵達識也。①

　　王應奎(1683—1759 或 1760)與商盤、李馥均為同時代之人,三人生卒均相差不遠,這則史料也旁證該書被李馥收藏無疑。從上述鈐印可知,商盤批點《杜工部集》一書的收藏傳承情況如下：商盤批點之後,該書曾被顧嗣立、李馥等藏書家收藏②。顧、李之後,該本後經盧氏抱經堂珍藏,盧氏散出後又被天一閣後人范蓀圻購得,最終歸於湖北省圖書館。因此,商盤批本的傳承淵源有自,其由私人收藏轉至圖書館公藏的流傳脈絡非常清晰。從該本商盤的印鑒和批本淵源有自的傳承情況,可判定此本係商盤親自批點。

二、商盤手批《杜工部集》選錄黃生《杜詩說》辨

　　清代是杜詩手批本高度繁盛的時期,很多學者都有相關杜詩批本傳世。商盤作為清代著名的文學家,手批杜詩,且細書彌滿,内容繁複,按理肯定會受到學界重視,或有書目著錄,或有文獻記載,或有他人過錄③。但在清代杜詩學史上,關於商盤手批杜詩的情況,卻鮮見著錄或記載,也未見有他人過錄,這不能不引起筆者的重視。仔細考辨商盤手批《杜工部集》的具體内容發現,商盤手批《杜工部集》内容多選錄黃生《杜詩說》一書,已見甚少,且鈔錄手段較為隱秘,又未在鈔錄本前後以題記形式略加說明,頗具迷惑性。《中國古籍善本書目》亦僅根據范蓀圻之題跋稱該本"為商質園先生評騭之本"一語予以著錄,未考其内容實乃多鈔錄黃生《杜詩說》。

　　黃生原名琯,又名起溟,字孟扶,號白山,安徽歙縣潭渡人,係明末清初著名學者,工書畫,善詩賦,"淹貫群集,於六書訓詁,尤有專長"④,撰著有《字詁》、《義府》、《一木堂詩稿》、《一木堂文稿》、《杜詩說》、《唐詩摘抄》等

---

① (清) 王應奎著：《柳南隨筆》卷一,北京：中華書局 1983 年版,第 1 頁。
② 因顧嗣立卒於 1722 年,與商盤生活的年代(1701—1767)重合不久,或商盤批點杜詩所用之底本為顧嗣立"秀野草堂"散出之本。如此,則該批本傳承為：商盤所批點底本係顧嗣立"秀野草堂"散出之《杜工部集》,商盤批點後,被李馥等藏書家收藏。
③ 如同樣是清代文學家的屈復、申涵光、厲鶚等人批點杜詩,雖批本已不傳,但文獻多有著錄和記載,後世亦多有過錄。
④ 王鍾翰點校：《清史列傳》卷六八《儒林傳下·黃生傳》,北京：中華書局 1987 年版,第 5445 頁。

著作。在杜詩研究領域，黃生"出入杜詩，餘三十年"①，除了撰有《杜詩説》一書外，還訂閲過同鄉洪仲所著之《苦竹軒杜詩評律》，是清初著名的杜詩學者。

商盤手批杜詩抄録黃生《杜詩説》是否可能呢？關於此點，可從兩個層面分析：一是從兩人生卒時間看，黃生生於1622年，卒於1696年後，是比商盤（1701—1767）大一輩的詩人，且《杜詩説》最早刊刻於康熙十八年（1679）②，此時商盤尚未出生。因此，從時間角度看，商盤完全可能閲讀並抄録黃生《杜詩説》。二是從《杜詩説》的成就和影響看，該書是否值得商盤抄録。黃生《杜詩説》的撰著源於黃生認爲前人注杜、評杜之作，"非求之太深，則失之過淺"，"支離錯迕，紛亂膠固，而不中窾會"③，故該書"不再斤斤於文字之訓詁考證，而著重抽繹詩意，把握要旨，領悟作法"④，在清初杜詩學中獨具特色，影響甚巨。黃生在《凡例》中稱"是編（《杜詩説》）爲洪未齋攜副本入京師，京師諸公以爲説杜而解人頤者，僅見此本"⑤，並稱"維揚諸公"、"楚中諸公"等"亦以爲然"。姑蘇張卓門見《杜詩説》，竟感慨自己"亦嘗留心杜詩，今見此本，一字不敢下注"⑥。此類評述，雖不免自我標榜之嫌，但亦可見時人對《杜詩説》的接受與推崇。不過，從實際影響來看，黃生《杜詩説》確是清初著名杜詩學著作。《四庫全書總目》、《清史稿·藝文志四》均予以著録。清代諸多杜詩注本多加肯定或徵引，如仇兆鰲《杜詩詳注》之《杜詩凡例》"近人注杜"條稱："他如新安黃生之《杜説》、中州張溍之《杜解》、蜀人李長祚之《評注》……各有所長。"⑦仇兆鰲不僅肯定黃生《杜詩説》的價值，而且在《杜詩詳注》中引録黃生《杜詩説》批語多達300餘條，乾隆御定《唐宋詩醇》亦對黃生批語多加採擷。此外，吳瞻泰《杜詩提要》也多徵引黃生《杜詩説》內容。吳瞻泰與黃生同鄉，且向其請教過評點杜甫五

---

① （清）黃生撰、徐定祥點校：《杜詩説·杜詩説序》，合肥：黃山書社2014年版，第1頁。
② 《杜詩説》有康熙十八年（1679）、康熙三十五年（1696）一木堂刻本。清康熙十八年（1679）刻本藏中國科學院圖書館，題"天都黃生定"，"一木堂梓"，有黃生自序，末署"康熙己未仲冬白山學人黃生書"。該本筆者未見，參見范偉軍《黃生及其〈杜詩説〉研究》，安徽大學2006年博士論文；清康熙三十五年（1696）一木堂刊本，該本卷前有黃生康熙三十五年自序，徐定祥點校《杜詩説》即以此爲底本。
③ （清）黃生撰、徐定祥點校：《杜詩説·杜詩説序》，第1頁。
④ （清）黃生撰、徐定祥點校：《杜詩説·前言》，第2頁。
⑤ （清）黃生撰、徐定祥點校：《杜詩説·凡例》，第6頁。
⑥ （清）黃生撰、徐定祥點校：《杜詩説·凡例》，第6頁。
⑦ （唐）杜甫撰、（清）仇兆鰲注：《杜詩詳注·杜詩凡例》，北京：中華書局1979年版，第24頁。

言律詩之事①,在《杜詩提要·評杜詩略例》中亦明確強調對黃生《杜詩説》之徵引:"老友黃白山生、汪于鼎洪度、王名友棠、余弟漪堂瞻淇,晨夕析疑,凡所徵引,悉署某賢,不敢竊取。"②尤其是《杜詩提要》強調用古文技法來分析杜詩藝術,更是對黃生《杜詩説》強調字句章法分析之研究模式的繼承與推進。此後,浦起龍《讀杜心解》亦多所徵引黃生《杜詩説》,當代學者如陳貽焮《杜甫評傳》、葉嘉瑩《杜甫秋興八首集説》亦多借鑒黃生《杜詩説》之研究方法、思維方式和治學途徑③。因此,從黃生《杜詩説》的價值和影響看,商盤過録黃生《杜詩説》内容成爲可能。

商盤過録黃生《杜詩説》,卻未能如仇兆鰲、吴瞻泰等學者明確予以標明,而是在過録過程中刻意做了相關迷惑性的操作處理:或"删"——删内容以泯其痕跡,或"添"——添枝葉以增其繁雜,或"拆"——拆批語以亂其整體,或"移"——移位置以混其視綫,從内容到形式進行改頭换面,使人不易辨識。兹將商盤手批杜詩選録黃生《杜詩説》的具體操作手段辨析如下:

1."删":删内容以泯其痕跡。商盤在抄録黃生《杜詩説》批語時,在内容選擇上,主動删去黃生《杜詩説》中徵引他人詩文、考實性批語或前人批語,只保留黃生闡釋詩歌章法、句法和字法的批點内容,這種選擇性的抄録方式使得商盤手批杜詩具有極大的迷惑性,其目的在於删去相關標識性批語以消除其抄録他人批點的痕跡。一是删除徵引他人詩文的批語。如《九成宫》一詩"曾宫憑風迴,岌嶪土囊口。立神扶棟樑,鑿翠開户牖"一句,商盤抄録時删去徵引宋玉《風賦》"盛怒於土囊之口"、王延壽《魯靈光殿賦》"神靈扶其棟宇"等引用性批語,而徑直抄録黃生批語:"此詩諷明皇不鑒前轍,馴至播遷,意在言外。結句無限難言者,只一語概之,蓋倣春秋書法,豈止'詩史'之目而已。"再如《送張二十參軍赴蜀州因呈楊五侍御》之"好去張公子,通家别恨添"一句,黃生《杜詩説》徵引有陳羽詩"殷勤好去武陵客"和韓氏詩"殷勤謝紅葉,好去到人間"二句,商盤抄録時均予以删去。又如《一百五日夜對月》一詩,黃生《杜詩説》引《古樂府》"月穆穆以金波"解釋"無家對寒食,有淚如金波"一聯之"金波",用《詩》"有女仳離,啜其泣

---

① 黃生《杜詩説》之《杜詩説凡例》稱:"近詞英吴東巖,稍出其秘笥,以五言律詩示余,惜余選成次到,故摘其評於十二卷,是皆爲予他山之助也。"見黃生《杜詩説》,合肥:黄山書社2014年版,第5頁。
② (清)吴瞻泰撰,陳道貴、謝桂芳校點:《杜詩提要》,合肥:黄山書社2015年版,第7頁。
③ 參見范偉軍:《黃生及其〈杜詩説〉研究》,合肥:安徽大學博士學位論文,2006年,第120—158頁。

矣"闡釋"佽離放紅蕊,想像噸青蛾"一聯之"佽離",商盤抄録時亦有意予以删除。這些徵引他人詩文以闡釋杜甫詩歌字句來源之批語的删除,使得商盤手批杜詩的内容更爲純粹,變成了完全出自商盤自我批點而不夾雜他人詩文的批點,不仔細辨析,難以識别。二是删除考實性批語。黄生《杜詩説》在評點中多針對相關杜詩史實或杜詩語詞有過詳細考證,這些考實性的批語在商盤抄録時均有意加以過濾性删除。如《贈蜀僧閭丘師兄》一詩之"惟昔武皇后,臨軒御乾坤。多士盡儒冠,墨客藹雲屯"一句,商盤删去了黄生考證此二詩句所反映之歷史事實的一大段批語:"武氏僭位,雖毒流縉紳,然能籠絡尊寵一班才俊之士,士之輕浮者易爲榮寵所動,亦遂傾心戴之。讀駱賓王檄,乃曰:'有才如此,使之淪落不偶,宰相之過。'即此一語,文士死心矣。閭丘一贈,述二祖事尚津津齒頰,隱有不生之時之恨,榮名之於人甚矣哉!"僅僅保留了"'豫章'句,若作'蔽'字,便屬凡筆。二語從乃祖轉到己身,不用詞費"這些闡述杜詩章法的批語。另如《桃竹杖引贈章留後》一詩中,黄生關於"桃竹杖"一詞做過詳細考證:"東坡跋《陶竹杖引》後云:葉如棕,身如竹,密節而實中,犀理瘦骨,蓋天成拄仗也。詳坡語,即今之棕竹。一竹杖耳,説得如此珍貴,便增其詩多少斤兩!"商盤過録時亦全部將這些考實性批語予以删除,只保留了剖析該詩章法的批語:"前是對主人語,後是對杖語,故作一轉,用'重爲告曰'字,蓋詩之變調,而其源出於騷賦者也。後段亦非告杖,暗諷朋友之不可倚杖(仗)者耳。細味語氣自見。"再如《觀公孫大娘弟子舞劍器行並序》一詩中,黄生有一大段關於"劍器"的考證性評語[1],商盤抄録時亦有意予以删除。另如黄生《杜詩説》在批點《丹青引贈曹將軍霸》之"將軍魏武之子孫,於今爲庶爲清門"和"凌煙功臣少顔色,將軍下筆開生面"兩句時,關於"於今爲庶"、"生面"等詞語來源有

---

[1] 黄生《杜詩説》稱:"《教坊記》:曲名有醉渾脱、西河劍器。又《明皇雜録》及《歷代名畫記》皆稱公孫大娘善舞西河劍器渾脱。觀'渾脱'之名,似以空手作舞劍勢耳。俗以《序》中'渾脱'屬下,爲六字句,又訛言張旭觀舞劍而草書進,皆坐不讀書之故。觀舞細事爾,《序》首特紀歲月,蓋與'開元三年'句打照,並與詩中'五十年間'句針綫。無數今昔之悲、盛衰之感,俱於紀年見之。'瀏漓頓挫'四字,極盡舞法。或問何以知之? 曰:余不學舞,而嘗學書,於臨池稍有所窺,張公因舞而悟書,予蓋因書而悟舞也。特書尊號於聲色之事,非微文刺譏,蓋欲與上文文飾相配耳。石崇《思歸引序》波瀾不異。'天地'句形容舞旋之妙,觀者目眩如此。'爤如'二句,按《教坊記》有軟舞,有健舞。此健舞也。故《序》云'壯其蔚跂'。此云云四語取喻俱非凡境,後一語尤妙;不爾,則是一雄裝健兒矣。白樂天《琵琶行》亦爲伎女而作,鋪叙至六百字。由命意苦不遠,只在詞調上播弄耳! 此詩與李問答,只一句略過,胸中有無限寄託,何暇叙此閑言語哉!"

過相關考證:"'於今為庶'四字出《左傳》。朱瑒《求王琳首書》'痛可識之顏……切猶生之面'亦本《左傳》歸先軫之元而'面如生'語。"在商盤抄錄過程中都予以删去。這些考實性的批語對於理解詩意固然多有助益,但畢竟多屬箋釋考證性評語,商盤有意過濾掉這些評語,一方面或許與商盤的詩學理念有關,另一方面更和明末清初杜詩學重視字句章法剖析密切相關。三是删去徵引的前人評語。黃生《杜詩説》中不時徵引前人關於杜詩的相關評語,這些評語皆有助於理解杜詩,或提供新的闡釋視角,但商盤抄錄時均有意删除。如黃生評《古柏行》一詩"君臣已與時際會,樹木猶為人愛惜。雲來氣接巫峽長,月出寒通雪山白"二句時徵引劉辰翁批語:"劉須溪謂'君臣'二句當在後,'雲來'二句當在前,此小兒之見。彼蓋不知詩家有倒叙法耳。"劉辰翁批語對於理解"君臣"與"雲來"二句的語序問題,提供了新的詩歌作法層面的解釋,商盤抄錄時予以删除,亦是想屏除其手批杜詩係他人批點的嫌疑,以徹底斷掉讀者進行辨識的蛛絲馬跡。

當然,除了上述抄錄過程中的幾種删除情況,還有一種是對黃生《杜詩説》批點内容的整體性删除,比如《羌村三首》,黃生《杜詩説》針對三首詩歌均有批點内容,但是在商盤手批《杜工部集》中,則只保留了《羌村三首》第一首"崢嶸赤雲西,日腳下平地"一首的批語:"不曰喜而曰'怪',情事又深一層。只作警怪恍惚之想,情景如畫。"①而將其二"晚歲迫偷生"、其三"群雞正亂叫"的批語全部删除②,未做任何説明或解釋。此外,還有一些内容的删除是没有規律可言的,比如《憶幼子》一詩的批語:

黃生《杜詩説》評語:

此篇極見開闔之法。總作對起,次句只承上一"春"字,三四又倒承一二。四非譽兒,曰"與誰論",正悲舉目無親耳。觀八句,爾時寥落之景益可見。五六見幼子所隔之地,卻突作此老辣之語,其奇全在章法。七八以憶子之故,愁懷不開,惟當軒炙背昏睡而已。"憶渠"一截,"愁"一截。只俯晴軒炙背睡,又以倒押成套裝,其奇更在句法也。一

---

① 此條批語,黃生《杜詩説》與商盤手批本文字略異,黃生《杜詩説》中,"恍惚"作"疑惑"。
② 黃生《杜詩説》其二"晚歲迫偷生"一首有批語:"'新歸且慰意'是初歸之言,'還家少歡趣'是歸定之言,情事皆曲盡。"其三"群雞正亂叫"一首有批語:"問候而以物將曰'問',《左傳》多用此字。結處正是古調,不得以率易目之。"商盤抄錄時均予以删除。

"俯"字畫出老人炙背之態。俗解以結八字為憶幼子如此，此與以"雲鬟"、"玉臂"之句為指兒女同謬，因解者想路太直故，不測作者筆路之曲耳。"鶯歌"雖點春物，亦不泛下，暗比幼子正在學語之時，故接"聰慧"二字。此與《遣興》排律作參看自知。

商盤手批《杜工部集》批語：

（眉批）此篇極見開闔之法。總作對起，次句只承上一"春"字，三四又倒承一二。四非譽兒，曰"與誰論"，正悲舉目無親耳。觀八句，爾時寥落之景益可見。五六見幼子所隔之地，卻突作此老辣語，其奇全在章法。

（尾批）一"俯"字畫出老人炙背之態。○"鶯歌"雖點春物，亦不泛下，暗比幼子正在學語之時，故接"聰慧"二字。

商盤手批《杜工部集》中對《憶幼子》一詩的批點內容，基本全部照抄黃生《杜詩說》內容，不僅一些短小的旁批完全照錄，如稱該詩首聯"對起"、頷聯"倒承一二"、頸聯"兩截句"，第七句"三截句"、第八句"倒押句、套裝句"等都原文照錄，而且大段的眉批和尾批也是抄錄黃生《杜詩說》內容，只不過做了一些毫無規律可言的刪除。黃生《杜詩說》的大段評語觀點鮮明、層次清晰，先總説"此篇極見開闔之法"，後分述章法之奇、句法之奇和字法之奇，並對"俗解"做了相關批駁。對比商盤抄錄的批語可知，商盤在過錄黃生觀點時，刪除了其中的兩段批語：一是刪除了句法之奇的一段批語："七八以憶子之故，愁懷不開，惟當軒炙背昏睡而已。'憶渠'一截，'愁'一截。只俯晴軒炙背睡，又以倒押成套裝，其奇更在句法也。"二是刪除了批駁"俗解"的一段批語："俗解以結八字為憶幼子如此，此與以'雲鬟'、'玉臂'之句為指兒女同謬，因解者想路太直故，不測作者筆路之曲耳"，同時還刪去了提示性的批語"此與《遣興》排律作參看自知"一句。從商盤所刪來看，毫無規律可言，雖局部意思尚屬完整，但已完全沒有黃生《杜詩說》整段批語那麼氣脈連貫、思路清晰，應該說是對黃生《杜詩說》批語的一種肢解，損害了批語的整體性。

2."添"：添枝葉以增其繁雜。商盤在抄錄黃生《杜詩說》評點內容時，除了刪去引起嫌疑的相關批點外，在個別地方添加一些自己的批點內容，以淆亂其視綫，使批點內容更複雜化。具體就其添加情況而言，主要有三：一是直接添加彰顯詩歌章法脈絡的枝節性批語。如《觀公孫大娘弟子舞劍器行并序》一詩中,商盤手批抄錄黃生《杜詩說》的批語時,既保留了黃生旁批中的"二句狀舞時"、"將舞"、"舞罷"等顯示公孫大娘舞劍器過程的提示性批語,又在此基礎上增添了一些彰顯詩歌章法脈絡的枝節性批語,如"帶起"、"再頓"、"收轉"、"緊承上句,再申一筆收住"等顯示詩歌章法線索的旁批,這種添加,一方面能有效幫助理解詩歌內容,另一方面也給讀者辨識其抄錄黃生批點內容添加了障礙,有著明顯的添枝節以混其視綫的目的。另如《韋諷錄事宅觀曹將軍畫馬圖》一詩,商盤手批抄錄黃生《杜詩說》時,同樣既保留了黃生旁批中有關"詳"、"略"、"錯叙句"、"倒裝句"等提示性批語,同時又增添了諸如"'國初'二字不是閑筆,正為太宗先帝引起"、"追叙是從題外引起"、"第五句伏先帝一筆,結處感慨一段有來歷"、"總鎖又總贊二句"、"就題生情"等簡短批語,同樣是為了起到闡述詩意,明確章法之用。其他如商盤手批《佳人》一詩增添旁批"追叙"、"頓二語轉下"、"筆筆頓"、"緊承上意,再頓二語接下"等枝節性批語,亦屬同類情況。二是直接添加彰顯詩歌章法的綜論性批語。相較於前面的那些枝節性的簡短批語而言,這一類批語往往篇幅較長,綜論性較強,與黃生《杜詩說》中的批語非常類似,具有較大的迷惑性,不仔細核校,難以識辨。如《韋諷錄事宅觀曹將軍畫馬圖》一詩,商盤就增添了兩條較長的綜論性眉批,其一為:"此詩當看其結構之妙,將江都王襯曹,又將支遁襯韋,便增二人身分,本畫九馬,先從照夜白說來,詳其寵賜之出;本結九馬,卻想到'三萬匹'去,不勝龍媒之悲,前後波瀾亦闊,中叙九馬,先將拳毛獅子拈出另叙,次及七馬,然後將九馬總贊。妙在一氣雄渾,了不著跡。"此條批語,旨在從總體上論述《諷錄事宅觀曹將軍畫馬圖》一詩的"結構之妙",與黃生《杜詩說》重視字句章法的批評模式如出一轍。另一條針對"今之新圖有二馬,復令識者久歎嗟"等詩句增添的眉批為:"畫馬如真,此曹之所以得名也。因畫想真,此公之所以興歎也。昔人謂公'一飯不忘君',有以夫?"雖不屬闡釋詩歌章法的批語,但從"曹之所以得名"與"公之所以興歎"兩個視角分析"畫馬如真"和"因畫想真",對於深入理解該詩具有重要意義。三是在選擇性刪除原批語的基礎上,增添相關批語以混淆真偽。同樣是《觀公孫大娘弟子舞劍器行并序》一詩,商盤除了刪除黃生《杜詩說》中400多字的大段考實性批語外,還有意添加自己的少量批語,以混淆真偽。在此詩末四句"玳筵急管曲復終,樂極哀來月東出。老夫不知其所往,足繭荒山轉愁疾"處,商盤增添自己闡釋詩意的尾批稱:"末四句言當此酒闌曲罷之時,正我興往哀來之際,雖有明月,猶迷其歸路而老病彌添耳。"其實,關於該詩後段的批語,黃生《杜詩説》是這樣的:"後段深寓身世盛衰之感,特借女樂以發之,其所寄慨,初不在絳唇朱袖間也!末二句承'樂極哀來'再申一筆,人有此境,只杜公寫得出耳!"商盤在抄録時一方面保留了黃生《杜詩説》中的前半段批語:"後段深寓身世盛衰之感,特借女樂以發之,其所寄慨,初不在絳唇朱袖間也!"另一方面又删去了後半段批語:"末二句承'樂極哀來'再申一筆,人有此境,只杜公寫得出耳!"並將其置换成自己的批語:"末四句言當此酒闌曲罷之時,正我興往哀來之際,雖有明月,猶迷其歸路而老病彌添耳。"這種保留一部分、删去一部分、增添一部分的操作方式,無疑給讀者辨識批語來源帶來了極大的迷惑性和複雜性。

3."拆":拆批語以亂其整體。黃生《杜詩説》中有大量長篇評語,商盤在抄録過程中對其進行拆分,分成多條批語分置於杜甫詩歌的相關詩句之下,使原本完整的杜詩評語分置各處,這也是商盤手批杜詩在形式上進行改造的操作方式之一。當然,這種對黃生《杜詩説》原有批語的"拆"法往往還與删除、添加、改動相關批語緊密相關。兹列舉《對雪》、《月夜》、《佳人》、《暇日小園散病將種秋菜督勒耕牛兼書觸目》等詩中黃生《杜詩説》評語與商盤手批《杜工部集》批語的對比表如下,以窺豹一斑。

黃生《杜詩説》評語與商盤手批《杜工部集》批語對比表

詩題	黃生《杜詩説》評語	商盤手批杜詩批語	備注
對雪	此在賊中傷陳陶之敗而作,起語蓋指此。對雪愁吟,爲是故也。三四是題目,非題意,題意從首尾見之。五六乃對雪愁吟之事。他詩多前景後情,此獨外虛中實,亦變格也。"新鬼"字出《左傳》。"書空",本殷浩事,用字不用意。行在去此有數州之遠,故消息不通,此蓋虛擬整兵再舉之事,不敢出口,但"書空"作字而已。五六形容苦寒入微,六語尤妙,火非炭火,若有若無,亦姑存擁爐之意而已。二語本寫窮苦無聊之況,意苦而語轉趣。	1.(眉批)此在賊中傷陳陶之敗而作。三四是題目,非題意,題意從首尾見之。五六乃對雪愁吟之事。○他詩多前景後情,此獨外虛中實,亦變格也。 2.(尾批)"書空",本殷浩事,用字不用意。行在去此有數州之遠,故消息不通,此蓋虛擬整兵再舉之事,不敢出口,但"書空"作字而已。	"拆"中有"删"

續　表

詩題	黃生《杜詩說》評語	商盤手批杜詩批語	備　注
月夜	子可言憶,內不可言憶,故題只云《月夜》。閨中雖有兒女相伴,然兒女不解見月則憶長安。我知閨中遠憶長安,對月獨垂清淚,香霧下而雲鬟為濕,清輝照而玉臂生寒,何時人月雙圓,庶幾可乾淚眼耳。言不憶見憶,是句中藏句法。言乾見不乾,是言外見意法。"照"字應"月"字,"雙"字應"獨"字,語意玲瓏,章法緊密,五律至此無忝稱聖矣。後人作此題,必不解入"鄜州"字,即其命題亦自不同:必云《月下憶內》,題下注云"時在鄜州"矣。不知學唐人之題,又安能學唐人之詩乎?俗解五六徑指兒女,只知承上聯來耳!豈知上聯正說閨中,兒女不過帶見。首言"獨",末言"雙",緊緊相照,何曾離去半字!每歎注杜者如小乘禪,不能解粘去縛,豈能轉如來正法眼藏哉!"倚",猶"傍"也。	1.(眉批)閨中雖有兒女相伴,然兒女不解見月則憶長安。我知閨中憶長安,對月獨垂清淚,香霧下而雲鬟為濕,清輝照而玉臂生寒,何時人月雙圓,庶幾可乾淚眼耳。是言外見意法。"照"字應"月"字,"雙"字應"獨"字,語意玲瓏,章法緊密,五律至此無忝稱聖矣。 2.(尾批)俗解五六徑指兒女,只知承上聯來耳。豈知上聯正說閨中,兒女不過帶過。首言"獨",末言"雙",緊緊相照,何曾離去半字!	"拆"中有"删"
佳人	"在山"二句,似喻非喻,最是樂府妙境。末二語,嫣然有韻。本美其幽閒貞靜之意,卻無半點道學氣。《衛風》詠《碩人》,所以刺莊公也,但陳莊姜容貌服飾之美,而莊公之惡自見。此詩之源蓋出於此。偶然有此人,有此事,適切放臣之感,故作此詩。全是托事起興,故題但云《佳人》而已。後人無其事而擬作與有其事而題必明道其事,皆不足與言古樂府者也。	1.(旁批)偶然有此人,有此事,適切放臣之感,故作此詩,全是托事起興。故題但云佳人而已。 2.(眉批)在山守貞也,出山改適也。總頂舊人說,言此人有守貞之操,豈肯同改適之事乎?○二句似喻非喻,最是樂府妙境。 3.(旁批)末二語嫣然有韻,本美其幽閒貞靜之意,卻無半點道學氣。	"拆"中有"删"、有"添"
暇日小園散病將種秋菜督勒耕牛兼書觸目	真本美德,而時人以為嫌,則世情之好假可知矣。應接之際,一味虛文,高士深所厭苦,而時人樂此不為疲,宜其戞戞不相入,至於絕跡人外,侶漁樵而友麋鹿,豈得已哉?己之被斥,如驚弓之禽,故以即目寓詩。"杖藜"句,一句結住全篇。古人有一題展作數詩者,有數題合作一詩者,貴在聯絡無痕,於此可悟其法。	1.(眉批)己之被斥,如驚弓之鳥,故以即目寓懷。○"杖藜"句,一句結住全篇。 2.(尾批)古人有一題展作數詩者,有數題合作一詩者,貴在聯絡無跡於此。	"拆"中有"删"、有"改"

從上表可知,商盤手批杜詩過程中,往往將黃生《杜詩説》評語以"眉批"、"旁批"或"尾批"的形式拆分到詩歌的不同位置,這樣操作固然使某些批語更切合具體詩句,但也客觀上破壞了原有批語的整體性。比如《對雪》、《月夜》、《暇日小園散病將種秋菜督勒耕牛兼書觸目》均拆分為二,《佳人》一詩更是拆分為三。其"拆分"的過程更是一種對原有批語的删、改過程。從所列四首詩歌來看,"拆分"批語的過程其實更是"刪除"批語的過程,都對原有批語進行了大段的刪除,《對雪》刪除64字,《月夜》刪除111字,《佳人》刪除65字,《暇日小園散病將種秋菜督勒耕牛兼書觸目》刪除72字,於此可見,刪除原有批語力度之大。且"刪"的過程中,還有意添加部分批語,如《佳人》一詩,商盤在原有批語"二句似喻非喻,最是樂府妙境"一語的前面添加了一段針對《佳人》"但見新人笑,那聞舊人哭。在山泉水清,出山泉水濁"數句的批語:"在山守貞也,出山改適也。總頂'舊人'説,言此人有守貞之操,豈肯同改適之事乎?"這種添加,無疑給讀者辨識帶來了複雜性。除了"刪"、"添"外,還有"改"的情況,如《暇日小園散病將種秋菜督勒耕牛兼書觸目》一詩商盤的批語:"古人有一題展作數詩者,有數題合作一詩者,貴在聯絡無跡於此。"該批語在黃生《杜詩説》中本作"古人有一題展作數詩者,有數題合作一詩者,貴在聯絡無痕,於此可悟其法",對比二條批語,雖只改動了幾字,但意思完全有別。黃生的原批"貴在聯絡無痕,於此可悟其法",意思明瞭自然;但商盤改動後的批語"貴在聯絡無跡於此",則意思雖亦差不多,但卻略顯晦澀不通。這種改動,無疑不可取。

4. "移":移位置以混其視綫。商盤手批《杜工部集》除了在批語內容上進行"刪"、"添"、"拆"之外,還有意在形式上進行移換,或改"眉批"為"旁批",或改"眉批"為"尾批",諸如此類,企圖移位置以混其視綫,增加批語的迷惑性。當然,也存在一種可能是,這種有意識的"移"或許源於批點底本的形式特徵,即由批點底本上空白位置所決定的。考慮其並不改變批語內容,故影響不大,茲不贅述。

概言之,商盤手批《杜工部集》為了掩蓋其抄錄黃生《杜詩説》的現實,既不在批點中予以特別説明,還刻意採用或"刪"、或"拆"、或"改"等多種手段對其批語進行了改頭換面,甚至有意識地添加少許自己的批點摻入其中,企圖瞞天過海,但從整個批點內容來看,無法改變其抄錄《杜詩説》的實際情況。

三、商盤手批《杜工部集》的文獻價值和杜詩學意義

清初著名學者商盤手批《杜工部集》，雖然從批點內容來說，多選錄黃生《杜詩説》評語，己批甚少，文學批評的理論貢獻亦非常有限，但從清代杜詩學史的發展歷程來看，商盤手批《杜工部集》還是具有一定的價值和意義。

首先，商盤手批《杜工部集》保存了黃生《杜詩説》的大部分評點內容，為整理黃生《杜詩説》提供了可供參考的校勘材料。黃生研杜三十餘年，撰寫《杜詩説》十二卷，共選詩 704 首，有康熙十八年（1679）、康熙三十五年（1696）一木堂刻本。作為清代初期的一部杜詩選評本，傳本甚稀。徐定祥點校《杜詩説》時即以清康熙三十五年（1696）一木堂刻本為底本①，"校以仇氏《杜詩詳注》"②。實際上，商盤手批《杜工部集》選錄黃生《杜詩説》亦可作為校本，為黃生《杜詩説》提供可資參照的校勘材料。或可以之校文字訛異，如《送重表侄王砅評事使南海》一詩，黃生《杜詩説》的批語"送行詩，前半篇寬叙一大段，似乎頭重，但因題中'重表侄'三字，追叙其由，且以一婦人具如許眼力，塵埃中辨出天子、宰相，古今所罕，特借此詩傳之，意中實以此事為主，送行之意反輕，所以章法如此。"在商盤手批《杜工部集》中"寬叙"作"叙"，"章法"作"筆法"，雖不能遽斷正誤，但作為校勘內容以校記明示，還是很有必要的。有些文字差異，甚至還帶來意思的差別。如《重過何氏五首》之"問訊東橋竹"一首，關於其中"倒衣還命駕，高枕乃吾廬"一句的評語："……二語脱盡客氣，此番賓主相見，真在形骸之外矣。"商盤手批本作："二語脱盡俗氣，此番賓主相見，真在形骸之外矣。""客氣"與"俗氣"，雖僅一字之差，但表達的意思卻略有不同。"脱盡客氣"指賓主關係融洽，心無芥蒂；"脱盡俗氣"既包含了融洽的賓主關係，更是對精神品質的肯定，與評語後段所謂"真在形骸之外"相呼應，從這一層面説，商盤之批似更

---

① 按：徐定祥點校《杜詩説》時，未選用《杜詩説》更早的康熙十八年（1679）刻本為底本，不知是未及查到此種版本，還是該本傳世較稀，難以寓目。據范偉軍《黃生及其〈杜詩説〉研究》（安徽大學2006年博士論文，第84頁）稱：《杜詩説》康熙十八年（1679）刻本藏中國科學院圖書館，題"天都黃生定"，"一木堂梓"。有黃生自序，末署"康熙己未仲冬白山學人黃生書"。
② （清）黃生撰、徐定祥點校：《杜詩説·前言》，第14頁。

為合理。或可以之校內容差異，如《元日寄韋氏妹》一詩，黃生《杜詩説》與商盤手批《杜工部集》的批語存在內容上的差異：

> 黃生《杜詩説》："……此時在賊，何得有信可通？蓋擬寄之作耳。然何不言憶妹？以憶妹即難言國事也。何不言寄郎伯？以寄郎伯即不便及家事也。唐人欲制詩先制題。如此一題，亦非後人所辦。"
>
> 商盤手批《杜工部集》："（旁批）此時在賊，何得有信可通？蓋擬寄之作耳。然何不言憶妹？以憶妹即難言國事也。何不言寄郎伯？以寄郎伯即不便及家事也。乃知制題之妙。"

比較此條批語，黃生《杜詩説》評語與商盤手批《杜工部集》批點內容雖均強調"制題"之重要，但二者的表述在內容上存在較大差異，這種差異或因商盤改動，或另有所本，作為校勘內容出校亦屬必要。

其次，商盤手批《杜工部集》對黃生《杜詩説》的選擇性抄錄從一個側面體現了清初杜詩學的研究風尚。從杜詩學史來看，每一個時代都有每一個時代的研究特點和風尚。周采泉認為"宋代重在輯佚和編年，元明重在選雋解律，清代重在集注批點，近代則重在論述分析。然不論各自的見解高低，收穫多寡，對於杜詩的研究，他們都曾起了不同程度的推動作用"①，也形成了不同類型的研究範式。學界一般認為，"宋代以來的杜詩研究主要有四種範式：文字名物的訓詁、本事履歷的考證、會意評點、字句章法的分析"②。不管是黃生《杜詩説》，還是商盤手批《杜工部集》，在研究傾向上明顯屬於強調杜詩字句章法的分析範式。對杜詩字句章法的辨析，宋代詩話如葉夢得《石林詩話》、周紫芝《竹坡老人詩話》、葛立方《韻語陽秋》等已有較多重視。此後，元代楊載《杜陵詩律》、託名虞集《杜律虞注》都比較注意從詩法理論剖析杜詩。明末清初時期，出現了王嗣奭《杜臆》、金聖歎《杜詩解》、顧宸《辟疆園杜詩注解》、盧元昌《杜詩闡》、吳瞻泰《杜詩提要》、吳見思《杜詩論文》等杜詩注本，多強調運用"知人論世，以意逆志"的解詩方法，著眼於杜詩整體詩意的闡發和具體字句章法的剖析，表現出由傳統的重

---

① 周采泉：《杜集書錄·序》，上海古籍出版社1986年版，第1頁。
② 周興陸：《從杜詩接受史考察黃生的〈杜詩説〉》，載於《杜甫研究學刊》2001年第4期，第45—51頁。

"箋注"轉向著重詩意詮釋的開拓趨勢。商盤手批《杜工部集》選錄黃生《杜詩説》也是這一杜詩研究傾向的典型反映。如前所述,商盤手批杜詩過程中對《杜詩説》的有意删改——删除徵引前人詩文、删除考實性的批語、删除徵引的前人批語等,而大量保留黃生《杜詩説》中著眼於字句章法分析的批語,無疑是這一杜詩研究趨勢的真實反映。此外,商盤手批杜詩只選錄以字句章法分析爲主的黃生《杜詩説》評語,而不錄以箋注爲主的杜詩評語,與明末清初金聖歎、俞瑒等杜詩評點家"不箋故實,專論法律"的批點方式異曲同工,本身也代表了清初杜詩評點的基本風尚,反映了清初杜詩學研究的實際情況。

第三,商盤手批《杜工部集》選錄黃生《杜詩説》評語的隱蔽性反映了清代杜詩手批文獻辨僞的艱巨性和複雜性。手批文獻作爲一種特殊的文獻材料,往往因爲作者批點態度的非嚴肅性,導致了手批本存在品質參差不齊,甚至不乏僞作的客觀缺陷。清代是杜詩手批本高度繁盛的時期,杜詩手批文獻特別繁雜,批點態度的非嚴肅性爲評本僞作的產生提供了温潤的土壤,也對研究者提出了去僞存真的辨識要求。商盤在手批《杜工部集》的過程中,採用删、添、改等各種操作手段,刻意隱瞞其選錄黃生《杜詩説》的事實,無疑是清代杜詩手批文獻辨僞的典型案例,從一個側面反映了清代杜詩手批文獻辨僞的複雜性和必要性。從現存的清代杜詩手批文獻來看,或僞託名家批點,如北京師範大學圖書館所藏十餘種杜詩未刊評點中,就有題張問陶批點《杜詩論文》、題潘德輿批點《讀杜心解》屬於僞批。或抄襲他人評點而不注明出處,使後人誤認爲是抄錄者所批,如北京師大圖書館藏徐松批注《杜工部詩集》、上海圖書館藏潘貴生批點《趙子常選杜律五言注》二書的批點内容均係抄錄清初杜詩專家俞瑒的評點。諸如此類,例不一一。商盤手批《杜工部集》選錄黃生《杜詩説》操作方式的隱蔽性和迷惑性,已經彰顯了杜詩手批文獻辨僞的艱巨性和複雜性,它警醒我們在徵引杜詩手批本之前,務必對其進行客觀剖析,去僞存真,以還原其真實面貌。

(作者單位:湖南師範大學文學院)

Textual Analysis of Shang Pan's Annotations of *Tu Fu's Poetry Anthology*（杜工部集）

Shao-huang Zeng

In the Qing Dynasty, Shang Pan manually annotated *Tu Fu's Poetry Anthology*（杜工部集）, which is now stored at Hubei Provincial Library, where it is regarded as one of the most important rare books. However, academia has thus far not paid enough attention to Shang Pan's annotations. In the process of selecting from Tu fu's anthology, Shang Pan deliberately made relevant technical changes, including deleting content or adding details to increase the complexity of the anthology. Shang Pan's changes to the anthology encompass both content and form, which could be confusing for the readers. In fact, Shang Pan's annotations and comments preserved most of the comments from a previous scholar, Huang Sheng's *On Tu Fu's Poetry*（杜詩說）, and provided references for studying Huang Sheng's *On Tu Fu's Poetry*. In sum, Shang Pan selective compilation of Tu Fu's poetry shows the trend of researching Tu Fu's poems in early Qing Dynasty and reflects the difficulty and complexity of discerning the authenticity of works on Tu Fu's poetry in Qing Dynasty.

Keywords: Shang Pan, *Tu Fu's Poetry Anthology*（杜工部集）, Huang Sheng, *Comments on Tu Fu's Poetry*（杜詩說）

徵引書目

1. 杜甫撰，商盤手批：《杜工部集》，湖北省圖書館藏清康熙六年靜思堂刻本，1667年版。
2. 商盤著：《質園詩集》，載於《四庫全書存目叢書補編》第 9 册，濟南：齊魯書社 2001 年版。
3. 杜甫撰，仇兆鼇注：《杜詩詳註》，北京：中華書局，1979 年版。
4. 李斗撰，汪北平、涂雨公點校：《揚州畫舫錄》，北京：中華書局，1980 年版。
5. 張維屏輯：《國朝詩人徵略》，廣州：中山大學出版社，2004 年版。
6. 徐世昌編：《晚晴簃詩匯》，北京：中華書局，1990 年版。
7. 阮元、楊秉初輯，夏勇等整理：《兩浙輶軒錄》，杭州：浙江古籍出版社，2012 年版。
8. 王應奎著：《柳南隨筆》，北京：中華書局，1983 年版。
9. 黄生撰、徐定祥點校：《杜詩說》，合肥：黄山書社，2014 年版。
10. 吴瞻泰撰、陳道貴、謝桂芳校點：《杜詩提要》，合肥：黄山書社，2015 年版。
11. 周采泉：《杜集書錄》，上海：上海古籍出版社，1986 年版。
12. 鄭慶篤、焦裕銀等：《杜集書目提要》，濟南：齊魯書社，1986 年版。
13. 孫微：《清代杜集序跋匯錄》，北京：人民文學出版社，2017 年版。
14. 范偉軍：《黄生及其〈杜詩説〉研究》，安徽大學博士學位論文，2006 年。
15. 周興陸：《從杜詩接受史考察黄生的〈杜詩説〉》，《杜甫研究學刊》，2001 年第 4 期。

"學詞"與"詞學"：晚清民國的詞法論述與詞學演進

龔宗傑

【摘　要】伴隨著晚清民國之際詞學體系建構的初步展開，研討學詞、總結作詞法也成為此時期詞學研究的焦點。從20世紀最初二十年指導"學詞"論著的不斷湧現，到三四十年代龍榆生、詹安泰對"詞學"與"學詞"的界分，這兩種對詞學不同層面的理解，恰好呈現出詞學在近現代轉型中實現其自身內部結構調整的路徑。有關"詞法"的討論從因襲前人發展為自我創獲，與此同時，詞學研究從以創作為主要導向，演變為創作和研究二分的態勢。對此稍作梳理，可以讓我們在文學創作與文學研究二者的互動關係上，更好地去把握晚清民國的詞體觀發展與詞學演進的軌跡。

【關鍵詞】詞法　詞學　詞體觀　晚清　民國

在傳統文學批評中，作為一種以文學創作論為導向的概念，"法"一直佔據著重要的位置。就分體文學而言，所謂"文法"、"詩法"，均在南宋以後被不斷討論並逐步形成較為完備的體系。詞體晚出，針對"詞法"的系統研討自然相對滯後。至清末民初之際，伴隨著詞學體系建構的起步，詞法總結始被納入相關的建設序列。清光緒七年（1881），江順詒纂輯、宗山參訂的《詞學集成》刻成，欲以源、體、音、韻、派、法、境、品八個類目來支撐起古典詞學的框架。至少從名目的確立上來說，所謂"詞法"已被列為單獨的分支。陳銳於清宣統三年（1911）撰成《詞比》，分"字句"、"韻協"、"律調"三目，來闡說詞體"確乎具有法度"①,作詞有法可循。自此,作為一種相對獨立且完整的知識形態,詞法正式得到嚴肅且頗具規模的討論,成為推動晚清至民國詞學演進的重要資源。

上世紀初,隨著"壬寅學制"和"癸卯學制"的先後頒布,具備現代人文學科形態的"中國文學"和"中國文學史"始被納入到本國的教育體制,詞學也在中國文學的近現代轉型中逐步實現其學科的獨立。1917 年,北京大學召開改訂文科課程會議,在該年 12 月 2 日的"會議議決案"中,決定於"中國文學門"下設"唐五代詞"、"北宋人詞"、"南宋人詞"②,以作為區別於詩、曲、小説等其他文類的科目,意味著至少在教學層面,詞學已獲得相對獨立的位置。次年,上海中華書局出版了謝無量的《詞學指南》;1919 年,王蘊章《詞學》被收入《文藝全書》由上海崇文書局出版。與上述二書相對應,謝無量另有《詩學指南》、《駢文指南》,而《文藝全書》除《詞學》外,還收錄孫學濂《散體文》及《駢體文》、費有客《詩學》、許德鄰《曲學》。表明在研究領域,以文學分科為趨向,詞學正探索一條具有現代意義的發展路徑。自 20 年代開始,探討詞法、研究詞學的研究著作與普及讀物層出不窮,如吳莽漢《詞學初桄》、徐敬修《詞學常識》、劉坡公《學詞百法》、顧憲融《填詞百法》及《填詞門徑》、傅汝楫《最淺學詞法》、梁啟勳《詞學》、吳梅《詞學通論》、任中敏《詞學研究法》、劉永濟《詞論》、余毅恒《詞筌》等先後在二十多年間撰成或印行;另外如吳梅《論詞法》收於羅芳洲《詞學研究》,夏承燾《作詞法》收於胡山源《詞準》,唐圭璋《論詞之作法》刊於《中國學報》第一卷第一期。從中可看出,儘管晚清以來有關詞學的建構有著不同層面的聚焦,但其中一個引人關注的焦點,正是上引諸多詞學文獻在不同程度上都涉及的"詞法",簡言之,即陳匪石所説的"其論詞之著,皆示人以門徑"③。在某些語境下,有關學詞、作詞的焦點甚至被放大到涵蓋了詞學大部分內容,成為 20 世紀初期人們研討詞學的重要著力點。由此便不難理解,為何後來龍榆生、詹安泰在探索詞學研究路徑時,都有意強調"詞學與學詞,原為二事"④,

---

① 陳鋭:《詞比》自序,復旦大學圖書館藏稿本,第 1 頁上。
② 王學珍、張萬倉:《北京高等教育文獻資料選編:1861—1948》,北京:首都師範大學出版社 2004 年版,第 401 頁。
③ 陳匪石:《聲執》自序,載於《詞話叢編》第 5 册,北京:中華書局 1986 年版,第 4921 頁。
④ 龍榆生:《龍榆生詞學論文集》,上海:上海古籍出版社 2009 年版,第 113 頁。

旨在界分"學詞所有事"與"研究詞學之能事"①，並以此邏輯來調整詞學研究的內部結構。學界對民國時期的詞學建構雖然已作了諸多討論，但對上述文獻涉及"詞法"討論的部分，則缺乏足夠的重視。因此，本文希望通過分析詞法這一知識形態在清末以來的系統生成、衍變與最終定型的過程，梳理當時"學詞"與"詞學"的互動關係的基礎上，更好地去把握晚清至民國詞體觀念與詞學的演變軌跡。

一、晚清以降的詞法撰述與詞學體系初構

關於詞法，從歷史上看，南宋後期詞人論詞已開始講究法脈相承。對此，吳熊和先生在《唐宋詞通論》中曾指出這種講習與傳授詞法之風，"始於姜夔，而備於張炎"②。南宋以來有關詞法的討論，同樣見於詞話、詞論，張炎《詞源》已談到詞之句法、字法，指出"詞中句法，要平妥精粹"，"句法中有字面，蓋詞中一個生硬字用不得"③；《詞源》末附楊纘《作詞五要》，分為擇腔、擇律、按譜、押韻、立意；沈義父《樂府指迷》則論及詞之起、過、結以及用事、造句、下字等各類作法。明人所論，則有俞彥《爰園詞話》闡述作詞法中的"遇事命意"、"立意命句"及"綺語"、"對句"④。降至清代，論者漸多，孫麟趾《詞逕》有"作詞十六要訣：清、輕、新、雅、靈、脆、婉、轉、留、托、澹、空、皺、韻、超、渾"⑤，沈祥龍《論詞隨筆》提出"詞有三法"、"詞有三要"⑥，另如周濟《介存齋論詞雜著》、劉熙載《藝概·詞曲概》、況周頤《蕙風詞話》亦有數則論作之語。陳匪石在其作於1949年的《聲執》自序曾對此情形作過描述："遠如張炎、沈義父、陸輔之，近如周濟、劉熙載、陳廷焯、譚獻、馮煦、況周頤、陳銳、陳洵，其論詞之著，皆示人門徑。"⑦儘管如此，晚清以前涉及詞法的"論詞之著"，形態依然相對零散，呈現出傳統批評樣式的條目化

---

① 詹安泰著，湯擎民整理：《詹安泰詞學論稿》，廣州：廣東人民出版社1984年版，第3—4頁。
② 吳熊和：《唐宋詞通論》，北京：商務印書館2003年版，第299頁。
③ 張炎：《詞源》卷下，載於《詞話叢編》第1冊，第258—259頁。
④ 俞彥：《爰園詞話》，載於《詞話叢編》第1冊，第400—403頁。
⑤ 孫麟趾：《詞逕》，載於《詞話叢編》第3冊，第2555—2556頁。
⑥ 沈祥龍：《論詞隨筆》，載於《詞話叢編》第5冊，第4049—4050頁。
⑦ 陳匪石：《聲執》自序，第4921頁。

和印象式的典型特徵，正如陳鐘凡在所撰《中國文學批評史》中指出的"論文之書，如歷代詩話、詞話，及諸家曲話，率零星破碎，概無統系可尋"①。

晚清民國之際詞人對詞法"統系"的梳理，恰好是伴隨著詞學格局的新建而展開的。清代以來，隨著詞人的大量創作實踐和對詞體邊界的不斷反思，作為一種知識與經驗的總和，詞學在自身容量擴張的同時，其內部結構也逐漸呈現出清晰的面相。一般認為，由江順詒纂輯、宗山參訂的《詞學集成》，是傳統詞學在晚清實現其體系建立的重要標誌。根據書前題識，《詞學集成》的編纂最初由江順詒進行。他認為詞道自兩宋以下"漸至紛紜歧出"，因而"尋源競委，審律考音，取諸説之異同得失，旁通曲證，折衷一是。所以存前人之正軌，示後進之準則"②，可見其編纂目的還是在於授人填詞之法，指示門徑。宗山所作的工作，是"為之條分縷析，撮其綱，曰源、曰體、曰音、曰韻，衍其流曰派、曰法、曰境、曰品，分為八卷，以各則麗之"③，將原本被江順詒稱為"詞話之流"的資料彙編，各歸其類，並更名為"詞學集成"。儘管從內容上講，《詞學集成》只是前人詞序、詞話及詞論的類選，偶附江氏按語，並未有多少理論創見，但以"集成"為名，並希望通過上述八個類目來整合及歸置古典詞學資源的思路，實際上為此後的相關研究提供了一種劃分詞學內部結構的最初樣板。另外值得關注的就是"法"被獨立為一個單元。宗山在卷首的題識末尾，還撰有"序目"，用以解説全書類編的思路。"詞法第六"的序目曰："法立文成，旋周旋折。異曲異詩，非莊非謔。變必歸宗，反而能縮。一氣轉圜，是謂中則。"④可見其基本觀點是以法為詞，並且肯定詞體擁有區别於詩和曲的獨立文體特徵，以及呈現這些特徵所須遵循的法則和規範。因此就作詞法的角度來説，該書同樣可被視為我們討論清末民初詞法體系建構的起點。

如果以《詞學集成》所設定的基本架構為參照，可以看出，20世紀初期詞學研究之演進，大體上是圍繞"學詞"與"詞學"這兩種對詞學不同層面的理解而展開的。其一，詞學理論的建設繼續以上述基本架構作為模板，逐漸向著內部構造清晰、初具現代形態的體系發展轉變。其二，針對創作實踐的詞法授學，以創作為導向的詞法書寫所占比重逐漸加大，並開始吸收

---

① 陳鐘凡：《中國文學批評史》，上海：中華書局1927年版，第9頁。
② 江順詒、宗山：《詞學集成》卷首題識，清光緒七年（1881）刻本，第1頁上。
③ 江順詒、宗山：《詞學集成》卷首《凡例》，第1頁下。
④ 江順詒、宗山：《詞學集成》卷首題識，第1頁下。

音韻、聲律、格式等詞學內部之分支,推動了"學詞"話語體系的擴張。

如所周知,1917年底北京大學《文科改訂課程會議議決案》在"中國文學門"下,始列"唐五代詞"、"北宋人詞"、"南宋人詞"三個科目,這一舉動被認為是詞學作為獨立學科進入大學教育體系的標誌。此後三年,三本命名均帶有"詞學"的著作相繼問世,分別是謝無量《詞學指南》(1918年)、王蘊章《詞學》(1919年)及吳莽漢《詞學初桄》(1920年)。謝無量《詞學指南》分為"詞學通論"與"填詞實用格式"二章:通論一章下又細分為"詞之淵源及體制"、"作詞法"、"古今詞家略評"和"詞韻";實用格式分為"小令"、"中調"和"長調",亦可視為詞譜。儘管此書的編寫思路大致按照詞源、詞體、詞法、詞評和詞譜為框架,但就性質而言,與同年出版的謝氏《詩學指南》一樣,是提供"為學者實用之式"[1],屬學詞的指導用書。吳莽漢的《詞學初桄》八卷,編寫目的同樣是"以惠來學"[2],性質雖屬詞譜之類,但觀其卷首"緒言"以下,分述原始、律譜、製曲、審音、用韻、換叶、集虛、煉句、詠物、言情、使事、宜忌、難易、轉折、名義、例言十六則,似有意引入包含源、律、音、韻、法在內的詞學內容,實際上也具備著接近《詞學指南》"通論"和"格式"二分的特徵。相比而言,王蘊章的《詞學》更契合前述《詞學集成》所設定的框架。王氏《詞學》分為溯源第一、辨體第二、審音第三、正韻第四、論派第五、作法第六,恰好與《詞學集成》前六目的源、體、音、韻、派、法完全對等。不同之處,除《詞學》未設置境、品二目外,最值得留意的是與《詞學集成》論"派"相對零散隨意不同,王蘊章在"論派"一目中,似乎是以一套自唐五代至清的"詞史"邏輯線來串聯歷代詞人。如下是他在"論派第五"一目的解說文字:

> 論唐詩者,有初、中、盛、晚之別。惟詞亦然,其派別所在,不難條分縷晰。茲以時代為斷而論定之。首唐五代,次宋,次清,而明人不與焉。明之詞如詩之晚唐,而彌復不逮。一二才異者,非不欲勝前人,而中實枵然,取給而已,於神味全未夢見,但知為貌襲耳,故略之。金、元間不少作者,則附於宋後,以為閏統。雖評論未必盡當,初學得此,亦

---

[1] 謝無量:《詞學指南》,上海:中華書局1918年版,第59頁。
[2] 吳莽漢:《詞學初桄》卷首李聯珪序,上海朝記書莊1920年鉛印本,第1頁下。

庶幾略識其途徑矣。①

據此我們應該可以清晰地看到王藴章是"以時代爲斷"的詞史叙述模式,來考量歷代詞人。在具體撰述中,他還於每個時段的標目下,附有一段折衷前人論説的文字。如論"唐五代",引清人馮煦"詞有唐五代,猶文之先秦諸子,詩之漢魏樂府"的説法;論"宋",則引朱彝尊"詞至北宋而大,至南宋而深"的論調,來概括各個時代的詞體特徵。但此書的缺憾在於,一是這種略去明詞的思路直接承襲自清人,未有改良,二是撰述目的是仍然爲初學作詞者指示門徑,囿限於學詞,因而尚不足以視爲一種具有自覺意識的詞史觀念。

總的來看,20世紀初詞學論著的撰述,大致以晚清之際所設定的叙述框架爲參照,一改以往詞話一類的零散方式,嘗試向著有"統系可尋"的路徑繼續探索。事實上除了上述三種著作外,另外可補充的例子,如徐珂的《詞講義》,雖爲未定稿,但據其目録可知,該書也分爲"詞曲總論"、"詞之淵源"、"詞之辨體"、"詞之正韻"、"詞之分派"和"詞之作法"②;孫人和《詞學通論》二卷,分"詞之起源"、"詞之體制"、"論音律"、"填詞法"與"唐五代兩宋名家詞"③;徐敬修《詞學常識》(1933年)列"總説"、"歷代詞學之變遷"、"研究詞學之方法"三章,但細考其内在的叙述理路,可知確如書前提要所言"本書關於詞之起源,以及詞與詩、樂、曲之關係,歷代詞學之變遷,均詳細叙明,末附填詞之方法,及詞譜、詞韻,以備研究詞學者知所取法焉"④,同樣可解析爲源、體、史、法、譜、韻幾個類目。另一方面,我們也應該看到,無論是《詞學指南》,還是《詞學常識》,雖冠以"詞學"之名,卻都是以"學詞"爲其標的。至於像《詞學常識》第三章"研究詞學之方法",細分爲"填詞之入手法"、"填詞之格式"、"詞韻"與"詞書之取材",似乎是一種將"填詞"理解爲"研究詞學"的一種認知錯位。

出於對學詞的重視,詞法在上述幾部論著中已是頗具分量的内容。至20世紀30年代前後,有關詞法的論述在詞學論著中的比重逐漸加强,同時

---

① 王藴章:《詞學》卷三,《文藝全書》,上海:崇文書局1919年版,第47頁。
② 徐珂:《詞講義》,載於《歷史文獻》第13輯,上海:上海古籍出版社2009年版,第56—58頁。
③ 孫人和:《詞學通論》,載於孫克强、和希林主編:《民國詞學史著集成》第8卷,天津:南開大學出版社2016年版,第1頁。
④ 徐敬修:《詞學常識》,上海:大東書局1933年版,第1頁。

出現了一系列談論作詞法的專書。1928年,上海世界書局出版了劉坡公的《學詩百法》和《學詞百法》,二書專為學習作詩詞者指示門徑。《學詞百法》分音韻、字句、規則、源流、派別、格調六個部分。若合字句和規則二目為狹義之詞法,實際上這六個部分可分別對應詞學框架中的韻、法、源、派、譜。對於這幾個部分的內容,劉氏採取的是一種法度化的處理方式,如第一部分"音韻",細分為"審辨五音法"、"考正音律法"、"分別陰陽法"、"剖析上去法"、"檢用詞韻法"、"配押詞韻法"、"變換詞韻法"、"避忌落韻法",對此,書前"編輯大意"略有解說:

> 音有清濁,韻分陰陽,學詞之法,音韻最嚴。本書廣徵博引,不特考其源流,正其是非,而尤注意於辨音叶韻之道,庶幾初學倚聲者,可無落韻失腔之病。①

可見作者是將"音韻"視為學詞法之關鍵。另外如述"源流",同樣分"探溯詞源法"、"辨別詞體法"等五類,自稱"本書於詞曲之分合,體制之異同,詞學之源流,調名之緣起,應有盡有,不憚詳述。學者細細翻閱,於填詞之學不難思過半矣"②,也是以"填詞之學"的角度來考量詞體及其源流。

劉坡公《學詞百法》的編寫很可能參照自顧憲融《填詞百法》一書。《填詞百法》初刊於1925年,由上海崇新書局印行,此後數年間曾多次再版。該書分上、下兩卷,卷上列"四聲辨別法"、"陰陽辨別法"至"宮調溯源法",凡50目,卷下列"詞派研究法"、"李太白詞研究法"以至"王半塘詞研究法",凡49目。兩卷內容基本涵蓋音、律、譜、法、源、派等,並以"法"來統合這些詞學要素。1934年,上海大東書局出版了傅汝楫《最淺學詞法》,該書實可視為《填詞百法》與《學詞百法》二書的沿襲之作。如《最淺學詞法》書前"編輯大意"解說音韻一條:"韻分陰陽,音有清濁。本書廣徵博引,言之綦詳,不第考其淵源,正其是非,而尤三致意於叶韻辨音之道,庶幾操觚之時,可無落韻失腔之失。"③基本承襲了上引《學詞百法》的說法。關於《最淺學詞法》的綱目,書前也有說明:"本書定名'學詞法',專就淺近立

---

① 劉坡公:《學詞百法》,北京:中國華僑出版公司1991年版,第126頁。
② 劉坡公:《學詞百法》,第126頁。
③ 傅汝楫:《最淺學詞法》,上海:大東書局1934年版,第1頁。

説，為已解吟詠，而欲進窺倚聲者，指示門徑。……分列七章：曰尋源，曰述體，曰論韻，曰考音，曰協律，曰填辭，曰立式。由淺及深，依次遞進。學者得此，可無躐等之弊。"①可見傅氏所輯，也是將源、體、韻、音、律、法、譜七要素統系於"學詞法"之下。

  30年代前後的研討學詞之風，與近代國文學科建立對古典詩詞教學的重視自然有所關聯。而在詞學體系內部，如顧憲融在《填詞百法》自序中所言"我國文章之事，至詞而極其工，至詞而極其變"②，當時人們對詞體之推尊、詞藝之講求，也推動著詞學向現代形態的學科不斷完善和發展。1935年，上海中央書店又出版了顧憲融的《填詞門徑》，與前作《填詞百法》相比，可明顯看出其改良的痕跡。此書分上、下兩編：上編"論作詞之法"，分緒論、論詞之形式、論詞之內容三章；下編"論歷代名家詞"，分論唐五代詞、論北宋詞、論南宋詞、論金元明詞、論清詞五章。可見"詞法"在這本仍以指導填詞為宗旨的書中依舊佔據相當重的分量。不同之處在於，其一是若與前述王蘊章《詞學》相比，以往通常被列為"派"的歷代名家詞，此處單列為一編，且並未略去明詞，呈現出一種相對完整的詞史敘述。其二是在論作詞之法一編，將句氏、詞韻、詞譜歸為"形式"，而把意內言外、先空後實、佈局章法等涉及詞體風格、審美特徵的部分列入"內容"，當可看出滲透在其中的西學觀念。諸如此類，也折射出古典詞學在近現代轉型過程中對新知的吸收。

二、"文學藝術之一種"：詞體觀念及詞法論述的新變

  晚清以來，作為一種外力，西方文學資源的大量引入，推動著人們對中國傳統文學的觀念反思和研究重估。如前引顧憲融《填詞門徑》以形式和內容區分作詞法，顯然是借用了一套與以往不同的話語來考量詞體。顧實《中國文學史大綱》第一章"太古文學"第一節"總説"，也曾以形式與內容這兩個方面來討論中國文學研究之方法：

---

① 傅汝楫：《最淺學詞法》，第1頁。
② 顧憲融：《填詞百法》自序，上海：中原書局1931年版，第1頁。

要之，文學史者，就一國民，依秩序而論究其文學之發達者也。今標題曰"中國文學史"，其研究之對象，即為中國之文學作品，不待言也。大凡所謂藝術，以形式、內容兩方面之調諧，最為上乘。故中國文學之研究，亦於此兩者，不設輕重之别，一也。一切藝術之作品，因於時代共通之思潮，與個人獨特之癖性，結合而形成焉者，故於文學之内容，又恒不能不截然區别此兩者，二也。①

顧實認為文學作為"美之藝術"，是形式與内容相互調和的產物。這一觀點，來自他所接受的西學理論："最近美國摩爾登（Moulton）著《近世文學之研究》（Modern Study of Literature）亦分六類。要之，此六類者，皆當以'美之藝術'為標準，其有美之藝術之價值者，文學也。……雖詩詞歌曲，然且非於美之藝術有價值，即亦不有文學之價值也。"②若推而廣之，顧實所接受的這種以藝術標準來衡定文學價值的學理與方法，實際上與"五四"以來純文學觀念的興起有很大關聯。包括他提到的莫爾頓（H. G. Moulton）的觀點在内，20世紀初的中國文學界對歐美文學理論的接引，如吸收温徹斯特（C. T. Winchester）《文學評論之原理》所概括的思想、感情、想象、形式諸要素，促成了文學觀念向純文學方向的轉進。

處於這種西學東漸大背景下的詞學，同樣受到外來新知的衝擊，並且主要是在純文學觀念的影響下，翻新著人們對其文體價值和功能的認知。概括地説，其一是就文體觀念而言，詞體確立了在文學，尤其是韻文文體序列中的獨立地位，如上引《填詞門徑》論詞與詩文之關係，指出"詞者，我國文學中之一體"③；其二關涉作詞法，基於"純文學"的觀念來強調詞體的抒情傳統，重視詞體的情感表達功能，因而在作法上更講求所謂表現"意境"、"情感"的"描寫之筆致"與"表現之方法"④。

上述兩個方面的新變，或許皆應從比顧憲融《填詞門徑》稍早的梁啟勳《詞學》説起。梁啟勳（1879—1965），字仲策，廣東新會人，梁啟超之弟。早年師從康有為，後考入上海震旦學院，此後赴美國學習。回國後先後在青島大學、交通大學任職。除完稿於1932年的《詞學》外，梁啟勳的詞學著述

---

① 顧實：《中國文學史大綱》，上海：商務印書館1926年版，第6頁。
② 顧實：《中國文學史大綱》，第5頁。
③ 顧憲融：《填詞門徑》上編，上海：中央書店1935年版，第1頁。
④ 顧憲融：《填詞門徑》上編，第1頁。

還有《詞學詮衡》、《稼軒詞疏證》,此外《中國韻文概論》和《曼殊室隨筆》均有詞論部分。梁啟勳的文學觀念,深受西方美學論的影響,同樣是以"美之藝術"為標準。他在《曼殊室隨筆》"詞論"部分曾討論藝術與美:

> 藝術乃一概括名詞。以空間言之,是多方面的;以時間言之,是無止境的。若欲以一語包舉之,則曰"唯美"。美亦多方面的,無止境的。有天然之美,有人工之美。思如何而後可以模仿天然,補助天然,改造天然,此等工作,謂之曰藝,而成功則有術焉。①

以文字組織而形成的美,梁啟勳認為是需要"複雜"而"調和"的,"得調和之韻味"是他品評古人詞句的標準。如指出:"柳耆卿之'楊柳岸曉風殘月',是三種天然景物集合而成,但美感無限,傳誦千古。秦少游之'斜陽外,寒鴉數點,流水繞孤村',是四種天然景物集合而成,晁无咎謂雖不識字人亦知是天生好言語。此無他,亦曰調和而已。可見美感不外調和,形色如是,聲音亦復如是。著意調和,是即藝術之所謂'術'。"②通過"術"以達藝術之美,也是梁啟勳通過《詞學》所表達的詞體觀念和詞法理論的核心。

《詞學》分上、下編,梁氏自述"此書之作,上編乃與人規矩,下編乃示人如何而後可以謂之巧"③,"上編既論詞之本體,下編試進論詞流之技術"④。具體來說,上編為詞體論,講解詞體特徵,分總論、詞之起源、調名、小令與長調、斷句、平仄、發音、換頭煞尾、漫近引犯、暗韻、襯音和宮調十二目;而下編為詞法論,示人以作詞技巧,分概論、斂抑之蘊藉法、烘托之蘊藉法、曼聲之回蕩、促節之回蕩、融和情景、描寫物態(節序附)、描寫女性八目。因此從結構上來看,該書也是由通論和詞法兩部分組合而成。

首先就詞體觀念來看,梁啟勳認為詞屬文學,具備藝術的本質,最適合用來表達人類的情感。在《詞學》"例言"中,他明確指出"詞為文學藝術之一種,就表示情感方面言,容或可稱為一種良工具"⑤。在該書下編"概論",梁啟勳對此作了進一步論述:

---

① 梁啟勳:《曼殊室隨筆》,載於《民國叢書》第三編,上海:上海書店出版社1948年版,第19頁。
② 梁啟勳:《曼殊室隨筆》,第21頁。
③ 梁啟勳:《詞學》例言,北京:中國書店1985年版,第1頁下。
④ 梁啟勳:《詞學》下編,第1頁下。
⑤ 梁啟勳:《詞學》例言,第1頁上。

文學乃一種工具，用以表示情感，摹描景物，發揮意志，陶寫性靈而已。詞亦文學之一種，其藝術之本質，對於此四項工作，或許有一二爲彼所特長，爲他種文藝之所不能及，亦未可知。所以自唐以訖現代，千餘年間，詞之在文學界，幾以附庸蔚爲大國，非無因也。①

所謂"幾以附庸蔚爲大國"，當暗含梁啟勳推尊詞體的傾向。而這種傾向是以肯定詞體擁有比其他文類更擅長的功能作爲支撐。以此返觀清人以集部爲核心的傳統文類序列爲參照系，將詞體納入到"《三百篇》變而古詩，古詩變而近體，近體變而詞，詞變而曲，層累而降"②的文體正變譜系，當可看到梁啟勳的詞體觀念中呈現出的新因素。梁啟勳雖也認爲詩變爲詞，但他更看重的是詞體本身所具備的"爲他種文藝之所不能及"的特質，運用一種近代以來西學觀念影響下的文學體裁作爲參照系。如以"工具"說來揭示詞體的文學功能："詞之在文學中，大抵作用表示情感，摹描景物之工具，最爲相宜。非謂他種文藝之不能表示，不能描寫也。技術之優劣，當然存乎其人。但運用之難易，問題則在於工具矣。"③認定詞是最適合用來寫景和抒情的文體。

梁啟勳對詞體本質的認識，當與他接受的歐美文學理論尤其是純文學的觀念不無關係。在《詞學》的例言中，他自稱是以"嚴整的科學方法"來研究屬於純文學的詞體。《詞學》完稿後，梁啟勳開始撰寫實踐其純文學觀念的《中國韻文概論》，包括騷、賦、七、駢文、律賦、詩、樂府、詞、曲九類文體。在第一部分總論中，梁啟勳試圖以"知識作用"和"精神作用"來嚴分雜文學與純文學，指出"純文學則有時專爲作文而作文，其所作之文並未打算與他人讀，乃至不希望有人讀"④，此類具備"精神作用"的文章，其價值有時甚至超過具備"知識作用"的工具之文。由此自然可以理解梁氏爲何推尊以"表示情感"爲特長的詞體，以此返觀晚清的詞體觀，我們也可以看到，伴隨著差不多同時的純文學觀念的引入，此際國人對詞這一文體的認識已有了更爲明確的價值取向。

再看詞法論述的新變。如上所論，梁啟勳同時視詞爲藝術，並認爲須

---

① 梁啟勳：《詞學》下編，第2頁。
② 永瑢等：《四庫全書總目》，北京：中華書局1985年版，下冊，第1087頁。
③ 梁啟勳：《詞學》下編，第2頁下。
④ 梁啟勳：《中國韻文概論》，長沙：商務印書館1938年版，第2頁。

通過"術"以達藝術之美。《詞學》下編專論"詞流之技術",並分別對應情、景兩大分支。需要指出的是,這一思路當受其兄梁啟超之啟發。1922年,梁啟超在清華學校作《中國韻文裏頭所表現的情感》的演講,指出韻文在情感表達方面有"奔迸的表情法"、"迴蕩的表情法"以及"蘊藉的表情法"等幾類,並強調奔迸的表情法不適用於詞:"詞裏頭這種表情法也很少,因為詞家最講究纏綿悱惻,也不是寫這種情感的好工具。"①而在迴蕩的表情法一類,又有四種不同的方式,分別螺旋式、引曼式、堆疊式、吞咽式,前二種概括為"曼聲",後二種則是"促節"。梁啟勳《詞學》下編即以此為基本思路來設定論述框架,表示情感一類剔除不適用於詞體的奔迸的表情法,分含蓄蘊藉、迴腸盪氣兩種,含蓄蘊藉之下再分斂抑與烘托,迴腸盪氣之下再分曼聲與促拍;摹描景物一類分融合情景、描寫物態兩種。

　　至於具體論述,梁啟勳運用的方法是先以一段總論略作說明,後附數首作品再作闡發。如論"烘托之蘊藉法":"此種技術,是將熱烈之情感藏而不露,用旁敲側擊之法,專寫眼前景物,把感情從實景上浮現出來。"②此後選周邦彦《夜飛鵲》(河橋送人處)一詞為例詳細解說,並錄柳永《八聲甘州》(對瀟瀟暮雨灑江天)、姜夔《八歸》(芳蓮墜粉)、張炎《鬥嬋娟》(舊家池館尋芳處)、周密《法曲獻仙音》(松雪飄寒)等詞作為補充。如指出烘托法另有"將自己之情感藏著不寫,而寫對方。不寫我如何思念他,先寫他如何思念我"③,以此將自我的感情更自然地表現出來,並借用柳永"想佳人、妝樓凝望"、姜夔"想文君望久,倚竹愁生步羅襪"等句為例,來闡述運用此法可將感情表達得更為濃厚。總的來看,梁啟勳的詞法理論,是以表現情、景的藝術之美為核心,並通過分析具體作品來抽象出一種審美原則及寫作方法,以此來指導詞的創作。這與此前諸如謝無量《詞學指南》、劉坡公《學詞百法》、顧憲融《填詞百法》等書均以整合傳統詞學的各項要素為基礎,來提供一套基礎且全面的法式與規範相比,已可看出明顯差別。

　　對於這種"創獲"與"因襲"的差別,不妨結合出版於1935年的任中敏《詞學研究法》來作詮解。在該著的第一部分"作法"中,任先生系統梳理了自晚清《詞學集成》以來詞法編撰的總體情況,將作詞法之研究歸納為"揣

---

① 梁啟超:《飲冰室合集》文集之三十七,北京:中華書局1989年版,第75頁。
② 梁啟勳:《詞學》下編,第10頁上。
③ 梁啟勳:《詞學》下編,第10頁下。

摩前人之作"與"歸納前人之説"二途。對於後者,任先生認為:"自來論詞法者,創獲少而因襲多,而因襲者,每好貌為創獲,凡所立説,其實本多於古人……至於近日坊間所有《指南》、《捷徑》、《百法》等書,孰非搗撦古人之言,編成章次者?"①有意指出前揭《詞學指南》、《學詞百法》之類詞法書籍多因襲前人論説編纂而成,並進一步説明這種搜集、歸類的詞法撰述方式肇始於《詞學集成》:

> 歸納前人之説者,宗旨在集思廣益,其事為搜輯,為分類,為排列,為省察,為論斷。因前人之業中,與此一事,尚未成有專書(僅一《詞學集成》似之,頗嫌簡陋)。學者於今日欲享其利,必自己一切從頭做起,至於所以揣摩前人之作者,不外兩事,一乃讀選本以博其趣,一乃專一家以精其詣。……是吾人今日欲從事揣摩,於選本專集,二者具有成書可用,略有採擇,即可逕為省察論斷,不須再如歸納詞説者從事搜輯矣。②

據此可知,任中敏在這裏強調的作詞法之研究模式,是通過細讀詞文本並加以思考領會,以求得所謂"作者意境之所在,與其文章之所成"③。具體的"揣摩"方法,該書分為通解文字、確定比興、體會意境和認真詞法四類,並舉"前人之作"為例詳加闡説。如舉温庭筠《菩薩蠻》(小山重疊金明滅)一首,指出該詞意境是通過"交相印"三字托出,章法是由地及人,進而由事及情,層層遞進,前後一貫,修辭法則包括"擇舉精要"、"情事融合"以及比興手法。總的來説,任中敏的詞法論述,強調的是"活法",即不囿於前人論説,應有所創獲,但同時他也主張歸納與揣摩的"二者能兼至",是一種更為融通的法度觀念:

> 揣摩前人之作者,但知有書中文字,與心内主張,由我立説,有詞為證,其作法如何,得之親切,用之亦必透澈;所失者不免一人偏見,一時誤解,足以自陷於歧途耳。歸納前人之説者,採取須博洽,評斷須貫

---

① 任中敏:《詞學研究法》,上海:商務印書館1935年版,第2頁。
② 任中敏:《詞學研究法》,第18—19頁。
③ 任中敏:《詞學研究法》,第19頁。

通，所得每較浮泛，用之亦不易入細；然其長處在所得理法，經過多人體會，必不至根本大謬也。倘二者能兼至，則於作法之研究，尚有間言乎？①

任中敏在此針對詞法研究所總結的兩條路徑，恰好對應了晚清以來的詞學演進，體現在詞法論述方面的歸納成法與揣摩活法這兩條基本線索。前者以清末《詞學集成》為樣板，經由謝無量、吳莽漢、徐敬修、顧憲融等人的推衍，至上世紀初形成探討作詞法的學風；後者則有梁啟勳等人不拘定舊說的探索，另外像同時期的吳梅《詞學通論》第五章"作法"強調"有一成不變之律，無一定不易之文"②，劉永濟《誦帚堪詞論》卷下"作法"也注重"下己意引申證明之"③，均體現出上世紀30年代詞法研討的一種自覺意識。

三、"學詞"與"詞學"：古典詞法的定型與詞學的現代轉型

《詞學研究法》在總結作詞法研究方面的貢獻，除提出上述歸納與揣摩二途，並探索一套"由我立說，有詞為證"的詞法論述模式之外，另外值得留意的就是在歸納層面，作者通過修訂前說，部勒異同，總結出了一套相對完備的古典詞法體系。

任中敏首先羅列了歸納詞法的應該遵守的五項原則，分別是說明出處、直載原文、標舉要旨、部勒異同、自加論斷。在具體編排中，第四項部勒異同最為關鍵，他強調說："歸納之道，尤首重標題。有標題，方有綱領，而前人紛紜之說，方有以包而舉之。此所謂部勒異同，猶是就每一題目內而言，若許多題目之間，更不可不具系統，以相維繫。"④可見任氏對傳統詞法資源的整合，是以標題界分其系統內部的各個板塊，進而實現對"前人紛紜之說"的系統歸類。借助這樣一種較為嚴整的方法，他最終梳理出了一套"以供實際歸納作詞法者參考"的完整框架：

---

① 任中敏：《詞學研究法》，第29頁。
② 吳梅：《詞學通論》，上海：商務印書館1933年版，第41頁。
③ 劉永濟：《誦帚堪詞論》，國立武漢大學1936年鉛印本，第1頁上。
④ 任中敏：《詞學研究法》，第3頁。

（一總說）作　改　模仿　創造　境界　取材
（二詞意）詞意總　詞　意　用事（衍詞附）
（三體段）章　片　起　過片　結　句　字　虛字　襯字
（四體調）令　引近　慢　選調
（五題類）情景總　情　景　詠物　節序　懷古　閒情　豔詞　壽詞　俳體
（六聲韻）平仄　韻　協律　製調
（七雜論）弊忌　其他

　　從上引綱目來看，任中敏的分法，較之此前如謝無量《詞學指南》、王蘊章《詞學》等更為詳整，又比顧憲融《填詞百法》之類更具體系。他自稱："此項歸納之功既竣，可以名其所成之編曰'詞法'，與前人所謂《詞律》者並峙。蓋《詞律》言聲音之律，此則言文章之法也。"①可見，正如該書目次把作法與詞律、詞樂分列，作者是有意識地構建一套屬傳統辭章學層面、不包括聲律之學的詞法體系。因此可以說，儘管《詞學研究法》僅提供了一套詞法論述的整體思路以及操作原則，並未形成如作者所說可以題名為"詞法"的全部文本，但其框架之嚴整與合理，實非此前諸多詞法著作所能比擬。《詞學研究法》之後，雖仍有詞家關注作詞法，如唐圭璋《論詞之作法》，分"作詞之要則"、"詞之組織"及"詞之作風"②，俞感音《填詞與選調》（《同聲月刊》1941年第2期）、吳世昌《論詞之章法》（《國文雜誌》1943年第4期）等，但多傾向於就詞法體系內的某些層面作更細緻的考察。
　　與詞法探討頗具規模差不多同步，詞學也在30年代迎來其轉型之關鍵。與此前所謂"詞學"與"學詞"兩種話語形態相混雜不同，作為一種知識體系的内部調整，現代意義上的詞學恰好是以通過與作詞法之間的對話來實現其體系建構。
　　1935年，龍榆生在《詞學季刊》第一卷第二號發表《今日學詞應取之途徑》，明確指出："詞學與學詞，原為二事。"③關於二者之差別，他在前一年同樣發表於《詞學季刊》的《研究詞學之商榷》一文，已作了如下闡說：

---

① 任中敏：《詞學研究法》，第5頁。
② 唐圭璋：《論詞之作法》，載於《中國學報》1943年第1期，第55頁。
③ 龍榆生：《龍榆生詞學論文集》，第113頁。

取唐、宋以來之燕樂雜曲,依其節拍而實之以文字,謂之"填詞"。推求各曲調表情之緩急悲歡,與詞體之淵源流變,乃至各作者利病得失之所由,謂之"詞學"。①

結合兩篇文章展開來説,龍榆生所區分的"學詞"與"詞學",實際上分屬於文學創作與學術研究兩個領域。對於填詞,龍榆生認爲在歌法尚存時可以即席而作,在歌法已亡後也可依據圖譜進行填寫,是富有才情的文人學士所擅長的。在作法方面,他指出:"學詞者將取前人名製,爲吾揣摩研練之資,陶鑄銷融,以發我胸中之情趣。"②又與前揭任中敏的揣摩法以及梁啓勳的表情法頗爲相近。關於詞學,他強調"乃爲文學史家之所有事",並通過梳理宋元以來的"詞學成績",歸納出"圖譜之學"、"詞樂之學"、"詞韻之學"、"詞史之學"、"校勘之學"五項,又結合近代以來的研究動向而別立"聲調之學"、"批評之學"、"目録之學"三項,由此劃分出詞學研究的邊界及其内部結構。

如果對上述詞學架構稍作分析,我們可以發現龍榆生建構詞學體系的特點,一是嚴守"詞學"與"學詞"爲二事的立場,二是持"文學史家"的觀念。首先就其詞學立場來看,龍榆生以上述八項內容爲基本架構所建立的體系,明顯不包括詞法。他對歷代詞學論著的梳理,同樣是以區分詞學與學詞作爲基本思路,如指出詞之有學,始於張炎《詞源》一書,但仍強調該書下卷"兼論詞法,屬於填詞方面之事"③,而與專論宮律,屬於詞樂方面的上卷有所界分。其次是隱於其詞學體系中的文學史觀念,認爲歷代詞家"皆各因其環境身世關係,以造成其詞格"④,這一點多爲研究者所忽視。如關於"批評之學",龍榆生針對前人治詞學,多忽視時代環境關係而導致所下的評論"率爲抽象之辭,無具體之剖析",提出了修正的方法:

今欲於諸家詞話之外,別立"批評之學",必須抱定客觀態度,詳考作家之身世關係,與一時風尚之所趨,以推求其作風轉變之由,與其利

---

① 龍榆生:《龍榆生詞學論文集》,第94頁。
② 龍榆生:《龍榆生詞學論文集》,第113頁。
③ 龍榆生:《龍榆生詞學論文集》,第95頁。
④ 龍榆生:《龍榆生詞學論文集》,第114頁。

病得失之所在。①

在"目錄一學"的詞家品藻一項,他又重申考察身世關係與時代風尚對於揭示"某一作家或某一時期之真面目與真精神"的重要性。我們知道,以泰納"時代、環境、種族"學說為理論支撐的文學史叙述模式,在上世紀初藉由日本而引入中國,當時的國人對本國文學史的研治,多以時代精神、社會環境與文學之關係為叙述思路②。就具體表述而言,龍榆生對詞學研究的思考,同樣帶有這種時代、環境論的意味。如《今日學詞應取之途徑》一文也談到:"各種文學之產生,莫不受時代與環境之影響,即就詞論,何不獨然。"③後舉柳永、辛棄疾與姜夔三派之詞,指出三派之不同詞風,與他們所處兩宋的不同時代環境、政治格局不無關聯。

在"學詞"與"詞學"關係上,如果說龍榆生將二者嚴格區分,是為有意濾去詞法來保持詞學作為學術研究的獨立和純粹性的話,那麼詹安泰《詞學研究》對"學詞所有事"與"研究詞學之能事"的界分,則是希望以此來建構包含二者在内、從低階到高階相銜接的詞學體系。詹安泰在《詞學研究》緒言中詳細闡說其詞學體系的框架:

> 聲韻、音律,剖析綦嚴,首當細講。此而不明,則雖窮極繁富,於斯道猶門外也。譜調為體制所系,必知譜調,方得填倚。章句、意格、修辭,俱關作法,稍示途徑,庶易命筆。至夫境界、寄託,則精神命脈所攸寄,必明乎此,而詞用乃廣,詞道乃尊,尤不容稍加忽視。凡此種種,皆為學詞所有事。畢此數事,於是乃進而窺古今作者之林,求其源流正變之跡。以廣其學,以博其趣,以判其高下而品其得失;復參究古今人之批評、詞説,以相發明,以相印證:是者是之,非者非之,其有各是其所是而非其所非者,為之衡量之,糾核之,俾折衷於至當,以成其為一家言。夫如是則研究詞學之能事,至矣,盡矣。④

結合緒言末尾所附目錄,可知:其一,詹安泰所謂的"學詞所有事",實際上

---

① 龍榆生:《龍榆生詞學論文集》,第105頁。
② 參見陳廣宏:《中國文學史之成立》,上海:上海古籍出版社2016年版,第262—266頁。
③ 龍榆生:《龍榆生詞學論文集》,第113頁。
④ 詹安泰:《詹安泰詞學論稿》,第3—4頁。

包括論聲韻、論音律、論調譜、論章句、論意格、論修辭、論境界、論寄託八項，"研究詞學之能事"則爲論起源、論派別、論批評、論編纂四項。就"學詞"來説，詹安泰討論的範圍更廣，龍榆生"學詞"所對應的，當只是與章句、意格、修辭相關的"作法"，屬傳統辭章學層面的詞法内容。其二，詹安泰認爲詞學研究當以學詞爲根柢，所謂"畢此數事，於是乃進而窺古今作者之林"，意味著"詞學"爲"學詞"之進階。

總的來看，儘管龍榆生與詹安泰在詞學體系的框架設置上各有側重，但不管是删汰"學詞"來建構的"詞學"，還是以"學詞"爲基礎的"詞學"，他們的共同傾向都是有意識地去探索現代形態的詞學體系，較之此前統系於詞法之下、以示人門徑爲旨歸的詞學研究已有了很大的拓進。

晚清民國詞學的建構，正是在上述不同立場與話語的對壘中進行的。有關詞學内部結構的討論，最終形成"學詞"與"詞學"兩種形態鮮明的體系。而交織於二者之間的詞法，經由人們的不斷探討和總結，也建立起相對完整的框架，使得詞學研究逐漸呈現更爲清晰的面向。通過梳理詞法這一知識形態的生成、衍變與完型，除了有助於觀察晚清以來詞學演進的複雜格局及其走向之外，還能讓我們更真切地體會近代諸多詞家所作的探索和努力，並以這些經驗爲基點，思考今天詞學研究的更多可能性。

四、餘論："學詞"與詞學研究

百年前，北京大學發佈《文科國文學門文學教授案》（1918年），指出文科國學門設"文學史"及"文學"兩科，兩者目的不同，教授方法亦有所區别："習文學史在使學者知各代文學之變遷及其派别；習文學則使學者研尋作文妙用，有以窺見作者之用心，俾增進其文學之技術。"[1]作爲一種對教學與學科建設的回應，文學研究亦分爲二途，如"詞學"與"學詞"便可分别嵌入這兩條脈絡中。伴隨現代學術體系的發展，以闡述文學各體及作家流别、變遷的"文學史"研究模式漸成主流，而深入作品以探析其"文學之技術"的研究則趨於消弭。上世紀80年代，程千帆先生也曾指出，應重視這種久被

---

[1] 王學珍、郭建榮：《北京大學史料（第二卷）：1912—1937》，北京：北京大學出版社2000年版，第1709頁。

忽視的從作家作品中"抽象出文學規律和藝術方法"並指導創作的傳統做法①。

就詞學研究而言，一方面，伴隨著文本細讀在古代文學研究領域獲得重視，當今學人已開始注重對詞作的文本分析，著意從詞作的字句、章法、修辭、意境的細緻考察入手，或闡發詞人的成就與創作特色，或論證詞家創作與其詞學理論的關係，某種程度上可視為向著如任中敏"揣摩"法等前賢研究傳統的一種歸返。另一方面，即如詹安泰的以"學詞"為基礎研究"詞學"，也不應忽視支撐這種研究方法的學識根基與文學修養。因此從這個層面來說，以詞法這種知識體系為考察對象，探討晚近學界對它的論述及其中的成果、經驗，或許有助於推動我們對延續"學詞"法脈與拓展"詞學"空間的思考。

（作者單位：香港浸會大學孫少文伉儷人文中國研究所）

---

① 參見程千帆：《古典詩歌描寫與結構中的一與多》，載於《古詩考索》，上海：上海古籍出版社1984年版，第25頁。

Learning *Ci* Poetry and *Ci* Poetry Theories: On Methods for *Ci* Writing and the Development of *Ci* Theory in Late Qing Dynasty and the Republican Era

Zongjie Gong

As the system of *ci* theory in Late Qing Dynasty and the Republic of China developed, discussions on methods for *ci* writing became the focus of relevant studies in that period with a great many publicaitons on how to conduct *ci* writing. In the 1930s and 1940s, Long Yusheng and Zhan Antai discussed the differences between learning and studying *ci* and *ci* theories. The intertwined process of these two streams reveals the evolution and the modernization of *ci* studies. Clarifying the relationship of these two, will help us better understand the trajectory of the development of *ci* theories in late Qing and the Republican era.

Keywords: methods for *ci* writing, *ci* theories, conceptions of *ci*, late Qing dynasty, Republic of China

徵引書目

 1. 王學珍、郭建榮主編：《北京大學史料（第二卷）：1912—1937》，北京：北京大學出版社，2000 年版。
 2. 王學珍，張萬倉：《北京高等教育文獻資料選編：1861—1948》，北京：首都師範大學出版社，2004 年版。
 3. 王蘊章：《詞學》，《文藝全書》，上海：崇文書局，1919 年版。
 4. 永瑢等：《四庫全書總目》，北京：中華書局，1985 年版。
 5. 任中敏：《詞學研究法》，上海：商務印書館，1935 年版。
 6. 江順詒、宗山：《詞學集成》，清光緒七年刻本，1881 年版。
 7. 吳熊和：《唐宋詞通論》，北京：商務印書館，2003 年版。
 8. 吳莽漢：《詞學初桄》，上海朝記書莊 1920 年鉛印本。
 9. 吳梅：《詞學通論》，上海：商務印書館，1933 年版。
10. 沈祥龍：《論詞隨筆》，《詞話叢編》，北京：中華書局，1986 年版。
11. 俞彥：《爰園詞話》，《詞話叢編》，北京：中華書局，1986 年版。
12. 徐珂：《詞講義》，《歷史文獻》第十三輯，上海：上海古籍出版社，2009 年版。
13. 徐敬修：《詞學常識》，上海：大東書局，1933 年版。
14. 唐圭璋：《論詞之作法》，《中國學報》1943 年第 1 期。
15. 陳匪石：《聲執》，《詞話叢編》，北京：中華書局，1986 年版。
16. 陳廣宏：《中國文學史之成立》，上海：上海古籍出版社，2016 年版。
17. 陳銳：《詞比》，復旦大學圖書館藏稿本。
18. 陳鐘凡：《中國文學批評史》，上海：中華書局，1927 年版。
19. 孫人和：《詞學通論》，孫克強、和希林主編：《民國詞學史著集成》，天津：南開大學出版社，2016 年版。
20. 孫麟趾：《詞逕》，《詞話叢編》，北京：中華書局，1986 年版。
21. 梁啟超：《飲冰室合集》，北京：中華書局，1989 年版。
22. 梁啟勳：《中國韻文概論》，長沙：商務印書館，1938 年版。
23. 梁啟勳：《曼殊室隨筆》，《民國叢書》第三編，上海：上海書店出版社，1948 年版。
24. 梁啟勳：《詞學》，北京：中國書店，1985 年版。
25. 張炎：《詞源》，《詞話叢編》，北京：中華書局，1986 年版。
26. 程千帆：《古典詩歌描寫與結構中的一與多》，《古詩考索》，上海：上海古籍出版社，1984 年版。
27. 傅汝楫：《最淺學詞法》，上海：大東書局，1934 年版。
28. 詹安泰著，湯擎民整理：《詹安泰詞學論稿》，廣州：廣東人民出版社，1984 年版。
29. 劉永濟：《誦帚堪詞論》，國立武漢大學 1936 年鉛印本。
30. 劉坡公：《學詞百法》，北京：中國華僑出版公司，1991 年版。
31. 龍榆生：《龍榆生詞學論文集》，上海：上海古籍出版社，2009 年版。
32. 謝無量：《詞學指南》，上海：中華書局，1918 年版。
33. 顧實：《中國文學史大綱》，上海：商務印書館，1926 年版。
34. 顧憲融：《填詞百法》，上海：中原書局，1931 年版。

同志文學的翻譯、再版與重譯：
一個叙事建構的視角

李 波

【摘 要】同性戀一直以來都是敏感話題，甚至是社會禁忌；同志文學的境遇亦然。雖然近年西方翻譯研究學界愈來愈關注同志文學翻譯議題，相關研究在中文學界卻並未得到重視。同志文學的書寫和翻譯始終是在文化與意識形態紛繁衝突的語境下進行。本文探討同志文學的奠基之作 Maurice 的中文翻譯。英國作家 E・M・福斯特（E. M. Forster）於1913年寫下的頗具自傳色彩的同名小說，按照作者意願直到1971年作者去世之後纔正式出版。原作中的很多同性戀互文性符號在建構作品主題上發揮了重要作用，而中文翻譯中，譯者通過腳注等方法，重新建構了主題的呈現。另外，出版商通過譯者的"譯後記"和其它副文本，對小說的同性戀主題進行了重新建構。通過分析 Maurice 的中譯，我們考察於21世紀初，當譯入文化對同性戀接受程度提高，小說原文中的互文性符號如何於譯文中得到"同志主題強化"（gayed translation）的處理。同時，因應讀者和其他社會因素影響，當 Maurice 的中譯文再版時，譯者同出版商如何對譯作進行重新建構以做出回應。

【關鍵詞】同志文學 翻譯 再版和重譯 《莫瑞斯》 建構策略

一、引　言

　　同性戀一直以來是一個敏感話題，甚至是社會禁忌；同志文學的境遇亦然。雖然，西方翻譯研究學界近年來對同志文學的翻譯給予越來越多關注，相關研究在中文語境下並沒有得到相應的重視。同志文學的書寫和翻譯始終是在文化和意識形態衝突語境下進行。貝克在《翻譯與衝突——叙事性闡釋》一書中指出，"同一組事件透過不同的方式建構，可以得到立場不相同甚至完全相反的叙事，其結果對於衝突各方均有重要意義"[①]（2006，p.107）；同時，通過建構策略（framing strategies），"譯者、出版商、編輯以及參與到整個翻譯出版過程的相關人員，強調、弱化或改變原文中叙事的某些方面"（2006，p.105）。基於此，本文試圖探討同志文學的奠基之作 *Maurice* 的中文翻譯。透過 *Maurice*（莫瑞斯）的中譯，我們可以考察譯者和出版商如何共謀，在譯入語文化和意識形態語境下，（重新）建構出被強化的同性戀主題；而讀者對譯作的不滿，迫使譯者和出版社再版時，不得不做出回應，對譯作進行重新建構，呈現出與社會接受語境的互動建構策略。

二、文　獻　回　顧

　　何爲同志文學？紀大偉（2017）、朱偉誠（2005）、弗朗・馬丁（Fran Martin）（2003）、矛鋒（1996）、伯恩・馮（Byrne Fone）（1998，Preface）、麥科勒姆和圖卡嫩（Mccallum and Tuhkanen）（2014）、貝鄂（Baer）（2016）等人從不同角度對同志文學進行過界定[②]，也許可以用一個工作定義來界定同志文學，無論作者的性傾向如何，如果文學文本本身主題涉及同性情欲，就可

[①] 有關貝克此書的內容，本文參考了該書的中文譯本《翻譯與衝突——叙事性闡釋》，主譯者爲趙文静，北京：北京大學出版社 2011 年出版。
[②] 更多有關同志/女性平權運動與文學書寫的錯綜複雜的關係，可以參考 Mccallum 和 Tuhkanen 爲 *The Cambridge History of Gay and Lesbian Literature* 寫的序言（Mccallum & Tuhkanen，2014，pp.1-12）。

以作為同志文學而成為研究客體。近年來,學界對同志文學的翻譯給予越來越多關注(Baer, 2016; Baer and Kaindl, 2018; Harvey, 2000, 2003; Linder, 2014; Mazzei, 2007; Mira, 1999 等)。哈維(Harvey)分析了在法語和英語之間翻譯"同性戀主題"的文學作品過程中所發生的翻譯轉移(translation shifts),強調翻譯文本成為"對抗意識形態定位之間的交界面"(2003, p.43)。以上研究,多側重從原語與譯入語在不同歷史時期、不同意識形態語境下對同性戀的不同態度入手,探討同志文學作品在翻譯過程中的審查、改寫、主題強化與弱化等,但總體而言,正如貝鄂也指出,"翻譯中無處不在的歸化處理表明大衆對同志題材文學的猶豫和矛盾"(2016, p.160)。

相較而言,同志文學的翻譯在中文語境下並没有得到相應的重視和研究。對同志文學翻譯的討論,散見於中文文獻中,如余静和周韻妮(2018)、段薇(2012)、謝宏橋(2015)、孫小雅(2015)等。孫小雅以美國黑人作家艾麗斯·沃克(Alice Walker)的長篇書信體小説 The Color of Purple 及其三個中文譯本作爲研究對象,她指出,"在譯者主體性及譯者不可掌控的文化和社會因素的影響下,該書在引入中國的過程中,不得不參照中國的現實情況而將同性戀的描寫做出一定的改變"(同上,頁 iii—iv)。余静和周韻妮(2018)以小説 Brokeback Mountain 的中文翻譯爲例,考察譯者在處理小説同性戀内容時的翻譯策略,如加强、壓制、亦或干預,而影響翻譯策略的因素包括"對同性戀性描寫的嚴格審查制度、譯者對同性戀群體的認知、以及譯者對婚姻的態度"等(2018: 1)。

簡言之,無論是文學生產還是翻譯接受,對待同性戀的社會容忍度不同,畢竟不同的文化、社會、宗教等背景,左右著文學作品的生產和傳播。而作爲敏感題材的同志文學,更會受到文化價值和宗教信條的干預。本文的研究對象是福斯特的 Maurice,而這部小説的西班牙語譯文,也有學者從不同角度進行研究(Valdeón 2009; Lázaro 2019; etc)。Valdeón 主要利用翻譯研究的重要概念(如交際翻譯、譯者作爲文化協調員、翻譯能力等),從文本、文化及文學三個層面上對這部作品的英語和西班牙語版本做了比較,但研究的重點並非討論作品的同性戀主題在翻譯中的呈現。Lázaro 的研究則指出,小説的西班牙語翻譯於 1973 年出版,雖然弗朗西斯科·佛朗哥實行獨裁統治的時期(1939—1975)已接近末期,但是"當時的審查制度非常嚴厲"

(Lázaro 2019：1)①。作者利用審查辦公室的檔案資料,研究小説中同性戀的主題如何經歷傳統恐同觀的審查,展示這部小説的西班牙語譯本在送審過程中的情形,特别是審查者對譯文的意見和標注,其中不但有對正文内容的標注,還有對"引言"的標注(Lázaro 2019：6);原版小説正文之前Furbank 在引言中强調了作者對同性戀的正面描寫以及對當時社會不接受同性戀的批判,西班牙語譯者的完整呈現,也被審查者標出。Lázaro(2019：10)指出,"譯者没有對原文内容進行弱化處理,或者删除審查者可能會認爲是不道德的部分,即譯文整體是準確、忠實於原作的",但在當時審查嚴格的環境下,審查者還是給譯文開了緑燈。

同志文學的翻譯和接受呈現出社會衝突語境的特徵,所以在不同語境下,會出現原文同志主題强化或弱化的處理策略。另外,譯者作爲翻譯主體,其自我身份認同也會影響翻譯的决策,如譯者刻意避免翻譯同志題材作品可能導致對自身的社會輿論與政治、宗教打壓,採取回避、弱化同志主題的策略等。當然,也有譯者(包括出版社、編輯等)操縱同志文學的翻譯,實現政治目的等。

三、*Maurice* 的中譯

Maurice 是英國著名作家 E·M·福斯特(E. M. Forster)於 1913 年寫下的頗具自傳色彩的同名小説,講述了 20 世紀初等級觀念非常嚴格、保守的英國發生的一段同性愛情故事。大衛·李維特(David Leavitt)在引言中將這部作品視爲現代同志文學的奠基之作(Forster 1972)。囿於當時英國的社會環境,作者决定小説要在自己過世之後纔能出版,因此,英文原版小説在 1971 年由 The Provost and Scholars of King's College, Cambridge 正式出版,而中文譯本也説明是基於這個版本翻譯的②。在 1971 年的 Cambridge 版本中,還附有一篇《結尾的札記》,日期是 1960 年 9 月。在 2002 年的中

---

① 審查與翻譯之間的關係,已經有很多西方學者做了深入探討與研究(e.g. Seruya and Moniz, 2008; Woods, 2012; Chuilleanáin et al, 2009; Billiani, 2007),而學者張南峰(2008)和譚載喜(2015)也討論過中國語境下審查與翻譯之間的糾纏。
② 根據本文作者考證,目前所見中文譯本版本包括文潔若(2002,北京)、文潔若(2002,臺北)、文潔若(2009,上海)和文潔若(2016,上海),以及李斯毅(2019,新北市)。

國大陸中文譯本中,增加了費爾班克(P.N. Furbank)的《導言》①、文潔若的《譯後記》以及文潔若的丈夫、著名作家和譯者蕭乾先生的一篇短文《唉,同性戀》。臺灣譯本也出版於 2002 年,同樣是文潔若的翻譯,只是題目更改為《墨利斯的情人》,封面標明是"電影《墨利斯的情人》原著小說"②,而封底的導語也未有提及"同性戀情",反而強調"墨利斯原欲抽離性別上的錯亂,符合社會大眾的要求,但他的身心始終無法平靜、安頓下來……書中人物不僅背負社會歧視的壓力,也多了分對英國階級制度的越界掙扎"。臺灣版本中並沒有收錄費爾班克的《導言》,而且把福斯特的《結尾的札記》放在了譯者文潔若的《譯後記》之後③。這個版本與同年北京版本的最大區別是沒有收錄蕭乾的短文,原因留在後文揭曉。

原作除了故事本身講述同性戀的內容,作者福斯特的結尾札記也討論了 20 世紀上半葉英國社會對同性戀的社會態度開始發生改變,至少已經不再是 19 世紀末將同性戀列為刑事罪的時代。而在中文翻譯版本中,從整個翻譯出版來看,是一個重新建構敘事(reframing the narrative)的系統過程。中文版封面指出,這是"一部探討社會價值與愛情衝突的經典文學作品",而封底的導語(blurb)引用了《紐約時報》的評論,之後開宗明義地指出,"這是一部描寫同性戀情的小說",最後說明"蕭乾先生去世後,其妻文潔若以全新的譯本來紀念中英兩位作家之間彌足珍貴的友誼"。在封面內頁的作者簡介最後寫到,"作者在書中肯定了同性戀,走在時代之前"。文潔若的《譯後記》則集中回顧蕭乾與該書作者的交往和友誼,同時指出,"福斯特生前,只有少數朋友知道他是個同性戀者……蕭乾在 1943 年初讀此稿時,就已經知道了福斯特的這段隱私"(福斯特,2002,頁 285)。

小說原文中,有諸多互文性指涉的成分,這些互文性內容與外圍社會以及在文本內部,透過相互指涉,建構起一個同性戀的敘事話語。互文性在主題建構上發揮了重要的作用,卻對譯者提出了挑戰④。巴赫金在討論文本和語境的界限問題時指出,"文本的每一個詞語(每一個符號)都引導

---

① 實際上,1971 年 Edward Arnold 經由 Cambridge 出版的版本,並沒有收錄這篇導言。文潔若譯本後面顯示基於這個版本翻譯,而這個導言其實出現在 1972 年 Penguin Books 的版本中。
② 《墨利斯的情人》(*Maurice*)是一部 1987 年的英國電影,故事改編自英國著名作家 E·M·福斯特於 1913 年寫下的頗具自傳色彩的同名小說 *Maurice*。
③ 這明顯是一個排版錯誤,福斯特的《結尾札記》是原著一個不可分割的部份。
④ 有關翻譯與互文性研究,參見 Venuti(2009)、Klimovich(2014)、Li(2017)以及范司永(2016)。

人走出文本的範圍。任何的理解都要把該文本與其他文本聯繫起來"（1998：379）。法國符號學家克莉斯蒂娃（Kristeva）則將巴赫金的這種思想引申，並且以互文性（intertextuality）這個術語進行了總結（Kristeva 1986：35 – 37）。互文性概念的提出，打破了文本的封閉狀態，將意義呈現出一種開放的姿態。在文學翻譯過程中，在距離比較大的語言和文化之間，可以採用保留原文的互文性指涉，而加上注釋的方法來保證信息的傳遞。這就是我們常看到的，在很多翻譯中，譯者會採取腳注、尾注、或者是術語表（glossary）的形式，來彌補因為直譯而導致的對某些互文性文化成分的理解障礙。

互文性可以幫助我們更好地理解同志文學，作者通過運用互文性內容，進一步加強文學文本的主題。有時，互文性是向讀者表達寫作目的的。互文性作為一種文化現象，有利於了解一類文化環境中特定的群體和此群體中個體的身份。同志文學就是很好的例子。中國詩人劉遵的一首詩中寫道："剪袖恩雖重，殘桃愛未終。"實際上，這是互文性的典型特徵和用途，因為"斷袖"、"分桃"在歷史上用來表達同性愛情，所以讀者很快就能理解這一指涉意義。

在小説《莫瑞斯》中，柏拉圖（Plato）的著作《會飲篇》（The Symposium）屢次被提起。同時還提到了同性戀藝術家米開朗基羅（Michelangelo），聖經中的索多瑪城（Sodomite City），以及因同性戀被判入獄的英國作家奧斯卡·王爾德（Oscar Wilde）。所有這些互文性描寫有助於加強文學作品中"同性愛情"的主題，但是同時也給譯者的翻譯工作加大難度。大多數情況下，因為原文讀者熟悉文章的文化背景，所以他們能將文中的這些元素和例子與同性戀聯繫到一起。然而，將原文翻譯為中文，考慮到目標讀者的文化差異，和中文讀者對西方文化缺乏了解，那麼是否還能將這些互文性的效果準確傳達給讀者？對於目標讀者來説，他們是否能從翻譯文中獲得原文對等的含義？

貝克指出，"翻譯對於叙事的建構可以運用任何語言和非語言資源：從副語言手段（如語調、印刷格式等）、視覺資源（如色彩和意象等）以及各種語言手段（如時態轉換、符碼轉換以及使用諱飾語等）"（2006，p.107）。在具體操作層面上，貝克主要討論了用於調節叙事的四種策略：時空建構（temporal and spatial framing）、選擇性建構（selective appropriation of textual material）、通過標示加以建構（framing by labeling）以及對參與者的重新定位(repositioning of participants)。其中,通過標示加以建構是指在翻譯時透過對名稱或個別詞彙的變動達到重新建構敘事內容的目的,尤其在翻譯書名、電影名及其他事物名稱時都可以透過這種方式對原文進行干涉,以重新建構敘事;對參與者的重新定位,是指在翻譯出版過程中,參與者之間的關係、參與者與讀者或聽者的關係均可以被重新定位(ibid., p.132),具體操作層面可以是在文本或話語內(ibid., p.135),更加可以透過副文本評論(repositioning in paratextual commentary)(ibid., p.133),"前言、序言、腳注、詞彙表以及封面設計及導語(當然,很多時候封面設計和導語並非譯者所能控制),透過這些渠道,譯者可以重新定位自己、譯文讀者以及該時空涉及到的其他參與者"(ibid.)。本文將以貝克的敘事建構為分析框架,討論 Maurice 在翻譯、再版、重譯中的建構策略和主題呈現。

　　小說的中文譯本,經由譯者、出版商的通力合作,對小說的同性戀主題進行的重新建構(reframing),最直接的策略就是透過譯本的腳注來實現(Baker, 2006, p.133)。

　　首先,小說初稿完成於 1914 年,迫於社會現實,直到作者去世後的 1971 年纔正式出版,這是因為在 19 世紀末、20 世紀初的英國,同性戀不但被污名化,而且是不合法的。作者的這種擔心,是因為有前車之鑑,也就是英國文學史上著名的王爾德案。在小說第 9 章最後,當克萊夫(Clive)向莫瑞斯耳語"我愛你"時,莫瑞斯卻意外地回應到,"德拉姆,你是個英國人,我也是。不要說荒謬的話。你並沒有傷害我的感情,因為我曉得你是言不由衷。然而,你要知道,這是惟一絕對被禁忌的話題。他是列在大學要覽裏的最嚴重的犯罪行為。你千萬不要再說了。德拉姆!這確實是一種可鄙的非分之想……"(福斯特,2002,頁 58)。莫瑞斯的反應來自他對社會現實的屈服,不僅僅是對社會成見的迴避,更多是對法律條文的恐懼。當莫瑞斯決定尋求心理醫生的治療時,他先是用"漫不經心的語氣"問自己唯一熟悉的年輕醫生喬伊特(Jowitt):"我說,你在這一帶巡回治療的時候,會不會碰上奧斯卡·王爾德那樣的難以啟齒的病例呢?"(同上,頁 168)在得到否定回答之後,他不得已向家庭醫生巴裏大夫(Dr. Barry)求助:"我是奧斯卡·王爾德那種難以啟齒的人。"(同上,頁 171)譯者在首次提及王爾德時,加了一個腳注指出:"奧斯卡·王爾德(1854—1900)是愛爾蘭詩人、小說家、戲劇家。1895 年他被控和青年艾爾弗雷德·道格拉斯搞同性戀,被判入獄服勞役兩年。"(同上,頁 168)

其次，對古希臘同性戀盛行的互文指涉也有助於對原文主題的建構。小説第 7 章結尾部分，"這個學期即將結束的時候，他們接觸到一個更敏感的問題"（同上，頁 50），在翻譯課上，學生把希臘文口譯成英文，"康沃利斯先生卻用低沉平穩的聲調説：'省略。這一段涉及希臘人那難以啟齒的罪惡'。"（同上，頁 51）克萊夫認爲老師虛僞，且不應該省略，"希臘人，也就是説，絕大多數希臘人都有那樣一種傾向"（同上，頁 50）。之後，克萊夫問莫瑞斯："你讀過《會飲篇》嗎？"（同上）"莫瑞斯没讀過。他不曾補充説，自己倒是探索過馬提雅爾。"（同上）中文譯本中，對"罪惡"加注脚"指同性戀"。古希臘的同性戀傳統，學者多有研究（Dover 1978；Hubbard 2003；Davidson 2007；etc.）。雖然《會飲篇》的注脚没有提及同性戀，但《會飲篇》對男同性戀的讚美和馬提雅爾（Martial）對同性戀的指涉都服務於作者的寫作動機和意圖①。

再其次，對《聖經》所多瑪城（Sodomite）的互文指涉。小説多處有提到《聖經》内容，而最特别的是對所多瑪的提及。小説第 12 章中，克萊夫是個虔誠教徒，"有著接近神、使神感到滿意的强烈願望。不過，年少時，他就領悟到自己因來自所多瑪的另一種欲望而備受磨難"（福斯特，2002，頁 69）。第 32 章中，巴裏大夫在與莫瑞斯有關後者的王爾德不恥交談後，他（巴裏大夫）相信，"惟有最墮落的人纔能瞥視所多瑪"（同上，頁 173）。譯者在首次提及所多瑪時，加脚注解釋，克萊夫感到的"'另一種欲望'指同性戀傾向"（同上，頁 69）。

除了以上英國歷史、古希臘和《聖經》對同性戀的互文指涉之外，小説中還有其他多處對同性戀的互文指涉。比如第 21 章提及哈莫狄奥斯（Harmodius）和阿裏斯托基頓（Aristogeiton）的故事以及第邦神聖隊（the Theban Band），譯者注脚解釋，前者是"一對同性戀者"，而後者"是一對對同性戀者組成的軍隊"。莫瑞斯初訪克萊夫時，後者正在找《悲愴交響曲》中的《進行曲》（同上，頁 32）（指涉柴可夫斯基與侄子的關係）；莫瑞斯向巴裏醫生求診時，室内描寫提及"壁爐架上立著梅迪契的維納斯銅像"，而脚注裏解釋梅迪契是意大利雕刻家米開朗基羅（Michelangelo）的贊助人，後者

---

① 有關《會飲篇》參見 David Decosta Leitao 撰寫的 *Plato and the Philosophical Dialogue*，載 McCallum and Tuhkanen（2014, pp. 39 - 40）；有關 Martial 參見 *Roman Prose and Poetry*，作者 Thomas K. Hubbard，載 McCallum and Tuhkanen（2014, pp. 79 - 80）。

是同性戀藝術家。除了小說主體本身，作者福斯特在1960年寫的札記裏，提到更多同性戀人物和事件，如福斯特的師友和《沃爾芬登報告》等，譯者不遺餘力地在注腳中解釋注明各人的同性戀身份和報告關於成年同性戀性行為非刑事化的訴求。

不得不指出，上世紀90年代，中國大陸對同性戀議題依然非常敏感。1993年，北京師範大學出版社出版了與三島由紀夫的同志小說《假面的告白》同名的翻譯小說集，收錄有義大利、德國、愛爾蘭、美國、阿根廷等國家的作品。然而，這本翻譯集的副標題是《變態心理小說》，封面導言將同性戀病態化，"這裏展現的是種種病態的心理和病態的人格。但正如展覽疾病是為了防止疾病一樣，認識並正視這些病態恰是治療疾病的前提和條件"（王向遠、亓華，1993，封面頁）。文潔若在大陸2002譯本最後附加了一篇蕭乾先生早年寫的《唉，同性戀》，主要是因為蕭乾在這篇文章中談到他與福斯特的交往。文章中，蕭乾將同性戀類比於愛滋病，"正如愛滋病，它在中國沒有在西方那麼嚴重"（2002，頁289），而且，"異性戀纔是正常的，同性戀屬於變態。我不贊成去鼓勵。在美國某些州裏，同性戀可以登記結婚。這種婚禮，我決不會去參加"（同上，頁292）。可以想象，上世紀90年代，中國大陸在行政管理和道德審查上出現了鬆動，這在某種程度上打開了譯介的門，當然不能否認社會上普遍存在的恐同言論和態度。雖然蕭乾提出《莫瑞斯》"是一本健康的書"（同上，頁291），但是，這篇早期的文章收錄在文潔若2002年的大陸譯本中，蕭乾將同性戀病態化的態度，卻引起網民的反感（肖渾，2017）[①]，以至於譯文2009和2016年在上海譯文出版社再版時，不得不放棄附錄蕭乾的這篇文章。同樣，前文提到2002年臺灣版譯文也沒有收錄蕭乾的這篇短文，出版社已經意識到蕭文可能引起了讀者的不滿，可謂明智之舉。

2009和2016年上海譯文再版時另一個顯著的變化，則是體現在對homosexuality的翻譯和對"同性戀/愛"的選擇上。英文原文中，只有少數位置出現了homosexuality這個詞彙（見Forster，1971，p.158、184，以及作者的《結尾的札記》中），在2002年版的中譯文中，被翻譯成"同性戀"；同一版

[①] 該文作者考證，蕭乾的這篇文章是1992年發表在《南方周末》上。對於2002年北京的中文簡體版，肖渾指出："短評欄出現最多的就是對蕭乾後記的吐槽，甚至有讀者是以一副義憤填膺的語氣，批評蕭乾的後記反人類。"參見https://www.douban.com/note/625013614/，2019年7月8日最後登入網頁。

本中，譯者所加的腳注，也統一使用"同性戀"這個譯法。然而，上海譯文出版社的版本中，無論是譯文還是譯者腳注中，全部替換成了"同性愛"，這也是除了删除蕭乾短文之外，新版本最大的改動之處。張北川指出，"80 年代末，隨著國内性學的發展，同性戀一詞更多地被能更準確反映出性愛定向内涵的同性愛一詞替代"（1994，頁 44），而秦士德為張北川的《同性愛》寫的序言同時指出，"據作者談，戀字太俗，常為君子所不齒，故選用愛字為題，以示對同性愛者的深切同情和人格尊重"（同上，序壹）。文潔若在譯作 2002 年由北京文化藝術出版社出版後，曾經寄送樣本給與蕭乾長期通信的張北川，隨信指出："最近我譯了一本以同性戀情（你主張用同性愛，但編者不同意，所以改了）為題材的小説，Forster 著，後面附了蕭乾的《唉，同性戀》。"（肖渾，2017）也就是説，譯作最早完成時，文潔若曾經按照張北川的主張使用"同性愛"，但卻被編輯否决；於是，譯文由上海譯文出版社再版時，全篇將"同性戀"改為"同性愛"，也回應了蕭乾對張北川所做研究的認同。

除了文潔若譯本在中國大陸和臺灣的翻譯與再版，2019 年 4 月，臺灣的聯經出版社也出版了由李斯毅翻譯的最新版本。我們可以看到，無論是文潔若譯本 2016 年由上海譯文出版社再版，還是 2019 年李斯毅的譯文由聯經出版社出版，都與 2002 年北京文化藝術出版社和臺北的圓神出版社不同；相對來説，上海譯文和臺灣聯經都是更為主流的出版社，這也説明這部作品更加被中國大陸和臺灣接受和認同。根據統計，在文潔若（2002 年）譯本中所有腳注中，共有多達 11 處是解釋與同性戀有關的内容；在李斯毅（2019 年）譯本中，也還有 11 處注釋是與同性戀有關。當然，二者之間對注釋的内容並非一致。比如在文潔若（2002 年）譯本中，有專門解釋英國小説家奥斯卡·王爾德的同性戀戀情，而李斯毅（2019 年）譯本中，並未就這一點做解釋。所以，雖然李斯毅的譯本在 2019 年出版，但是譯者還是通過腳注或章節尾注的方式，對文本中的一些互文性内容加以解釋，從而間接向讀者傳達了小説所隱含的同性戀主題。另外，李斯毅的新譯文，並没有收録 Furbank 的導言，而是採用了臺灣政治大學臺灣文學研究所副教授紀大偉寫的一篇導讀。紀大偉是《同志文學史》的作者，而這篇題為《回顧同志經典》的導讀，將小説與許多經典同志文學作品和電影作品放在一起討論，建構了 Maurice 作為同志文學經典的歷史地位。

總觀中文譯本的翻譯和出版策略，無論是封底的導語、譯文大量有關同性戀互文性符號的腳注、譯者後記對作者同性戀身份的解釋，通過這些副文本的操作，小說對同性戀主題的描寫被重新建構（reframed），雖然這些腳注會影響閱讀流暢性，但對傳達作者整個敘事建構起到了推波助瀾的作用，對同志文學的（預期）讀者而言，有積極的作用。某種意義上來說，種種建構的策略，使得原文隱含的同性戀主題，在中文譯本中更加突出和明顯，按照哈維的說法，屬於"同性戀主題被強化"的翻譯（gayed translation）。這得益於21世紀初中國大陸對同性戀話題的包容度越來越大，相對於上世紀末期社會對同性戀的態度，有很大的變化。同時，中國大陸譯文讀者對譯作的不滿，迫使譯者和出版社再版時，不得不做出回應，對譯作進行重新建構。

四、結　語

通過以上對 Maurice 中文翻譯的文本細讀顯示，無論是封面設計、導語、譯者前言、注釋等副文本手段，促成了"譯者重新定位自己、譯文讀者以及該時空涉及到的其他參與者"（Baker，2006，p.133）。由此可見，翻譯一定不單單是語言的轉換。主流文化意識會影響翻譯過程，譯者和其他翻譯主體也扮演重要角色。中文語境下的同志文學翻譯就是一個很好的例子。作為現代意義上同志文學奠基之作的 Maurice 在譯入中文語境時，因為21世紀初相對寬鬆的接受語境，譯者透過腳注等副文本闡釋原文中隱含的同性戀指涉，使得譯入語讀者有機會全面深入了解原文傳達的主題；同時，譯者透過附加相關副文本，更加強化了對譯文在新語境下的敘事建構。當然，蕭乾的文章寫於上世紀90年代，雖然擁抱逐漸開放的社會氛圍，卻依然流露出對同性戀的不認同或病態化認知。很明顯，這個副文本並沒有很好地服務於譯文的接受，反而引致網絡社交媒體質疑與圍剿；譯者和出版社在重新出版中文譯本時，不得不拔刃斷臂，重新建構一個為譯入語文化所認同的敘事。

（作者單位：香港城市大學翻譯及語言學系）

Translation, Reedition, and Retranslation of Gay Literature: A (Re)Framing Perspective

Bo Li

This paper aims to study the Chinese translation of *Maurice*. Homosexuality has been a sensitive topic, a taboo in many social contexts. Translation Studies in the West witnesses increasing academic attention in the translation of gay literature in the past two decades, while it has remained largely neglected in the Chinese context. The writing and translation of gay literature has always been closely associated with conflicts, culturally and ideologically. *Maurice*, by British novelist E. M. Forster, is considered as the founding work for contemporary gay literature. Though it was finished in 1913, it had to be published posthumously in 1971 after the author's death. The intertextual signs in the novel play an important role in framing the theme of this work, while these signs have to be reframed in the Chinese translation for easy consumption by the target readership, which might find themselves away from what is presented by these intertextual signs. Moreover, the publisher tries to reframe homosexuality through the translator's notes and other paratexts. The Chinese translation tells us how what Forster tries to convey implicitly in the original is accentuated in the receiving culture at the beginning of the twenty-first century when the target culture is becoming more tolerant with homosexuality. Moreover, out of the discontent from the readers, the translator and the publisher have to reframe the whole narrative by deleting the agitating content when the new editions come out.

Keywords: gay literature, translation, reedition and retranslation, *Maurice*, framing strategies

徵引書目

1. 王向遠、亓華：《假面的告白：變態心理小說》，北京：北京師範大學出版社，1993年版。
2. 巴赫金著，白春仁等譯：《文本、對話與人文》，石家莊：河北教育出版社，1998年版。
3. 矛鋒：《同性戀文學史》，臺北：漢忠文化，1996年版。
4. 朱偉誠：《臺灣同志小說選》，臺北：二魚文化，2005年版。
5. 肖渾：《如此傷心，如此荒謬——蕭乾與同性戀問題的糾纏一生》，線上論壇（2017年），網址：https://www.douban.com/note/625013614/，2019年7月8日最後登入網頁。
6. 佛斯特（E. M. Forster）著，文潔若譯：《墨利斯的情人》，臺北：圓神出版社，2002年版。
7. 佛斯特（E. M. Forster）著，李斯毅譯：《墨利斯的情人》，新北：聯經出版社，2019年版。
8. 余靜、周韻妮：《從小說〈斷背山〉中譯本看同性戀文化的翻譯》，載於《翻譯季刊》2018年第90期，第1—17頁。
9. 范祥水：《穿越時空的對話：英漢文學文本翻譯的互文性研究》，武漢：武漢大學出版社，2016年版。
10. 紀大偉：《同志文學史：臺灣的發明》，臺北：聯經出版事業股份有限公司，2017年版。
11. 段薇：《淺談小說〈斷背山〉中同性戀語言的翻譯》，載於《校園英語》2012年第7期，第126頁。
12. 孫小雅：《〈紫色〉漢譯本中同性戀關係的翻譯研究》，北京：北京外國語大學學位論文，2015年。
13. 張北川：《同性愛》，濟南：山東科學技術出版社，1994年版。
14. 謝宏橋：《敘事學視角下臺灣當代同性戀文學的英譯——以〈荒人手記〉和〈孽子〉的英譯為例》，載於《校園英語》2015年第5期，第232—233頁。
15. 蒙娜·貝克著，趙文靜主譯：《翻譯與衝突：敘事性闡釋》，北京：北京大學出版社，2011年版。
16. 福斯特（E. M. Forster）著，文潔若譯：《莫瑞斯》，北京：文化藝術出版社，2002年版。
17. 福斯特（E. M. Forster）著，文潔若譯：《莫瑞斯》，上海：上海譯文出版社，2009年版。
18. 福斯特（E. M. Forster）著，文潔若譯：《莫瑞斯》，上海：上海譯文出版社，2016年版。
19. 蕭乾：《唉，同性戀！》，文潔若譯《莫瑞斯》，北京：文化藝術出版社2002年版，第289—293頁。
20. Baer, B. J. *Translation and the making of modern Russian literature*. New York：Bloomsbury Academic, 2016.
21. Baer, B. J., and Klaus Kaindl. *Queering translation, translating the queer: Theory, practice, activism*. Abingdon：Routledge, 2018.
22. Baker, M. *In other words: A coursebook on translation*. London：Routledge, 1992.

23. Baker, M. *Translation and conflict: A narrative account*. London: Routledge, 2006.
24. Billiani, F. *Modes of censorship and translation*. Manchester: St. Jerome, 2007.
25. Chang, N. F. Censorship in translation and translation studies in present-day China. In *Translation and Censorship in Different Times and Landscapes*. Ed. T. Seruya and M. L. Moniz. Newcastle, UK: Cambridge Scholars Publishing, 2008.
26. Chuilleanáin Ní et al, Translation and censorship. In *Patterns of communication and interference*. Dublin: Four Courts Press, 2009.
27. Davidson, J. *The Greeks and Greek love: A radical reappraisal of homosexuality in ancient Greece*. London: Weidenfeld & Nicolson, 2007.
28. Dover, K. J., and Kenneth James Dover. *Greek homosexuality*. London: Duckworth, 1978.
29. Fone, B. *The Columbia anthology of gay literature: Readings from Western antiquity to the present day*. New York: Columbia University Press, 1998.
30. Forster, E. M. *Maurice*. London: Cambridge, 1971.
31. Forster, E. M. *Maurice*. Harmondsworth: Penguin Books, 1972.
32. Harvey, K. Gay community, gay identity and the translated text. *TTR: traduction, terminologie, rédaction*, 2000, 13(1), 137–165.
33. Harvey, K. *Intercultural movements: American gay in French translation*. Manchester: St. Jerome Publishing, 2003.
34. Hubbard, T. *Homosexuality in Greece and Rome: A sourcebook of basic documents*. Berkeley: University of California Press, 2003.
35. Klimovich, N. V. Phenomenon of intertextuality in translation studies. *Journal of Siberian Federal University, Humanities & Social Sciences*, 2014, 2: 255–264.
36. Kristeva, J. Word, dialogue and novel. In *The Kristeva reader*. Ed. T. Moi. New York: Columbia University Press, 1986.
37. Lázaro, A. The Spanish version of E. M. Forster's *Maurice*: a curious censorship case. *Perspectives: Studies in Translation Theory and Practice*, 2019, 27(5), 1–12.
38. Li, S. *Proust, China and intertextual engagement: Translation and transcultural dialogue*. Singapore: Palgrave Macmillan, 2017.
39. Linder, D. Getting away with Murder: *The Maltese Falcon*'s specialized homosexual slang gunned down in translation. *Target*, 2014, 26(3), 337–360.
40. Martin, F. *Angelwings: Contemporary queer fiction from Taiwan*. Honolulu: University of Hawaii Press, 2003.
41. Mazzei, C. *Queering translation studies*. Amherst: University of Massachusetts, unpublished master thesis, 2007.
42. McCallum, E. and M. Tuhkanen. *The Cambridge history of gay and lesbian literature*. New York: Cambridge University Press, 2014.
43. Mira, A. Pushing the limits of faithfulness: A case for gay translation. In *The practices of literary translation*. Eds. M. Holman and J. Boase-Beier. Manchester: St. Jerome, 1999,

109 – 124.
44. Valdeón, R. A. *Maurice*: Translating the controversy, a comparative study of the English text and its Spanish version. *Meta*, 2009, 7, 185 – 200.
45. Venuti, L. Translation, intertextuality, interpretation. *Romance Studies*, 2009, 27(3), 157 – 173.

《嶺南學報》徵稿啟事

　　本刊是人文學科綜合類學術刊物，由香港嶺南大學中文系主辦，上海古籍出版社出版，每年出版兩期。徵稿不拘一格，國學文史哲諸科不限。學報嚴格遵循雙向匿名審稿的制度，以確保刊物的質量水準。學報的英文名為 Lingnan Journal of Chinese Studies。

　　《嶺南學報》曾是中外聞名的雜誌，於 1929 年創辦，1952 年因嶺南大學解散而閉刊。在這二十多年間，學報刊載了陳寅恪、吳宓、楊樹達、王力、容庚等 20 世紀最著名學者的許多重要文章，成為他們叱咤風雲、引領學術潮流的論壇。

　　嶺南大學中文系復辦《嶺南學報》，旨在繼承發揚先輩嶺南學者的優秀學術傳統，為 21 世紀中國學的發展作出貢獻。本刊不僅秉承原《嶺南學報》"賞奇析疑"、追求學問的辦刊宗旨，而且充分利用香港中西文化交流的地緣優勢，努力把先輩"賞奇析疑"的論壇拓展為中外學者切磋學問的平臺。為此，本刊與杜克大學出版社出版、由北京大學袁行霈教授和本系蔡宗齊教授共同創辦的英文期刊《中國文學與文化》(Journal of Chinese Literature and Culture，簡稱 JCLC) 結為姐妹雜誌。本刊不僅刊載來自漢語世界的學術論文，還發表 JCLC 所接受英文論文的中文版，力爭做到同步或接近同步刊行。經過這些努力，本刊冀求不久能成為展現全球主流中國學研究成果的知名期刊。

　　徵稿具體事項如下：

　　一、懇切歡迎學界同道來稿。本刊發表中文稿件，通常一萬五千字左右。較長篇幅的稿件亦會考慮發表。

　　二、本刊將開闢"青年學者研究成果"專欄，歡迎青年學者踴躍投稿。

　　三、本刊不接受已經發表的稿件，本刊所發論文，重視原創，若涉及知識產權諸問題,應由作者本人負責。

四、來稿請使用繁體字,並提供 Word 和 PDF 兩種文檔。

五、本刊採用規範的匿名評審制度,聘請相關領域之資深專家進行評審。來稿是否採用,會在兩個月之内作出答覆。

六、來稿請注明作者中英文姓名、工作單位,並附通信和電郵地址。來稿刊出之後,即付予稿酬及樣刊。

七、來稿請用電郵附件形式發送至:Ljcs@ln.edu.hk。

編輯部地址:香港新界屯門　嶺南大學中文系(電話:[852]2616-7881)

撰 稿 格 式

一、文稿包括：中英文標題、本文、中文提要、英文提要（限 350 個單詞之內）及中英文關鍵詞各 5 個。

二、請提供繁體字文本，自左至右橫排。正文、注釋使用宋體字，獨立引文使用仿宋體字，全文 1.5 倍行距。

三、獨立引文每行向右移入二格，上下各空一行。

四、請用新式標點。引號用" "，書名、報刊名用《》，論文名及篇名亦用《》。書名與篇（章、卷）名連用時，用間隔號表示分界，例如：《史記·孔子世家》。

五、注釋請一律用腳注，每面重新編號。注號使用帶圈字符格式，如①、②、③等。

六、如引用非排印本古籍，須注明朝代、版本。

七、各章節使用序號，依一、（一）、1.、(1)等順序表示，文中舉例的數字標號統一用(1)、(2)、(3)等。

八、引用專書或論文，請依下列格式：

（一）專書和專書章節

甲、一般圖書

1. 楊伯峻《春秋左傳注》，北京：中華書局 1990 年修訂版，第 60 頁。
2. 蔣寅《王夫之詩學的學理依據》，《清代詩學史》第一卷，北京：中國社會科學出版社 2012 年版，第 416—419 頁。

乙、非排印本古籍

1.《韓詩外傳》，清乾隆五十六年（1791）金谿王氏刊《增訂漢魏叢書》本,卷八,第四頁下。

2.《玉臺新詠》,明崇禎三年(1630)寒山趙均小宛堂覆宋陳玉父刻本,卷第六,第四頁(總頁12)。

(二) 文集論文

1. 裘錫圭《以郭店〈老子〉為例談談古文字》,載於《中國哲學》(郭店簡與儒學研究專輯)第二十一輯,瀋陽:遼寧教育出版社2000年版,第180—188頁。

2. 余嘉錫《宋江三十六人考實》,載於《余嘉錫論學雜著》,北京:中華書局1963年版,第386—388頁。

3. Ray Jackendoff, "A Comparison of Rhythmic Structures in Music and Language", in *Rhythm and Meter*, eds. Paul Kiparsky and Gilbert Youmans (San Diego, California: Academic Press, 1998), pp.15–44.

(三) 期刊論文

1. 李方桂《上古音研究》,載於《清華學報》新九卷一、二合刊(1971年),第43—48頁。

2. 陳寅恪《梁譯大乘起信論偽智愷序中之真史料》,載於《燕京學報》第三十五期(1948年12月),第95—99頁。

3. Patrick Hanan, "The Chinese Vernacular Story", *The Journal of Asian Studies* 40.4 (Aug. 1981): pp.764–765.

(四) 學位論文

1. 呂亭淵《魏晉南北朝文論之物感說》,北京:北京大學學位論文,2013年,第65頁。

2. Hwang Ming-chorng, "Ming-tang: Cosmology, Political Order and Monument in Early China" (Ph.D. diss., Harvard University, 1996), p. 20.

(五) 再次徵引

再次徵引時可僅列出文獻名稱及相關頁碼信息,如:

注① 楊伯峻譯注《論語譯注》,第13頁。

九、注解名詞,注脚號請置於名詞之後;注解整句,則應置於句末標點符號之前;若獨立引文,則應置於標點符號之後。

十、徵引書目，請依以下格式附於文末：

    （一）中文書目，按姓氏筆劃順序排列

    1. 王力：《漢語詩律學》，增訂本，上海：上海教育出版社，1979年版。

    2. 胡幼峰：《沈德潛對歷代詩體的批評》，《幼獅學誌》第18卷第4期（1985年10月），頁110—540。

    3. 顧炎武著，黃汝成集釋，秦克誠點校：《日知錄集釋》，長沙：岳麓書社，1994年版。

    （二）英文書目，按英文順序排列

    1. Chao Yuen Ren, *A Grammar of Spoken Chinese*, Berkeley: University of California Press, 1968.

    2. Showalter, Elaine, ed. *The New Feminist Criticism Essays on Women Literature and Theory.* New York: Pantheon Books, 1985.

十一、中英文標題、署名及作者單位（包括服務機構及子機構）格式舉例如下（中英文提要均按同樣格式署名）：

南北朝詩人用韻考

王　力
北京大學中國語言文學系教授